oGRANDE**MILAGRE**

TOM ROSE

oGRANDE**MILAGRE**

Inspirado na emocionante e verdadeira história que uniu o mundo

TRADUÇÃO
Marsely De Marco Dantas

Título original: *Big Miracle*
Copyright © 2011 Tom Rose

Todos os direitos reservados. Nenhuma parte desta obra pode ser reproduzida ou transmitida por qualquer forma ou meio eletrônico ou mecânico, inclusive fotocópia, gravação ou sistema de armazenagem e recuperação de informação, sem a permissão escrita do editor.

Direção editorial
Jiro Takahashi

Editora
Luciana Paixão

Editor-assistente
Bruno Tenan

Preparação de texto
Lucas Puntel Carrasco

Revisão
Dida Bessana
Marcia Benjamim

Arte
Marcos Gubiotti

Assistência de arte
Daniela Dauch

Imagem de capa cedida pela Universal Pictures

CIP-Brasil. Catalogação-na-fonte
Sindicato Nacional dos Editores de Livros, RJ

R718g   Rose, Tom
           O grande milagre / Tom Rose; tradução Marsely De Marco Martins Dantas.
        – São Paulo: Prumo, 2012.
           448p. : il. ; 21 cm

           Tradução de: Big miracle
           ISBN 978-85-7927-173-1

           1. Romance americano. I. Dantas, Marsely De Marco Martins II. Título.

12-0109.   CDD: 869.93
                                                                                      CDU: 821.134.3(81)-3

Direitos de edição para o Brasil: Editora Prumo Ltda.
Rua Júlio Diniz, 56 – 5º andar – São Paulo/SP – CEP: 04547-090
Tel.: (11) 3729-0244 – Fax: (11) 3045-4100
E-mail: contato@editoraprumo.com.br
Site: www.editoraprumo.com.br

Para Jack Amiel e Michael Begler, cujo envolvimento de duas décadas na transformação desta história em um filme prova que as pessoas que não desistem geralmente atingem seus objetivos.

SUMÁRIO

1 ⚜ A CAÇADA — 9
2 ⚜ DA MARGEM DO MUNDO AO CENTRO DO UNIVERSO DA MÍDIA — 33
3 ⚜ ESQUIMÓS: 25 MIL ANOS ABAIXO DE ZERO — 67
4 ⚜ LÁ VEM A MÍDIA — 89
5 ⚜ BALEIAS EM REDE NACIONAL — 107
6 ⚜ A TIGRESA DO GREENPEACE — 129
7 ⚜ A ÚLTIMA FRONTEIRA DE BILLY BOB — 154
8 ⚜ UM GRANDE CAÇADOR ESQUIMÓ SALVA AS BALEIAS — 168
9 ⚜ A MISSÃO IMPOSSÍVEL DO CORONEL CARROLL — 183
10 ⚜ DO FECHAMENTO À ABERTURA — 205
11 ⚜ O PRESIDENTE TAMBÉM ASSISTE TV — 219
12 ⚜ BOM DIA, AUSTRÁLIA — 241
13 ⚜ O ÁRTICO E A CASA BRANCA UNIDOS PELO AMOR — 251
14 ⚜ BARROW: QUEIMADURAS DE GELO DE PRIMEIRA LINHA — 262
15 ⚜ MINEÁPOLIS VEM PARA O RESGATE — 277
16 ⚜ SALVANDO BALEIAS À MODA ANTIGA — 285
17 ⚜ URSOS POLARES AMEAÇAM ROUBAR O SHOW — 304
18 ⚜ AS BALEIAS QUASE DEIXAM O GOVERNO DE JOELHOS — 320
19 ⚜ DESESPERO: NADA PARECE FUNCIONAR — 332
20 ⚜ A VINDA DOS RUSSOS — 350
21 ⚜ ARRISCANDO VIDAS POR UM FURO JORNALÍSTICO DE 6 SEGUNDOS — 365
22 ⚜ SERGEI RESHETOV: "VAMOS CORTAR O GELO" — 388
23 ⚜ FINALMENTE LIVRES — 406
24 ⚜ CONSEQUÊNCIAS — 424

AGRADECIMENTOS — 445

1
A CAÇADA

O tempo frio chegou mais cedo no norte do Alasca em setembro de 1988. O ar siberiano trazia consigo ventos fortes e um frio fora de época. Em uma semana, a temperatura média caiu de -12°C para -28°C. Uma orla de gelo incomum formava-se ao longo da costa, separando a costa norte da América do temível Oceano Ártico.

A maioria das milhares de baleias que se alimentavam na região começava a migrar para o sul havia algumas semanas. Três jovens baleias californianas cinzentas não migraram. Duas adolescentes e uma com um ano de idade não perceberam o gelo fechando-se por cima delas. Se pudessem imaginar o que estava por vir, obviamente teriam se juntado às demais. Em vez disso, continuaram se alimentando dos saborosos crustáceos que se acumulavam no imenso fundo do mar.

As baleias não tinham pressa de partir. Por que teriam? O suprimento de alimentos era tão ilimitado quanto o voraz apetite; não havia perigos a serem enfrentados. Além do mais, assim que saíssem desse ambiente tão rico em alimentos para um inverno mais quente em Baja, Califórnia, só comeriam novamente quando voltassem ao Alasca na primavera seguinte – cinco meses depois, após terem completado uma viagem de ida e volta de 13.500 quilômetros, a migração mais longa de qualquer mamífero do mundo. É um tempo de jejum muito longo para quem passa a maior parte do tempo comendo.

Migração era sinônimo de confronto. Baleias assassinas, enormes tubarões-brancos e muitos outros predadores que se alimentam de jovens baleias cinzentas, cuja pouca idade fazia delas um alvo fácil. Essas, que nunca haviam migrado, logo passariam por uma experiência de aprendizagem de primeira linha sobre como sobreviver na realidade do Ártico.

As baleias nadavam despreocupadas para sugar as anfípodas do fundo do mar de águas rasas, apenas a alguns metros de distância de Point Barrow, um banco de areia com quase 8 quilômetros de extensão. Estavam bem na ponta extrema da América do Norte. Seis quilômetros a sudoeste localizava-se Barrow, o maior, mais antigo e distante povoado de esquimós do hemisfério norte. Em qualquer outra época, em qualquer outro local da costa ártica do Alasca, as baleias teriam se afogado sem que ninguém percebesse nada debaixo do gelo.

Poucas semanas depois, podemos dizer que essas três criaturas se tornariam os animais de mais sorte da história; premiadas com a inédita assistência de uma outra espécie animal. As primeiras de sua espécie a terem sido poupadas, até então – pelo menos até onde se sabe – do destino que havia condenado todas as outras. Não se afogariam como as demais baleias comuns; não seriam reduzidas a produtos de beleza japoneses nem a sorvetes russos por navios pesqueiros de alta tecnologia; nem tampouco, pelo menos até agora, terminariam como jantar da população local, os inuítes[1], já que eles se aproveitavam de cotas não preenchidas de caça a baleias.

A cada degelo da primavera, carcaças se espalhavam como lixo pela costa ártica do Alasca. Os habitantes locais que as encontravam meses após a morte todos os anos, sabiam que a causa mais provável da morte era afogamento, pois quase

---

1. Os inuítes formam a mais populosa nação indígena da região de Quebec, Canadá. (N.T.)

todas as carcaças eram de baleias cinzentas jovens ou até filhotes. Para que lágrimas não sejam derramadas, pode-se dizer que não foi sem razão a morte de tantas baleias. Nada é em vão na natureza. Elas foram elementos importantes por todo o caminho da cadeia alimentar do Ártico.

As três baleias de vez em quando paravam de comer para esfregar o dorso desajeitado no cascalho do mar, a fim de se aliviarem dos piolhos de baleia e cirrípedes que lhes infestavam a pele. Ironicamente, seriam essas pestes prurientes que as levariam para muitas das armadilhas mortíferas que encontrariam nos próximos meses.

Desde tempos imemoriais, os inuítes (que costumavam chamar uns aos outros de esquimós – e não se sentiam ofendidos quando outras pessoas os chamavam dessa forma também) construíram uma civilização inteira em torno dessas criaturas, das quais dependia sua sobrevivência. No decorrer dos séculos, passaram a apreciar a baleia da Groenlândia por ser mais saborosa. A pele lisa, lustrosa e limpa desse animal dava um prato muito mais palatável do que a feia e nada apetitosa baleia californiana cinzenta.

Por mais que os cirrípedes incomodassem as três cinzentas, tais minúsculas pestes não eram nada se comparadas a um caçador esquimó da região. Apesar da constituição pequena e baixa, sua valentia lhe rendeu o apelido *Malik,* que no dialeto local dos inuítes significa "Pequeno Grande Homem". Esse homem havia passado a maior parte dos seus sessenta anos vasculhando o gelo sempre oscilante de Point Barrow à procura da baleia da Groenlândia. A maioria dos esquimós mais velhos não sabe dizer exatamente sua idade, pois, como várias outras pessoas, só descobriram o calendário ocidental muito recentemente.

Até pouco tempo, elas eram a única fonte de alimentação farta suficiente para todas as pessoas que viviam no pobre e congelante topo do mundo. O privilégio de se ter uma baleia da Groenlândia típica, com 180 metros, daria para alimentar um vilarejo inuíte por um ano, em média. Forasteiros chamavam o trabalho de Malik de "caça a baleias por subsistência". Mas o que uns chamam de caçador por subsistência outros simplesmente denominam matador.

No começo de setembro de 1988, os capitães baleeiros estavam começando a se preocupar com a possibilidade de a situação se transformar numa triste caçada de outono. Ninguém da região tinha pescado uma baleia desde a primavera, e o inverno – que começa rapidamente no Ártico – estava quase chegando. E quando o inverno chega, não vem de mãos vazias. Traz consigo seis meses de uma das temperaturas mais frias do mundo, além de 67 dias de absoluta escuridão. Em Barrow, Alasca, o sol se põe no dia 17 de novembro todos os anos e só nasce novamente em 21 de janeiro do ano seguinte. Temperaturas de -45°C não são nada incomuns, fator que afeta os fortes ventos que castigam a região desde o Polo Norte até os Mares de Beaufort e de Chukchi na Sibéria, atingindo velocidades de até 150 quilômetros por hora, e a temperatura atmosférica pode chegar a até -115°C. É claro que os habitantes do Alasca não se incomodam com isso, pois a temperatura ambiente já é ruim o suficiente.

Como qualquer habitante do Alasca sabe, o 49° estado tem apenas duas estações do ano: inverno e o finalzinho do outono. E isso fica ainda mais verdadeiro na direção ao norte do estado – e Barrow localiza-se exatamente no extremo norte.

Os habitantes de Barrow orgulham-se em chamar sua cidade de "O Topo do Mundo"[2]. E com certeza é mesmo. Localizada

---

2. A cidade de Barrow tem a origem de seu nome em Point Barrow, o ponto exato do extremo norte da América, denominado pelo explorador inglês Frederick Beechey, em 1825, em homenagem ao almirante britânico, Sir

a 480 quilômetros ao norte do Círculo Ártico, só se pode chegar lá de avião, exceto durante duas ou três semanas no verão, quando o gelo recua o suficiente para que um navio de abastecimento com casco bem forte o atravesse.

Malik e seu pessoal consideravam Barrow seu lar desde que seus antepassados deram as primeiras remadas, passos ou patinadas pelo Mar de Bering da Sibéria, há aproximadamente 25 mil anos. Tais navegantes intrépidos vieram em *umiaks* – ágeis barcos abertos feitos de pele seca de leão-marinho ou de foca – denominados barcos de esquimós, e com certeza estavam entre as primeiras pessoas que se estabeleceram permanentemente na América do Norte. Não se sabe se foi preciso desalojar outras pessoas; portanto, chamam a si mesmos de primeiros americanos, e quem pode contrariá-los?

Em 1988, havia pouco mais de 3 mil pessoas vivendo em Barrow, cerca de 2.700 das quais alegavam descender, em algum grau, dos primeiros exploradores. Na noite de 16 de setembro de 1988, Malik reuniu sua tripulação composta de seis pescadores de baleias do lado de fora da lanchonete Sam & Lee's na rua Nachick, conhecida como o restaurante mais chinês possível do norte do mundo, para organizar seus equipamentos. Depois de separar, montar e guardar todo o equipamento, estavam prontos para procurar e caçar baleias da Groenlândia em migração no mar aberto do Oceano Ártico.

Desafiando a natureza com ousadia, esses sete homens iriam travar uma batalha contra uma baleia imensamente poderosa, ágil e flexível de 40 toneladas. Eles não a caçariam usando um *umiak* e sim em um barco muito mais imponente, porém pequeno, podendo ser usado a remo ou via motor

---

John Barrow. O nome em dialeto inuíte é *Ukpeagvik*, ou "lugar em que as corujas da neve são assombradas". Talvez seja por isso que o nome Barrow é atualmente usado por todos.

externo. Uma batida da cauda ou das nadadeiras facilmente faria o barco virar. Juntos, cauda e barbatana, chamados de lobo da cauda da baleia, impulsionavam e guiavam o imenso mamífero com precisão e destreza, sendo igualmente capaz de desafiar ou simplesmente escapar de qualquer coisa ou alguém tolo o suficiente para confrontá-lo.

Se jogados para fora do barco nas águas gélidas – por qualquer razão que fosse, por culpa do homem, do oceano, da baleia – esses homens não teriam muito tempo para apreciar o frio refrescante de -13°C da água do Oceano Ártico antes de morrerem. Mas a perspectiva de um inverno amargo sem a gordura da baleia da região – chamada apetitosamente de *muktuk*, alimento principal e há muito tempo essencial aos nativos – motivava os baleeiros a conseguir a chance de simultaneamente se ocupar com o comércio e ainda receber elogios da comunidade local.

Num dos fenômenos mais previsíveis da modernidade, a prosperidade concedida pela riqueza do petróleo do Alasca não separava os habitantes de Barrow de seu passado; só os ajudava a recriá-lo. Antes do *boom* do petróleo na metade dos anos 1970, os esquimós caçavam baleias só na primavera. Antes da quase unânime adoção do barco a motor e do rádio bidirecional, não havia sentido caçá-las em qualquer época que não fosse a primavera. A única forma eficaz que os baleeiros pré-modernos podiam caçar era esperando pelo gelo do mar em barracas montadas por dias, às vezes até mesmo semanas, para que as baleias passassem por eles.

Enquanto os que viviam nos outros 48 estados do país – de nível cultural supostamente mais elevado – lamentavam a "inocência perdida" dos inuítes e de outros povoados recém-modernizados, os habitantes de Barrow mostravam-se tão ansiosos para melhorar sua vida como qualquer outra pessoa.

Por que deveriam continuar vivendo como peças fossilizadas de museu? Para que os membros dos outros 48 estados distantes pudessem parabenizá-los pela preservação, era uma questão que poucas pessoas do distrito de North Slope tinham vontade de responder.

Agora que sua equipe tinha barcos a motor, Malik não tinha de esperar pelas baleias ou pela aprovação dos distantes conterrâneos superiores desconhecidos. Podiam ir de fato atrás delas. Assim que encontravam e jogavam seus arpões em uma delas, podiam usar seu rádio bilateral para conseguir ajuda para rebocá-la. Mas uma coisa tem de ficar clara: a pesca baleeira havia se tornado bem mais fácil, porém continuava sendo uma atividade muito perigosa e desafiadora.

O pai e o avô de Malik ganharam o título de Grandes Pescadores de Baleia. Apesar de esse título geralmente seguir a linhagem familiar, Malik tinha de provar que também era merecedor de tal título. Ouviu as pessoas mais velhas de sua família, aprendeu as lições corretamente. Com mais de setenta baleias em seu currículo, Malik era bem conhecido em toda a região pesqueira da costa ártica do Alasca. As aventuras de pescadores como Malik eram assunto popular para elaboração de poemas épicos celebrando as caçadas. Tais poemas eram ensinados nas escolas, nas igrejas e recontados nas emissoras de rádio e televisão locais.

Na manhã do dia 12 de setembro de 1988, os ventos fortes deixaram para trás os dias anteriores de calmaria. Mas mesmo assim, as nuvens espessas aprisionavam o ar frio fora de época, mantendo a temperatura perto de zero grau. Para ficar quente, Malik e os membros de sua tripulação vestiam duas camadas de roupas de baixo longas e de boa qualidade, compradas em lojas de departamento, sob calças de pele de foca costuradas à mão e parcas de couro cru. Ao saírem com o barco pela praia detrás do Hotel Topo do Mundo, os pescadores de baleia imaginavam se iriam conseguir voltar ali antes que o local congelasse.

Depois de uma hora de procura, a tripulação ouviu pelo rádio de outro barco que uma baleia da Groenlândia tinha sido avistada a menos de 3 quilômetros da ponta de Point Barrow. Malik agachou na proa. Orientou o piloto a aumentar a velocidade para chegarem ao local, 12 quilômetros em direção ao norte-noroeste o mais rápido possível. A velocidade máxima do barco de 20 nós os levaria até lá em 20 minutos. As rajadas de vento faziam que a sensação térmica parecesse mais fria do que o zero grau de verdade. Os homens desenrolaram o forro de pele de foca de seu capuz para se protegerem das queimaduras do frio durante o agitado percurso pelo mar violento.

Malik conseguia observar com precisão a névoa na linha do horizonte a mais de 2 quilômetros de distância. A bela marca espalhada 9 metros acima da superfície da água antes de desaparecer na atmosfera era a prova de que a localização inicial estava correta e que a baleia avistada ainda estava na região. Mas Malik tinha companhia. Outros dois barcos também estavam vasculhando a área à procura da baleia. Mesmo assim, Malik estava em uma posição melhor que a de seus concorrentes e isso não ia mudar – a menos que a baleia decidisse alterar o curso. Não havendo grandes mudanças, ela estava destinada a Malik, que fez sinal para que diminuíssem a velocidade do barco. Ele tirou o capuz e trocou as luvas de pele pelas luvas de trabalho de algodão, largas e manchadas de sangue, usadas para matar muitas baleias. A tripulação distribuiu as armas que seriam usadas para golpear a presa.

Antes de os pescadores da região começarem a usar maquinário moderno e técnicas desenvolvidas e aperfeiçoadas por concorrentes baleeiros comerciais mais eficientes, a única forma que os esquimós tinham de matar uma baleia era esfaqueando-a repetidamente com seus arpões artesanais, feitos de marfim derivado de animais, até a morte. Em 1988, esses dias já haviam ficado para trás. Malik pegou o seu arpão grafite de 2 quilos armado com um único equipamento explosivo, fabricado para detonar diante do impacto a fim de produzir um diâmetro maior e, dessa forma, provocando um ferimento mais severo. Os navegantes carregavam os cartuchos de explosivos numa arma, uma arma de metal compacta e forte, feita especialmente para matá-las.

As preparações da tripulação ocorriam de forma calma e contínua. Malik e seus homens tentavam ficar invisíveis para a baleia ou, no mínimo, distante, e não ameaçadores. Como não há muita coisa que possa ameaçar um animal de 40 toneladas, melhor tentar limitar suas inúmeras vantagens, certo? Malik olhou para o relógio: 10h30. Ainda tinham sete horas de luz do dia. Se tivessem sorte e a pegassem logo, rebocá-la até terra firme antes do cair da noite, ainda seria uma tarefa difícil e sem garantia de sucesso. Iriam precisar de ajuda. Muita ajuda. Todos na cidade que tivessem um barco seriam chamados para dar uma mãozinha. A escuridão era só mais um item na lista de perigos que todas as criaturas tinham de passar para sobreviver no ártico: exposição, frio, desorientação e o bom e velho *Nanook*, o onipresente, quase-nunca-visto-mas-sempre-temido urso polar, um animal cujos gostos indiscriminados variam da pequena raposa do Ártico até a enorme baleia da Groenlândia, além de um crescente desejo pelas guloseimas jogadas no lixo pelos humanos.

No momento, os seis homens e seu barco estavam parados entre a praia e o local onde ela estava. Malik ordenou a seu timoneiro, Roy Ahmaogak, que tentasse posicionar o barco ao norte e leste da baleia para que pudessem correr com o mamífero atingido pelo arpão em direção ao litoral. Não queriam ter de rebocar uma carcaça instável de uma localização ainda mais distante da que já estavam. Mas Roy sabia que o objetivo principal era manter o barco perto o suficiente para atacá-la. Se isso significasse rebocar de uma distância maior, então paciência.

Malik acenava com o remo, sinalizando aos outros baleeiros da área para que recuassem enquanto sua tripulação preparava o ataque. Malik achava que a baleia de 150 metros ainda não estava ciente da situação difícil que a aguardava, pois continuava na superfície, respirando normalmente. Sua respiração quente formava uma trilha quase orientando seus perseguidores sobre sua localização exata, onde poderiam capturar o maior e mais saboroso presente do ano.

Ao observar a trajetória dela, a profundidade dos mergulhos, a velocidade da respiração e o tempo entre uma e outra vinda à superfície, Malik guiou sua tripulação ao local em que calculou ser a próxima aparição da baleia. Seguindo-a por 30 metros, Roy pilotou o barco com a habilidade necessária para interceptar seu caminho. Malik prendeu a respiração, esperando que a baleia não decidisse emergir por debaixo de seu barco. Toda a tecnologia moderna à sua disposição ainda não conseguia garantir que ele e sua tripulação não ficassem diretamente posicionados no topo da baleia em movimento, em vez de ao lado dela.

Pescadores miram seus arpões em um ponto atrás dos dois espiráculos perpendiculares localizados na base do crânio da baleia. É a parte mais vulnerável do animal, pois expõe uma estreita cavidade que leva ao coração. Se executado corretamente, o arpão atravessa a gordura pela cavidade, atingindo o coração desprotegido. Um coração dilacerado de baleia bate com tanta força que os poucos baleeiros experientes ou com sorte suficiente para terem conseguido o "golpe perfeito" comparam notas sobre o tempo em que foram capazes de segurar o arpão antes que as pulsações violentas os derrubassem no chão.

Será que a baleia havia percebido as silhuetas da tripulação parada de forma ameaçadora sobre ela? Isso Malik não sabia. Tudo o que podia fazer era preparar seu arpão. Mas, além do motor externo da marca Johnson, que estava ocioso, a tripulação estava em silêncio, consumida pela ansiedade do momento em que o silêncio e a paralisação seriam rompidos. A ansiedade aumentou com a emersão da baleia em um local mais distante e profundo do que qualquer outro, desde que havia sido avistada pela primeira vez. Antes de seu último mergulho, Malik e a tripulação estavam tão perto que conseguiam até ver que os espiráculos da baleia não estavam abertos o suficiente para sinalizar um mergulho mais distante e mais profundo; contudo era exatamente o que ela tinha feito. Mas isso não ia continuar. Ela tinha de emergir. E quando isso acontecesse, Malik com certeza estaria pronto.

Pegou o arpão firme com a mão esquerda, ondulando de forma confortável, de acordo com o ritmo do mar barulhento. Não era preciso dizer a ninguém para onde olhar na próxima vez em que ela emergisse. Tratava-se de pescadores de baleia, nascidos para momentos como aquele. Nem era preciso dizer a Roy, o timoneiro, para onde ou como transportar o barco rumo à direção desejada por Malik. Os dois homens não precisavam se comunicar. Trabalhavam como se fossem partes de um mesmo todo.

No exato instante em que a pele brilhante e negra da baleia, sem esforço nenhum, deslizou sobre a superfície das violentas águas do Mar de Chukchi no ponto preciso em que todos os olhos da equipe de Malik estavam focados, Malik inclinou os braços para trás da cabeça redonda e mal coberta. Seus tríceps enrijeceram-se conforme levantou o oco arpão grafite. Sabia que a baleia estava em seu momento mais vulnerável imediatamente antes de começar a expirar. De arpão em mãos, um forte impulso dominou a forte constituição de Malik, arremessando-o contra o alvo. Com todo cuidado, mas impulsionando o corpo para frente com a força do pé que estava apoiado atrás, o mecanismo de arremesso de Malik gerou força linear suficiente para inclinar os ombros, criando o deslocamento rotacional necessário para lançar o arpão corretamente. A força de uma explosão daquelas teria jogado qualquer outra pessoa nas águas violentas do mar. Mas Malik ficou firme na proa do barco após o lançamento do arpão, da mesma forma que um lançador de beisebol ficaria no centro de sua base.

A ponta afiada penetrou na pele lustrosa e negra da graciosa baleia gigante. O detonador carregado e instalado na ponta do arpão foi acionado assim que se alojou nela. Recuando do choque de se ter uma bomba literalmente explodindo por dentro, ela urrou num misto de confusão e terror ao mergulhar no mar, numa tentativa desesperada de escapar daquele destino. A próxima explosão aconteceu segundos depois. A bomba, com uma espoleta de cinco segundos, detonou de forma mais profunda lá dentro, abrindo a cavidade pulmonar.

Roy esperou pacientemente pelo som da segunda explosão, pois era o sinal para segurar firme a arma de ferro de 20 quilos e atirar mais explosivos perto da cabeça da baleia, um alvo tão grande que não tinha como errar. Ela emergiu, exalando um gêiser de sangue, e nesse momento Roy apertou o gatilho da pesada arma na direção dela. O tiro saiu errado. Em vez de detonar só depois de alojado dentro dela, explodiu no contato com ela. Pedaços de gordura queimada foram espalhados por todos os lados. A baleia caiu de volta ao mar, deixando uma tempestade de granizo vermelho pelo caminho.

Roy recarregou e atirou mais duas vezes. Ela se retorceu com violência numa tentativa frenética, mas poderosa, de se libertar das boias de pele de foca infláveis presas ao arpão, que ficou bem instalado dentro dela. Ela rodopiava conforme a água vermelha espumava pelo caminho.

Depois que Roy acertou com precisão o terceiro tiro nas costas arqueadas da baleia, Malik indicou ao timoneiro que os levasse para mais perto do animal ferido e desorientado. Mesmo machucada, ela ainda conseguia fugir dos pescadores, afundando muito mais no mar, como se aquele não fosse seu destino. Se Malik conseguisse atingi-la com mais um arpão, as boias poderiam movimentá-la na velocidade necessária para conseguirem matá-la. Malik se preparou e atirou outra vez. O inchaço repentino em sua pele negra e brilhante sinalizou o novo golpe. Sua enorme cauda pegou a lateral do barco, fazendo que ele batesse de forma violenta nas omoplatas em formato de diamante do animal.

Ensopados pelo sangue da baleia, os homens seguraram firme no interior do barco agitado. Quando Malik recuperou o equilíbrio suficiente para olhar para cima, viu uma baleia rendida, ferida de forma muito grave para continuar lutando. Preocupado com uma última tentativa de a baleia afundar debaixo de um pedaço de gelo antes de morrer, Malik pegou outro arpão. Não era só porque a fera estava mortalmente ferida, não significava que ela havia se entregado. Seu tamanho e sua vontade de viver podiam impulsioná-la por muitos quilômetros ainda, prolongando o teste de paciência entre a baleia e o esquimó.

Malik não precisava ter se preocupado. Antes que conseguisse atirar novamente, a baleia sucumbiu de forma repentina e silenciosa. Agora o desafio seria garantir o prêmio antes que afundasse e eles não tinham muito tempo para isso. As outras três equipes de pesca baleeira daquela manhã observaram e aplaudiram o ataque, seguindo tudo com seus binóculos em suas diferentes posições que se espalhavam pelo horizonte do Mar de Chukchi. Assim que a baleia morreu, a cooperação da vizinhança deu lugar à amigável concorrência. Ao receberem a confirmação de que a baleia havia sucumbido, as demais tripulações passaram de espectadores passivos a participantes ativos. Rapidamente, todos se reuniram para ajudar a equipe de Malik a manter o animal morto na superfície, a fim de que pudesse ser rebocada até a costa para o abate.

Assim como nos tempos antigos, o método moderno de "divisão da riqueza da baleia" era distribuir as partes mais saborosas de acordo com a contribuição de cada um. Quanto maior fosse a ajuda de um membro da equipe, mais carne ele teria. As equipes que estavam se apressando para oferecer ajuda a Malik seriam recompensadas com cortes selecionados do abate.

As pessoas sempre foram o recurso mais importante numa comunidade que vive da pesca baleeira. Caçar, pegar, prender, rebocar, abater, distribuir e cuidar dos restos de uma criatura tão grande quanto aquela exigiam o máximo de pessoas possível. Arrastar uma baleia gigante morta até a praia para ser abatida – ainda mais uma daquele tamanho, durante uma época do ano tão incomum – não era fácil. Conforme a notícia de que a tripulação de Malik tinha baleia para ser rebocada foi se espalhando, os próprios habitantes de Barrow se prontificaram a ajudar.

Em poucos minutos, a programação regular da KBRW-AM, a única rádio comercial do distrito de North Slope, no Alasca (que atende uma área maior do que o estado da Califórnia), foi interrompida para anunciar a caçada, especialmente para avisar a localização marítima atual de Malik e sua equipe, a fim de enviar voluntários da cidade que tivessem barcos para irem ao encontro dele no mar, ajudando os pescadores a estabilizar a baleia, trazendo-a em segurança à costa. Em uma hora, mais de oitenta pessoas em 22 barcos chegaram ao local. Mesmo com tanta ajuda, levaram 4 horas para rebocar a carcaça da baleia por 9 quilômetros de mar agitado até a praia.

No momento em que Malik e sua equipe de seis pescadores atracaram na costa, estava escuro demais para ver as centenas de pessoas reunidas ali para cumprimentá-los e auxiliá-los. Aquele era o momento com que todo pescador de baleia sonhava desde criança e apreciava conforme envelhecia.

Antes da chegada do Cristianismo na costa do Ártico, no início do século XIX, os inuítes, como quase toda cultura de subsistência pagã, sempre haviam estudado, reverenciado – até mesmo adorado – sua fonte de sustento. Que isso, de alguma forma, pareça notável para nós mostra como as descobertas conceituais mais revolucionárias são rapidamente tidas como óbvias para todos. Mas esse não era o caso e a população nativa estava lá para provar. Antes da noção de que nosso mundo tinha sido criado por um Deus que transcende o tempo e o espaço, era natural que as pessoas adorassem um produto visível da criação, em vez de um criador desconhecido e invisível. A revolução religiosa era ver Deus não na natureza, mas acima e no controle dela.

Combinando os antigos ritos pagãos de seus ancestrais ao protestantismo americano do fim do século XX, Malik reuniu todos na praia para ouvi-lo agradecer pela baleia e pelo Deus que a criara. Em seguida, a esposa de Malik esvaziou um balde de plástico cheio de água fresca na boca aberta do animal morto e depois em seu espiráculo. Parece que esse "batismo Ártico" faria que seu espírito se transformasse numa parte permanente do vilarejo. Por mais que a baleia se sentisse agradecida pela honra, ela provavelmente teria preferido restabelecer a ele o que era seu por direito.

Se os habitantes de Barrow quisessem carne crua de baleia – e queriam mesmo – o abate tinha de começar logo. Senão, mesmo por pouco tempo, e até mesmo com as temperaturas mais congelantes, o processo de decomposição rapidamente converteria a reserva de energia da baleia gigante em calor, tostando a carcaça em temperaturas de quase 150°C. Malik chamou vários homens para começarem a retalhá-la.

Da mesma forma como os Liliputianos amarraram Gulliver, meia dúzia de esquimós subiram em escadas de madeira apoiadas na lateral da baleia morta, segurando facas afiadas em forma de leque, presas nos tradicionais cabos de madeira chamados *ulus*. Ficaram no topo da carcaça, que tinha a altura de dois andares de pé-direito alto, retalhando a gordura como se fosse um tabuleiro de damas. Um ar quente e fétido atingia o rosto deles enquanto arrancavam os quadrados espessos de 60 centímetros de *muktuk* das costas da baleia com enormes ganchos de ferro.

Plumas (parecendo enormes baforadas) de vapor saíam da baleia enquanto os homens arrancavam os grandes pedaços de gordura. O vapor podia ser visto a quilômetros de distância ao longo da planície uniforme e desinteressante de Barrow. Não era preciso ser muito alto para ser visto de longas distâncias, pois a cidade estava a centenas de quilômetros no extremo norte de onde a árvore mais forte podia se desenvolver. Levou menos de uma hora para que todo o *muktuk* da baleia de quase 200 metros fosse retirado, restando apenas algo mais parecido com uma fuselagem de tonalidade rosa de um avião do que os restos de uma baleia gigante sem pele. As grossas fatias de *muktuk* foram logo divididas em 22 pilhas organizadas e reservadas a cada pessoa envolvida na caçada. Por serem propriedade do chefe de cada tripulação, as pilhas eram pagamentos a serem feitos de acordo com a decisão do chefe.

Assim que o *muktuk* foi retirado, os pescadores voltaram a trabalhar na remoção da carne da baleia, repetindo o mesmo processo de corte em pedaços retangulares gigantes, arrancando-os em seguida. No amanhecer do dia seguinte, a operação inteira, envolvendo mais de mil pessoas, estava concluída. Dividindo a missão em tarefas, a baleia de 40 toneladas, horas antes uma despreocupada senhora dos mares, havia sido caçada, brutalmente assassinada, rebocada até a praia e retalhada em milhares de pedaços.

Em 1988, a baleia era mais um luxo do que uma necessidade. Os inuítes poderiam passar pelo inverno sem sua carne, assim como qualquer outra pessoa. As imagens politicamente corretas (ou seja, falsas) da vida dos nativos inuítes enfatizavam o preço que a modernização exigia de suas tradições e cultura, e era um preço que todos, incluindo Malik, estavam mais do que contentes em pagar. A sobrevivência ganha da fome, e uma casa moderna aquecida ganha da exposição ao frio. Contudo, o feito de Malik assegurava que o inverno seria ao mesmo tempo moderno e tradicional. Até o isolamento, antes impenetrável, ser quebrado, os vilarejos que sobreviviam da pesca baleeira, como Barrow, matavam apenas o número necessário de baleias para sua sobrevivência – embora suas razões fossem mais práticas (caçar, matar e prender baleias gigantes estava longe de ser tarefa fácil) e não tinham quase nada de "ecologicamente corretas". Quando a Segunda Guerra Mundial acabou, as nações modernas e industrializadas, que tinham indústrias de pesca baleeira, logo perceberam que a única forma de salvar a indústria do colapso seria salvando as poucas baleias que ainda não haviam sido assassinadas. O primeiro esforço global para conservá-las aconteceu em 1946, com a criação da Comissão Baleeira Internacional (IWC).

De forma ostensiva, a IWC foi criada para permitir que as populações de baleia se recuperassem, limitando a caça a um número legalmente permitido todos os anos e regulamentando quais espécies poderiam ser mortas, e por quais nações. Isenções viraram regra. Nações como o Japão e a então União Soviética argumentaram com sucesso que sua indústria baleeira era necessária para ajudar na recuperação da economia no pós-guerra. A Noruega e a Islândia apresentaram o mesmo argumento, apesar de não ser verdadeiro nesse caso. Mesmo tendo sido invadida por nazistas no início de 1940, a Noruega cresceu tão rapidamente que quase não sofreu danos com a guerra, e a Islândia saiu da guerra em muito melhor forma do que havia entrado, resultado de seu papel como a principal área de preparação aliada para a guerra vital do Atlântico.

Os Estados Unidos e o Canadá argumentaram que sua própria população de esquimós, recém-saída da posição social de subsistência, merecia o direito de continuar a pesca baleeira para sobreviver. Tais "cotas de subsistência" basearam-se no tamanho de cada vilarejo e na projeção do número de baleias nas áreas determinadas. As cotas aumentariam conforme essa projeção subisse.

Assim como a maioria das bem-intencionadas intervenções governamentais, os mandatos da IWC faziam o oposto da intenção original. Em vez de limitar a pesca baleeira por subsistência, o sistema de cotas da IWC criava uma variação de novos incentivos que aumentaram bastante a pesca a baleias.

Agora, além de apenas caçar pelo que era necessário, as comunidades de esquimós tinham um valioso novo recurso; a mercadoria negociável das cotas de baleias.

Todos os anos, comunidades de esquimós, da Rússia à Noruega e aos Estados Unidos, esperavam ansiosamente pelos anúncios de cotas da IWC para saber quantas baleias teriam permissão para pescar. Em 1988, a Comissão Baleeira Internacional deu aos habitantes de Barrow, Alasca, uma cota de caça a oito baleias; muito mais do que necessitavam para garantir que todos em Barrow tivessem carne suficiente. A presa de Malik contabilizou o quinto animal aprovado pela IWC. Apesar de todas terem sido baleias da Groenlândia, não havia regra que estabelecesse de qual tipo deveriam ser.

Outra consequência indireta das ações da IWC foi criar mercados para baleias que, pelo contrário, jamais poderiam ser caçadas. De acordo com a IWC, os baleeiros de Barrow estavam livres para completar sua cota de oito baleias sobre qualquer tipo em que conseguissem colocar suas mãos.

Lembram-se das três baleias californianas cinzentas que deixamos saltitando despreocupadas fora da costa de Barrow? Bem, é neste ponto que elas entram em nossa história. Antes do sistema de cotas da IWC, ninguém em Barrow pensaria muito em caçar uma baleia cinzenta, muito menos convidá-la para jantar em sua casa. Mas as cotas da IWC criaram uma exigência artificial sobre qualquer tipo de baleia, saborosas ou não. A organização criada para salvá-las havia criado razões para matá-las.

Sendo assim, as três baleias californianas cinzentas podiam ser legalmente caçadas como se fossem baleias da Groenlândia, mas somente se certificado que corria sangue nativo do Alasca – seja lá o que isso quisesse dizer – fluindo nas veias do caçador. Apesar de as baleias cinzentas não serem palatáveis por causa da pele infestada de cirrípedes e pela carne dura e amarga, os habitantes de Barrow ainda tinham mais três baleias que podiam ser legalmente assassinadas antes do fim do ano – o que rapidamente se aproximava. As intervenções contraproducentes da IWC não paravam por aí. As cidades que praticavam a pesca baleeira por subsistência não tinham somente a permissão de matar qualquer tipo que conseguissem, tinham também a permissão de "negociar" sua cota – ou seja, vender as excedentes ao vilarejo vizinho. Cidades passaram a contratar caçadores de outras cidades, mesmo já tendo atingido o limite anual. Vamos limitar e negociar as baleias.

Barrow não era apenas a comunidade mais antiga continuamente povoada por esquimós do mundo, mas em 1988 era também a maior. Era o lar (adotado ou não) das mais legendárias caças a baleias, bem como dos maiores baleeiros, como Malik. De forma não surpreendente, também se tornou o porto de uma nova e valiosa pequena indústria – a pesca baleeira por subsistência profissional.

Na quinta-feira, 6 de outubro de 1988, Roy Ahmaogak, membro da tripulação de Malik, recebeu um telefonema de alguém do vilarejo de Nuiqsut, uma pequena comunidade continental de esquimós, a 12 quilômetros ao sul de Barrow. Os esquimós de Nuiqsut sobreviviam vasculhando a tundra[3] congelada em busca de animais terrestres. Ninguém em Nuiqsut tinha a mínima ideia do que fazer se uma baleia nadasse pelos 120 quilômetros de tundra, batendo em sua porta. A pesca baleeira era tão estranha aos habitantes de Nuiqsut como a pesca do camurupim era para os habitantes de Barrow. Pelo menos antes da IWC.

A pessoa que ligou para Roy em Nuiqsut perguntou se ele poderia ajudar a caçar qualquer uma das baleias destinadas às cotas do vilarejo. Se Roy tivesse sorte, ele e sua tripulação poderiam obter um bom lucro da parceria com Nuiqsut, vendendo baleias no mercado internacional. Uma baleia poderia valer 50 mil dólares em 1988, se não mais. Isso era o bastante para deixar Roy Ahmaogak interessado.

---

3. Região de savanas congeladas em determinadas áreas do Polo Norte. (N. T.)

Nos dias que se seguiram, o tempo deu uma virada rumo ao inverno. As temperaturas atingiram -28°C. Ventos fortes impulsionaram a enorme bolsa de gelo polar para o sul, iniciando a tempestade anual pela costa de Barrow. Todos os dias apresentavam mais gelo se formando pelo litoral, expandindo-se pelo mar. Em poucas semanas, o novo gelo estaria espalhado por quilômetros, cobrindo a superfície do Mar de Chukchi, e finalmente a bolsa de gelo polar em contínua expansão e contração. Quando os dois se encontrassem, o gelo recém-formado pelo litoral seria engolido, tornando-se parte da bolsa flutuante, talvez nunca mais voltando a derreter.

Tão grande quanto a Austrália no inverno, a bolsa de gelo polar é considerada o maior pedaço de gelo do nosso sistema solar. Por milhões de anos, a bolsa de gelo polar flutuou congelada pelos milhares de centímetros espessos do topo do mundo. Durante nove meses por ano, ela se alonga por milhares de quilômetros do Mar do Alasca até a Noruega. No verão, a circunferência da bolsa diminui conforme as margens vão derretendo. Todos os anos, icebergs gigantescos, do tamanho de Rhode Island, rompem-se e flutuam livremente pelo gélido Oceano Ártico, até se reconectarem aos limites da bolsa durante a próxima mudança de estação. Durante julho e agosto, a neve e o gelo restantes derretem para longe das praias de Barrow. No começo de outubro, o verão no Ártico não passa de uma lembrança.

O inverno retorna.

Roy disse ao homem no telefone que ia dar uma espiada, mas não estava otimista. Disse que já estava fora da época do ano. Com certeza, naquele momento, todas as baleias teriam deixado a área em direção ao sul para as reproduções e nascimentos do inverno. Mesmo assim, Roy Ahmaogak passou boa parte da sexta-feira, 7 de outubro de 1988, andando de *snowmobile*[4] por toda a costa de Point Barrow à procura de algum sinal de baleias andarilhas. As horas do dia e as temperaturas caíam rapidamente. No momento em que sua busca terminou, a temperatura havia atingido -28°C. Roy virou o *snowmobile* para voltar para Barrow, um percurso de 27 quilômetros pelo gelo liso como vidro do Oceano Ártico, convencido de que não havia mais baleias a serem encontradas.

Mas ao passar pelo extenso banco de areia ao norte de Point Barrow no caminho de volta, passou pelas baleias encalhadas assim que tinham emergido para respirar. Roy pulou animado do *snowmobile*, esperando encontrar baleias da Groenlândia. Em vez disso, o que viu foram californianas cinzentas. Não estavam mais aglomeradas. Agora, presas debaixo de um pedaço de gelo, pareciam estar totalmente em pânico. Como o gelo fino ao redor das baleias era bem frágil para suportar seu peso, Roy não podia se aproximar muito delas. Mesmo assim, estava perto o suficiente para poder distingui-las. Parecia que elas estavam presas a um buraco pelo qual mal passava a cabeça delas.

Parecia que o jogo estava chegando ao fim para elas. Assim que o buraco congelasse, o que não demoraria muito, as baleias se afogariam. Por mais que Roy quisesse ajudá-las, sabia que não havia nada que alguém pudesse fazer, ou que até devesse fazer para ajudar aqueles gigantes, agora indefesos. Era a natureza. Quem sabia dizer quantas baleias morriam todos os anos por não conseguirem escapar das águas gélidas do Ártico a tempo? A carcaça das baleias em decomposição arrastada para a costa toda primavera provava que a resposta era: "muitas".

---

4. Trenó motorizado usado para locomoção na neve. (N. T.)

Quando ele voltou para Barrow, Roy descarregou seu rifle de matar ursos, retirou do *snowmobile* o kit padrão de sobrevivência no Ártico e entrou em casa para se aquecer. Depois de comer alguma coisa, telefonou para dois biólogos amigos, Graig George e Geoff Carroll, que gerenciava o escritório local de controle da vida selvagem. Disse a eles o que tinha acabado de ver no gelo. Seria errado perguntar quem poderia ter previsto que um informe usual sobre um encalhe rotineiro ocorrido bem no topo do mundo acabaria se tornando o maior resgate animal jamais visto. Uma pergunta melhor seria, por que alguém faria uma previsão como essa? É claro, pequenos eventos isolados podem despertar eventos globais maiores – pense na Primeira Guerra Mundial –, mas baleias encalhadas no topo do mundo, não pelo homem, mas pela natureza?

Em três semanas, pelo menos 26 emissoras de televisão de todo o mundo se concentrariam em uma das cidades mais isoladas e modestas do mundo, apenas para transmitir ao vivo relatórios a cada minuto sobre as três baleias californianas cinzentas batendo a cabeça nos pequenos buracos do gelo do Ártico. As imagens cativariam o mundo – ou pelo menos as pessoas aficionadas por noticiários. A cobertura mais completa da mídia sobre um simples acontecimento na história do noticiário eletrônico estava oficialmente a caminho. De repente, o simples acontecimento tinha se transformado em algo muito real.

É claro que para os esquimós a única notícia era que o encalhe das baleias em si era uma notícia. Noah Webster definiu notícia como "informação nova sobre coisas previamente desconhecidas". Todo mundo em Barrow sabia que as baleias cinzentas morriam debaixo do gelo do Ártico. Então, o que havia de novo nisso? Aparentemente muito. O rápido desenrolar do resgate das três baleias custaria dezenas de milhões de dólares, envolveria o presidente dos Estados Unidos, o secretário-geral da União Soviética, levaria um governo democrático à beira de um colapso e chamaria a atenção, se não a imaginação, de milhões ao redor do mundo antes que duas das três baleias fossem finalmente libertas. Jornalistas de emissoras concorrentes atropelariam uns aos outros à procura de novos ângulos sobre um fato corriqueiro do qual grandes histórias eram extraídas por eles mesmos.

O resgate das baleias uniria ambientalistas e empresários do petróleo, inuítes e pessoas brancas, o Alasca e os outros 48 estados continentais, os Estados Unidos e a União Soviética, e duas pessoas a 10.500 quilômetros de distância iriam se conhecer e se casar.

Baleias de sorte.

2

DA MARGEM DO MUNDO
AO CENTRO DO UNIVERSO DA MÍDIA

Na manhã de sábado, 8 de outubro, um dia depois de Roy Ahmaogak ter encontrado as três baleias, ele e Malik foram de *snowmobile* pelo banco de areia de Point Barrow até o lugar em que Roy as havia encontrado. Conforme foram se aproximando, o rosto de Malik, exposto ao vento, se iluminou. Ele tinha uma relação íntima com baleias que os milagrosos ambientalistas tinham dificuldade de entender. A quilômetros de distância, Malik já sabia o suficiente sobre baleias e seu ambiente para ver que os narizes das três baleias estavam estranhamente próximo demais um do outro.

Malik ficou mais animado conforme se aproximavam. Roy ficou aliviado ao ver que as baleias tinham sobrevivido durante a noite. Os dois esquimós pararam seus pesados veículos na beirada da areia coberta pela neve. O gelo do oceano estava muito fino para segurar os *snowmobiles*. Na verdade, a area ao redor das baleias ainda nem tinha formação de gelo. Era apenas uma neve líquida que endurecia a cada minuto.

Quanto mais perto Malik chegava das baleias, mais se perguntava por que não tinham simplesmente partido. Será que estavam com medo de nadar em mar aberto? Será que temiam sair do local em que conseguiam respirar para explorar águas desconhecidas mais distantes na direção do canal? No Ártico, o tempo de outono era sempre o mais imprevisível. Será que as baleias também sabiam disso? Era impossível ao homem prever as condições do gelo por mais de algumas horas. Será que os meteorologistas internos da baleia também não conseguiam?

Malik temia que o gelo endurecesse o suficiente para impedir de vez a passagem das baleias, caso não saíssem logo dali. Para complicar ainda mais as coisas, ele também sabia o mesmo que elas: talvez não encontrassem outro buraco se deixassem aquele. O que poderia acontecer se ficassem sem ar antes de voltar? E se ficassem desorientadas debaixo do gelo? A resposta a essas perguntas era óbvia: se afogariam. As baleias cinzentas eram diferentes de suas primas, as da Groenlândia, que não têm dificuldade de emergir pela neve encharcada para respirar. Malik não lembrava mais o número de baleias da Groenlândia que havia perdido no decorrer dos anos por mergulharem debaixo de enormes pedaços de gelo para fugir de seus arpões. Estava surpreso ao ver o comportamento diferente das cinzentas.

Malik e Roy ficaram na praia (ou talvez no gelo do mar próximo à praia – não dava para saber ao certo), esperando pela emersão das baleias. Com certeza, as três se revezavam por alguns minutos para respirar. Era a constante emersão no mesmo local que impedia que os buracos de 50 por 50 congelassem. Em todos aqueles anos como pescador, Malik nunca tinha visto nada igual.

Ele adoraria poder chegar ainda mais perto, porém onde estava era o máximo que dava para se aproximar. O gelo era espesso demais para deixar passar seu barco, mas não era forte o suficiente para aguentar o peso de um homem. Por não conseguirem fazer nada além de olhar, os dois esquimós subiram em seus veículos e voltaram para Barrow.

Os baleeiros inuítes do pequeno vilarejo continental de Nuiqsut, a 120 quilômetros a sudoeste de Barrow, ficaram sabendo das baleias pelas transmissões de rádio da região. Muitos deles se reuniram em frente ao único telefone da vila (lembre-se, ainda não existia celular) para ligar para os colegas em Barrow. Malik ficou impressionado ao ver a rapidez com que o pessoal de Nuiqsut se interessou em capturar as baleias encalhadas. E por que não estariam? Elas estavam lá para ser pegas. E como estavam destinadas a morrer, por que o fundo do mar tinha mais direito ao prêmio do que os inuítes de Nuiqsut? A "velha escola" que valorizava baleias não pela glória ou pelo lucro, mas apenas por sobrevivência, na verdade, não era escola nenhuma. Era um mito: um produto pseudocosmopolitano do ambientalismo moderno que visava deslegitimar o moderno, glorificando o passado – mesmo que fosse preciso falsificá-lo.

Quando o século XX finalmente chegou a Barrow, ele próprio já estava na metade. Mas os habitantes de Barrow logo compensaram o tempo perdido. Tudo mudou... e rapidamente. A maioria das mudanças foi bem recebida, mas nem todas. A pesca baleeira por subsistência foi formalizada no mesmo instante em que elas deixaram de ser fonte de subsistência. Nunca mais fariam a diferença entre a vida e a morte, passando a ter o mesmo sentido que o mundo moderno lhes havia imposto desde o século XVIII: comércio. As baleias, tão primordiais por tanto tempo, haviam se tornado um luxo quase da noite para o dia. Muitos esquimós ficaram apreensivos com a forma como a modernização podia afetá-los, mas não o bastante para fazê-los voltar no tempo. A incerteza do tempo presente obviamente ganhava da certeza da morte por fome a cada inverno.

A modernidade significava que agora era possível fazer bom uso das baleias que estavam prestes a morrer. Em vez de deixá-las morrer, capturar as baleias injetaria dezenas de milhares de dólares na economia local, oferecendo trabalho a centenas de pessoas por um ou dois dias.

Enquanto Malik e Roy observavam as baleias ofegar a cada vez que respiravam, sabiam que não estavam presas quando foram encontradas por acidente. A própria geografia que ameaçava sepultá-las, lhes permitia serem descobertas e, no final, resgatadas. As baleias estavam presas entre as partes rasas da ponta do banco de areia de 15 quilômetros de extensão que marcava exatamente a extrema margem norte-noroeste do Alasca, alongando-se até o mar. No ponto mais largo, o banco de areia de Barrow chegava a 300 metros. A ponta do outro lado situava-se a 3 quilômetros de Barrow. A frágil barreira de terra era tamanha que separava as águas calmas do Mar de Beaufort das enormes tormentas do Mar de Chukchi.

As baleias gravitavam até o banco de areia que servia como um quebra-vento natural, permitindo que se alimentassem de forma mais confortável em seu abrigo. Mas, quando o calmo Mar de Beaufort começou a congelar, as baleias não perceberam que as águas do outro lado do banco – bem mais fortes – ainda não tinham se transformado em gelo. Se as baleias estivessem um pouco mais distantes do litoral, jamais teriam sido descobertas, pois nunca teriam ficado encalhadas.

Naquela noite, durante uma rodada de cerveja, alguns pescadores, amigos de Malik, perguntaram-lhe qual sua opinião sobre a pesca daquelas três baleias cinzentas. Malik chacoalhou os ombros num sinal de desinteresse. Não via motivo para matá-las enquanto houvesse uma chance de nadarem em liberdade. Se não conseguissem escapar, então todas as apostas seriam canceladas. Não sentia prazer em ver animais sofrendo; por outro lado, sentia menos prazer ainda em ver seres humanos, seus companheiros, sofrendo. Por que os habitantes de

Barrow deveriam se privar dos benefícios que as baleias trariam se realmente não houvesse como ajudá-las?

Malik achava que deveria haver alguma maneira de ajudar as baleias a superar o medo e começarem a nadar. Por serem jovens, provavelmente nunca tinham visto neve antes e simplesmente a confundiram com gelo. Apesar de as baleias agirem como se estivessem encalhadas naquele sábado à tarde de 8 de outubro, elas não estavam. Mais tarde naquela noite, a notícia das baleias encalhadas começou a se espalhar pela cidade. As tripulações mais novas e mais jovens de baleeiros clamavam por permissão para capturá-las.

Contudo, não tinham autorização para fazer nada antes que Craig George e Geoff Carroll tivessem a chance de analisá-las, mas os dois biólogos estavam caçando caribus na tundra, e só tinham se programado para voltar na segunda-feira. Craig e Geoff ajudaram a dar início ao Departamento de Controle da Vida Selvagem local no começo dos anos 1970. O emprego ofereceu aos dois aventureiros uma chance de estudar baleias de uma forma com a qual outros biólogos apenas sonhavam. Suas responsabilidades de controle não se limitavam apenas a proteger a vida selvagem local, mas também a ajudar as pessoas da região a caçar e matar os animais. Em particular, a parte mais importante de seu trabalho era ajudar os esquimós a caçar e matar baleias da Groenlândia.

Os dois conduziam um censo anual da população de baleias da Groenlândia para o Distrito de North Slope (NSB), o equivalente a um condado do Alasca. Suas descobertas serviam de base para a negociação da cota do ano seguinte com a Comissão Baleeira Internacional. Geoff e Craig eram um notável exemplo da vida moderna dos esquimós. Os esquimós inuítes levavam sua vida primitiva seguindo os padrões convencionais norte-americanos, mas eram inteligentes o suficiente para contratar os melhores especialistas da modernidade que seu dinheiro e influência pudessem comprar. Não faltava ajuda aos esquimós no que se refere à administração de sua entrada tempestuosa no mundo moderno – e foi isso que tornou tudo ainda mais tempestuoso.

É aí que encontramos mais um mito da mídia difícil de ser rompido sobre a população nativa norte-americana, em especial no Alasca – que sua atitude teimosa era consequência da indiferença do governo. Na verdade, levando-se em conta uma base *per capita*, nenhum outro grupo de americanos recebeu nem de perto a assistência anualmente dispensada às populações nativas, tanto em nível estadual como federal. Nos anos 1980, o auxílio estadual e federal a esses povos era grande o suficiente para transformar comunidades inteiras em pequenos distritos estaduais. O governo microgerenciava a terra e as casas em que viviam. O governo não só pagava por, como também prestava diretamente serviços gerais de saúde, o que chamava atenção para o fato de ser o pior do país. Dúzias de departamentos e agências federais tinham seus próprios programas "nativos americanos", quase todos acessíveis aos habitantes do Alasca. E isso só em nível federal. Em 1988, o estado do Alasca tinha sua própria burocracia assistencial totalmente desenvolvida, mas bem redundante.

As consequências para os povos nativos em lugares como Barrow eram um tanto incoerentes. O que, além do governo, poderia gerar pobreza em pessoas com renda *per capita* relativamente alta? Que entidade, além do governo, poderia encurtar o tempo de vida, agravar problemas de saúde crônicos e aumentar os índices de transtornos sociais e familiares conforme seu envolvimento aumentava? Naturalmente, quanto pior a assistência do governo, maior o clamor dos ativistas por mais assistência do governo. Em 1988, a curadoria federal imposta aos nativo-americanos como forma de compensação por crimes federais contra eles provou ser mais calamitosa do que os próprios crimes em si.[5]

A conversa gananciosa sobre assassinar as baleias cinzentas deixava Malik horrorizado. As jovens baleias pareciam exploradores à procura de propriedades. Malik ficava chateado ao imaginar todas as tripulações baleeiras displicentes numa corrida insana para matar três baleias inúteis. Na melhor das hipóteses, serviriam de comida para cachorro.

Antes de sair para a caçada do fim de semana, Geoff e Craig relataram a descoberta de Roy para o chefe deles, dr. Tom Albert, que estava a 1.800 quilômetros ao sul em Anchorage. Albert queria que olhassem as baleias antes de partir, dando-lhe uma devolutiva se acreditassem que os animais sobreviveriam durante o fim de semana. Na breve resposta a Albert, Geoff previu que as baleias teriam partido até segunda-feira – não morreriam, mas iniciariam a jornada de 10 mil quilômetros para as regiões de reprodução do inverno.

Geoff e Craig tinham a incumbência de investigar cada denúncia de encalhe de qualquer animal que constasse da lista do governo de espécies ameaçadas. Protegidas dos arpões enferrujados das frotas de pesca baleeira comercial desde 1947, enquanto ainda estavam na lista de espécies ameaçadas, as baleias cinzentas aumentavam em número. Em 1988, os biólogos calculavam haver 22 mil baleias cinzentas, o maior número de todos os tempos para a espécie. Como diz a velha piada, a coisa mais próxima da vida eterna para as pessoas é

---

5. A renda *per capita* para índios americanos residentes em reservas continuou baixa até o fim do século. O censo norte-americano de 1999 descobriu que os índios que viviam em reservas ganhavam US$ 7,846 *per capita* comparados a US$ 14,267 dos índios de fora das reservas e US$ 21,587 de todos os cidadãos norte-americanos. Fonte: Terry Anderson – Centro de Pesquisa Ambiental e de Propriedade <www.perc.org/articles/article1355.php>.

trabalhar no serviço público – e para os animais é entrar para a lista de espécies ameaçadas.

Como encalhes de baleia era algo comum, a confluência de eventos sobre esse encalhe específico desencadearia uma série de "situações inéditas". Geoff e Craig seriam os primeiros biólogos a realmente observar baleias cinzentas naturalmente encalhadas no gelo. Baleias cinzentas podem muito bem ser familiares aos amantes da natureza e aos observadores de baleia na Costa do Pacífico dos 48 estados continentais, mas pouco se sabia sobre esse tipo de acontecimento em seu próprio ambiente no Ártico até a ocasião. Quanto mais os dois conseguissem se aproximar das baleias, mais aprenderiam sobre o comportamento dos animais diante de uma situação de estresse extraordinário. As pessoas da região sabiam que as baleias morriam debaixo do gelo, mas, até então, os cientistas só podiam teorizar sobre como e por que isso acontecia. Na terça-feira de manhã, 11 de outubro de 1988, quatro dias depois da descoberta das baleias, Geoff e Craig conseguiriam vê-las em primeira mão.

Os biólogos carregaram seus sacos de dormir, sinalizadores e alimentos de sobrevivência de emergência em trenós de madeira presos na traseira de seu *snowmobile* e prepararam-se para partir. Mas não sabiam exatamente para onde ir. Precisavam de um guia que os ajudasse a encontrar a localização exata do encalhe no horizonte monótono e interminável do mar congelado. Como Roy não estava disponível, pediram para Billy Adams, um habilidoso caçador que, por ter visto as baleias no sábado, sabia onde elas estavam. Billy seria uma boa companhia. Tinha seu próprio *snowmobile* e um ótimo senso de humor. Os três se envolveram numa mistura de engrenagem moderna e tradicional do tempo frio necessária para mantê-los, se não aquecidos, pelo menos capazes de trabalhar sob uma temperatura que entorpece a mente e que os consumiria conforme fossem se aproximando do mar congelado.

Quando o sol surgiu na linha do horizonte ao sul, o trio viajou pela única estrada de Barrow que terminava de repente no extremo norte da costa do Alasca, 10 quilômetros ao norte da cidade. De lá, ainda faltavam mais 8 quilômetros até as baleias. Quando chegaram o mais longe que podiam com o *snowmobile*, Billy os levou a pé pelo restante do caminho pela superfície macia do banco de areia. Craig parou para apreciar, maravilhado, os arredores. Apertou os olhos para poder ver o banco de areia. Extraordinariamente, o brilho congelado do Oceano Ártico pode cegar a pessoa debaixo do pesado céu melancólico, o que tornava difícil enxergar essa pequena faixa prateada do que restava da América do Norte.

Conforme se afunilava em direção ao mar, a solidão total e uniforme os impressionava. Nenhum sinal de vida: nenhuma vegetação, nenhuma variação de cenário, nenhuma imagem visível de nada. Um vazio sem fim. Absoluto. Inconsolável. Branco. "Magnífica desolação" foram as primeiras palavras do astronauta da Apollo 11, Edwin Buzz, Aldrin 19 anos antes para descrever a superfície da Terra. Foi o que ocorreu a Geoff, mas ele sabia que a desolação que parecia tão onipresente por cima do gelo era, na verdade, um hábitat generoso e prolífero de extraordinária variedade de vida por debaixo do gelo. Morsas, focas, ursos polares, e obviamente baleias, desenvolviam uma forma abundante de vida marítima impossível de ser quantificada.

Os três ficaram parados sobre o banco de areia congelado, reuniram seus pertences e esperaram pelo nariz das baleias. Saberiam de uma forma ou de outra em questão de minutos. Se elas estivessem vivas e ainda usando os buracos para respirar, não demoraria muito para que subissem à procura de ar. Se não vissem sinal delas em 5 ou 6 minutos, a história terminaria por ali. Ou teriam conseguido partir para o mar aberto ou teriam morrido afogadas. Por mais que Geoff e Craig tivessem esperança de que as baleias estivessem livres, ainda queriam vê-las. Já haviam começado a construir a linha científica de investigação que tentariam compilar se pudessem coletar dados suficientes.

Como 2 minutos viraram 3, Geoff e Craig começaram a ficar ansiosos. Três minutos viraram 4. O bom humor se dissipou, dominado pelo silêncio. Aos 4 minutos, a resignação transformou-se na aceitação de que as baleias tinham partido. Então, no momento em que Geoff começou a recolher seus materiais para voltar para Barrow, Billy ouviu um ruído baixo ganhar velocidade e tração. Com certeza, a gigantesca cabeça de uma baleia cinzenta coberta de cirrípedes e com um pouco de sangue bateu no gelo. As baleias (pelo menos uma delas) tinham sobrevivido durante o fim de semana, mas estavam enfraquecendo rapidamente. Craig, George e Billy gritaram de alegria. Deram socos no ar gelado, parabenizando uns aos outros pelo feito indireto do qual se alegravam.

Como uma locomotiva soltando vapor, a baleia expirou. Somente um mamífero de sangue quente poderia ter emitido um som tão profundo. "FFWWWSSSSHHH" foi o som do arroto da baleia. Assim que encheu seus pulmões de ar, a baleia abaixou a cabeça para dentro do buraco e desapareceu no mar negro. A água revolta espirrou pelo gelo frágil ao redor do buraco, congelando conforme se movia. Em seguida, um segundo ruído. Mais uma enorme cabeça, essa bem maior que a primeira, entrou no buraco e quase não sobrou espaço livre entre a cabeça e o buraco. Observando de binóculo, Geoff pôde distinguir uma baleia da outra pelo padrão de cirrípedes no nariz delas. A segunda baleia inspirou sua parcela de ar e desapareceu tão rápido quanto a primeira.

Pelo que Geoff e Craig podiam observar, as baleias ficavam debaixo do gelo o máximo que conseguiam. Pareciam estar protegendo e até mesmo orientando umas às outras. Com certeza, parecia que tinham trabalhado juntas bolando um sistema de respiração que permitisse dividirem o buraco. Abaixavam sua cabeça na água e se afastavam de lá para que cada uma tivesse sua vez de respirar. Impressionante. Tal comportamento era inédito para Geoff e Craig. Nada daquilo jamais tinha sido visto por ninguém antes. Os biólogos não se lembravam de ter aprendido ou escutado sobre baleias agirem de forma tão cooperativa diante de uma situação, ameaçadora da vida.

Depois de a segunda baleia ter emergido, houve uma longa pausa. O que aconteceu com ela? Roy Ahmaogak tinha relatado que viu três. Não tiveram de esperar muito pela resposta a essa pergunta. A terceira baleia veio à superfície mas se aproximou menos do que as duas primeiras. Parecia abatida e cansada. Quase toda a pele do nariz parecia ter sido esfregada; provavelmente por ter sido arranhada nas partes pontudas do buraco. Nadava com muito menos propriedade do que as outras.

Parecia que as mais velhas e maiores conseguiam ficar debaixo d'água por mais tempo para darem à menor mais tempo para respirar. Qual seria a idade daquela terceira baleia? Será que era um filhote... ou um pouco mais velha que isso? Geoff e Craig nao sabiam dizer de imediato, mas tinham certeza de que era jovem. Quando as outras duas emergiram, bateram nas laterais pontudas do buraco. Baleias eram várias coisas, mas autodestrutivas não estava na lista. Elas não se machucavam de propósito, mas tentavam aumentar o buraco para respirar. As batidas faziam que a neve não se transformasse em gelo. Essa era mais uma evidência de que aquelas baleias tinham uma inteligência social aguçada e bem desenvolvida.

Billy sabia que uma baleia da Groenlândia conseguia quebrar os buracos no gelo de até 15 centímetros de espessura. Aquelas baleias cinzentas estavam tendo dificuldade com neve encharcada. Não era de estranhar que fossem as cinzentas, e não as primas da Groenlândia, que se afogavam debaixo do gelo. Elas se revezavam e afundavam a cada 15 minutos. Craig procurou em sua mochila pela câmera de 35 milímetros. Tinha pegado emprestado do distrito para documentar as baleias. Todas as fotos tiradas pertenceriam ao governo. Mas isso era só praxe, pois ia fazer cópias de todas para o seu álbum pessoal.

Por quase uma hora, os três homens absorveram o máximo das imagens sensoriais possíveis. Não havia nada que pudessem fazer para ajudar as baleias de fato, já que não conseguiam chegar até elas. Tudo o que podiam fazer era observar e aprender. Não havia nenhum treinamento e experiência que os preparassem para aquilo. Sabiam como estudar as baleias. Eram pagos para ajudar os inuítes a caçá-las e matá-las. Não sabiam como e nem se deveriam ajudar as baleias.

As baleias estavam muito próximas... tanto que lhes dava vontade de testar a força do gelo. Pisaram sobre solo incerto até que obviamente não havia mais solo nenhum, só o oceano congelado. Eufóricos pela sorte inesperada, caminharam com cuidado até onde o gelo podia aguentá-los. Estavam apenas a 15 metros das baleias. Pelo pouco que podiam ver, o buraco não parecia muito maior do que a cabeça de qualquer uma delas.

Billy foi até seu trenó pegar um bastão usado de alumínio oco. Caminhou com agilidade até onde Geoff e Craig estavam ajoelhados, na margem de segurança. Billy mediu cautelosamente alguns passos além do local em que seus companheiros estavam e forçou a ponta do bastão na superfície dura. Teve de fazer bastante força para quebrar o gelo. Assim que conseguiu, o bastão penetrou com facilidade na neve derretida. Billy sabia que não ficaria derretida por muito tempo.

Craig manteve a câmera debaixo da parca para abrigá-la do frio. O filme delicado quase rachou por causa da temperatura abaixo de zero. (A era das câmeras digitais ainda estava por vir.) Aprendeu com os erros do passado, quando quebrou o filme por rebobiná-lo rapidamente e agora o fez de forma bem delicada e gentil. O sol desapareceu por detrás da névoa espessa do Ártico que se alongava pelo banco, enquanto Craig esperava pelo próximo ciclo de respiração das baleias. Abriu o verso da câmera para ajustar as alterações das condições da luz depois da troca do filme.

A meteorologia previa uma máxima de -26°C para terça-feira, 11 de outubro, a previsão mais baixa do que a média do ano todo. Como era raro fazer tanto frio naquela época sem que o céu ficasse totalmente coberto pelas nuvens, eles sabiam que talvez tivessem de enfrentar uma forte nevasca, condição climática perigosa, porém comum no Ártico. O mais leve dos ventos poderia dar início a uma delas ao chicotear a neve, quase sem peso, pelo ar, misturando-se de forma tão uniforme ao branco que chegava a obscurecer todo o restante da paisagem. Esse tipo de nevasca compromete totalmente a visão, e como costuma ficar bem rente ao chão, faz que o predador mais mortal do Ártico, o urso polar, que sob as patas traseiras pode alcançar até 4,5 metros de altura, use essa condição atmosférica paralisante para caçar presas indefesas. Conscientes do perigo, os três homens eram espertos o suficiente para manter a cautela sem perder a calma.

As baleias voltaram à superfície depois de um mergulho de 4 minutos, exatamente como previsto. Primeiro as duas baleias maiores, seguidas da menor. Craig usou um filme inteiro em único ciclo respiratório. Recarregou a câmera rapidamente para tirar mais fotografias das baleias antes que mergulhassem de novo. Começou a ficar irritado, mas lembrou-se de que era um especialista e não um turista. De repente, deu-se conta de que poderia ficar ali o tempo que quisesse; as baleias não iam a lugar nenhum. Dava para ficar por ali, na margem do banco de areia, enquanto o frio fosse suportável. Da próxima vez que as baleias emergissem para respirar, poderia tirar fotos ainda melhores.

Por quase uma hora os três mal conversaram. Mas quando o silêncio foi quebrado, falaram os três de uma vez. A euforia misturava-se à inabilidade de ajudar tais criaturas impressionantes. As baleias pareciam estar presas numa espécie de atoleiro sem esperança e, mesmo assim, eram racionais e ponderadas. Evitavam o pânico que sabiam que as dominaria instintivamente. Seus destinos estavam interligados e elas pareciam saber disso. As baleias tinham de trabalhar em conjunto para sobreviver e isso demandava tanto liderança como cooperação. Uma das três baleias tinha de estar no comando, mas Craig e Geoff não conseguiam distinguir ao certo qual delas.

Era um mistério que ficaria sem solução até as últimas horas do que se transformaria numa odisseia de quase três semanas. O que será que capacitava as baleias a priorizar, criar estratégias e improvisar sua própria sobrevivência? Seria o código genético, a pura inteligência ou uma combinação dos dois? Essas eram algumas das questões que incomodariam biólogos, salva-vidas, repórteres e milhões de pessoas pelo mundo nas semanas seguintes.

A emersão incomum das baleias era a pergunta mais óbvia para a qual Geoff e Craig não tinham uma resposta. No fim dos anos 1980, as baleias cinzentas e seus padrões de migração e hábitat eram bem conhecidos; mas somente durante o inverno mais quente e mais próximo da costa de Baja – não no

Ártico. Baleias mais jovens, especialmente as cinzentas, raramente afastavam-se mais de 2 quilômetros do litoral. Águas mais rasas eram águas mais seguras – havia menos espaço para baleias assassinas ou grandes tubarões-brancos, seus dois predadores naturais.

Em épocas normais, a baleia cinzenta, como todas as outras, respira enquanto nada de forma paralela à superfície. Ela só precisa arquear as costas o suficiente para deixar o espiráculo exposto um pouco acima da linha d'água. Mas não se tratava de uma época normal. A única forma de aquelas baleias sobreviverem seria lançando-se para fora daquele buraco como um míssel cruzador é lançado de um submarino.

– Temos de filmar isso – disse Craig. – Daria um ótimo filme – ele queria voltar à cidade para ver se conseguiria pegar emprestado o equipamento do estúdio de TV local, operado pelo canal de acesso público do Distrito de North Slope. Os dois biólogos fecharam seu capuz ainda mais, abaixaram as máscaras de proteção do rosto, apertaram as luvas e partiram. Craig olhou para o relógio. Quatro horas haviam se passado desde o primeiro momento em que as baleias foram avistadas. Ir até a cidade e voltar antes que ficasse escuro exigiria velocidade.

Viver na era pré-internet forçava Craig a procurar pelo telefone do estúdio folheando um exemplar de capa dura da lista telefônica de sete páginas de Barrow. Telefonou para Oran Caudle, na época o diretor do estúdio de televisão, informando-o sobre a situação. Perguntou se poderiam pegar uma câmera para gravar alguns momentos das baleias encalhadas. Oran ficou curioso. Por ser de Texarkana, Texas, Caudle não sabia muito sobre baleias – mas comparado às demais pessoas dos outros 48 estados, era considerado um verdadeiro especialista. Contudo, de uma coisa ele sabia: o Ártico tinha todo o poder de destruir seu caro equipamento. – Desculpe –

disse a Craig. – Não vai dar. – apesar de decepcionado, Craig não se surpreendeu.

 Não que o diretor de 31 anos de idade, Oran Caudle, não quisesse emprestar o equipamento. Queria que todos o usassem o máximo possível, contanto que não fosse destruído ou perdido no mar. Sabia que, se algo acontecesse ao equipamento, não seria fácil conseguir outro. Afinal, qualquer outra coisa seria mais excitante do que seu atual emprego como produtor e o pacote de benefícios empregatícios do Distrito de North Slope. Oran estava bastante ansioso para adquirir a experiência televisiva, que sabia ser necessária, para chegar a qualquer lugar no mundo da produção de TV e que, apesar de ser cruel e exigir muita habilidade, pagava muito mal; e era por isso que estava disposto a ir literalmente até o fim do mundo para consegui-lo. Por ser do tipo destemido, Caudle estava sempre à procura de uma programação local interessante e valiosa para produzir para o Canal 20, o canal de acesso público local de North Slope, e essas baleias pareciam ser a chance exata de conseguir o que queria.

 Quanto mais Oran ouvia a conversa dos dois biólogos, mais sentia que realmente se tratava de algo interessante, muito interessante. Mas regras eram regras, e Caudle as seguia. Disse a Craig que não tinha como emprestar o material da NSB para pessoas não autorizadas. Afinal de contas, tratava-se de propriedade do governo. É claro que poderia enviar um cinegrafista, e faria isso assim que fosse possível, mas só daria para mandar alguém no máximo na manhã seguinte. Assim que a luz do telefone se apagou, uma luz acendeu em sua mente: ele estava determinado a ir pessoalmente até as baleias.

 Oran Caudle era um homem grande. Seu sorriso sempre presente irradiava um calor genuíno. Quase todos em Barrow gostavam dele, até mesmo os esquimós, pois muitos não aprovavam a presença de pessoas não inuítes, ainda menos uma que fosse bem-sucedida. Mas isso era apenas o ponto de vista da minoria. Histórias sobre conflito racial entre esquimós e não nativos da região sempre continham exageros, em particular daqueles que procuravam se beneficiar dessa suposta insatisfação. Quanto pior o problema, maior a necessidade de mais publicidade baseada em "intervenção" e "programas de amenização".

As pessoas da região brincavam que o índice de casamentos consanguíneos passava dos 100%; se aplicado em casamentos múltiplos, o índice de divórcios de Barrow era o mais alto do estado – 75%. O próprio casamento de Caudle tinha acabado em divórcio.

Apesar de terem sido condicionados a verem a si mesmos como vítimas durante toda uma geração, a autoconfiança reinava em Barrow. Agregada ao fato de estar localizada na maior altitude do continente, a pequena cidade no topo do mundo estava maior, mais rica e mais segura do que nunca. As estatísticas que pareciam aterrorizantes se comparadas a outras cidades americanas – altos índices de assassinato, estupro, suicídio, alcoolismo e violência doméstica – não pareciam nada sombrias comparadas à única estatística que importava a eles: o fato de sua vida estar visivelmente melhor do que a de seus ancestrais. Era uma ponte comprida demais para que fingissem não existir.

Mesmo assim, os obstáculos eram grandes. Além do isolamento, da desolação e do frio, havia a escuridão – três meses de completa, inconsolável e insuportável escuridão. Oran teve de criar seu próprio sistema de apoio, herança de muitos da região. Ele entrou para a Igreja Batista do Calvário de Barrow. Sua mensagem geograficamente construída de que "somente na escuridão as pequenas luzes poderiam brilhar" tinha especial razão de ser a 150 quilômetros ao norte do Círculo Ártico. Depois da igreja no domingo, 9 de outubro, ele conversou com alguns amigos evangélicos sobre as baleias que Roy Ahmaogak havia encontrado dois dias antes. Quase todos na cidade pareciam ter ouvido falar sobre as baleias encalhadas.

Caudle conhecia as baleias cinzentas não por tê-las visto em livros ou nos programas especiais sobre natureza de domingo à noite do canal educativo PBS, mas por tê-las visto bem de perto na costa. Até mesmo quando não as via, sabia que estavam perto, por causa dos pegajosos cirrípedes sempre na beira do mar antes de congelar, e pelo privilégio de saborear sua carne durante o jantar nos longos invernos. Se pudesse chegar perto o suficiente para gravar algo interessante, Oran achava que poderia produzir uma reportagem de 20 minutos completos para o Canal 20. Se havia alguma coisa que despertava mais o interesse das pessoas de Barrow do que baleias, Caudle com certeza a desconhecia. Além do governo, ele só tinha um tipo de indústria: a pesca baleeira.

A manhã de quarta-feira do dia 12 de outubro de 1988 começou cedo para Oran. Todas as manhãs começavam cedo para Caudle, que se autodenominava ave noturna. A divisão entre dia e noite, tida como certa para os países de clima mais meridionais, tinha um significado diferente no Ártico; um significado muito difícil para que um *tunik* (pessoa da raça branca) como Oran Caudle pudesse se adaptar. Em Barrow, a meia-noite durante o verão significava plena luz do dia, ao passo que "pleno meio-dia" no inverno apresenta o abandono de uma negritude muito densa. Os humanos reagem da mesma forma que qualquer outro animal do Ártico. Dormem mais durante a longa estação; na curta estação dormem menos. Os psicólogos chamam isso de "Transtorno Afetivo Sazonal"; todas as outras pessoas chamam de "depressão do inverno".

Tudo o que Oran Caudle podia fazer era sentar na cama e pegar o controle remoto. Ligou no canal da CNN, que na época era o único canal de TV a cabo. Era a ligação dele (e de todas as outras pessoas) com o restante do mundo. Tomou um banho, se barbeou e tomou o café da manhã costumeiro: barra de granola e uma lata de suco de maçã. O som das primeiras notas da vinheta musical que dava início ao programa ao vivo da Sonya indicava que eram 8 horas da manhã, horário oficial do Alasca e hora de levantar da cama – bom para ele, que não suportava o tom agudo da voz de Sonya Friedman e seu programa inútil. Calçou as novas botas revestidas de feltro que sua mãe havia comprado. Caudle as achava tão enormes que chegavam a ser ridículas, mas como mantinham seus pés aquecidos em meio a temperaturas que chegavam a -62°C e todos na cidade usavam a mesma coisa, deixou de se importar com elas. Não sabia quanto tempo ficaria no gelo, mas sabia que seus pés não congelariam.

Craig tinha avisado Oran que, a menos que o gelo endurecesse mais durante a noite, 15 metros seria o mais próximo que conseguiriam se aproximar das baleias. Talvez Oran conseguisse usar as lentes caras de *zoom* que havia persuadido o Distrito de North Slope a comprar. Seria a primeira vez em três meses que iria tirá-las da caixa desde que chegaram via remessa aérea de Seattle.

Levou consigo um microfone direcional de alta sensibilidade, que ficava guardado com as pilhas, cabos de diversos tipos e várias fitas virgens para filmagem, em sacolas especialmente revestidas para o tempo frio. Colocou todo esse equipamento na caçamba da caminhonete do estúdio de TV. Oran e dois técnicos pegaram Billy Adams e foram juntos de carro até o escritório de Craig e Geoff, que ficava no velho Laboratório de Pesquisa Naval do Ártico. Conhecido por todos como NARL, constituia-se de um enorme complexo que unia as cabanas Quonset da Segunda Guerra Mundial[6] a construções mais modernas, pré-fabricadas, com base de madeira, no extremo norte da cidade. O NARL costumava ser o centro da cidade e um componente-chave da defesa nacional norte-americana. Antes da tecnologia via satélite, o NARL era a localização de uma enorme estação de radar criada para alertar contra um ataque nuclear transpolar da União Soviética. Parecia-se um pouco com os desenhos da NASA (Administração Espacial e Aeronáutica Nacional) sobre Marte futurístico ou as colônias da Lua estabelecidas no pano de fundo de arredores hostis e estranhos; e na verdade a NASA era exatamente isso. Não havia outra estrutura permanente construída pelo homem entre o NARL e o Polo Norte.

Quando Oran, Billy e os técnicos chegaram ao NARL às 8h30 da quarta-feira, perceberam que os biólogos pareciam preocupados. Craig e Geoff achavam que o tempo das baleias estava se esgotando. O Serviço Nacional de Meteorologia apontou que as temperaturas podiam cair a -40°C no gelo. Com um frio daqueles, a única esperança das baleias era que o vento impedisse o congelamento do mar, mas a previsão não indicava vento nenhum. Sem ventos, os buracos congelariam e as baleias se afogariam antes do fim do dia.

A ida até as baleias levou mais tempo do que Oran esperava. Quando os seis homens desligaram seus *snowmobiles*, a 90 metros da praia coberta pela neve, Geoff e Craig ficaram impressionados com a quantidade de gelo. As baleias estavam exatamente no mesmo lugar em que os biólogos as deixaram e continuavam sua dança obstinada. O filhote parecia mais estável, respirando com regularidade. Billy Adams rastejou para até onde podia pisar. Dava para chegar um pouco mais para

---

6. Cabana de estrutura metálica usada por militares. (N.T.)

frente do que antes. De um jeito extraordinário, as pegadas do dia anterior pareciam ter sido feitas naquele instante – prova da pouca umidade do Ártico e da falta de vento. Nessas condições, as baleias não sobreviveriam muito tempo. Animado demais para lamentar o destino delas, Oran estava tão fascinado só com a visão das baleias que quase derrubou a câmera. Craig o acalmou: – Relaxe, essas baleias não vão a lugar nenhum – disse, garantindo-lhe: – Vá com calma. Faça o que tiver de fazer para se preparar. As baleias não têm muita escolha, elas têm de esperar por você.

Aquilo era novo. Lá estavam três animais em seu hábitat natural que podiam ser tratados como se fossem objetos em seu estúdio de produção. Normalmente, na natureza, uma boa fotografia é pura sorte do fotógrafo. Oran se acalmou e montou sua câmera. Falha no equipamento era ainda a preocupação principal. Com -40ºC, falhas não eram só possíveis, como também prováveis. Ainda assim, mesmo que o equipamento funcionasse, não dava para saber por quanto tempo. Era mais que o frio; era perigoso, tanto para ele quanto para o equipamento. Quando puxou o ar gélido profundamente, sentiu os pulmões arderem. Numa temperatura baixa como aquela, os ossos trincavam e facilmente quebravam.

Quando Oran olhou pelo visor, viu somente a névoa. Sabia que não podia abrir a câmera, pois seria atingida pelos pingos d'água que causariam condensação. Só havia uma alternativa: instalou a câmera no tripé e esperou que o interior dela ficasse tão frio quanto o exterior para evitar a condensação. Geoff e Craig perceberam que as baleias ainda não se sentiam confortáveis com toda a comoção por cima do gelo. Os animais temiam as pegadas dos homens achando que fossem de um urso polar. Buracos usados para respiração eram os favoritos dos ursos polares à procura de presas. Como peixes num barril.

As baleias encalhadas estavam extremamente vulneráveis e sabiam disso. Toda vez que vinham à superfície, se expunham de forma perigosa. Um urso polar podia matar uma baleia gigante com um simples golpe da mão devastadora. Elas tentavam ficar debaixo d'água o máximo que podiam. Mas, mais cedo ou mais tarde, tinham de enfrentar aquilo que estava batendo sobre elas. Tinham de respirar.

Enquanto Oran se ocupava com o equipamento caro, Geoff e Craig calculavam os efeitos da difícil situação das baleias. Tentavam pensar em formas de auxiliá-las a se moverem em direção ao mar aberto. Uma última questão era se, mesmo com um plano, eles conseguiriam fazê-las se mover dali. Oran pediu que Craig se sentasse, a fim de poder tirar as primeiras fotografias das baleias emergindo no cenário. Ergueu sua pesada câmera de 12 quilos sobre os ombros, focou o *zoom* das lentes e apertou o botão vermelho de borracha macia para gravar. Caudle esforçou-se para tentar gravar todos os aspectos possíveis das baleias. Colocou a câmera num tripé e filmou Billy Adams verificando a firmeza do gelo como plano de fundo e as baleias batendo sua gigantesca cabeça contra o cenário todo branco.

Como a água estava congelando rapidamente, Caudle quis saber qual a extensão do gelo sólido naquele momento. Na manhã seguinte, ainda seria seguro andar até a beira dos buracos usados para respirar? Billy Adams achava que sim. Num sotaque esquimó gutural, disse – Se os buracos ainda não estiverem congelados, é bem provável que possamos chegar perto o suficiente para fazer carinho nelas.

Oran teve uma ideia: – Vamos fazer umas entrevistas – sugeriu. – Podemos editá-las com as imagens das baleias para a TV local. Quem de vocês quer ser entrevistado? – indagou Caudle ao público presente. Como o filme seria mostrado no canal local, Oran queria dar um sabor local, ou seja, usar Billy ou sua assistente Marie.

Das seis pessoas que estavam no gelo, Marie parecia a que mais bem se encaixava para conduzir as entrevistas. Era diretora de informação pública do Distrito de North Slope. Era também a esposa de Geoff Carroll. Apesar de tudo isso, não concordou a princípio, e Oran teve de persuadi-la. Geoff e Craig fingiram estar completamente absortos em várias atividades. Estavam coletando novos dados necessários para análise, mas também ficavam tímidos em frente às câmeras.

Oran garantiu a Marie que ela ficaria ótima. Além disso, se não ficasse, quem é que ia saber? Depois de brincar mais um pouco, encorajando-a, ela concordou em fazer perguntas para seu marido e depois para Craig. Oran deu a ela o microfone e apertou o botão de gravação: – Pode ir – disse, com um olho fechado e outro enterrado no visor. – Pergunte a ele o que está fazendo e qual sua opinião sobre as baleias.

Marie rapidamente elaborou questões coerentes. Perguntou a Geoff como as baleias tinham sido descobertas e se ele achava que teriam chance de conseguir escapar ou se acabariam sendo capturadas. Geoff disse que não sabia ao certo o que aconteceria; tudo o que sabia era o que podia ver. As baleias não estavam bem.

Depois entrevistou Craig, que se mostrou profissional, factual e conciso, além de tenso. O branco de seu rosto combinava com o cenário. Com as baleias ativas em segundo plano, Oran sabia que finalmente estava gravando uma matéria de qualidade (ele nem imaginava quanto!). Craig disse a Marie que aquela era uma chance rara para o escritório de Controle da Vida Selvagem estudar um fenômeno natural que talvez nunca tivesse sido visto por mais ninguém antes: – Infelizmente, não havia ainda dados suficientes para dizer com autoridade como aquelas baleias ficaram presas ou quais as chances que tinham de sair dali – disse Craig. Mal sabia ele como aquelas breves declarações agiriam rapidamente em direção à imensa tempestade que se formaria na linha do horizonte pessoal deles.

Oran queria Billy na frente das câmeras para dar autoridade à história local. Billy era um nativo inuíte a quem todos na cidade conheciam, portanto, daria autenticidade e força à história, além de tirar os críticos das costas de Oran. Por mais bem pagos que os assessores dos candidatos à presidência dos principais partidos demonstravam ser nos outros 48 estados, os planos de fundo visuais estavam atropelando o plano principal que os críticos consideravam no momento como "boa televisão".

Assim que Billy e Marie começaram a falar ao microfone, uma das duas baleias maiores emergiu para respirar, irrompendo de forma brilhante na tela. Oran tropeçou na neve derretida ao recuar para ampliar a cena. Não conseguia imaginar uma imagem mais poderosa. Não podia descrever o que tinha naturalmente intuído. Aquelas criaturas tinham uma influência notável sobre a imaginação de todos que as viam. Ali as baleias estavam lutando por cada expiração na frente de pessoas que haviam percorrido grandes distâncias e corrido riscos pessoais significativos apenas para vê-las. A reação de Oran não parecia muito diferente da de qualquer outra pessoa. Era mais emocional do que jornalística. Tinha de ser – além dos novos dados coletados, não havia nada inerentemente jornalístico sobre as três baleias que encalharam na ponta extrema da América do Norte.

O que ficaria bem claro logo em breve era que o drama real da história estava se desdobrando não debaixo do gelo, mas em cima dele: as pessoas reunidas para observar as baleias cativas, prisioneiras de seu próprio destino.

Conforme Billy falava, apontou para trás dele para mostrar a condição de estresse do filhote de baleia. Naquele momento, o filhote emergiu timidamente pelo gelo e roubou a cena. Ensanguentado e cansado, o desesperado animal quase não se movimentava. A criatura patética parecia apelar por ajuda na frente das câmeras, como se de alguma forma soubesse que sua mensagem seria em breve transmitida para criaturas de uma espécie amorosa, mas diferente da sua. O áudio vinha perfeitamente ao encontro da paisagem sombria, mas Oran não estava prestando atenção ao som. Estava enfeitiçado pelo imenso poder das cenas que gravava. Billie e Marie chamaram e até gritaram seu nome várias vezes antes que ele respondesse. Estavam tentando dizer a ele que haviam terminado.

– Como assim acabaram? – perguntou Oran, enfurecido. – Continuem falando, não estou nem aí para o que estão falando – esbravejou. – Falem, ninguém vai ouvi-los, só querem ver as imagens e elas precisam de áudio. Isso é incrível! – todos estavam atônitos. Nunca tinham visto aquele lado insistente de Oran. Como era possível estar tão interessado em ouvir o que eles já tinham contado três vezes? Oran implorava para que continuassem a improvisar. Marie fez as mesmas perguntas a Billy várias vezes.

Observar aquelas baleias era como estar usando uma droga tão boa que só podia ser ilegal. Por mais cenas que tivesse conseguido, sentia que precisava de mais. Já fazia tempo que tinha se esquecido do frio. Estava frio ali? Quando finalmente as fitas acabaram, os outros o convenceram que era hora de voltar para casa. A propósito, sim, estava frio. Durante as quatro horas que passaram ali no gelo, o banco de areia, que mais parecia gelo sólido, tinha aumentado 7 metros ou mais na direção do buraco em que as baleias estavam. Se o frio continuasse daquela forma, daria para andar até as baleias no dia seguinte. Mas isso trazia à tona uma questão central: por quanto tempo o buraco de respiração das baleias ainda ficaria aberto? De qualquer forma, estava na hora de aqueles humanos tremendo de frio voltarem para a cidade.

A viagem de volta na traseira dos *snowmobiles* foi ainda mais fria do que o percurso a pé. Mas depois de toda aquela excitação, havia adrenalina suficiente circulando para manter o sangue quente sem que sentissem nenhum desconforto durante o caminho. Assim que conseguissem comer alguma coisa, ficariam mais quentes. Craig usou o escritório de Geoff para notificar a Guarda Costeira sobre as baleias encalhadas e para ver se queriam mandar alguém para dar uma olhada nelas e ver se havia alguma forma de ajudá-las. O escritório mais próximo da Guarda Costeira permanentemente tripulado ficava a quase 2 quilômetros ao sul de Anchorage. Ele e Geoff acreditavam que as baleias pudessem ser facilmente liberadas se houvesse um navio na região para quebrar o gelo até onde a neve estava derretida. Talvez o escritório de Anchorage pudesse autorizar que um de seus barcos abrisse um rápido canal para permitir a passagem delas, o que até aquele momento não chegava a 2 quilômetros. Não seria preciso um navio muito grande. O gelo ainda estava líquido o suficiente para que qualquer aerobarco de médio porte desse conta do recado.

Os biólogos tinham esperança de que seu pedido não fosse considerado uma grande coisa. Na quarta-feira à tarde, deixaram uma mensagem com o oficial de plantão da Guarda Costeira, que prometeu transmiti-lo. Mais tarde naquela noite, uma jornalista chamada Susan Gallagher telefonou para a Guarda Costeira para ver se havia por lá algo digno de virar notícia. Gallagher era jornalista obstinada da Associated Press. Uma de suas funções era ligar para a Guarda Costeira para descobrir se havia algum furo. A Guarda Costeira sempre comandava operações de resgate e busca de caçadores encalhados, baleeiros, aventureiros e sabe-se mais quem – especialmente no fim do outono. Mas um resgate de baleias? Aquele seria o primeiro. E, em algumas horas, o maior resgate feito por humanos a não humanos na história do Alasca – quem sabe, até mesmo em toda a história – iria acontecer.

Gallagher anotou atentamente todos os detalhes relatados pelo oficial da Guarda Costeira e a transformou numa história curta e sem muito detalhe, típica das agências de notícias. Não podia perder muito tempo com isso, pois havia outras notícias que pareciam mais interessantes – envolvendo pessoas – e que deveriam ir para a diagramação antes do prazo. Quando o editor noturno do *Anchorage Daily News* viu a história de Gallagher, decidiu escrever um pequeno artigo na parte inferior da primeira página da edição matinal de quinta-feira. Seis dias depois de as baleias terem sido vistas pela primeira vez, uma história sobre elas ganhou a primeira página e sem nenhuma foto!

Baleias de sorte.

Gallagher escreveu: "Um trio de baleias presas no gelo do Oceano Ártico usou dois buracos para respirar e sobreviver quarta-feira enquanto os biólogos procuravam ajuda para libertar os animais. As três baleias californianas cinzentas aparentemente estavam nadando do Mar de Beaufort em direção ao inverno do México quando ficaram presas no gelo a leste de Point Barrow há uma semana – disse Geoff Carroll, um biólogo do Distrito de North Slope. Ele disse ainda que a movimentação das baleias mantinha os dois buracos no gelo abertos, mas eles ficariam cada vez menores conforme a temperatura fosse caindo e o novo gelo se formando. Na quarta-feira, quando Barrow apontou -25ºC, marcando um novo recorde de temperatura mais baixa para a data, os buracos estavam a 137 metros da costa".

A reação em cadeia começara. O próximo elo seria um jornalista televisivo da KTUU-TV, uma afiliada da NBC em Anchorage, Todd Pottinger. Pottinger viu a história na primeira página na quinta-feira de manhã no *Anchorage Daily News* enquanto se aprontava para ir ao trabalho. Todos os dias, seu trabalho começava com uma reunião de pauta que determinava quais histórias seriam cobertas por cada jornalista, na expectativa de editar as notícias para o jornal da noite. Aos 26 anos de idade, Pottinger já trabalhava com notícias televisivas tempo suficiente para saber que baleias sempre viravam notícias. No minuto em que viu a história, ficou interessado. As pessoas adoravam baleias. Quer estivessem presas na praia, acasalando, ou apenas nadando, baleias eram sempre uma reportagem válida – às vezes mais que uma – para o noticiário noturno de Anchorage. Não seria preciso convencer o diretor. Baleias com certeza eram assunto garantido. Aquela seria a história de Pottinger.

Ele procurou pelo telefone de Oran Caudle em sua agenda. O Alasca era grande demais para ser coberto por apenas uma agência de notícias. Jornais, agências de notícia e estações de televisão confiavam em jornalistas *freelancers* por todo o estado para atender as regiões que não conseguiam cobrir sozinhos. Estações de TV interessadas em qualquer tipo de gravação na região de North Slope, Alasca, deveriam procurar Oran Caudle. Ele operava na única instalação moderna da região.

Quando Oran chegou ao trabalho na manhã de quinta-feira, um recado escrito à mão, que dizia que Todd Pottinger de Anchorage telefonara, foi colocado com destaque em cima de sua mesa. Oran ficou confuso. Sabia que tinha relação com as baleias, mas será que Pottinger já estava ligando para falar sobre elas? Como já sabia sobre elas? O próprio Oran as tinha visto só no dia anterior. Não importava. Sempre que alguém de Anchorage ligava, as notícias para Oran eram boas. Significava que teria uma chance de interagir com alguém ligado a mídias importantes do estado, sem falar na oportunidade de conectar o Distrito de North Slope com o restante do estado. Assistia ao noticiário de Todd todas as noites pela TV em Barrow e sentia orgulho de conhecê-lo. Tinham uma relação de amizade e já haviam trabalhado juntos no passado. Parte do trabalho de Oran era auxiliar estações de televisão de fora que cobriam Barrow. Ele tinha de se certificar de que qualquer tipo de cobertura em que tivesse auxiliado pessoas de fora fosse favorável à NSB, mas não tinha como fazer isso de fato. Jornalistas eram jornalistas; relatavam o que desejavam. Isso não era somente uma teoria para Oran; já tinha se queimado muito para poder dizer que aquela era uma amarga verdade. Barrow era longe demais para que as notícias aparecessem no mesmo dia no *Anchorage Daily News*, o que significava que ainda não sabia que suas baleias estavam na primeira página do jornal da cidade mais importante do estado. Mesmo assim, no instante em que viu o recado, sabia que Pottinger devia ter ouvido alguma coisa sobre as baleias.

Uma das maiores frustrações de Oran ao administrar e cuidar da produção do estúdio de TV de Barrow era que, sempre que pensava ter encontrado uma boa história, tinha de implorar para que os contatos do sul também a levassem em consideração. As estações de TV de Anchorage e Fairbanks pareciam se interessar somente pelas notícias ruins de North Slope – o que, na verdade, não as diferenciava das demais estações de qualquer outro lugar. As histórias sobre as notícias ruins do Ártico geralmente pertenciam a categorias previsíveis: corrupção, crime, alcoolismo, ataques de ursos, ou condições climáticas. Mas como o clima seria notícia em North Slope? Bem, teria de estar numa condição pior que ruim. Tinha de ser um tempo horrível. E esse tipo de história não dava para ser criado da noite para o dia e também não era interessante ao departamento de turismo que histórias sobre um frio de -59°C fossem publicadas.

É claro que Oran ligou para Todd que queria saber se alguém tinha algo novo para falar sobre as baleias encalhadas. Notícias sobre baleias eram sempre notícias. Pottinger queria descobrir mais coisas e tinha esperanças que Oran pudesse ajudá-lo. Caudle não apenas sabia tudo sobre as baleias, disse a Pottinger, como também havia passado várias horas fazendo gravações sobre elas.

– Quer dizer que você as gravou? – perguntou Todd Pottinger, todo animado.

– Pode apostar que sim – respondeu Oran, orgulhoso de si mesmo.

– Pode esperar um segundo só? – perguntou Pottinger, expressando sua própria excitação enquanto fazia Caudle esperar. A intuição de Todd valeu a pena. Pottinger voltou à linha perguntando em quanto tempo Oran conseguia arrumar uma transmissão via satélite da gravação para Anchorage sem nem dar chance a Oran de elaborar seu pensamento. Pottinger sabia que em Barrow havia uma das maiores parafernálias do Alasca: uma instalação para transmissão via satélite altamente sofisticada que ficava ao sul da pista de decolagem da cidade – o único meio de transporte que operava o ano todo –, criado num ambicioso projeto estadual de bilhões de dólares, a fim de gastar um pouco do lucro da riqueza do petróleo dos anos 1970 para conectar vilarejos e comunidades rurais ao restante do mundo. Mas, como muitos outros projetos mal-concebidos durante a era de gastos desenfreados, a instalação de transmissão raramente era usada. Apesar de as gigantescas antenas parabólicas receberem transmissões sem parar, quase nunca enviavam alguma coisa.

Oran disse a Todd que não sabia ao certo se o modo de "envio" do caro sistema estava funcionando. Caudle não se lembrava de alguma vez tê-lo usado. Para ele, aquilo parecia um objeto de uma década diferente, posto ali por engano na tundra congelada. Todd o encorajou a conseguir uma resposta o mais rápido possível. Enquanto isso, Pottinger ajustou a antena parabólica da KTUU em Anchorage para receber uma transmissão de Barrow, caso alguma coisa fosse enviada. Todd não tinha tempo de esperar pela confirmação de Oran. Para garantir a edição da reportagem para o jornal daquela noite, precisava reservar 30 minutos do satélite imediatamente. Ligou para a Alascom, a empresa de comunicações proprietária do satélite *Aurora I* de cem milhões de dólares, lançado em outubro de 1982. *Aurora I* orbitou a 36 mil quilômetros acima da Terra, conectando o outrora isolado 49º Estado ao restante do mundo por telefone, rádio e televisão.

Pottinger agendou o envio de dados para quinta-feira, 13 de outubro de 1988, às 13h30, horário oficial do Alasca. Em nome da estação de Anchorage, KTUU, Pottinger concordou em pagar a taxa de 500 dólares pelo uso do satélite, mesmo que Caudle não conseguisse transmitir as imagens a tempo. Enquanto isso, Caudle enviou o único técnico que havia para as instalações do satélite, a fim de tentar sintonizar no padrão de teste de vídeo que Oran tinha especificado. Na primeira tentativa – sem nenhum tipo de falha – o teste padrão foi perfeito. Oran ligou para Pottinger para dizer que estava tudo certo.

– Ah, falando nisso... – disse Todd, num tom bem casual, antes de desligar – ... a KING-TV em Seattle também quer usar as imagens para o seu noticiário – O satélite *Aurora I* estava parado num ponto determinado da órbita da Terra a 36 mil quilômetros do Pacífico Norte – isso fazia que Seattle fosse a única cidade dos 48 estados continentais capaz de "ver" o

Aurora I. Sendo assim, sempre que alguém no Alasca quisesse transmitir ou receber um sinal que ultrapassasse a "porta de comunicação" do Noroeste Pacífico, o sinal tinha de ser transferido – quase sempre em Seattle – para um satélite diferente. Isso era chamado de *looping*[7]. Apesar do *looping* acrescentar 75 mil quilômetros de viagem a um filme, viajando a pouco menos de 280 mil quilômetros por segundo na velocidade da luz, fazia que o caminho todo fosse percorrido num tempo menor que meio segundo.

Às 11 horas da manhã já estava tudo certo para o envio, e Oran ainda tinha duas horas para reduzir o tempo de gravação sobre as baleias do dia anterior em um pacote de 20 minutos pronto para o satélite. Para um produtor de notícias de uma emissora que fazia isso todos os dias, aquilo era uma bobagem. Mas Oran Caudle não era um produtor de notícias de uma emissora. Não fazia isso todos os dias. Para ele aquilo era algo muito importante mesmo.

Um medo súbito assolou Caudle. Será que conseguiria fazer? A gravação feita para a televisão de Barrow não iria apenas para Anchorage, mas também para Seattle. Sempre quis trabalhar com profissionais da área de verdade. Aquela era a sua chance. Oran trancou-se na sala de edição, onde repassou freneticamente duas horas e meia de filmagem, filtrando as melhores cenas.

O telefone tocou. Era Todd. Ligara novamente para tranquilizar Oran. Na última vez em que se falaram, sentira que Oran estava um pouco nervoso. Todd disse a ele para relaxar. Não precisava fazer uma edição perfeita. Os editores da KTUU fariam isso.

Oran terminou o trabalho às 12h15. Olhando para trás, não pareceu tão assustador assim. Agora Caudle precisava de

---

7. Transferência de sinais via satélite. (N.T.)

um passo a passo para saber como proceder. Telefonou para Todd, que disse a ele para inserir a fita editada no aparelho. Caudle esperou um padrão de barras coloridas aparecer na tela, acompanhado pelo familiar tom de teste de som. Quando a imagem apareceu na tela, ele estava olhando para um filme transmitido de volta para Barrow diretamente do *Aurora I*. Tudo parecia estar dando certo.

Todd Pottinger relatou ter visto a mesma coisa ao mesmo tempo no monitor de Anchorage, o que confirmava que todos os sistemas estavam em ordem. Com paciência, Pottinger ensinou a Oran como produzir sua primeira transmissão ao vivo pela televisão: – Quando você estiver pronto – disse Todd – só precisa apertar o *PLAY*, que nosso trabalho vai começar. – Todd não acreditava na excelente reportagem que tinha em mãos. No instante em que viu as primeiras cenas das baleias, sabia que aquela seria uma grande história para a televisão. Só não tinha ideia da imensidão.

Minutos mais tarde, a KING-TV em Seattle ligou para dizer a Oran que a rede NBC estava se apressando para conseguir uma transmissão imediata da gravação de Oran para Nova York. Parecia que Tom Brokaw queria exibir a reportagem no noticiário noturno da NBC. Por sugestão do chefe, os produtores de Tom Brokaw estavam procurando por uma história exclusiva, de apelo visual para o encerramento do programa. Quando as três baleias apareceram durante a conferência da quinta-feira de manhã, os diretores do escritório de jornalismo da NBC concordaram prontamente com o de Los Angeles que, se o vídeo fosse mesmo bom, as baleias seriam um ótimo "trunfo", jargão televisivo para a história que encerra um noticiário.

Oran mal conseguia acreditar no que estava ouvindo: sua história no noticiário noturno da NBC? Já estava bem feliz por Todd não ter desistido de sua reportagem antes do fim da transmissão. Estava muito nervoso. Agora, além de estar à beira de um ataque de nervos, ainda estava mudo. Não fazia tanto tempo assim que Caudle ainda trabalhava cobrindo concursos de beleza lá em Commerce, Texas.

Na quinta-feira, 16 de outubro de 1988, às 12h30, horário oficial do Alasca, as três baleias assustadas ainda interessavam a apenas algumas pessoas de uma pequena cidade de esquimós localizada no topo do mundo. Horas mais tarde, 15 milhões de americanos as viram pela primeira vez. (Em 1988 as pessoas realmente assistiam ao noticiário noturno da NBC.) Assistiram às baleias respirar ofegantes. Foi um desvio de atenção súbito e inesperado da grande notícia do dia: as semanas finais da campanha presidencial entre o vice-presidente republicano, George H. W. Bush, e o democrata de Massachusetts, o governador Michael Dukakis.

No momento em que a primeira imagem do encalhe das baleias apareceu na tela da televisão na KING-TV de Seattle, ninguém poderia imaginar que dias mais tarde toda a América desviaria sua atenção do grande evento que ocorre a cada quatro anos para dirigi-la a um outro, aparentemente insignificante, sobre três baleias californianas cinzentas presas nas águas congeladas no extremo norte do continente.

Mas, para os que cobririam a história, era ainda mais difícil se preparar para o mundo em que estavam prestes a entrar, o mundo de Barrow, Alasca – um mundo como nenhum outro.

3
ESQUIMÓS: 25 MIL ANOS ABAIXO DE ZERO

Em 1826, um explorador do Ártico chamado Thomas Elson participou de uma das maiores aventuras da história. Um dia, enquanto explorava a costa noroeste do Alasca, Elson retrocedeu 25 mil anos no tempo. Encontrou uma ligação com a Pré-História ao deparar com uma comunidade de caçadores esquimós que viviam à margem do perímetro extremo norte. O que Elson não sabia na época é que tinha encontrado evidências de uma civilização cuja própria existência desafiava a lógica humana. Aquelas pessoas não apenas conseguiram sobreviver mais tempo do que qualquer outra civilização, como também conseguiram fazer isso no ambiente mais cruel do mundo, um lugar em que a própria vida em si já era um milagre.

Apesar de os nativos chamarem seu lar de *Utqiagviq*, Elson o chamou de Barrow, em homenagem a um patrocinador britânico das expedições ao Ártico. Por 25 mil anos, as românticas tribos se espalharam tanto pela costa como pelo interior do Alasca, desenvolvendo-se em completo isolamento. O dialeto dos inuítes e sua cultura exclusiva pareciam ser baseados numa única influência principal: a baleia. Ela não fornecia apenas comida, mas também calor, abrigo e consolo espiritual. Era mais do que uma fonte de alimentação para aquele povo antigo. Era mais do que uma criatura. Era para eles um espírito, capturá-la era um prêmio. Que outra fonte visível poderia dar ao esquimó tudo o que precisava para sobreviver?

Carne de baleia era a fonte perfeita de comida. Era tão rica em vitaminas e minerais que os que a consumiam pareciam ficar imunes a deficiências nutritivas que acometiam outros povos. Tinha alta concentração de vitamina D, um nutriente vital que a maioria das pessoas obtém pelo sol, uma fonte nunca forte o suficiente para fornecer a quantidade necessária para sobrevivência no alto Ártico. A carne da baleia da Groenlândia tinha maior concentração de gordura que qualquer outra fonte natural de alimento, contudo as doenças do coração ainda pareciam ser desconhecidas. Os esquimós inuítes pré-modernos não comiam frutas, legumes ou grãos, apesar de sua dieta conter tanta fibra como qualquer outra.

Viviam sob o clima mais imperdoável do mundo, em que até mesmo os mais preparados morriam com frequência se expostos a ele. Antes de serem apresentados aos povos, costumes e patogenias não esquimós, os registros locais pareciam indicar que os inuítes tinham vida longa e saudável. O tempo iria provar que os esquimós eram muito frágeis. Por terem ficado tanto tempo isolados do contato com outros povos, eram indefesos contra as doenças existentes nas pessoas que adentravam o mundo dos esquimós. Como a maioria dos outros povos da América do Norte, os esquimós não tinham como estar preparados ou protegidos da chegada do século XIX.

A primeira visita de Thomas Elson durou só alguns dias, mas mudaria para sempre a vida do povo inuíte. Românticos, indubitavelmente brancos e vivendo distantes o suficiente, viam visitas como a de Elson como um desastre absoluto – toda nova influência do mundo de fora aceleraria o declínio e deixaria uma das civilizações mais antigas do mundo vulnerável a riscos futuros, além de ansiosa por participar de suas oportunidades.

A princípio, Forasteiros eram poucos e raros, mas, como toda mudança, quando atracavam no litoral de Utqiagviq, não podiam ser impedidos. Podiam, contudo, ser controlados. E eram: às vezes, o controle ia bem, outras nem tanto. A civilização inuíte local só começou o "declínio" visível várias décadas após a primeira visita de Elson, mas como ninguém de fora nunca teve realmente uma boa noção de como a vida era antes da chegada do explorador, a aferição do declínio só teve início no começo do século XIX.

A pesca baleeira foi a primeira grande indústria da América. A explosão comercial da pesca baleeira nos séculos XVIII e XIX não era um truque barato; mudou e deu forma ao desenvolvimento de um país jovem como os Estados Unidos como nenhuma outra indústria. Navios baleeiros eram a tecnologia de ponta e desempenharam um papel central na guerra pela independência da América. Os baleeiros forneciam produtos que melhoraram profundamente a vida dos americanos comuns, gerando o grande capital necessário para abastecer a Revolução Industrial em desenvolvimento na América.

O discurso ambiental, cada vez mais aceito como o único discurso, afirma quase como uma premissa que todas as nossas doenças modernas derivam das mudanças geradas pela Revolução Industrial, especialmente a mudança da água para carvão como principal fonte de combustível da economia. Mas, como a maioria das histórias, essa também tinha dois lados, e equacionar o bom e o ruim faz que sejamos generosos com o ruim. Os benefícios da industrialização elevaram demais os custos e não apenas em relação aos humanos, mas também ao meio. Os sucessos da Revolução Industrial não foram, de forma nenhuma, mais vívidos do que a própria história da baleia.

A Revolução Industrial viu tanto a expansão da pesca baleeira comercial quanto sua decadência. Quase destruindo as espécies, a Revolução Industrial pavimentou o caminho para as baleias não apenas se recuperarem, como também para florescerem como nunca antes. Quando a Revolução Industrial começou no fim do século XVIII, as baleias eram para os humanos o que sempre foram: um animal caçado para servir como alimento, combustível e inúmeros outros produtos desenvolvidos no decorrer dos séculos. O óleo de baleia vinha da gordura que cobria seu corpo, a qualidade e o uso de cada óleo variava de acordo com a espécie de baleia.

O óleo mais cobiçado de todos era encontrado no nariz da baleia de espermacete, usado para fazer o que os especialistas até hoje afirmam ser as mais finas velas e perfumes já produzidos. Partes de baleias eram usadas para fazer tudo, de fertilizantes a varas de pescar e de guarda-chuvas a teclados de piano. Mas, no fim da Revolução Industrial, no primeiro terço do século XX, os enormes mamíferos haviam se transformado em algo inteiramente novo para a humanidade – uma criatura magnífica e ameaçada para ser protegida e apreciada.

Ao mesmo tempo que a pesca baleeira era uma forte indústria no século XIX, fazendo dos Estados Unidos uma nação proeminente, a indústria era tão competitiva que nunca chegou a ser muito lucrativa para os que atuavam nela de fato. Até mesmo quando os preços dos produtos derivados de baleia aumentaram, as margens de lucro sempre pareciam cair. No meio do século XVIII, um a cada dez navios baleeiros fracassava todos os anos. Mas não importava o tamanho das dificuldades da indústria em retirar seu próprio sustento, nunca faltou demanda para seus produtos. A demanda atingia níveis tão extraordinários que as companhias de pesca baleeira mais ricas de New England investiram milhões de dólares em novos navios que pudessem ficar anos no mar procurando por baleias nas águas do extremo norte do globo.

Na segunda metade do século XIX, a pesca baleeira comercial havia se tornado a principal indústria global e era dominada pelos Estados Unidos. De óleo para aquecimento a produtos cosméticos, a baleia era uma verdadeira mina de ouro para qualquer grupo de homens intrépidos querer caçá-la e assassiná-la. Frotas gigantescas de navios de pesca baleeira que incorporavam a tecnologia marítima de ponta da época faziam sempre o mesmo trajeto pelos altos mares em busca de fortunas para o capitão e a tripulação. Enriqueceram as cidades de New England que construíram, hospedaram e mantiveram as gigantescas frotas.

O último grande santuário das baleias começou a sofrer ataques de forma quase tão rápida quanto as astutas embarcações novas conseguiram chegar à costa inexplorada do Alasca. Suas águas ainda eram as mais ricas. Na verdade, mostraram-se tão férteis que algumas companhias estabeleceram estações baleeiras por toda a isolada costa norte do Alasca para abastecer sua frota com comida fresca e combustível. Essas estações serviriam como a primeira invasão permanente à vida dos esquimós. Os depósitos isolados expandiram-se rapidamente em importância para os nativos e para os baleeiros. Pela primeira vez, os esquimós começaram a negociar mercadorias.

Os baleeiros introduziram os esquimós em luxos jamais conhecidos como madeira e tecidos. Os homens brancos perceberam rapidamente os pontos fortes e as fraquezas dos esquimós. O ponto forte era a estranha habilidade de sobreviver no Ártico. A fraqueza resumia-se a uma única palavra: alcoolismo. O estrago era catastrófico e instantâneo. Os homens brancos destruíam não apenas as enormes baleias, como também as pessoas que dependiam delas.

Quase imediatamente depois de os baleeiros chegarem, os esquimós contraíram doenças transmitidas por eles e morreram. No passado, não era atípico que centenas de pessoas morressem por doenças todos os anos. Inúmeros esquimós foram trabalhar nas tripulações baleeiras, ansiosos para explorar suas habilidades. Outra grande quantidade foi assassinada por baleeiros concorrentes – não por serem inuítes, mas por estarem ajudando a concorrência.

Temos de nos sentir culpados de alguma coisa se vamos passar a contar com as sofisticações da modernidade, não temos? Com certeza, temos de reparar os erros causados por uma tragédia ou outra inevitavelmente – seja pelo colonialismo, gordura trans, escravidão ou fumo passivo. Então por que não baleias? Confissões públicas de culpa são sempre bem-vindas, mas culpa pelo passado sem preocupação com o futuro torna a oferta de culpa incompleta. Contudo, a preocupação com questões públicas equivale à falta de virtude moral. Além disso, demonstrar preocupação funciona, edifica e enobrece a pessoa que se preocupa. Sem falar que preocupação é mais fácil e mais barata do que fazer algo de fato.

Embora mais baleias estivessem sendo caçadas devido à crescente demanda global, como os esquimós ficavam cada vez mais com menos baleias, muitos começaram a morrer de fome, apesar de ninguém ter ao certo um número confiável. Muitos de seus caçadores virtuosos estavam bêbados demais para caçar. Para piorar ainda mais as coisas, os anciãos da cidade, incertos e ansiosos sobre como participar desse novo e estranho mundo dos negócios e do escambo, ofereceram aos baleeiros americanos os serviços de seus melhores baleeiros em troca de melado para produção de bebida alcoólica.

Em menos de uma geração, a sempre autossuficiente comunidade de esquimós, descoberta por Thomas Elson, tinha sido devastada. As mudanças ocorreram muito rapidamente para muitos se ajustarem. Em menos de duas décadas, tanto os esquimós como as baleias quase foram aniquilados. Mas, se havia uma coisa que não mudara para os esquimós, era a dependência das baleias.

A descoberta e a comercialização do petróleo bruto, que pôs fim à pesca baleeira comercial em grande escala, só começou depois do primeiro terço do século XX; tarde demais para evitar grande parte do deslocamento que devastou as populações nativas do Alasca. Barrow mergulhava numa pobreza vergonhosa – pelo menos era esse o discurso. "Os fatos são coisas teimosas", frase famosa de John Adams, e não havia fatos suficientes sobre Barrow para apoiar o antes e o depois das estatísticas sobre a pobreza. Afinal de contas, o retrato da Inglaterra do século XIX feito por Charles Dickens denota superlotação, sujeira e crescente pobreza. Mas onde está a imagem do que havia antes do retratado por Dickens?

Por que havia tanta gente em Londres? Será que pessoas desavisadas migraram para um lugar tão lotado e sujo a fim de tornar sua vida ainda mais miserável? Ou será que vinham porque as condições atmosféricas, que agora vemos como ruins, na verdade seriam melhores do que aquelas que as tais pessoas deixaram para trás? Então, provavelmente, o mesmo aconteceu com Barrow. Não importava o quanto fosse fatiada, a população de Barrow triplicou em um século e meio depois de sua descoberta. As condições de vida, invisíveis antes de Elson, provavelmente eram muito piores do que as condições pobres, mas visíveis depois da vinda dele.

Para sobreviver, os esquimós tentaram retomar a caça por subsistência. Mas as baleias e as habilidades de captura estavam atrofiadas. Barrow declinava, apesar de sua população continuar a crescer. Era desconhecida por todos, menos para alguns missionários e negociantes da raça branca até pouco antes da Segunda Guerra Mundial. A Guerra Fria proporcionou a Barrow e sua localização uma explosão súbita de importância estratégica. No começo dos anos 1950, o perímetro norte de Barrow era a localização perfeita para a Força Aérea norte-americana construir uma Estação de Radar (DEW Line) que alertasse sobre ataques aéreos de bombas nucleares dos soviéticos ao território dos Estados Unidos ou do Canadá.

Em seu ápice, na segunda metade dos anos 1950, a DEW Line empregou centenas de nativos, antes de se tornar obsoleta nos anos 1960 pelos mísseis balísticos intercontinentais que voavam mais alto e mais rapidamente para serem interceptados. O restante da cidade continuou a caça da boa e velha baleia da Groenlândia dos tempos antigos, cuja população estava se recuperando dos dias da pesca baleeira comercial irrestrita.

Em 18 de fevereiro de 1968, a sorte de Barrow mudou novamente. Depois de 125 milhões de dólares de perfurações em vão na tundra a 405 quilômetros a leste de Barrow, num lugar desolado chamado Baía de Prudhoe, a Atlantic Richfield Company (Arco) finalmente deparou com o que na época representava o maior campo de petróleo e gás natural encontrado. Geólogos do fim dos anos 1960 calculavam que devia haver 15 bilhões de barris e 7,8 trilhões de metros cúbicos de gás natural a apenas 3 quilômetros abaixo da superfície. Só para ver o quanto a ciência da perfuração do petróleo e da gasolina evoluiu desde então, projeções publicadas pela Pesquisa Geológica dos Estados Unidos (USGS) em 2009 calculam que a costa de Barrow/North Slope contém 83 bilhões de barris de petróleo e 0,5 trilhão de metros cúbicos de gás natural em reservas não aproveitadas recuperáveis.

Os esquimós sempre consideraram o líquido preto, denominado *Uqsruq*, que saía da superfície da terra congelada um veneno de espírito negro, o que não era muito diferente do pensamento dos árabes medievais sobre o que escoava por suas terras. Observavam como *Uqsruq* matava pessoas, árvores robustas e animais poderosos. Mas os homens brancos pareciam encontrar grande valor nele. Logo, os inuítes iriam ver os benefícios, desejando usufruir de sua parcela. Os Forasteiros estavam tão ansiosos para usar um recurso muito próspero e poderoso, que fizeram o maior investimento de capital privado até a época – 20 bilhões de dólares – para desenhar e construir a infraestrutura massiva necessária para retirar o petróleo do solo de forma segura e eficiente pelos 1.200 quilômetros de oleoduto espalhados pelo território mais traiçoeiro do mundo, levando-o a superpossantes navios cargueiros da cidade portuária a sudeste do Alasca, de Valdez esperando para transportá-lo pelo mundo para ser refinado em gasolina para carros, caminhões e aviões dos quais somos dependentes para nos levar aonde precisamos ir.

Os campos da Baía de Prudhoe chegariam a fornecer, no ápice, na metade dos anos 1980, um quarto de todo o petróleo consumido nos Estados Unidos, ou quase 22 milhões de barris de petróleo por dia. O imposto de 3 dólares por barril pelo produto bruto para o governo gerava receita suficiente para financiar 90% do governo do Alasca. Os habitantes do Alasca de todos os tipos pareciam estar encantados demais. O bom para eles é que as companhias de petróleo eram tão gananciosas quanto eles. Os impostos que o governo pagava pelos lucros eram tão altos que os habitantes do Alasca não precisavam pagar impostos sobre vendas, propriedade ou de renda. No fim dos anos 1980, o Alasca não era só o único estado da América a pagar o menor imposto estadual, como também era o de crescimento mais rápido. Coincidência?

Até 2011, apenas dois campos de petróleo de North Slope, Baía de Prudhoe e Kuparuk, entregaram mais de 16 bilhões de barris de petróleo americano de alta qualidade para os demais 48 estados. Mas até 2011 a produção declinou em quase dois terços, fazendo que a passagem do petróleo pelo oleoduto ocorresse de forma bem mais lenta e com menos pressão, aumentando dramaticamente os problemas de entupimento e congelamento rápido, ameaçando a viabilidade do oleoduto multibilionário – precisamente como os ambientalistas esperavam acontecer há muito tempo. Se o oleoduto fosse forçado a fechar, as leis do Alasca exigiam que fosse destruído.

Por mais produtivas que fossem a Baía de Prudhoe e Kuparuk, o potencial desses campos foi diminuído por recursos não aproveitados, localizados sob terras federais próximas. A oeste estão 23 milhões de acres em que fica a Reserva Nacional de Petróleo do Alasca, estabelecida nos anos 1920 pelo presidente Warren G. Harding em que recentes pesquisas calculam 15 bilhões de barris de petróleo facilmente recuperável. Bem a leste, com apenas 19 milhões de acres, está o Refúgio Nacional da Vida Selvagem do Ártico (ANWR), em que estão 16 bilhões de barris de petróleo recuperável. Ao norte, onde está a vasta área do mar, há mais 30 bilhões de barris de petróleo equivalente – duas vezes mais petróleo do que 40 anos de petróleo produzidos na Baía de Prudhoe.

Mesmo assim, é lá que está o petróleo. Manter a ANWR distante tem sido uma nobre causa ambiental há décadas. Ao mesmo tempo que a mais nova tática passou a ser a abertura de processos jurídicos contra toda tentativa de abrir novas terras federais e estaduais, foram precisos quase vinte anos para que as vendas por arrendamento no Mar de Chukchi obtivessem até mesmo aprovação provisória em 2008. Mas mesmo depois, quando os direitos de quase 3 milhões de novos acres foram leiloados, grupos ambientalistas abriram processos para evitar a negociação, interrompida por um juiz em julho de 2010.

Em 2010, foram necessárias mais de trinta licenças separadas de várias agências federais e estaduais antes que se pudesse até mesmo começar a perfuração exploratória no Alasca. Isso fez que companhias como a Shell Petróleo, que passou anos recebendo críticas, parassem totalmente de comprar do Alasca. Até mesmo a aprovação do presidente Barack Obama em 2011 – proposta em resposta à alta recorde nos preços de gasolina – foi ignorada pelo próprio Corpo de Engenheiros do Exército, que negou o pedido da ConocoPhillips de perfurar a área que já lhe pertencia nas Reservas de Petróleo.

Poucas pessoas nos demais 48 estados sabiam que seus compatriotas estavam administrando a fronteira mais distante, mais árida e potencialmente mais rica. O 49º estado era um paradoxo gigantesco: uma terra de contrastes, contradições e de uma beleza imensurável. Diferente dos demais americanos, os habitantes do Alasca do fim do século XX continuavam a ver a si mesmos e ao enorme pedaço de terra que tinham como diferentes e separados – quase um país próprio. Os habitantes do Alasca chamavam as pessoas que viviam em outros lugares de "Forasteiros". Qualquer lugar que ultrapassasse as imensas fronteiras do maior estado da América era denominado "O exterior". Separado dos demais 48 estados continentais por milhares de quilômetros, os habitantes do Alasca também estavam separados por uma ética há tempos esquecida no sul: a ética da construção de uma nação.

Que lugar maravilhoso era aquele. Com quase 1 milhão de quilômetros quadrados, o Alasca representava um quinto do tamanho do continente dos Estados Unidos; quase tão grande quanto a Europa Ocidental. O Alasca transpassava dois continentes e três zonas climáticas distintas. Por penetrar profundamente no continente asiático, o Alasca era único a ter a honra de estar tanto nos extremos leste e oeste do estado. Dezessete das vinte montanhas mais altas da América do Norte ficavam no Alasca, assim como mais de 100 mil geleiras. O Alasca abarcava uma cadeia de ilhas – as Aleutas – maior em extensão do que o continente dos Estados Unidos. Apesar de ser o território menos colonizado da América, o Alasca, pela virtude de ser o primeiro ponto de parada primordial do estreito asiático, acabou sendo o primeiro território colonizado da América.

Em 1988, menos de trinta anos depois de admiti-lo como o 49º estado norte-americano, o Alasca era o estado norte-americano menos populoso: menos de uma pessoa por metro quadrado, um dos menores índices na relação entre número de habitantes e área do território. No fim dos anos 1980, a população de caribus do Alasca era maior do que a de humanos na proporção de 10 para 1. Em 2010, a relação aumentou de 12 para 1.

Ao mesmo tempo que o Alasca tinha a maior renda *per capita* de qualquer estado, seus habitantes jamais foram chamados de os mais ricos da América, pois o Alasca também registrava o custo de vida mais alto. E é claro que havia o clima. Sempre o clima. Os Forasteiros não eram os únicos a considerar a vida no Alasca brutal, retrógrada e dura. Os moradores locais tinham a mesma opinião, mas esse era o motivo pelo qual muitos o amavam. O número de habilitações para pilotar avião dentre os habitantes do Alasca era quase igual ao número de habilitações de motoristas de carros. E muitos ainda viviam bem felizes – ou assim diziam – sem encanamento e eletricidade. Era o áspero espírito de aventura que atraía muitos à Última Fronteira; e a oportunidade econômica atraía muitos mais.

Entretanto, de todos os adjetivos usados no decorrer dos séculos para descrever a "última fronteira" da América, o que manteve mais relevância no decorrer do tempo é remoto. O estado tem uma estrada principal, George Banks Highway, uma autoestrada de duas vias que liga Anchorage a Fairbanks, e está sempre fechada durante o inverno, uma estação que dura nove meses. Metade da população do estado vive além dessas duas cidades, o que significa que as únicas maneiras de locomoção ocorrem por ar, mar ou trenós puxados por cães. Na era dos ônibus espaciais e da comunicação instantânea via satélite, o Alasca ainda permanece notadamente inexplorado. Em 1988, menos de 0,05% do magnífico território do Alasca tinha sido visitado.

Para o restante do país, o Alasca era sinônimo de frio e gelo, e com razão. Os Forasteiros sabiam que o Alasca era grande, mas poucos faziam ideia da sua dimensão e distância. Sabiam também que o Alasca era o lar de criaturas exóticas como ursos polares e alces, mas poucos entendiam a fragilidade e a adaptabilidade do extraordinário ecossistema antes do infame vazamento do *Exxon Valdez* em 1989, que devastou o sudeste da Sonda Príncipe William do Alasca. Felizmente, as terríveis previsões dos ambientalistas mais alarmistas não vingaram. O desastre ambiental mais estudado de todos os tempos revelou que as espécies não foram extintas; que a Sonda Príncipe William, biologicamente diversificada, não se tornou uma zona morta. A região, vista como frágil demais, na verdade revelou-se extremamente resistente. Recuperou-se de forma muita rápida e bem mais vibrante do que haviam pensado – não que o derramamento de meio milhão de galões do intenso negro do petróleo bruto num ambiente marinho rico, isolado e sensível fosse recomendado.

Mas sendo bem realista, foi o ativismo ambiental que causou o desastre do *Exxon Valdez*. Se fosse pela indústria petrolífera, jamais teria existido um navio chamado *Exxon Valdez*, para começo de conversa. A indústria petrolífera quer transportar o petróleo bruto por oleoduto onde e quando possível, pois oleodutos são mais baratos, mais seguros e muito mais fáceis de controlar. Uma parte dos perfuradores do Alasca queria ampliar o Oleoduto TransAlasca para o Canadá e os demais 48 estados continentais. Foram impedidos de fazer a ampliação por oponentes que diziam que um oleoduto seria ambientalmente destrutivo demais. Mas, como todos descobriram em 1989 (e rapidamente se esqueceram disso desde então), petroleiros são muito mais ambientalmente perigosos e destruidores do que oleodutos terrestres. Vazamentos de petróleo em terra são infinitamente mais fáceis de ser contidos e limpos do que os que ocorrem no mar.

Pontos de vista similares foram apresentados após a explosão mortal de 2010 da plataforma Deepwater Horizon da BP (British Petroleum) no Golfo do México. Por que companhias como a BP arriscam bilhões de dólares para perfurar em lugares tão distantes no mar e em águas tão profundas? Porque ambientalistas foram bem-sucedidos em bloquear recursos de petróleo disponíveis e acessíveis mais próximos da costa, sem falar em terra firme. Com certeza, as companhias de petróleo iriam preferir gastar 15 dólares para extrair um barril de petróleo em águas rasas, e mais 5 dólares para extrair cada barril de poços em águas profundas.

Se o desastre da BP foi causado pela crescente confiança da América em petróleo estrangeiro, então por que bloqueamos nossos recursos domésticos de petróleo em águas rasas nos 48 estados e no Alasca? O depósito de xisto petrolífero mais conhecido do mundo, a Formação Green River, localiza-se debaixo de enormes áreas do Colorado, de Utah e de Wyoming. Calcula-se ter a impressionante quantidade de 1,8 trilhão de barris de petróleo recuperável; da qual cada gota é proibida.

Mesmo a mais alarmante das projeções sobre o desastre da BP, em que seriam criadas imensas "zonas mortas aquáticas" – algo que felizmente não se confirmou – tornou-se insignificante ao lado das zonas mortas aquáticas supermassivas que realmente existem no Golfo, criadas não por companhias de petróleo, mas por exigências ambientalistas e do agronegócio, para que o governo autorizasse o aumento do biocombustível e da produção de etanol, acelerando dramaticamente o cultivo do milho, cujo colossal escoamento agrícola é conduzido ao Golfo pelo sistema do Rio Mississippi.

O Golfo ficará mais limpo depois que as companhias de petróleo norte-americanas forem banidas de lá? Não se pode banir Rússia, China, Venezuela ou até mesmo Cuba de águas internacionais – afinal de contas, os Estados Unidos não são "donos" do Golfo –, algo que vem ocupando bastante as quatro nações, a menos de 150 quilômetros da Flórida. Será que as empresas de petróleo da China perfuram de forma tão segura quanto as empresas de petróleo que viriam substituí--las? Será que as empresas russas contratam trabalhadores americanos? Em caso afirmativo, será que pagam os salários dos trabalhadores americanos, protegendo-os de acordo com os padrões dos Estados Unidos? Será que as plataformas de petróleo de Cuba reduzirão a dependência americana do petróleo estrangeiro?

Uma das maiores ironias do universo da energia moderna é que, enquanto os governos ao redor do mundo despejaram bilhões de dólares no desenvolvimento de novas energias "verdes", tais como eólica, solar e de biocombustível, quase todas as tecnologias significativas e avanços de produção ocorreram nas conservadoras indústrias de petróleo e gasolina. Tudo, desde a perfuração hidráulica, que abre enormes novos recursos no xisto, até perfuração horizontal, que extrai mais petróleo dos poços existentes, como também as novas tecnologias sísmicas – tudo isso significa que se pode literalmente abrir oceanos de petróleo e gasolina não aproveitados.

Se havia uma coisa que os Forasteiros sabiam sobre o Alasca Ártico, a maior parte tinha a ver com seus habitantes inuítes nativos – mais conhecidos como esquimós. Até mesmo para os mais instruídos, a história dos esquimós inuítes era uma página em branco. Para os próprios inuítes a coisa também não era muito diferente. A maior parte do que os Forasteiros pensavam conhecer sobre o modo de vida dos povos nativos do Ártico era incompleta, ou até mesmo errada.

Os esquimós do Alasca nunca viveram em iglus, beijam da forma como todo mundo beija e gostam dos equipamentos do mundo moderno. Poucos americanos conheciam a cultura ou a história dos esquimós. Não se pode culpá-los; não havia muitos registros históricos para serem conhecidos. Poucos sabiam na época, e até mesmo agora, que em termos de dinheiro em espécie as pessoas do Distrito de North Slope no Alasca eram as mais ricas da América. Também não conheciam a razão disso: petróleo. Antes de perceberem tal potencial de longo alcance para dramaticamente melhorarem a qualidade e o conforto de sua vida, os inuítes apresentaram uma incerteza natural sobre o impacto que o desenvolvimento do petróleo teria sobre suas vidas.

Os inuítes se perguntavam qual impacto ocorreria em seu modo de vida subsistente duro e árido. A resposta veio com o trecho do Acordo de Povoamento dos Nativos do Alasca (ANCSA) de 1971. O acordo foi o primeiro e o último celebrado entre o governo dos Estados Unidos e os povos nativos do Alasca, por conta de toda a terra e dos direitos "usurpados" ou adquiridos pelo governo federal ou estadual desde que os Estados Unidos adquiriram o Alasca da Rússia em 1867, por 7,2 milhões de dólares – menos de 3 centavos por acre. O Acordo de Povoamento dos Nativos do Alasca premiou os nativos com 1 bilhão de dólares e 45 milhões de acres de território selecionado do

Alasca. O acordo deu aos esquimós de North Slope poder para lançar os impostos sobre seu território, que por acaso estava situado sobre trilhões de dólares em petróleo e gasolina. Subitamente, Barrow estava nadando em dinheiro.

Para um vilarejo que passou várias décadas anteriores desenvolvendo-se com o uso de carne de baleia como principal meio de troca, a riqueza súbita por conta do petróleo em Barrow trouxe mudanças enormes e na maior parte positivas. Os anciãos de Barrow ainda não estavam espertos o suficiente quanto às formas de emprego do dinheiro, a maioria raramente usava. Pescadores analfabetos, que viviam da caça da baleia por subsistência e não falavam inglês, sentiram a pressão repentina de administrar portfólios multibilionários. A cultura inuíte enfrentava um novo mas bem-vindo desafio: o progresso.

De repente, Barrow deixou de ser uma terra devastada e abandonada. Era o mais novo portão aberto para a oportunidade americana na Última Fronteira. Os recém-chegados pisaram em Barrow e a reconstruíram à sua própria imagem. Vieram para construir, administrar e lucrar com a notável transformação que ocorria naquela sociedade. Quando a neve chegou, Barrow tinha uma nova tábua de salvação, uma pista comercial de decolagem para jumbos e jatos de 2,5 quilômetros, pronta para uso, que ligava a cidade ao Exterior, ansioso para lá entrar. Uma Barrow moderna desenvolvia-se ao redor da pista de decolagem da margem sul.

O Ártico tinha um novo e próspero mercado: o dos guindastes. Modernas casas pré-fabricadas vindas de avião do Exterior eram montadas próximas a pequenas cabanas de madeira. Caminhos eram expandidos, cobertos por cascalho e chamados de ruas. Muitos deles ficavam sobre a tundra próxima ao aeroporto. Por onze meses do ano ficavam congelados, cobertos pela neve e eram transitáveis. Mas nas curtas semanas do verão, quando poucos centímetros da camada de terra congelada de 3,6 metros de espessura derretiam sem lugar para escoamento da água, os 5 quilômetros de estrada transformavam-se em rios de lama intransitáveis. Até aparecer um esperto esquimó montado nos velhos pneus aeroplanáveis da marca DC-3 de sua caminhonete. O veículo fez a maior sujeira, mas o esquimó chegou aonde queria.

Barrow cresceu mais nos vinte anos desde a descoberta do petróleo do que jamais havia crescido. Sua população triplicou chegando a quase 3 mil. Embora tivesse sido sempre a maior cidade do Alasca Ártico, a riqueza súbita de Barrow a inseriu rapidamente na rota do verdadeiro cosmopolitismo. Trouxe usurários, aproveitadores, trapaceiros, empresários de verdade e muitos inuítes dos arredores (num diâmetro de 1.500 metros quadrados) dos menores vilarejos do Ártico, ansiosos para viver a experiência da cidade grande.

Mas tudo isso dito, mesmo com o crescimento financiado pelo petróleo de 2 bilhões de dólares do Ártico, Barrow em 1988 ainda não passava de pouco mais do que um pequeno observatório no topo do mundo. A pé, dependendo do tempo, o vilarejo era percorrido em 5 minutos na largura e em 9 minutos na extensão. Quanto mais fria a temperatura, menor a cidade ficava. As pessoas caminhavam mais rapidamente no frio, mas com a recente riqueza, os habitantes de Barrow provaram ser bem parecidos com o restante de nós – ficaram mais sedentários. Como resultado, mercados considerados desnecessários emergiram ali. Numa cidade pequena como Barrow, os táxis passaram a prosperar. Havia pelo menos três empresas e cada uma delas cobrava cerca de 25 dólares por uma corrida de 500 metros do sul ao norte da cidade: o Hotel Topo do Mundo. Havia oitenta quartos para acomodar um crescente número de viajantes de negócios interessados em negociar suas mercadorias aos *nouveau riche* esquimós.

Os habitantes de Barrow não hesitaram em gastar 200 milhões de dólares para construir o edifício de três andares, todo de vidro, pelo que se sabe o edifício mais caro por metro quadrado do mundo. Nem se importaram em comprar para seus filhos a escola mais cara do mundo, mas a etiqueta com o preço de 80 milhões de dólares, presa à Escola de Ensino Médio de Barrow, incluía um moderno ginásio de basquete e a única piscina do Ártico – interna, é claro.

Barrow estava avançando tanto em direção à modernidade que até cadeias de *fast-food* foram parar lá. A pizzaria Arctic Pizza cobrava a bagatela de 50 dólares para entregar uma pizza. Um café da manhã barato no restaurante mexicano Pepe, ao norte da fronteira com o México, chegava a custar 20 dólares, e ainda havia duas opções de restaurante chinês. Uma boa e uma ruim. Às quartas-feiras à noite, o restaurante Sam & Lee oferecia rolinhos primavera por apenas 11 dólares. Uma grande rede de gasolina bombeava o óleo para aquecer todos os tipos de moradias; de habitações débeis a casas bem estruturadas. As mulheres não precisavam mais arriscar sua vida recolhendo madeira para se aquecer do congelamento da costa litorânea. Virtualmente todas as casas tinham telefone e eletricidade.

Até mesmo encanamento interno estava disponível, apesar de ser cobrado o valor nominal de 400 mil dólares por ligação. Ágeis *snowmobiles* roncavam seus motores ao passar por cães de trenó desempregados. O estúdio de televisão de tecnologia de ponta de Barrow e a instalação para transmissão e recepção de sinais de satélite ligaram o mundo às mais modestas residências de esquimós. O policial Sonny Crockett e seu parceiro[8] eram tão populares na Barrow cercada pela neve como eram na Miami cercada por tons pastéis.

---

8. Sonny Crockett é personagem do seriado de TV *Miami Vice*. (N.T.)

Centenas de milhares de caribus, que migravam pelos quintais de Barrow, agora podiam ser assassinados durante as propagandas de TV pelo simples ato de se mirar um rifle pela janela da cozinha. Suas carcaças, congeladas pelo inverno externo, podiam ser rapidamente descongeladas num dos equipamentos modernos mais onipresentes de Barrow: o forno de micro-ondas. Num lugar em que a temperatura mais alta no verão raramente se elevava acima do nível de congelamento, o descongelamento instantâneo tornara-se uma súbita necessidade.

Em menos de uma década, Barrow passou de uma das cidades mais pobres da América do Norte para uma das mais ricas. Na verdade, em 1988, medida em dólares, Barrow tinha a maior renda *per capita* de qualquer cidade da Terra. Pagamentos de *royalties* pelo petróleo de North Slope atingiam a quantia de mais de 90 mil dólares por pessoa por ano. Mas a região era hostil demais até mesmo para os elementos mais básicos da vida moderna, fazendo que a renda *per capita* mais alta do mundo apresentasse um estilo de vida que o governo dos Estados Unidos ainda classificava como pobreza.

Barrow não era apenas a cidade mais rica do mundo, era também a mais cara. A única mercearia tinha um estoque similar a qualquer mercearia do Alasca, mas cada item na prateleira vinha de avião de Anchorage ou Fairbanks, onde os preços já eram altos. Quando as mercearias chegaram a Barrow, os preços eram tão altos, tanto que famílias com uma renda de seis dígitos facilmente eram qualificadas para auxílio alimentação. Leite fresco a 6 dólares o galão, cereais de milho custavam 7 dólares a caixa. Enquanto o preço do hambúrguer flutuasse na casa dos 10 dólares por quilo, a pesca por subsistência continuava sendo uma necessidade. Além disso, a maioria dos esquimós, pelo menos os mais velhos, preferia bifes de *muktuk* e caribu do que "carne de homem branco", considerada por eles insossa e prejudicial.

O fogo rápido da modernização de Barrow trouxe aos esquimós uma comodidade jamais vista: o lazer. Desde o começo dos tempos, pescar baleias tinha sido a espinha dorsal da vida dos esquimós. Baleeiros foram um dia os membros mais importantes da sociedade; agora tal habilidade não era mais crucial. Setenta por cento da população trabalhadora de Barrow dependia dos programas de trabalho do governo para se sustentar. A única diferença entre eles e os trabalhadores soviéticos – que diziam em tom de piada: "Eles fingem que nos pagam, nós fingimos que trabalhamos" – era o salário mínimo de 18 dólares por hora, e os trabalhadores não precisavam nem fingir.

O contato com a sociedade ocidental permaneceu limitado até a descoberta do petróleo no Alasca Ártico. Subitamente, no fim dos anos 1960, os esquimós depararam com mudanças violentas ao serem forçados a se tornar parte da sociedade norte-americana. A súbita riqueza material de Barrow resultou num imenso desastre cultural. Os esquimós estavam desabando com o peso de sua própria riqueza. Os anciãos, que incorporaram a cultura esquimó, eram deixados de lado pelos novos mestres de Barrow. Seus talentos não eram mais necessários para a sobrevivência da comunidade; muitos dos membros da elite dos esquimós caíram em desespero.

O alcoolismo, já um grave problema, agora causava impacto em todos, desde o terço da cidade diretamente dependente do álcool, aos dois terços que viviam nela. Os problemas relativos a essa calamidade eram a cruz que Barrow tinha de carregar para entrar no século XXI. A principal diferença entre o século XX e o período após o declínio da pesca baleeira comercial era que a sobrevivência de Barrow não era mais física – era espiritual e social.

Os eleitores de Barrow extraordinariamente adotaram um referendo em 1986 que declarava ilegal a venda, o consumo e até mesmo a posse de bebidas alcoólicas. As mesmas pessoas que consumiam o álcool votaram contra ele. Tornou-se no mesmo instante a lei mais burlada na cidade. Na verdade, o consumo aumentou, e não diminuiu. O uso da força da lei era impossível, pois todos continuavam a beber. Contrabandistas de bebidas prosperavam. Tinham tanta confiança de não serem pegos, que seus telefones constavam da lista telefônica e anunciavam seus serviços pela cidade. Antes de a mídia chegar para aumentar o preço, uma garrafa de cerveja ou uma dose de uísque barato chegava a custar a bagatela de cem dólares.

Os esquimós de Barrow não tinham muitos modelos locais positivos nos anos 1980. Sua cidade estava tão destruída pelo álcool e pelas drogas que parecia inabalada pelos porres regulares do então prefeito, George Ahmaogak. Meses depois do resgate das baleias em janeiro de 1989, ele foi preso numa rua em Anchorage por supostamente ter agredido a esposa com uma maleta de metal quando ela se recusou a acompanhá-lo em mais um bar. A notícia de sua prisão apareceu na primeira página do *Anchorage Daily News*. Nenhuma queixa jamais foi apresentada.

Mas histórias assim, infelizmente, não eram novidade nem eram consideradas notícia para os moradores de Barrow. O problema era o excesso de notícias locais ruins. A cidade tinha deixado de ser apenas um vilarejo isolado de esquimós no extremo norte do Alasca. A súbita riqueza deu-lhe uma denominação familiar a todo estado, uma denominação que era idêntica à fantástica e súbita riqueza, à corrupção e ao crime. Mas fora das fronteiras do Alasca, Barrow permanecia no diâmetro extremo da geografia e da consciência da América.

4
LÁ VEM A MÍDIA

Oran Caudle não perdeu tempo e foi logo espalhando a notícia. Imediatamente depois que a KING-TV lhe disse que estavam editando a gravação para quinta-feira, 13 de outubro, para o noticiário noturno da NBC, ele telefonou para casa. Estava tão animado que discou o número errado duas vezes antes de finalmente conseguir falar com seus pais em Texarkana. Mal podia se conter:

– Oi, mãe! Você não vai acreditar nisso. Estou produzindo uma reportagem para o noticiário da NBC. Estarei em rede nacional! – exclamou, com seu sotaque arrastado do Texas.

Meia hora depois, Todd Pottinger ligou para pedir outro favor: – Você pode encontrar nossa equipe no aeroporto? – perguntou Todd.

Oran ficou confuso. Não estava entendendo o que Todd quis dizer – Aeroporto? Que aeroporto?

Todd disse a Oran que, na última hora, a NBC e a KTUU decidiram que queriam sua própria equipe em Barrow. Reservaram três lugares no último voo para Barrow pela MarkAir, um grande empresa estadual de voos comerciais e transporte de cargas que fazia a rota da cidade. Estava programado para saírem de Anchorage às 15h30.

Nas ocasiões em que as estações de TV de Anchorage enviaram equipes de televisão para Barrow, os planos eram feitos com extrema antecedência. A KTUU tinha doze meses para se preparar para a grande história do ano, o primeiro nascer do sol em 21 de janeiro, que encerrava os 67 dias de escuridão de Barrow. Agora, a KTUU estava dizendo a Oran que chegaria à cidade em menos de três horas e queria tudo pronto para aquela noite.

Oran não conseguia entender por que Anchorage queria mais cenas das três baleias. Oran havia acabado de enviar uma hora e meia de vídeo via satélite, e tinha muitas outras horas ainda não analisadas. Por mais impressionantes que fossem as baleias, Oran não conseguia imaginar por que a KTUU decidira enviar sua própria equipe tão rápido. O que podiam fazer que fosse diferente dele? Para a NBC, a resposta era simples. Para Oran, era um lembrete desagradável sobre sua posição na pirâmide das emissoras de TV. Por mais que sua gravação fosse boa, não era "original", fosse lá o que isso quizesse dizer. É claro que a culpa não era de Oran. Quando ele gravou, o gelo não estava firme o suficiente para que pudesse ter se aproximado mais. O verdadeiro problema era que eles não conheciam Oran e suas instalações o suficiente para saber se ele tinha as "coisas" certas para a execução do trabalho. A NBC estava tão desesperada por alguém em quem pensassem poder confiar, que ofereceram pagar por todas as despesas da afiliada KTUU de Anchorage, a fim de que a emissora enviasse sua própria equipe até Barrow.

A KTUU escolheu Russ Weston, um cinegrafista experiente que já havia trabalhado em Barrow antes. Mas, assim que a aeronave 737 da MarkAir decolou da pista de Fairbanks depois de uma breve parada, ele, como todos os outros que estavam no voo, sentiram-se cada vez mais maravilhados pelo cenário lá embaixo. Não havia mais nada além da magnífica e interminável mata virgem. Até onde a visão alcançava, florestas de abetos e pinheiros se espalhavam por todas as direções.

Havia uma lacuna contornando a bacia do Rio Yukon, iluminada pela fraca luz do pôr do sol ao norte. O Yukon era o maior e mais longo rio da América, contudo, em extensão, tinha a metade do Mississippi. Toda a sua grandeza, pensou Russ, intocada por mãos humanas.

Quanto mais o voo de Weston avançava, o terreno abaixo ficava cada vez mais esparso e hostil. A madeira da mata espessa foi se esvaindo. Como se uma linha tivesse de fato sido desenhada na terra, a vegetação desapareceu depois de cruzar o imaginário Círculo Ártico a 67°, latitude norte. Latitudes extremas assim ultrapassavam o que até mesmo as mais fortes árvores conseguiam tolerar. Então, no meio do vazio em tons de branco, emergia a totalmente inexplorada imensidão da Cordilheira Brooks, que formava a inabalável fronteira sul. Apenas uma pequena parte dos picos de 3 quilômetros do extremo norte do mundo e a parte menos explorada da cordilheira eram visíveis. Seu contorno parecia esconder o desejo do criador de manter os picos intocados... ou ao menos desconhecidos. Muitos dos que exploraram os perigosos picos para revelar seus tesouros secretos jamais voltaram.

Quando o avião começou a perder altitude, a dúvida onde pousar pesou mais que a própria experiência de Russ em descer na desolação ártica. Não importava quantas vezes fizesse aquilo, Weston ainda tinha a sensação de estar forçando um pouso de emergência em cima de um lago congelado no meio da tundra. E aí, lá estava ela. Uma pista de decolagem de 2,5 quilômetros de extensão construída na margem do universo.

Olhando para o sul enquanto a aeronave taxiava no hangar, Russ observou lá de cima a mesma extensão de branco. Só o aspecto bizarro, tipo Buck Rogers[9], do local de transmissão

---
9. Buck Rogers é personagem de *pulps* e HQs, criado em 1928 como Anthony Rogers, herói de duas novelas de Philip Francis Nowlan publicadas na re-

de televisão do Distrito de North Slope, interrompia a lúgubre visão. Foi essa presença que o trouxe de volta à realidade. Ao sair do avião, Weston não conseguia acreditar que tinha acabado de viajar 1.900 quilômetros sem avistar nenhum sinal da presença humana. Estava 15°C mais frio em Barrow do que em Anchorage. Ele havia acordado naquela manhã preparado para mais um dia de trabalho como cinegrafista de televisão em Anchorage. O dia terminou como um dos mais notáveis de sua vida.

Os biólogos Craig e Geoff Carroll estavam voltando ao Departamento da Vida Selvagem depois de consumirem toda a cota de oleosos hambúrgueres de 13 dólares no Burger Barn da cidade, quando viram Oran descer os degraus de ferro forjado do centro da cidade de Barrow, o hangar do aeroporto. Geoff e Craig ficaram impressionados com os dois desconhecidos que o acompanhavam. Suas roupas de esqui estampadas eram um óbvio contraste às comuns, mas quentes, usadas pelos habitantes da cidade.

Alheios à própria evidência, Geoff pisou no breque com tudo, fazendo a Dodge Caravan parar no meio da rua Ahkovak, uma das mais cheias de Barrow. A rua Ahkovak não estava cheia de carros, pois havia poucos em Barrow, mas de *snowmobiles*, e mesmo estes não eram tão frequentes naquela época do ano.

Ter um carro no Ártico não valia a pena. Eram necessários aquecedores para evitar que os motores congelassem até mesmo ligados. O frio brutal destruía a caixa de câmbio em semanas, não anos. E, se o dono do carro quisesse que ele

---

vista *Amazing Stories*. Rogers tornou-se mais conhecido por uma duradoura série de tiras publicadas em jornais. Ele também estrelou um seriado cinematográfico, uma série de televisão, um jogo de computador e muitos outros formatos de mídia. A alusão do autor aqui refere-se ao seriado dos anos 1980 em que o cenário da série era sempre muito branco. (N.T.)

funcionasse no inverno, tinha de deixar o motor sempre ligado – às vezes por seis meses ininterruptos.

O fato de Barrow estar situada sobre o maior campo de petróleo do mundo não significava que o combustível era barato. Pelo contrário, a gasolina custava mais em Barrow do que em qualquer outro lugar da América. Depois de perfurado, o petróleo tinha de ir até o sul da Califórnia para ser refinado em gasolina, voltando para o Alasca em navio cargueiro e em seguida para Barrow a bordo de uma aeronave especial. Por 3 dólares o galão em 1988 (a média nacional da gasolina comum era 99 centavos), custava cem dólares por semana para manter o carro circulando. Roubo de carro não era um problema na cidade. O ladrão não tinha para onde levar o carro roubado, pois não havia estradas de saída da cidade.

Enquanto Geoff estava curioso para descobrir quem estava carregando a câmera de televisão, Craig estava mais interessado na jornalista. Quando estacionaram ao lado deles, Oran apresentou Russ Weston e Julie Hasquet, a correspondente da KTUU. Depois de darem uma conferida em Russ, concentraram-se na atraente, mas obviamente desconfortável, acompanhante. Ela parecia ter caído de uma espaçonave, aterrissando no planeta errado.

Por mais estranha que Barrow lhe parecesse, a calça jeans de marca, o casaco vermelho vivo, o cabelo loiro tingido eram totalmente estranhos aos habitantes de Barrow. Ela pediu a Russ se poderia voltar ao avião para não ter de ficar presa em Barrow. Se perdesse o voo, teria de passar a noite na cidade. Não tinha certeza se conseguia ficar nem mais 15 minutos por lá. Correu para fazer o *check-in* para ver se ainda dava tempo de pegar o avião. Subiu apressadamente as escadas do avião, temerosa que sua pequena visita a Barrow não se transformasse em algo pior.

Quando Oran disse a Geoff e Craig que Russ tinha vindo à cidade por causa das baleias, Geoff trocou olhares com Craig. Será que os dois estavam pensando a mesma coisa? Se as baleias viraram notícia em Anchorage, então a Guarda Costeira poderia ser mais receptiva ao pedido de um navio que abrisse passagem para elas. A 15 metros de onde se despediram, a caminhonete de Geoff e Craig desapareceu na névoa formada pelo gelo. A única prova da proximidade do veículo era o ronco do motor, mas não dava para vê-lo. Em meio a um pano de fundo sombrio, o nítido som dos pneus parecia triturar a estrada coberta pela neve. Oran percebeu que havia se esquecido de contar a eles que as baleias estavam prestes a se tornar uma história em rede nacional, mas relutava em mostrar sua excitação na frente de Weston. Caudle tentou fingir que a chegada de uma equipe de TV de fora sob a proteção direta de uma grande emissora não era nada demais para ele.

Acompanhar a imprensa de fora era função de Oran. A razão de Barrow ter construído um centro moderno de produção e transmissão de televisão não foi só para garantir o acesso à mesma programação vista no restante do mundo, mas também para melhorar a imagem distorcida perante ele. Os habitantes de Barrow usavam o centro de transmissão para pintar um cenário que restabelecia duas imagens: uma comunidade do Ártico próspera, que trabalhava seriamente para melhorar cada vez mais e domesticava os arredores hostis, sem deixar de ser uma cidade com profundas cicatrizes sociais que necessitava de massivas injeções de auxílio do estado para manter o modelo vivo.

Ajudar as agências de notícias de fora a relatarem histórias sobre Barrow era uma das funções mais importantes do estúdio de televisão da NSB. Será que havia mais algum outro lugar no mundo em que uma equipe de televisão chegava de avião e encontrava um estúdio de transmissão de TV totalmente moderno e pronto para uso e tudo isso absolutamente de graça? Ao passar pelo lixão já congelado da rua Momegana com Oran, Russ ficou surpreso com a sofrida existência de Barrow. Chegaram ao centro de transmissão.

– Bem, seja bem-vindo ao único elevador do Ártico – comentou Oran antes de sair para buscar uma xícara de café. Oran disse a Russ para ficar à vontade para andar pelo estúdio, mas sem tocar nos equipamentos – só depois percebendo que Russ provavelmente conhecia os equipamentos bem mais que Oran. Era hábito. Weston não pareceu nada intimidado.

Quando Oran voltou, Russ perguntou a ele onde poderia ficar. Fazendo um sinal com a mão esquerda, Oran deu a entender que tudo ficaria bem ao discar para o Hotel Topo do Mundo com a mão direita.

– Sem problemas – disse a senhora colombiana ao telefone, com sotaque espanhol, quando questionada por Oran sobre a disponibilidade de quartos e custos – Cem dólares em dinheiro vivo por noite e isso inclui água encanada – quando Russ perguntou a Caudle se poderia pagar com o cartão American Express, Caudle repetiu a pergunta. Pelo sorriso, ficou claro para Weston um sinal de censura. Barrow era uma cidade em que a única moeda era o dinheiro vivo.

Num lugar onde algumas coisas, como a construção, podem custar cem vezes mais do que nos demais 48 estados, Oran percebeu que o Topo do Mundo era uma grande barganha com tarifas apenas três vezes mais caras do que as cobradas por qualquer outro hotel de beira de estrada com uma estrela e meia. Em parte, os custos eram baixos, pois o hotel era alicerçado sobre palafitas no solo congelado. Em vez de cavar toda a fundação, os construtores economizaram milhões de dólares abrindo apenas os buracos necessários para encaixar as fundações. O Hotel Topo do Mundo, com 35 cinco quartos recém-reformados, era de longe o maior dos três hotéis da cidade. A mais fina das acomodações de North Slope.

O Topo do Mundo foi um dos primeiros a contratar o sistema Utilidor de água encanada municipal de 300 milhões de dólares no começo dos anos 1980. Por causa das dificuldades e dos gastos do projeto, só metade das casas de Barrow conseguiu participar do milagre da água encanada no Ártico. De longe era o sistema de encanamento mais caro e mais sofisticado jamais construído. Uma tubulação especial de grafite levava o lixo e a água potável a 10 metros abaixo do solo em túneis que simplesmente não puderam ser cavados no solo. Tiveram de ser dinamitados para passar sobre a camada permanente de gelo.

Os túneis eram muito profundos para evitar que essa camada de gelo permanente derretesse e a tubulação congelasse. Se a camada derretesse, as construções acima dela desabariam formando um lodo de terra encharcada. Oran convidou Russ para comer tacos com ele, após o noticiário, no restaurante Pepe ao norte da fronteira. Comida mexicana a 500 quilômetros ao norte do Círculo Ártico? Preferindo ter uma indigestão a morrer de fome, Russ aceitou o convite. Quando Caudle o instalou no hotel, já estava quase na hora do noticiário noturno da NBC. Caudle não queria perder seu *debut* em rede nacional. Havia uma televisão grande no pequeno, porém limpo saguão do Hotel Topo do Mundo.

Era um pouco mais de 18 horas. A KTUU calculou o atraso da transmissão da notícia para que fosse ao ar às 18h30. O satélite *Aurora I* emitiu os sinais das estações de Anchorage para todos os vilarejos do Alasca como parte da Rede de Televisão Rural do Alasca, conhecida como RATNET, que abrangia todos os estados.

Oran foi até o restaurante Pepe, que ficava ao lado do hotel, e anunciou animado a todos que estavam por ali que Barrow ia "aparecer em rede nacional". Conforme o noticiário ia avançando, mais e mais pessoas se aproximavam da TV. O primeiro e o segundo blocos falaram sobre a campanha presidencial. O terceiro segmento foi dedicado ao Oriente Médio e ao acordo estratégico de uso das armas entre Estados Unidos e União Soviética em Genebra, e ainda nada sobre as baleias. Oran estava começando a ficar preocupado. Com certeza, ficaria bem constrangido se, depois de ter se gabado tanto, as baleias não aparecessem no noticiário.

Com as palavras de Tom Brokaw "E finalmente hoje à noite", Oran Caudle deixou escapar um grande suspiro de alívio. Brokaw apresentou o vídeo lendo uma frase no teleprompter: "No norte do Alasca, o inverno chega mais cedo. E para três baleias californianas cinzentas pode ter chegado ainda mais cedo este ano". Com as palavras "baleias cinzentas", o diretor técnico da NBC ordenou que "soltassem a fita". As primeiras cenas de Oran apareceram na tela de milhões de televisores instalados por todo o país. O engenheiro de áudio, na sala de controle do estúdio da NBC de Nova York, aumentou o som da primeira baleia que lutava para respirar no meio do Oceano Ártico congelado.

Nos poucos segundos necessários para que o *zoom* da lente capturasse a cabeça da baleia saindo da água e tentando encher os pulmões de água e de ar, as três baleias deixaram de estar sozinhas nas remotas águas congeladas próximas a Barrow. Haviam se tornado uma notícia nacional. Por causa do fuso de quatro horas entre a Costa Leste e o Alasca, o encalhe já era notícia antiga nos demais 48 estados. Incomodadas com o furo da NBC, todas as outras agências do país imediatamente enviaram jornalistas para cobrir a história. Choveram telefonemas de outras agências para o Hotel Topo do Mundo, tentando reservar quartos para a noite seguinte.

Todd Pottinger telefonou para Russ, para dizer que a NBC tinha enviado Don Oliver, um correspondente experiente, para ir até Barrow fazer a cobertura das baleias. Foi ele quem cobriu a queda de Saigon de 1975, e seus ataques de fúria renderam-lhe o apelido "El Diablo". A extroversão de Oliver era complementada pela postura mais comedida de seu assistente de produção, Jerry Hansen. Depois de passarem a noite toda e a maior parte do dia seguinte em um voo vindo de Los Angeles, Oliver Hansen e sua equipe técnica, composta por quatro membros, chegaram à Barrow por volta do meio-dia, na sexta-feira, 14 de outubro.

Uma semana após a descoberta das baleias, uma equipe de televisão norte-americana caminhava sobre os sólidos e barulhentos degraus de alumínio que lhes permitia descer do hangar do aeroporto para realmente pisar na tundra congelada. Quando o primeiro sopro de ar frio os atingiu, sabiam que não seria uma viagem fácil. Não que deixaram para trás o que deveriam ter trazido, mas não tinham o que usar, nem sabiam como conseguir.

Quando os produtores da NBC em Nova York e Los Angeles os enviaram para Barrow, Hansen e Oliver não faziam ideia de quanto tempo ficariam por lá, nem sob quais condições climáticas seriam forçados a operar. Não havia nada de incomum nisso. Assim era a vida na fraternidade do noticiário televisivo andarilho. O trabalho exigia que estivessem prontos para ir a qualquer lugar, a qualquer hora. Na maioria das vezes, "qualquer lugar" era algum lugar estranho, sempre violento e muitas vezes distante, e "a qualquer hora" era agora.

Depois de mais de 25 anos no ramo, Oliver continuava aprendendo que, por mais que pensasse ter coberto todos os tipos de história, aparecia uma nova mostrando que ele estava errado. Ao olhar para fora, avistando os surreais arredores, Oliver logo soube que estava em uma aventura como nunca estivera antes.

Diferente de Russ, que já havia trabalhado em Barrow antes, a equipe da NBC supôs que não haveria uma instalação de transmissão local. Assim, trouxeram literalmente uma estação de TV inteira, empacotada com todo cuidado em doze enormes e pesadas maletas de metal. As maletas estavam cheias de câmeras, monitores de forma de onda, vetoroscópios, baterias, cabos, equipamento de edição e aquecedores para câmeras.

Contudo, guardado na catacumba mais segura, ficava o mais novo aparelho da filial de Los Angeles. Estavam esperando por ele há anos. Só quando os dois protagonistas do massacre de oito anos, conhecido como a Guerra do Irã-Iraque, começaram a atacar navios petroleiros desarmados no Golfo Pérsico no fim de 1988, é que a filial de Bahrain concordou em transferir seu giroestabilizador portátil de 17 mil dólares de volta aos Estados Unidos. O giroestabilizador de Barrow era ainda mais sofisticado do que aquele de que Oliver estava se gabando.

Ligado ao exterior de uma câmera, permitia a estabilização de cenas gravadas de um helicóptero voando. Quando Oran Caudle casualmente pegou seu próprio giroestabilizador no dia seguinte, Don Oliver quase caiu de costas.

Antes de sair de Los Angeles, o produtor Jerry Hansen verificou se alguém da emissora local cuidaria das acomodações e daria o apoio necessário à equipe assim que chegassem a Barrow. Hansen tinha um pedido. Queria seu próprio quarto. Don Oliver podia ser um ótimo jornalista, mas não dava para aguentar o ronco dele. Felizmente, foram os primeiros a chegar em Barrow; se tivessem chegado um pouco mais tarde, Hansen teria sido forçado a usar os tampões de ouvido à prova de ronco que havia trazido por precaução. Os oitenta quartos de hotel disponíveis na cidade estavam ficando lotados rapidamente. Para permitir que concorrentes de última hora se acomodassem e aumentar o valor de uma cama confortável, o hotel começou a alugar camas em vez de quartos.

Aquela não era a primeira vez que a NBC noticiava do Ártico. Mas nunca haviam feito isso antes com tão pouca preparação prévia. Ao sair pela porta de seu escritório em Burbank, Califórnia, Jerry olhou para o mapa na parede. Onde será que ficava essa tal de Barrow? A ficha começou a cair ao apertar os olhos para se familiarizar com o pequeno ponto no mapa. Barrow ficava mesmo no topo do mundo. Quando saiu do avião, o golpe de vento do Ártico o atingiu bem na face, com a força da inesperada euforia.

Apesar de haver poucos quilômetros de estrada na cidade, Jerry, Don e o restante da equipe ainda precisavam de uma forma de circular por Barrow e ainda levar seu pesado equipamento junto. Para Hansen, a resposta era bastante óbvia: alugando um carro. Folheou a lista telefônica de sete páginas de Barrow várias vezes antes de finalmente perceber que não havia locadoras de carro. O gerente do hotel sugeriu que Hansen ligasse para o pessoal do Distrito de North Slope, o governo local. O NSB tinha a maior parte dos veículos da cidade. Se havia algum carro sobrando, era lá que encontrariam.

Quando a notícia da NBC na cidade se espalhou pelo novo prédio de vidro do NSB, todo mundo imaginou que iriam cobrir a Conferência da Prefeitura de North Slope, que estava acontecendo em Barrow. Mas acharam bem estranho. Quem ligava para aquilo? As pessoas ficaram ainda mais abaladas quando Hansen lhes disse que, de fato, ele e sua equipe estavam na cidade para cobrir o encalhe das três baleias.

– As baleias? – perguntou um esquimó atônito. – Que baleias? O que tem de tão importante com elas que vale a pena ser televisionado? – Hansen respondeu: – Eu não sei. As pessoas amam baleias. – Uma pessoa na NSB deu a Hansen uma lista de nomes de pessoas que podiam ter carros para alugar. Não eram muitas pessoas que tinham ouvido a palavra "*chutzpah*"[10] antes, mas aquelas com certeza tinham. A primeira pessoa com quem ele falou queria mil dólares por dia por um Chevy Suburban, 1975. Hansen morreu de rir... Mas não foi ele quem riu por último. O melhor negócio que conseguiram foi com um senhor de capuz e óculos escuros no prédio da NSB. Ele concordou em alugar três caminhonetes por apenas 600 dólares por dia. O proprietário de face enrubescida disse que não conseguia se lembrar quando tinha vindo para Barrow nem exatamente por quê, mas depois de atender o desejo de Jerry Hansen, que estava disposto a pagar 600 dólares por dia em dinheiro por um monte de lixo, não se arrependeu de sua decisão.

Ninguém mais, em nenhum outro lugar, teria pago nem a metade da quantia para comprar os carros. Em meio a baforadas fedorentas do cigarro que fumava, o homem deu a Hansen as chaves e disse-lhe para nunca dirigirem sobre o oceano – como se aquilo tivesse passado pela cabeça de Hansen – e para nunca desligar o motor.

– Nunca desligar o carro? – indagou Hansen. – Quando esse sonho vai acabar? – perguntou a si mesmo, numa tentativa fracassada de trazê-lo de volta à realidade. Foi aí que o Hansen grisalho se lembrou da visão surreal de uma fila de caminhonetes vazias estacionadas, com todos os motores ligados, quando saiu do terminal do aeroporto.

---

10. Cara de pau, em Ídiche. (N.T.)

A NBC de Burbank pediu a Russ Weston para ficar mais um dia para produzir a história de sexta-feira para o noticiário noturno da NBC. Weston agarrou a chance com unhas e dentes. Produzir uma história para uma emissora de televisão era uma oportunidade que não se podia deixar passar. Mas para conseguir a história, Weston tinha de ver as baleias. Viu que as pessoas na cidade se locomoviam com *snowmobiles*. Com certeza, essa seria a melhor forma de chegar até lá. Mas, quando tentou alugar um, passou pelo mesmo problema de Hansen. O primeiro homem que estava disposto a alugar um *snowmobile* para Weston pediu os mesmos mil dólares que Hansen recebeu como cotação para o aluguel de um carro, algumas horas antes – só que os mil dólares não lhe dariam acesso ao *snowmobile* o dia todo, só uma viagem de ida e volta até as baleias.

Weston virou-se para Oran sem acreditar na situação. Será que Oran conseguiria arranjar uma carona até as baleias? Oran sugeriu entrar em contato com o Departamento de Busca e Salvamento do Distrito de North Slope (SAR) que operava uma frota de helicópteros e de pequenas aeronaves de asas fixas. Talvez conseguissem arrumar um jeito de levá-lo para fazer algumas gravações aéreas.

O rosto de Russ se iluminou. Implorou a Oran para ajudá-lo a conseguir um helicóptero. Nem estava ligando para o custo; a NBC tinha lhe dado carta branca. Oran estava tão ansioso para ver o sucesso de Russ quanto ele mesmo. É claro que iria ajudar. Telefonou para o amigo Randy Crosby, o diretor e principal piloto do departamento, e perguntou se ele poderia levá-los até as baleias. Crosby disse que, se não houvesse nenhum salvamento de emergência, poderia então encontrar Caudle e Weston no hangar do aeroporto do SAR no dia seguinte, levando-os até as baleias de graça.

Depois de esperar no enorme hangar pelo raiar do dia, Geoff, Craig, Russ, Oran e Randy decolaram num helicóptero, modelo Bell 214, por volta das 9 horas, em um passeio confortável de 12 minutos até as debilitadas baleias. Pela primeira vez, os biólogos Geoff e Craig poderiam investigar o estado delas de um ponto de vista vertical. Ninguém mencionou a possibilidade de estarem mortas desde a última vez em que foram vistas. A escura luz alaranjada do início da manhã no Ártico revelava a rara grandeza de um dia sem nuvens.

Da cabine climatizada do helicóptero, o sol nascente apenas parecia quente. Mas ficou acima do horizonte por pouco tempo, e tão baixo que os fracos raios não diminuíam o frio cruel.

O helicóptero foi na direção oeste do aeroporto, diretamente para o gelo que cobria o Mar de Chukchi, voando paralelo ao banco de areia de Point Barrow. Percorreu a extensão do banco no sentido norte, até que os dois buracos no gelo apareceram no cenário bem ao longe. O reconhecimento do ponto de vista aéreo deu a Geoff e Craig uma ideia do que um navio poderia encontrar no evento improvável da Guarda Costeira decidir enviar um quebra-gelo. Dava para ver mais de 2 quilômetros de gelo sólido formando-se entre as baleias e o mar aberto. Um quebra-gelo parecia ser a solução perfeita de libertação para elas.

Mas Geoff e Craig sabiam que as circunstâncias atuais tornavam o uso de tal navio impossível. A capacidade do quebra-gelo norte-americano era uma questão delicada sendo discutida naquele exato momento no Alasca. Na verdade, as reclamações da Guarda Costeira contra a administração do presidente Ronald Reagan estavam relacionadas à recusa de autorização para a construção de mais quebra-gelos e foram publicadas na mesma primeira página do *Anchorage Daily News* onde estava a primeira história publicada sobre as baleias.

Randy voou mais baixo em direção ao que parecia o último pedaço de terra firme antes do cobertor de gelo do oceano. Quando aterrissaram, teve de deixar o helicóptero em meia potência, para que não afundasse na areia em movimento. Russ, Geoff e Craig pularam no fino solo e saltaram, mais do que correram, pela areia até o gelo, que tinha ficado mais firme, suportando o peso dos três homens e do equipamento, sem oferecer riscos sérios de queda. A previsão de Billy Adams há alguns dias fora certeira.

Agora o gelo estava firme o suficiente para que pudessem andar até a beira do próprio buraco. Quando chegaram lá, as baleias estavam esperando por eles na superfície. A mudança de comportamento foi óbvia para Craig e Geoff. Quando saíram de lá no dia anterior, as baleias ainda não pareciam confortáveis com visitas de estranhos. Fazia uma semana que Roy Ahmaogak as descobrira nadando na neve derretida, ao voltar para casa depois de explorar o mar para os baleeiros de Nuiqsut. Agora, estavam presas de verdade. A neve derretida havia se transformado em gelo sólido com 15 centímetros de espessura. O gelo era traiçoeiramente firme, levando os homens a acreditar que caminhavam sobre terra firme.

Russ arrumou a câmera no gelo, bem na beira do buraco. Optou por gravar de forma paralela até o mar aberto e as águas visíveis, em vez de montar a câmera num tripé. Russ sabia que sua escolha resultaria numa cena mais dramática. Ao erguer a câmera bem no meio da imagem, a cabeça da baleia tomaria o centro do enquadramento de forma bem mais rápida. Russ concentrou-se no barulho da água que vinha do centro do buraco, e deu um passo para trás. Depois, esperou pela emersão das baleias. Quando a primeira veio em busca de ar, Russ deixou escapar um enorme suspiro de satisfação e alívio. Seu plano de gravação não podia ter dado mais certo.

Aquele enquadramento resultou numa imagem espetacular de movimentação da baleia. Também conseguiu de forma notável transmitir a noção de como estava gelado por ali. Quando a baleia expirou, Russ observou pelo visor o congelamento do vapor da respiração pairando no ar e descendo ao solo como gelo cristalizado nas lentes da câmera. Mesmo sendo um cinegrafista com a experiência de muitos encalhes de baleia no Alasca, a imagem deixou Russ boquiaberto.

Ele voltou correndo para o helicóptero assim que viu o filhote de baleia afundar nas águas escuras, completando a sequência. Havia programado para transmitir a história para a NBC via satélite em menos de duas horas. Precisava voltar ao estúdio para começar a editar as imagens. A neve espalhada pelo helicóptero atingiu Geoff e Craig, que ficaram para trás quando Randy decolou para voltar a Barrow.

Randy manobrou o helicóptero de 1 milhão de dólares com uma hélice para pairar a apenas 60 metros acima do último buraco de ar que sobrou para as baleias respirarem. Como estava muito barulho dentro da cabine e não dava para ouvir um ao outro, Russ bateu no ombro de Randy indicando que queria tirar umas fotos com o *girozoom* de Oran. As tomadas aéreas confirmaram mais uma vez a vantagem da NBC sobre as primeiras cenas da saga do encalhe das baleias. Foram eles os primeiros a exibir a história, a conseguir os primeiros *closes* das imagens, e agora as primeiras cenas que mostravam como o buraco era pequeno.

Até que Terry, Don, e Steve Shim – o editor da equipe de filmagem da NBC – terminassem de montar a sala de produção, a única opção era usar o vídeo de Russ Weston. Não sabiam ao certo o que esperar do cinegrafista de Anchorage, mas Jerry ficou satisfeito com as cenas exibidas. Ligou para o escritório da NBC para dar a boa notícia. A resposta deles também foi uma boa notícia. A filmagem apareceria novamente no noticiário noturno da NBC daquela noite, só que dessa vez por mais tempo e mais cedo na programação. Tomando um uísque com gelo, Hansen brincou que nem precisavam de sua equipe enquanto Weston estivesse na cidade.

5
BALEIAS EM REDE NACIONAL

.

Quando Oran Caudle voltou ao escritório depois do encontro com as baleias, percebeu a expressão de choque de sua secretária. Em sua mesa havia recados da CBS, da ABC, da CNN, de todas as outras emissoras locais de Anchorage, e de pelo menos uma dúzia de estações de rádio e televisão do país. O texano de fala mansa riu, não acreditando no que via. Não sabia o que fazer com a súbita evidência. Em menos de doze horas, a história que esperava poder exibir no canal local subitamente ganhara dimensão nacional. O estúdio de televisão mais remoto do mundo e o homem que o gerenciava passaram a ser procurados pelas principais emissoras da América.

Oran era tratado como um homem de grande importância quando falava ao telefone. Era chamado de "Senhor Caudle". Senhor? Pensava Oran. Senhor não era uma palavra muito usada em Barrow. Na verdade, as únicas pessoas que algum dia se dirigiram a ele daquela forma foram os advogados do divórcio e os corretores de escritórios de cobrança. Mas ele era o único elo com a história que ganhava cada vez mais importância. A NBC havia transmitido a história. Agora as outras emissoras também queriam cobri-la, ou apresentar ótimas desculpas para não fazê-lo. Se isso significasse recorrer à bajulação, que fosse!

A gravação exclusiva do encalhe das baleias na noite anterior foi imediatamente reconhecida com uma indústria de "minifuros". Produtores de noticiários das redes de grande porte adoravam histórias sobre animais. Dava aos âncoras uma chance de mostrar o espírito da campanha presidencial de 1988 com sua ênfase de candidatos "mais afáveis e gentis", como eles estavam sendo realmente afáveis e gentis. Mas, por uma razão mais sublime do que evasiva, histórias sobre baleias eram as melhores, e uma história como aquela era a melhor. Tom Brokaw tinha conseguido empolgar até mesmo os telespectadores mais cínicos no fim da edição de quinta-feira. As baleias que lutavam para sobreviver tocaram o coração humano, e Brokaw aproveitou para apelar para a vantagem competitiva de sua própria emissora.

Se outras emissoras quisessem entrar no jogo, teriam de se mexer. O tempo estava passando. Se ficassem preocupadas com os gastos, não poderiam entrar no jogo. Reunindo todos os meios possíveis, a ABC e a CBS, sem falar na CNN, tinham de descobrir como exibir suas próprias imagens das baleias para fechar a edição de notícias noturnas da sexta-feira. Encontraram Oran pela legenda que a NBC sobrepôs na filmagem usada na noite anterior, que dizia: "Cortesia do Distrito de North Slope". A princípio, ninguém nas emissoras sabia o que "Distrito de North Slope" significava, muito menos o que era, mas era para descobrir esse tipo de informação que os jornalistas eram treinados. Ligaram para o auxílio à lista do Alasca e conseguiram o número do Distrito de North Slope. Quando perguntaram pela pessoa responsável pelo vídeo da NBC da noite anterior, a telefonista os transferiu para Oran. Os primeiros telefonemas que Oran retornou eram de emissoras. Depois de falar com a CBS, a ABC e com a CNN, percebeu que seus serviços de cinegrafista *freelancer* estavam no meio de um fogo cruzado. As equipes da CBS e da ABC estavam a caminho de Barrow. Mas até chegarem lá, precisavam que

Oran Caudle as ajudassem a conseguir as imagens necessárias para as edições de sexta-feira.

Até que essas emissoras conseguissem colocar suas próprias gravações no ar, a NBC estava com uma história exclusiva. As pessoas interessadas em saber mais sobre as baleias encalhadas iriam sintonizar em Brokaw e não em Peter Jennings (ABC) nem em Dan Rather (CBS). A vantagem da NBC era óbvia – Don, Jerry e Steve já estavam no solo de transmissão.

A CBS e a ABC queriam entrar no jogo. Pediram a Oran para voltar ao gelo, trazendo um vídeo "fresquinho" sobre as baleias. Cada vez que falavam com ele, aumentavam o cachê em centenas de dólares. Como não podia servir a sete senhores ao mesmo tempo, Caudle vendeu seus serviços exclusivos um dia por vez. No fim, a CBS ganhou o Dia Dois no leilão de Oran Caudle, ao concordar em pagar-lhe milhares de dólares por uma ida até as baleias. Aquele era o preço praticado pela exclusividade.

– Uau, não dá para acreditar! – exultou Oran, com seu sotaque do norte do Texas. Ia ganhar em uma manhã mais do que ganharia em uma semana e meia de trabalho no distrito.

Oran sabia que a CNN jamais conseguiria competir com as ofertas das outras emissoras. Elas viviam tempos pacatos em relação às notícias; imortalizadas apenas pelo filme de sucesso em Hollywood, *Nos Bastidores da Notícia*, do ano anterior, em que cotrelavam William Hurt e Holly Hunter. Mas Caudle personificou a mudança sutil infiltrando-se nos arquivos da TV americana. Preferia a CNN, não por ser necessariamente a CNN, mas porque era uma emissora que apresentava notícias 24 horas. Às seis horas de todas as manhãs, apresentava a temperatura de Barrow. Oran achava que qualquer emissora que tivesse tomado conhecimento de Barrow deveria receber seu reconhecimento. Ia dar para a CNN, sem custo nenhum, as gravações que havia feito para si mesmo no dia anterior, desde que a CNN colocasse os devidos créditos ao distrito no ar. A emissora que transmitia 24 horas de notícias no ar ficou feliz com a oferta.

Oran passou com tudo por Russ Weston em sua pressa de voltar às baleias antes que escurecesse. Feliz da vida, Oran disse a Russ que as outras emissoras estavam com as próprias equipes a caminho – Não é ótimo? – perguntou. Não era preciso dizer que Russ não compartilhava do entusiasmo de Oran. A exclusiva de Russ logo perderia a importância. De agora em diante, teria de competir com seus concorrentes para a história que até o momento era só sua.

A instalação de transmissão estava destinada a esquentar com o excesso de atividade. Como apenas um sinal por vez podia ser transmitido, Oran sabia que a tarefa de reservar espaços de tempo ia sobrar para ele. Se Oran tivesse ido ao Aeroporto Internacional de Anchorage naquela sexta-feira à tarde, teria vislumbrado no que em breve se transformaria seu tranquilo estúdio nas próximas duas semanas. O balcão de passagens da MarkAir, normalmente calmo, exibia os ruídos da agitação inesperada para o voo da tarde para Barrow.

A MarkAir era mais do que apenas uma linha de fretes e voos comerciais que servia Barrow. Num vilarejo sem pista de pouso ou rotas marítimas, era a tábua de salvação de Barrow, era a única conexão física com o mundo externo. Sem ela, a cidade estaria literalmente encalhada. Além do governo, era o maior mercado de Barrow, a fonte de tudo, desde comida e gasolina até transporte para todos os jogos de basquete fora de casa do time de futebol da Escola de Ensino Médio de Barrow. Os três voos diários levavam muito mais que pessoas. Levavam o futuro da cidade, fornecendo literalmente tudo que a moderna Barrow precisava para sobreviver em meio ao ambiente brutal.

A nova frota de Boeings 737 da MarkAir tinha compartimentos removíveis. Geralmente dois terços dos voos para Barrow eram tomados por cargas. A MarkAir não podia ceder o espaço reservado à carga nem mesmo para o assento mais barato, de 337 dólares, a menos que o avião estivesse cheio.

Mas, naquela tarde, os funcionários tiveram de enfrentar um raro problema. Havia mais pessoas do que assentos tentando conseguir um voo para Barrow, incluindo uma dúzia de pessoas da CBS e de outras emissoras de televisão de Anchorage. Atrás deles, havia um pacato grupo de representantes locais dos serviços de telégrafo nacional. Para eles, o Alasca era seu lar. Mas nem mesmo eles podiam entender o que estava acontecendo em Barrow.

Caixas com pesados equipamentos de televisão começaram a se empilhar na frente do balcão de passagens. Para sorte da MarkAir, Ed Rogers estava no escritório de Anchorage e não verificando as operações de carga de uma das localizações remotas da companhia aérea, que ficavam mais no meio do Alasca. Rogers era diretor de vendas de cargas da MarkAir e percebeu na hora a potencial receita e os problemas de logística dos passageiros inesperados, bem como a bagagem deles. Nem passou por sua cabeça recusar passageiros pagantes de tarifas cheias nem as taxas de excesso de bagagem que cobraria deles; mas as taxas gerariam custos. Pediu que um compartimento já carregado liberasse a carga para ceder espaço nos dois terços do Boeing 737 com destino a Barrow. A carga retirada do voo de passageiros decolaria mais tarde num avião especial. Rogers deixou todo mundo feliz e a MarkAir adicionou mais lucros a seus cofres.

Em vez de esperar impacientemente para que a aeronave fosse reconfigurada, vários jornalistas foram até a lanchonete do aeroporto tomar algo e se esquentar no meio da tarde. Não faziam ideia de que aquela seria sua última chance de beber legalmente. Diante da maioria das circunstâncias, Barrow não tinha bebidas e beber era ilegal. Na cabine todos brincaram, fingindo entrar em pânico ao descobrir que não havia álcool em Barrow. Uma das comissárias de bordo pediu ajuda ao piloto. O comentário sarcástico do capitão confirmando os rumores só fez aumentar o ataque de fúria fingido. A comissária rapidamente começou a servir para acalmar a agitação, oferecendo os últimos tragos. Na primeira passada pelo corredor central, todas as garrafas foram esvaziadas. Os que tinham mais experiência com a vida no Alasca assistiram à algazarra calmamente, reconfortados pelas garrafas escondidas em sua bagagem. Assim que o álcool começou a fazer efeito, a aeronave se acalmou.

O piloto acordou os levemente inebriados passageiros (nunca é tarde demais para beber quando se é jornalista) ao começar a descer em Barrow, com a notícia de que estavam passando bem em cima do lugar em que estavam as baleias encalhadas. Elas não eram mais apenas notícia nacional. Já haviam se transformado em atração turística.

O fluxo ganhou ritmo nos dez dias que se seguiram. O Hotel Topo do Mundo começou a leiloar camas, em vez de quartos. As pessoas da cidade, que há tempos haviam planejado a Conferência da Prefeitura e outros negócios, voltaram ao hotel para se ver subitamente apertadas em quartos duplos que haviam reservado e pago com antecedência como quartos individuais. Para piorar ainda mais as coisas, seus companheiros de quarto não eram pessoas normais; eram típicos representantes rudes da imprensa. Como a multidão que invadiu o hotel pagou 300 dólares, sem reclamar, por quartos duplos, o hotel estava disposto a arcar com as consequências dos hóspedes desalojados.

Barrow nunca tinha presenciado nada parecido. Toda aquela atenção, apesar de ter acabado de começar, tirou o brilho da cobertura do único outro evento em Barrow que poderia interessar a alguém do Exterior. Em 15 de agosto de 1935, um avião caiu a 15 quilômetros ao sul de Barrow, matando as duas celebridades a bordo: o lendário humorista Will Rogers e o famoso pioneiro da aviação Wiley Post. Os poucos destemidos jornalistas que realmente vieram à remota localização na época chamaram o local do acidente de "Ponto da Desolação".

O mundo tinha mudado em 1988. Havia satélites, voos regulares e *snowmobiles*. A moderna Barrow tinha água corrente e várias opções culinárias, além da inuíte, tais como americana, mexicana e chinesa. Com todas as doenças importadas, Barrow conseguira até o momento evitar um dos problemas mais recorrentes nos 48 estados continentais: a falta de moradia. Quando a aflição bateu, a causa foi bastante inesperada. De repente, a cidade estava inundada por um fluxo de jornalistas que não tinha onde ficar.

Os habitantes de Barrow começaram a arrumar espaço em casa para acomodar o maior número possível de Forasteiros. Os membros do quarto poder[11], estavam trêmulos e exaustos, não tinham escolha a nao ser se sujeitar à extorsão, ou seja, se abrigar do frio. Pagaram um mínimo de cem dólares só pelo privilégio de dormir no chão gelado de uma casa particular. Se quisessem acessórios como colchões, lençóis e cobertores, até mesmo água encanada, teriam de pagar por isso. Muitos dos anfitriões, empreendedores da noite para o dia, eram flexíveis para negociar. Os jornalistas logo aprenderam rapidamente que aquilo que o dinheiro não podia comprar o uísque podia.

---

11. A expressão "quarto poder" é empregada em alusão aos três poderes do Estado democrático para referir-se à imprensa, por sua grande influência sobre a sociedade.

Uma nota de cem dólares enrolada numa garrafa de J&B garantia mais do que uma cama.

Essa enorme brecha era aproveitada com entusiasmo. Uma condição mais explícita permitia que não moradores de Barrow se candidatassem para licenças temporárias de importação de bebida. Como todos sabiam, as fichas de cadastro estavam disponíveis na Prefeitura, onde se formou uma fila quase interminável por todos que procuravam isenção da dura pena da sobriedade. Os habitantes da cidade percorriam a fila oferecendo centenas de dólares a quem estivesse disposto a usar a licença para ajudá-los a garantir seus estoques ilegais. Assim que os Forasteiros – naquele caso, jornalistas – conseguiam as licenças, faziam acertos com seus escritórios para que enviassem a moeda de troca preferida de Barrow. Milhares de dólares em caixas de cerveja, vinho e destilados foram enviados da noite para o dia. A piada de Ed Rogers era que o depósito de carga da MarkAir estava começando a parecer um depósito de álcool no atacado.

Alguns jornalistas telefonaram para seus editores, que estavam em situação bem mais confortável, condenando a dificuldade em Barrow e implorando que dessem um jeito. Outros venciam a "adversidade". Na verdade, era mais novidade do que adversidade. Cada privação vencida era uma medalha a ser apontada mais tarde como prova de sua habilidade em trabalhar sob pressão.

Para o cinegrafista experiente da CBS Bob Dunn, era uma chance de provar que nem mesmo seus cabelos grisalhos ou a barriga em crescimento eram problema para sua estimada bravura. Idade e experiência não abalavam a postura de Dunn de manter sua imagem real. Por vários dias fingiu ser inuíte, recusando-se a usar luvas. Mesmo depois de ter sofrido graves lacerações nos dedos por conta do frio, ele não pôs fim à cruzada de ganhar o respeito dos habitantes locais. Para protegê-lo de si mesmo, um grupo de caçadores esquimós deu-lhe um par de luvas de pele de urso polar. Não queriam que ninguém confundisse o Ártico com o heroísmo lunático de Dunn.

A segunda leva de jornalistas havia conseguido poucas vans, caminhonetes e *snowmobiles* disponíveis, então tiveram dificuldade de circular pela região. A necessidade de muitas pessoas de chegar até as baleias, junto à inabilidade para tal, resultou em outra tradição de vida curta no Ártico: leilões de transporte diário. As pessoas que procuravam caronas se reuniam todas as manhãs em frente ao Hotel Topo do Mundo e gritavam seus lances aos esquimós com *snowmobiles* e trenós puxados por cães para levá-los ao gelo. Os habitantes mais ousados estavam faturando 400 dólares a cada viagem só de ida. Quando o mercado finalmente se estabilizou, depois de todos parecerem ter chegado, a tabela ficou em torno de 150 ou 200 dólares em espécie, mais uma dose de bebida.

Mas, como o jornalista Todd Pottinger pôde atestar, os altos preços não garantiam muita coisa. Ele chegou a pagar uma grana alta para sua equipe e equipamentos serem jogados sem nenhuma cerimônia no meio da rua depois que o motorista conseguiu a proeza de bater num dos poucos postes telefônicos do Ártico. A insistência de Pottinger em recuperar o dinheiro teve como resposta uma risada incrédula.

Qualquer pessoa sem os 200 dólares para a viagem de volta ficaria encalhado até que o helicóptero de Resgate e Salvamento de Randy Crosby conseguisse buscá-la. Os que conseguiam se livrar dos excessos da noite e sair da cama cedo o bastante ficavam tremendo do lado de fora do hangar do SAR para serem levados de helicóptero até as baleias.

Conforme o mercado de passeio de trenó de Barrow se consolidou, surgiram diferentes níveis de serviços. O transporte de primeira classe incluía trenós equipados com cobertores de pele de urso polar e sacos de dormir. Os passageiros da classe econômica podiam se dar por felizes se conseguissem se agasalhar com pele de caribu, que era quente, mas toda manchada de sangue. Às vezes, passageiros revoltados tinham de dividir o trenó ou o *snowmobile* da volta com focas ou leões-marinhos mortos. Mesmo assim, o fedor do jornalista costumava ser maior do que o do animal morto.

Alguns dias depois da primeira transmissão em rede nacional da NBC, quase todos os jornais dos Estados Unidos haviam publicado as baleias em sua primeira página. Elas se transformavam na maior história da América. Competiam até com as semanas finais de uma sonolenta campanha presidencial. Apesar da falta de lógica em um fato quase comum como aquele ter tamanha audiência, jornalistas de outros países também foram enviados para cobrir a história das baleias. Se era notícia na América, então devia ser mesmo notícia.

Eu fui um desses jornalistas.

Momentos antes, me vi inesperadamente a caminho de cobrir a história, tirando sarro da minha amiga e colega de trabalho, Carolyn Gusoff, que logo depois se tornou uma das mais respeitadas profissionais da notícia, por seu interesse na história. Às 18h30, na quarta-feira 19 de outubro, após o rápido telefonema de Gusoff, o telefone tocou novamente. Era Takao Sumii de Nova York, o presidente da NTV, na época a maior rede de televisão do Japão.

Naqueles dias, eu dirigia um pequeno (ou seja, só eu) serviço de notícias televisivas chamado *N.Y. News Corp*. Oferecia cobertura personalizada de eventos televisivos principalmente para transmissões estrangeiras, ligando, mediante contrato, a produção *freelance* aos segmentos de reportagem. Takao me perguntou em quanto tempo eu conseguiria montar uma equipe para ir até Barrow transmitir reportagens para o Japão. Eu não fazia a mínima ideia e nem sabia o que dizer. Duas semanas antes estava de cama para tentar me recuperar de uma maldita mononucleose que não regredia. Nem estava bem o suficiente para voltar a trabalhar, muito menos ir ao Polo Norte. Gaguejei em meu hesitante (e agora completamente esquecido) japonês. Não tinha como recusar meu melhor cliente. Disse a ele que podia contar comigo e acabei trabalhando duro para garantir que, de fato, ele podia mesmo.

Sendo assim, comecei minha própria preparação frenética para a viagem ao topo do mundo. Carolyn Gusoff riu por último; lá estava eu indo cobrir as baleias. Disse a Sumii que, em 24 horas, ele teria sua transmissão. A ficha começou a cair quando desliguei o telefone, pois não fazia a mínima ideia de qual seria meu primeiro passo. Vagamente me lembrei de ter ouvido que o jornalista da NBC, Don Oliver, disse algo sobre "topo do mundo" em uma de suas reportagens. Quando entrei em contato com alguém de lá, atenderam o telefone dizendo que não havia quartos disponíveis. Meu primeiro contato com Barrow foi: "Obrigado por ligar para o Topo do Mundo; estamos totalmente lotados".

Pedi nomes de outros hotéis. A recepcionista me passou o nome do outro único concorrente na cidade, o Airport Inn. No momento em que consegui falar com o hotel, a telefonista me falou que também estavam lotados. Supliquei pela ajuda dessa outra senhora. Será que ela conhecia alguém? E se eu pagasse para dormir na casa de alguém? Precisava de acomodação antes de começar a contratar uma equipe. Ela me deu o nome de um senhor chamado Rod Benson. O irmão dele era o dono do Airport Inn e talvez ele conseguisse me ajudar.

Logo consegui um contato telefônico com Benson, que me pareceu uma boa pessoa. Ele me disse que eu poderia ficar na casa dele por 200 dólares a noite. Sem saber que aquele valor era, de fato, uma barganha, minha resposta deve ter soado bem ingrata. Mas, como todos os outros, eu não tinha escolha. Perguntei a ele o que deveríamos saber e o que levar. Sua resposta foi memorável.

– Tudo aqui é caro e ninguém aceita cartão de crédito – isso é o que você deve saber – disse, de forma direta, porém educada. – Quanto ao que você precisa trazer, é o seguinte: ceroulas e bebidas – completou, rindo.

Doze horas depois do primeiro telefonema, já estava em Anchorage, onde esperei no aeroporto pelo voo de Tóquio, que trazia Masu Kawamura, o jornalista da NTV enviado para cobrir a história. Ele seria meu chefe em Barrow. Levantamos acampamento no emblemático hotel Capitão Cook, para esperar a chegada do cinegrafista Steve Mongeau, contratado pelo *N.Y. News Corp*, que chegaria na manhã seguinte de Toronto.

Estávamos mais preocupados em como transportar as garrafas do que com a roupa adequada para o local. Gastei quase 500 dólares com bebidas no Alaska Distributors, um depósito enorme, e menos de 150 dólares com botas que considerei adequadas ao clima dos mais frios. Eram obviamente melhores do que o tênis Nike de cano curto, mas meus pés ainda estavam muito gelados.

O voo de sexta-feira de manhã de Anchorage para Barrow estava cheio de jornalistas e dos passageiros de sempre: profissionais do petróleo e peões que voltaram a seus turnos na enorme instalação da Baía de Prudhoe, o segundo e principal destino do voo. Naquela época, várias companhias de petróleo tinham começado seu notável envolvimento na que já havia se tornado uma completa operação de resgate. Sentei-me ao lado de uma senhora inuíte de meia-idade, de cabelos negros e olhos castanhos profundos acima das bochechas proeminentes. Seu nome era Brenda Itta e estava voltando para Barrow depois de ter participado de uma conferência da Federação de Nativos do Alasca (AFN), em Anchorage.

A articulada senhora não estava nada chateada com a cobertura, mas não conseguia entender por que sua pequena fronteira tinha conquistado tanta atenção de repente. Desejava o bem das baleias, é claro; todos desejavam. Mas o que havia de mais? Em sua cidade, as baleias morriam o tempo todo da mesma forma que nasciam o tempo todo. Chamava-se vida selvagem, e no Ártico isso se tem em abundância, ninguém presta muita atenção à vida selvagem individual. Ela não conseguia entender por que as baleias eram mais importantes do que o encontro da AFN em que havia participado ou da Conferência da Prefeitura de North Slope que estava acontecendo naquele instante em Barrow.

O mundo desconhecido de Brenda Itta e seu povo fascinante ainda não havia despertado muito interesse nos correspondentes que começavam a se deslocar para Barrow. Nenhum de nós tinha vindo a Barrow para fazer uma reportagem sobre a cidade impressionante e seus habitantes notáveis. Viemos para contar ao mundo algo que acontecia com tanta frequência que os familiarizados com o fenômeno não conseguiam entender nosso interesse. A rotina de encalhe das três baleias debaixo de um pedaço de gelo era uma notícia tão importante na região de North Slope quanto um cervo atropelado por um caminhão numa estrada da Pensilvânia. O que tornava aquele encalhe extraordinário era que quem nunca morou em Barrow sabia do encalhe, pois nunca tinha visto um antes. Mas agora, com um encalhe a apenas 25 quilômetros de um centro de produção e transmissão e de uma estação de satélite moderna na órbita da Terra, a história das baleias podia ser vista por qualquer pessoa que tivesse televisão em qualquer lugar do mundo.

Se as instalações fossem um pouco mais distantes ou se o encalhe tivesse ocorrido fora do alcance de visão, o destino das baleias teria sido o mesmo de dezenas de baleias anônimas todos os anos antes de 1988 e todos os anos depois de 1988. Essa lição brutal sobre as obsessões da mídia foi ensinada de forma bem trágica na noite do sábado, dia 22 de outubro de 1988, durante o auge daquele frenesi. Bem de frente à rua do corpo de bombeiros de Barrow, uma pequena e mal construída casa de madeira irrompeu em chamas, matando três crianças no pior incêndio doméstico de Barrow dos últimos anos. A unidade do corpo de bombeiros da rua Karkuk ficava vazia todas as noites. Os bombeiros iam para casa cedo para sua parcela necessária de sono – estavam próximos à exaustão depois de trabalharem semana a semana no resgate das baleias.

Um curto-circuito no banheiro começou o incêndio que matou a garota de oito anos, Delia Itta, sua irmã Irene, e o irmão, um bebê de apenas dez meses chamado Miles Steven. Não se acusou ninguém em Barrow por negligência. A casa era uma genuína armadilha de fogo. Uma vez iniciado, a parede entrou em combustão como palha seca. A casa foi tomada pelo fogo tão rapidamente que, mesmo que os bombeiros estivessem em seus postos, havia pouca chance de conseguirem salvar uma das vítimas, muito menos todas elas. A casa não tinha nem alarme de fumaça nem adultos na hora do incêndio.

Na mesma noite em que Barrow brincou de anfitriã da maior concentração nacional e internacional de jornalistas e câmeras de televisão, talvez em todo o mundo, nenhuma menção foi feita sobre as três trágicas mortes, em todas as histórias sobre baleias preparadas para serem transmitidas naquela noite ou na noite seguinte, incluindo a minha.

Só quando a saga se aproximou do fim é que questões mais abrangentes e fundamentais sobre o verdadeiro significado da história – ou seja, por que um encalhe de baleias era tão importante, sendo um ato natural e nada incomum para o Ártico – começou a ser questionado. Será que baleias naturalmente encalhadas mereciam todos os esforços e a atenção recebida? Será que a cobertura foi proporcional ao evento? Pouco se mencionou em nossas histórias, pacotes ou despachos sobre as impressionantes experiências vividas em Barrow. Por outro lado, vivíamos uma época em que os jornalistas não podiam se apresentar como sujeitos de suas próprias histórias. Tínhamos sido enviados para cobrir o encalhe das baleias. As perguntas eram todas boas e importantes, mas chegaram tarde. Enquanto isso, nosso trabalho era cobrir as baleias e o respectivo resgate.

No avião, Brenda falou bastante sobre a história de sua família e problemas com os quais o povo inuíte lidava diante de tantos desafios da vida moderna. Sua comunidade tinha um sério problema com alcoolismo. Todos sabiam disso. Poucos tentavam esconder. Ela não me pareceu muito otimista quando questionada sobre as perspectivas de futuro. A primeira parada do voo foi em Fairbanks, a segunda cidade do Alasca, por volta de 720 quilômetros ao norte de Anchorage. Quando os passageiros saíram do avião, muitos comentaram de sua relutância em descer. A eles parecia que todos estávamos a caminho de uma enorme aventura. Brenda comentou rapidamente sua aversão por quem tentava contrabandear bebidas em Barrow, como se já não tivessem o bastante. Acenei com a cabeça concordando, esperando que ela não tivesse nada guardado no compartimento de bagagem de mão, pois lá estava todo o meu próprio estoque de uísque contrabandeado.

Só então percebi que o comentário de Rod Benson ao telefone sobre a importância de levar álcool tinha sido mais do que uma piada. Barrow era viciada. O episódio das baleias a presenteou com uma oportunidade inesperada para aumentar nitidamente os estoques ilegais da cidade e ganhar um bom dinheiro com isso.

Parecia que todo mundo tinha levado bebida. Uns haviam levado pelo mesmo motivo que eu, ajudá-los a fazer seus trabalhos numa cidade estranha. Não demorou muito tempo para perceber por que os inuítes, e também uma boa parcela de falantes da língua inglesa, tinham problemas de alcoolismo. Dois dias depois da nossa chegada, tivemos os mesmo problemas, alguns diriam que até pior.

A vida em Barrow se resume a uma coisa: manter-se aquecido. Passamos de seis a oito horas no gelo congelante e expostos ao vento, bem em cima do Oceano Ártico congelado, reunidos ao redor de pequenos buracos que ficavam cada dia mais cheios de gente. Quando não estávamos brigando no gelo, tomávamos uísque uns das garrafas dos outros para nos mantermos aquecidos. De volta à cidade, as pessoas bebiam até cair na cama ou desmaiar. A paradoxal bênção de um estômago irritável permitiu-me viver minha aventura em Barrow quase sem consumir álcool. Não posso dizer que não tinha muita vontade de beber, a questão era que não conseguia beber muito, ou algo assim.

– Está muito frio para ficar sóbrio – era o refrão corrente. As construções mais aquecidas raramente passavam dos 12°C no inverno, pois a maioria das pessoas quase nunca tirava seu casaco dentro de casa. Demorava um tempo para os visitantes realmente tirarem seu casaco ao entrar numa casa ou edifício, pois assim mantinham o ar mais quente dentro de seu casaco e mais próximo de seu corpo.

A novidade e a excitação do nosso novo universo tiveram vida curta. A impressionante opressão de Barrow quase de imediato começou a competir com o elemento surpresa. Subitamente, estávamos num ambiente escuro, frio e inebriado, que desafiava a maioria das leis concebidas para se definir a existência normal da vida humana.

Rápidas em sentirem as mudanças de atitude, desempenho e níveis de energia das equipes em Barrow, as emissoras decidiram começar a fazer um rodízio entre elas para terem certeza de que ninguém ficasse mais que uma semana sem assistência. Não me sentia assistido e não me via de forma nenhuma como uma pessoa sem sorte. Não só aguentei firme lá como também estava adorando. Não era sacrifício. Mas uma festa. Além do mais, toda troca de equipe significava novas pessoas e novas bebidas!

Da mesma maneira que os esquimós eram ao mesmo tempo tratados de forma condescendente e romântica, muitas das equipes de televisão em trânsito adotavam as piores condutas com facilidade. Piadas sobre alcoolismo, histórias de alcoolismo, ameaças com alcoolismo – essa era a grande metáfora compartilhada por toda a imprensa. Primeiro, perdemos a sobriedade, depois a higiene. Não ligávamos muito para a aparência – aqueles de nós que passaram a vida tentando ajustar a aparência não tão digna do horário nobre sentiram-se mais à vontade vivendo sem vaidade do que as celebridades. As inconveniências e os gastos com higiene eram uma perturbação para quem não se preocupava com isso e um pesadelo para quem se preocupava.

Na minha primeira manhã em Barrow, estava ansioso para um excelente banho quente, depois do martírio da retirada de camadas e camadas de roupas num banheiro congelante. Assim que entrei no chuveiro, percebi que o pequeno pano pendurado devia ser minha toalha. Quase desisti do banho. Por que me importar? Mas entrei com tudo e respirei o vapor. Barrow era um dos lugares mais secos da terra – um deserto congelado. O ar seco e frio ressecava a garganta e rachava até mesmo a pele mais resistente.

Meu proveito não durou muito. Terminou quando a água quente de repente ficou fria como gelo. E estou falando de *gelo* mesmo. Rod não estava muito satisfeito comigo, e aquela era sua maneira de expor seus sentimentos. Água, não sabia disso na ocasião, não era nem de longe o recurso onipresente suposto pelos Forasteiros. Em Barrow era o recurso mais caro e precioso, estritamente racionado pelo Distrito de North Slope. Rod me queria fora do chuveiro. Desligar a água quente funcionou como um feitiço. Nada mais de banhos demorados, ele me disse, e ia começar a me cobrar pelo uso da água.

Um dos vizinhos de Rod estava rindo à toa por conta da venda de banhos de 5 minutos por 50 dólares. Sua alegação era que tinha gente que pagava. Vai saber? Quem não estava disposto ou sem condições financeiras de pagar pelo uso da água encanada, que previamente era considerada de uso normal, adaptou-se rapidamente. Em Roma, haja como os romanos. Tais indignidades deixaram de ser indignas no fim. Afinal de contas, tínhamos água encanada.

Certamente, bem diferente era a forma como muitas das pessoas do Ártico ainda ouviam o "chamado da natureza". Não eram as temperaturas de -31°C. Certamente não era o medo de ser visto. Não era nem mesmo o perigo de congelar as partes do corpo expostas e sensíveis. Eram os malditos cães.

Em nossa primeira noite em Barrow, a equipe da *N.Y. News Corps* e a NTV reuniram-se ao redor do bar de fórmica para uma reunião informal tarde da noite. Rod fez o papel do bom anfitrião e aqueceu nossa excitação por estarmos em seu mundo. O cheiro forte da bebida e do cigarro permeava o ar frio e seco. Rod levantou e anunciou que precisava de alguns minutos, mas que voltaria em seguida.

No caminho para a porta de saída, pegou um rolo de papel higiênico e um cabo grosso de madeira que estava ao lado de uma velha cadeira de metal. Assim que bateu a porta atrás de si, os sons dos latidos animados dos cães de trenós quebraram o silêncio da noite no Ártico. Menos de um minuto mais tarde, Rod, com a autoconfiança intacta, estava confortavelmente sentado em sua casa – Que algazarra foi aquela? – perguntamos. Ele apenas sorriu. Prometeu que muito em breve ficaríamos sabendo sozinhos. Se Rod precisava mesmo ir, ou se estava apenas se divertindo à nossa custa, provavelmente jamais saberemos.

O latido dos cachorros era o som onipresente de Barrow. Sempre que estavam do lado de fora das casas, não importando se fosse de noite ou de dia, os cães latiam e uivavam o tempo todo, quer fosse perto ou à distância. Eram cães de trenó do Alasca, com temperamento e genética mais próximos dos lobos do que dos cães. Eram cães de trabalho, não animais de estimação. Era uma raça de cães incrivelmente resistente, criados especialmente para puxar pesados trenós no Ártico. Viviam do lado de fora das casas o ano todo. Estavam por toda parte. Não eram cães selvagens; tinham donos. Mesmo assim, pareciam andar à vontade pela cidade. Sabendo que apresentavam melhor desempenho quanto mais famintos estivessem, os cães de trenó eram malnutridos propositadamente por seus proprietários. Então, estavam sempre em busca de suplemento alimentar.

O odor humano com frequência significava a próxima refeição de um cão – de uma forma ou de outra. O aguçado sentido olfativo conseguia localizar facilmente alguém tentando se aliviar ao ar livre e rastrear até mesmo a pessoa mais escondida em seu momento mais vulnerável. Quase no mesmo instante em que a pessoa tentava levantar as calças, matilhas latiam loucamente enquanto corriam em direção à vítima.

Batendo os dentes sem considerar o que iriam morder, os cães brigavam entre si apenas pela chance de abocanhar as fezes humanas segundos após terem sido depositadas no solo: com frequência, antes mesmo de a pessoa ter tido a chance de levantar as calças, o que exige que ela termine sua missão com uma das mãos enquanto usa a outra para agitar uma tora contra os nervosos cães. E por aí vai.

Altos salários e histórias secundárias em evidência significavam muito pouco aos jornalistas enviados a Barrow. Aqui, habilidades aperfeiçoadas no Exterior eram pouco usadas. Os que consideravam árduas as longas viagens em jatos antes de chegar a Barrow, realmente esperavam ansiosas por elas na hora de irem embora. Não estavam em Johanesburgo, Pequim ou até mesmo em Beirute. Não havia táxis esperando do lado de fora do aeroporto para levar você a hotéis confortáveis e elegantemente abastecidos com petiscos familiares enquanto durasse a história.

Havia pouco em Barrow que lembrasse o mundo que os Forasteiros deixaram para trás. Não havia árvores nem gramados. Não havia nada mais alto do que o solo que não tivesse sido posto lá pelo homem. Nada feito pela natureza era exposto acima do cobertor plano que cobria de branco o solo, escondendo-o. Se não fosse pelo homem, nada interromperia o terreno completamente uniforme.

Subitamente, a atenção do mundo estava focada em um dos locais mais isolados. Mesmo com o milagre da comunicação via satélite, cada pedaço de Barrow parecia preso no duro cenário, assim como as três baleias estavam presas debaixo do gelo. A 520 quilômetros acima do Círculo Ártico, cada dia sobrevivido era um milagre. Parecia que ninguém vivia num mundo mais hostil e imperdoável do que os corajosos esquimós inuítes.

Até a mídia adotar as baleias como suas, teria sido impossível e inconcebível salvá-las. Pois aquela era a ação da natureza, a maioria dos nativos de Barrow não via razão para tentar resgatá-las. Mas, quando a história ganhou rede nacional, a decisão foi tomada por eles. Foram escolhidas por seus superiores culturais do mundo das notícias televisivas para encenar o papel de selvagens inocentes e iluminados no delicado cenário de ação da natureza. Se com isso não fosse possível ajudar a salvar as baleias, pelo menos daria uma boa história. Nobres homens pré-modernos no glorioso cenário da vida selvagem, trabalhando de mãos dadas para salvar criaturas de seu próprio hábitat. Se ao menos fosse verdade.

Baleias viviam encalhando em dezenas de milhares de anos antes da invenção do satélite de codificação de notícias. Iam continuar encalhando por outros mil anos. Todos os enviados para cobrir a história das baleias logo entenderam não se tratar de uma história, mesmo assim era um fato que o mundo estava desesperado para acompanhar. Ganhara vida própria, algo que geralmente não acontece com as histórias exibidas pela imprensa.

O poder da televisão só não podia ser responsável pela fascinante influência daquela história. O instinto de grupo levou a imprensa a Barrow e o mesmo instinto nos compeliu a quase dominar a cidade assim que chegamos lá. Quando a NBC encontrou um bom pasto, todo mundo foi atrás dela. A cativante luta das baleias e daqueles que trabalharam duro para resgatá-las lideraria os noticiários do mundo por quase duas semanas. Mas nenhum grupo de diretores de noticiários poderia ter criado tamanho interesse. Aquele poder pertencia às baleias, seus salvadores e, o mais importante, às milhares de pessoas ao redor do mundo que as queriam livres.

Os nativos de Barrow nunca souberam direito como lidar com a chegada do Exterior. Separatistas argumentavam que os Forasteiros queriam destruir a vida dos esquimós e de seus anciãos. Felizmente, não havia tantos separatistas. A maioria dos inuítes era esperta o suficiente para perceber que havia muito com que se beneficiar do mundo moderno; que sua vida podia ser melhorada, assim como suas perspectivas, da mesma forma que o progresso ajudava todas as outras pessoas. Para os esquimós, a verdadeira questão era como manter o melhor de sua vida passada sem abdicar dos benefícios do progresso.

6
A TIGRESA DO GREENPEACE

O outono de 1988 marcou os dias finais da presidência de Ronald Reagan. O 40º presidente da América só tinha mais alguns meses no cargo, e seu segundo mandato chegaria ao fim. Enquanto o país estava naturalmente preocupado com a sucessão presidencial, ainda havia muito a ser feito.

Ninguém sabia tanto disso quanto o secretário Donald Hodel. Ele percebeu que, quando o presidente deixasse seu cargo, ele também deixaria e talvez aquela fosse a melhor chance de conseguir aprovação do Congresso às mais significativas regras de administração de terra de Ronald Reagan – a principal delas era a expansão do acesso aos recursos de energia abundantes e proibidos da América.

As empresas de petróleo prometiam que a perfuração era segura e, durante 24 anos, provaram ser verdade. Os ambientalistas diziam que uma única "explosão" numa plataforma próxima à costa deixaria vazar milhões de galões de petróleo bruto no frágil ecossistema, causando danos catastróficos. As companhias de petróleo concordavam com eles. Perfurações marítimas eram de longe mais perigosas do que em terra firme. Mesmo assim, argumentaram que a melhor forma de amenizar os riscos da perfuração marítima era aumentando a perfuração em terra firme; a pressão ambientalista era contrária. Ambientalistas argumentavam na época, e continuam argumentando, que a indústria petrolífera era ruim e perigosa e, portanto, deveria ser impedida.

Apesar da popularidade do presidente Reagan, a opinião pública parecia estar do lado dos ambientalistas. A energia ainda era relativamente acessível e parecia abundante. Na época não havia mídia alternativa nem internet. O editorial tendencioso da mídia oficial, representada pelas três maiores redes de televisão e pelo *The New York Times*, ainda era a maior influência, dificultando muito a divulgação de propostas de expansão da produção da energia doméstica. Uma coisa a ser dita em relação aos ambientalistas da época não pode ser dita sobre os ambientalistas de hoje: em 1988, nem mesmo as companhias de petróleo faziam ideia da verdadeira dimensão e do escopo dos recursos de energia debaixo de nossas águas e sob a terra.

Estudos recentes (2010) conduzidos pela Pesquisa Geológica dos Estados Unidos (USGS) sugerem que o Ártico americano (Alasca) poderia conter 90 bilhões de barris de petróleo; a segunda maior reserva do mundo. Se verdadeira, essa descoberta conteria 8 trilhões de dólares em petróleo, na média de preços de 2011 a 95 dólares o barril; 8 trilhões de dólares poderiam ser gastos na América, em vez de serem exportados para países que odiavam os Estados Unidos. Outros especialistas dizem que os campos de petróleo próximos e debaixo da costa do Alasca e do Ártico ainda são muito maiores e podem ser expandidos por toda a região, sendo duas vezes maior que as estimativas da USGS.

Com o tempo se esgotando, Hodel fez um último esforço de abrir mais plataformas continentais nos Estados Unidos, limitando a perfuração marítima. O maior prêmio era a Baía de Bristol no Alasca. Separando as ilhas Aleutas do continente do Alasca, a Baía de Bristol era o lar de mais de três quartos de salmão do mundo, metade do atum, arenque, halibute e inúmeras outras espécies de peixe comerciais. Abastecendo o mundo com mais de 1 bilhão de dólares em peixe todos os anos, a Baía de Bristol era, e continua sendo, a espinha dorsal da indústria de pesca comercial do Alasca.

A indústria petrolífera e os geólogos acreditavam que alguns dos maiores depósitos de petróleo não explorado situam-se bem abaixo da superfície da Baía de Bristol. As companhias de petróleo argumentam que essas reservas podem ser fechadas de forma segura sem danificar a região marítima mais rica da América. Do ponto de vista dos empresários, a quantidade de petróleo e gás esperando para ser perfurada mais do que justificava o risco. Contudo, os pescadores do Alasca, cujo sustento dependia dos recursos renováveis da baía, não tinham tanta certeza.

Contudo, uma coisa estranha aconteceu. Em vez de continuar as relações públicas e a guerra da mídia contra a indústria pesqueira, acusando-a de destruir a Baía de Bristol por conta da exploração "insustentável", os ambientalistas do Alasca, auxiliados com dinheiro e apoio dos aliados dos 48 estados continentais, passaram a unir forças com os antigos oponentes pescadores comerciais para bater de frente contra qualquer tipo de esforço das companhias de petróleo para até mesmo investigar a Baía de Bristol a fim de descobrir quanto petróleo poderia haver sob o mar.

Cindy Lowry era coordenadora de campo do Alasca para o Greenpeace, uma das mais famosas e notórias de todas as organizações ambientalistas, segundo alguns. Apesar de o Greenpeace ter sido criado em 1972 para impedir os testes da bomba atômica francesa, o jovem grupo de ativistas de esquerda irrompeu na consciência do mundo com suas manifestações para salvar as baleias. Embora suas atitudes conseguissem espaço na TV, chegaram meio tarde para a festa. No momento em que o Greenpeace apareceu, no fim dos anos 1970, as baleias já estavam a caminho da recuperação. Há tempos haviam sido salvas da extinção – não por ambientalistas, mas pela indústria petrolífera! Isso mesmo, você leu certinho. Foi o petróleo que salvou as baleias, não o Greenpeace.

O Greenpeace moldou sua imagem usando pequenos barcos de borracha infláveis. Entrando nas frágeis embarcações em meio aos enormes e antigos navios baleeiros e as baleias que tencionavam matar, as ousadas tripulações, compostas por dois membros, causaram um poderoso impacto na opinião global. Em 1989, Greenpeace era um nome familiar. Seus 2 milhões de membros eram ativos em toda parte. Do Polo Norte ao Polo Sul, lutavam cada vez mais por uma série de causas diferentes. Polêmica era seu cartão de visitas.

Para Cindy Lowry, a Baía de Bristol era mais do que um pesqueiro comercial. De fato, ela e sua organização eram especialistas em lutar contra a indústria pesqueira. Era o caminho crítico para as criaturas marítimas do Alasca. Todos os animais que migravam para lá dependiam de nadar e viver na limpa e viável Baía de Bristol. Todos concordavam com isso.

Lowry acreditava que, se a indústria petrolífera fosse autorizada a explorar petróleo naquela baía, tudo o que vivia ou passava por ali, incluindo dois terços das baleias do mundo, poderia estar ameaçado. Sem disposição para meias verdades, o argumento do Greenpeace para a exploração dos direitos na baía era que uma simples "explosão" da plataforma poderia extinguir espécies inteiras.

Para Cindy, era ofensivo até mesmo pesar os interesses comerciais das pessoas contra a própria sobrevivência dos animais. A matança das baleias, qualquer que fosse a forma, jamais seria justificável (será que isso se aplicava aos encalhes no gelo?). As atribuições de Cindy Lowry incluíam impedir qualquer atividade humana em qualquer lugar que ameaçasse atividades não humanas – em qualquer lugar. E ela acreditava piamente nisso.

Não acreditava em muitas pessoas, muito menos em conservadores. Para ela, a mera menção a Ronald Reagan deixava-a com raiva. A Baía de Bristol apareceu pela primeira vez como alvo do desenvolvimento de energia em 1985. O Departamento do Interior solicitou lances para compra de direitos de arrendamento na baía. O protesto contra o plano de busca de petróleo no rico ecossistema foi tão grande que o secretário Hodel concordou em cancelar o processo, mas com uma ressalva. Em vez de anular os lances completamente, o Departamento do Interior os manteria lacrados, caso de a administração atual ou a seguinte "mudasse de ideia".

Três meses antes do término do mandato do presidente Reagan, quase todos davam como encerrada a questão da perfuração marítima de petróleo em áreas de vida selvagem. A oposição era grande demais e o apoio, muito fraco. Reagan sofria oposição de seu próprio vice-presidente, George H. W. Bush, também candidato republicano à Presidência. Até mesmo as companhias de petróleo haviam desistido. Mas Donald Hodel não. Seu gabinete anunciou que os lances lacrados seriam abertos e lidos numa audiência em Anchorage, em 11 de outubro de 1988.

A desconfiança de Cindy parecia ser recompensada. Enquanto mais ninguém estava preparado para uma mudança súbita na política de administração, Cindy estava. Três anos antes, havia apresentado um lance do próprio Greenpeace para direitos de arrendamento na Baía de Bristol. Como pagamento para os direitos de explorar a baía, oferecera o valor da vida marinha que o Greenpeace previa ser destruída se a baía fosse aberta. Cindy tinha certeza de que, se a perfuração fosse em frente, seriam as criaturas da Baía de Bristol que pagariam o preço, não as companhias de petróleo. Ela não mencionou nada sobre como arriscar bilhões de dólares necessários para explorar a Baía de Bristol não era um risco para as companhias de petróleo.

Cindy não se considerava uma ativista-agitadora-de-esquerda-contra tudo; nenhum deles se considera assim. Mas as companhias de petróleo, a pesca baleeira por subsistência e todos com quem ela batia de frente acreditavam que ela era exatamente isso. Sim, Cindy Lowry era uma admiradora de animais, do tipo que colocava-emoção-antes-da-razão-e-arregaçava-as-mangas. Não admitia, mas tinha orgulho disso. Quando não estava "em missão", podia ser facilmente confundida com uma bancária atenta às tendências da moda. Parecia mais jovem que seus 38 anos. Não havia muito espaço para hipocrisia política no Alasca mas, sob vários aspectos, Cindy Lowry era a versão do Alasca disso. Vestia-se de acordo com as últimas tendências, usava perfumes caros, bebia cafés caros, dirigia um Volvo à gasolina e tinha um enorme cachorro com o mesmo nome da montanha mais alta da América, Denali. Forasteiros a conheciam como Monte McKinley, em homenagem ao presidente americano que sancionou uma expedição ao local.

Lowry só tinha algumas semanas para se preparar para a audiência de 11 de outubro que determinaria o destino da Baía de Bristol e, de certa forma, o futuro da energia na América. Ela estava preparada para o pior. O Serviço de Controle de Minerais do Departamento do Interior dos Estados Unidos (MMS) sediaria a audiência. Foram contratados quinze seguranças extras para proteger o evento e seus participantes de tipos pacíficos e não violentos como Cindy Lowry.

Cindy vestiu-se como sempre para o trabalho. Mas, escondido em sua cara pasta executiva preta havia um brilhante megafone, provavelmente comprado numa loja cara. Antes de as portas abrirem, os seguranças foram avisados para ficarem atentos a tipos como ela, mulheres que não se vestiam muito bem. Segurando o riso, Cindy passou direto por eles e sentou-se no fundo do auditório. Não conseguia acreditar.

Sendo a ambientalista mais notória do Alasca, ela não só esperava encrenca, como também torcia por ela. Em vez disso, ninguém a reconheceu.

A audiência era um grande evento. A polêmica, totalmente garantida. Toda a mídia de Anchorage – estações de rádio, televisão e jornais – estava pronta para a cobertura. No começo da semana, o Departamento do Interior em Washington percebeu o problema. Instruíram o moderador a arrumar qualquer tipo de desculpa para não abrir o lance do Greenpeace. A tensão era palpável. O moderador sabia que não ia conseguir se safar, mas ordens eram ordens.

Mais uma vez, Cindy estava em vantagem no jogo. Havia arrumado muitas brigas e discussões exageradas com as companhias de petróleo antes para saber que a audiência não sairia de acordo com a vontade dos patrocinadores.

Sabia que era ela, e não eles quem estava no comando. Eles tinham medo dela. Ela não tinha medo deles. Não tinha como perder – se arrumasse uma encrenca e fosse expulsa, alegaria ser vítima de um processo manipulado; que seus direitos de liberdade de expressão estavam sendo violados. Se permitissem que ficasse por lá e perdesse, ainda assim poderia fazer uma pressão básica: o processo era manipulado.

Cindy certificou-se de que seus amigos estariam por lá para apoiá-la e protegê-la. Colegas ativistas e pescadores, tentando defender seu meio de vida, sentaram-se ao lado de Cindy. Quando o moderador anunciou que todos os lances permaneceriam lacrados, Cindy discretamente transformou-se da participante bem comportada à ativista com a boca no trombone – literalmente. Tirou da bolsa o potente megafone que havia trazido escondido.

– E os lances? Por que vocês não vão ler os lances? – perguntou, de forma incisiva. O megafone era mais alto do que o sistema de microfone público do auditório – Por que não abrem os lances como exige a lei? – a lei, claro, não exigia nada. Mas, no meio da algazarra, ninguém teve presença de espírito para pontuar isso. Centenas de cabeças viraram na direção dela. Aplausos e torcidas abafaram as tímidas vaias de habitantes do Alasca que eram a favor do desenvolvimento com a mesma intensidade que Cindy era contra. Os seguranças pareceram ganhar vida. De todos os cantos do auditório, saíam correndo na direção dela para impedir sua intervenção e restabelecer a ordem. Lutaram e brigaram com os grupos de pescadores que abriam seus peitos largos, servindo de escudo para ela. Será que sabiam que ela também fazia oposição e eles? Depois do caloroso discurso, os guardas dominaram a situação e a arrancaram de lá. A multidão insultava os guardas que a carregavam aos gritos para fora do auditório. Cinegrafistas gravaram tudo para a edição da noite. A prática leva à perfeição. Foi um desempenho magistral.

Lá fora, a mídia fazia fila para entrevistar a diva dos direitos-dos-animais-bem-ensaiada que havia se infiltrado na audiência. O episódio se transformou na principal história da noite em todos os três noticiários de Anchorage. Depois de responder a todas as perguntas da imprensa, Cindy foi até seu Volvo, onde seu namorado, Kevin Bruce, a esperava. Kevin sempre tentava estar por perto para ajudar quando Cindy planejava seus escândalos, caso fosse preciso pagar fiança. Sabendo que ela estaria chateada demais para dirigir, deu-lhe um forte abraço, pegou as chaves e a levou para casa.

Não se engane. Cindy Lowry não se opunha ao desfrute de todos os prazeres cultivados e produzidos pelas mesmas indústrias das quais ganhava a vida tentando fechar. No caminho para casa, pararam no *drive-through* de um restaurante chinês para comer alguma coisa enquanto assistiam a Todd

Pottinger no noticiário das 23h no conforto de seu moderno condomínio em Anchorage, equipado com todos os mais modernos acessórios. Esperavam que a expulsão de Cindy fosse a história principal da noite. A surpresa veio ao ouvirem Pottinger apresentá-la como uma grande vitória. O tumulto planejado por ela forçou a MMS a cancelar a audiência. Os lances lacrados voltaram exatamente para o mesmo cofre em que ficaram guardados nos últimos três anos. Cindy e o Greenpeace venceram. E também ajudou a manter em segurança, até mesmo a fortalecer, a opressão dos regimes estrangeiros sob as necessidades de energia dos Estados Unidos.

Apesar de ainda estar um tanto abalada pela expulsão, o rosto de Cindy se iluminou. Não considerara a vitória sua, e sim de suas amigas lontras, focas e baleias da Baía de Bristol. Que meigo!

Às vezes, os oponentes acusavam Cindy Lowry de muitas coisas terríveis, mas nenhum de seus críticos jamais sugeriu que ela criava publicidade para fins pessoais. Cindy Lowry era, de corpo e alma, uma ativista. Acreditava piamente no que fazia e era difícil não respeitá-la. Ambientalismo era a paixão de sua vida, com frequência para a decepção de Kevin. Enquanto suas táticas eram questionadas às vezes, ninguém podia questionar a sinceridade de sua motivação. Ela acreditava que a vida selvagem do Alasca estava em grande perigo. Não era uma paixão adquirida no decorrer da vida. Cindy Lowry nascera daquele jeito.

Quando tinha cinco anos, a pequena Cindy soltava os peixes que sua família pescava em viagens de lazer. Os adultos logo perceberam que, se algum dia quisessem comer o que haviam pescado, seria melhor deixar Cindy em casa. Em seu décimo aniversário, exibiu uma perigosa disposição para usar a força letal para proteger animais. Fazendo ronda em sua fazenda no Kansas para protegê-la de caçadores de coiotes, a pequena Cindy marchou com a pesada arma de seu avô sobre o ombro pequenino. Apontando a arma carregada e de cano duplo para o rosto atônito dos caçadores por lá escondidos, forçou-os a pensar duas vezes antes de pisarem em propriedade particular. Logo a notícia da "garota maluca da família Lowry" se espalhou. Sua militância funcionou. Os caçadores nunca mais voltaram.

Quando se tratava de sua própria vida, Cindy não se fazia de mártir. Depois de ter trabalhado várias semanas nas vendas por arrendamento da Baía de Bristol, pretendia tirar o restante da semana de folga. Nada iria atrapalhar seu fim de semana há-tempos-planejado-e-difícil-de-ser-obtido com Kevin, pois teve de postergá-lo várias vezes. Na quinta-feira da manhã de 13 de outubro, Cindy Lowry dormiu até mais tarde. Imaginando que não sentiria falta do jornal ao qual se referia como "*Notícias Sonolentas de Anchorage*", Kevin levou a edição daquela manhã para seu escritório. Ao folheá-lo, deu de cara com a notícia da primeira página "Gelo Deixa Três Baleias Cinzentas Presas". Decidiu não ligar para Cindy, que esperava ainda estar dormindo depois da semana agitada. Organizar escândalos barulhentos para gerar publicidade era um trabalho estressante.

Um jornalista de Anchorage chamado Jeff Berliner não pensava dessa forma. Ele acordou Cindy para perguntar se ela sabia sobre as três baleias. Para a imprensa do Alasca, a referência de ambientalismo era o telefone de Cindy. Sempre que os jornalistas precisavam de uma fonte para falar sobre uma questão ambientalista, Cindy os atendia, sabendo ou não mais do que eles sobre o assunto.

O telefonema de Jeff marcou a primeira vez em que Cindy ouviu sobre as baleias. Se ela não sabia, disse Berliner a si mesmo, talvez não tivesse história nenhuma ali. Cindy agradeceu Jeff pela ligação e prometeu retornar assim que descobrisse alguma coisa. No instante em que desligou, o telefone tocou novamente. Dessa vez, era Geoff Carroll ligando de Barrow. O biólogo imaginava que, se havia alguém que poderia ajudá-lo a ajudar as baleias, seria o caçador de baleeiros mais famoso do Alasca. Cindy Lowry era esse caçador.

Tudo o que Geoff sabia com certeza sobre as baleias era o fato de serem californianas cinzentas. Não sabia o sexo nem a idade, apesar de uma delas parecer filhote e as outras duas, adolescentes. Ele contou a Cindy que, a menos que se abrisse um caminho cortando o gelo até mar aberto, as baleias morreriam. Disse a ela que qualquer navio com uma proa forte e reforçada com aço poderia fazer isso. Na noite anterior, os dois biólogos passaram horas ao telefone com o pessoal da Guarda Costeira do país em busca de ajuda.

Naquela época, a Guarda Costeira dos Estados Unidos tinha só dois quebra-gelos ativos, um fato que os habitantes do Alasca conheciam muito bem. Um navio, o *Polar Star*, estava avançando com dificuldade pelos 5 metros de altura de massa de gelo flutuante para abrir um caminho comercial pela rota marítima do Ártico conhecida como Passagem do Norocste, enquanto o outro, o *Polar Sea*, estava em manutenção na doca de Seattle.

Encalhes de baleias eram comuns no Alasca. Quando as baleias estavam em perigo perto de Anchorage, Cindy sempre tentava ajudar. Ela fazia o maior barulho. Na verdade, a última vez em que baleias encalharam por perto, ela e seu cão, Denali, quase morreram tentando salvá-las. Em agosto daquele ano, um grupo de baleias Beluga ficou preso na praia bem ao sul de Anchorage. Ficaram expostos ao tempo e estavam indefesos nos bancos de lama do Braço de Turnagain, a extensão de água ao sul de Anchorage. O Braço era conhecido pelas marés extremamente bravas chamadas vagalhões. Diferentemente das marés comuns, que gradualmente sobem e descem, os vagalhões formavam muralhas de água que se moviam a 55 quilômetros por hora.

O grupo de baleias que Cindy tentou ajudar ficou encalhado por causa de um vagalhão, prendendo-se aos bancos de lama do Braço. Cindy sabia que, se não fossem ajudadas imediatamente, morreriam antes que a próxima maré trouxesse o mar de volta para salvá-las. Antes de enviar seu próprio resgate particular, Cindy relatou o encalhe ao Serviço de Pesca da Marinha Nacional (NMFS) de Anchorage. O NMFS era a agência federal responsável por impingir o Ato de Proteção aos Mamíferos Marinhos de 1972, promulgado pelo Congresso Norte-Americano, primeiro para ajudar as baleias ameaçadas como as encalhadas nos bancos de lama do Turnagain e, mais tarde, as três baleias presas em Barrow. Apesar do NMFS não ter ajudado como ela queria, Cindy obedeceu a lei, que exigia que os cidadãos relatassem encalhes de animais.

Os funcionários do NMFS recebiam as emergências relatadas por Cindy Lowry com uma pitada de sarcasmo ao Greenpeace:
– É ela de novo – diziam, em tom de lamento. – É aquela ambientalista louca e adorável de novo – ela sempre gritava "encalhe". Se o NMFS respondesse todas as vezes, acabaria com todo seu orçamento anual para resgates nos primeiros quatro meses do ano. Disseram-lhe que não podiam fazer nada pelas baleias Beluga encalhadas no Braço de Turnagain. Se quisesse salvá-las, Cindy Lowry teria de agir sozinha.

Ficar presa sobre a própria pele lisa e plana era o maior perigo que as baleias podiam enfrentar. Para uma pessoa, pele seca significava uma pequena irritação facilmente aliviada pela aplicação de hidratantes. Para as baleias, significava a morte. Sem a água para resfriar seu corpo de sangue quente, elas superaqueciam e morriam. Cindy telefonou para seu surpreso namorado no trabalho e disse a ele que precisava de ajuda para jogar a água das marés em cima das baleias encalhadas.

Kevin ficou muito assustado. Será que estava ouvindo uma sugestão suicida da mulher que amava? Uma mulher que conheceu durante adoráveis loucuras, mas que pensava ter algum grau de sanidade? Qualquer pessoa tola o suficiente para ignorar as enormes placas vermelhas de aviso para ficar longe dos bancos de areia tinha uma grande chance de ficar presa na lama. Os bancos de lama eram mais perigosos que areia movediça. Quanto mais se resiste, mais a lama prende. Se não for puxado totalmente para baixo, você fica olhando a maré te engolir com um de seus muros d'água.

Com as eleições se aproximando, Kevin estava cheio de trabalho. Ele era – você nunca vai acreditar – consultor político dos democratas! Mas ele era mais sensato que Cindy, mais prático. Por outro lado, quem não era? Não queria que Cindy se tornasse a mais nova mártir do Greenpeace. Depois de repetidas, mas não comprovadas, garantias de que ela não correria riscos desnecessários, Cindy continuou sem convencer Kevin de que valia a pena se arriscar pelas baleias. Ele só cedeu quando ela ameaçou ir sozinha.

Como os encalhes no gelo do Ártico, encalhes causados por marés do tipo que Cindy e Kevin testemunharam, eram ocorrências naturais e comuns. Mas o fato de serem rotineiros não sossegava o espírito de Cindy. Amava animais. Um animal agonizando era uma agonia para Cindy. Antes que Kevin pudesse desatar o cinto de segurança, já estava gritando com ela pelo vidro. Segundos antes, ela e seu cão saíram correndo do carro em direção ao traiçoeiro solo firme do Braço. Na pressa em trazê-los de volta em segurança, Kevin bateu a cabeça na armação do vidro do carro.

A poucos metros de distância do canal seco, Cindy gritou por socorro. Como um furtivo predador, a lama infiltrada agarrou sua perna esquerda e a puxou em direção à morte. Em meio aos agitados gritos de socorro, ela tentou desesperada reconfortar seu cão, Denali, que estava travando sua própria batalha contra a mortal superfície.

Afundando em direção aos sons cada vez mais altos e certeiros do vagalhão que se aproximava, Cindy e seu cão não sabiam o que fazer. Seu último consolo era saber que sua morte significaria vida para as baleias encalhadas.

A última coisa que Kevin Bruce queria era ser comparado a um tal super-herói "de óculos". Caminhando pela grade de proteção, pisou nos bancos num ousado esforço de salvar Cindy e o cachorro. Quando finalmente os alcançou, Kevin sabiamente ignorou os apelos de Cindy para salvar o cachorro primeiro. Em apenas 3 minutos a lama já tinha encoberto Cindy até a cintura. Cindy e o cão observavam a ameaça do muro d'água consumi-los.

Mas Kevin virou de costas, concentrando-se em puxar Cindy em segurança. Quando a libertou, agarrou Denali pela pele do pescoço e o puxou da lama espessa de uma vez só. Saíram correndo de volta para a costa. Quando chegaram lá, a água se transformou de demônio em salvador. Deram gritos de alegria ao verem a onda cobrir as baleias.

Quando ficou sabendo do encalhe das baleias em Barrow, Cindy imediatamente pensou que estavam presas como as Beluga do Braço de Turnagain. Não estava entendendo o que Craig e Geoff queriam dizer com "gelo na costa", "abrir canais" e a necessidade de quebra-gelos. O Ártico parecia tão remoto para Cindy em Anchorage como para qualquer pessoa nos outros 48 estados continentais.

No encerramento do expediente na quinta-feira, 13 de outubro, ela não sabia quase nada para poder criar uma campanha eficaz de salvamento das baleias de Barrow. Mas, quando Kevin chegou em casa, algo lhe dizia que seu fim de semana esperado há tanto tempo ia acabar como todos os outros. Aquele algo era o olhar no rosto de Cindy. As sementes para uma outra missão de misericórdia tinham sido plantadas fundo nela. Era exatamente o tipo de crise pela qual Cindy vivia e Kevin temia. Ela o amava, mas, verdade seja dita, ela amava mais as baleias. Ele sabia disso. Ela sabia disso. Todas as vezes em que começava a mudar o pensamento, lá vinha mais um encalhe para lembrá-lo.

Às 6 da manhã da sexta-feira, o telefone de Cindy tocou. Era Geoff Carroll em Barrow. Depois de se desculpar por tê-la acordado, lhe disse que a gravação feita pelo cinegrafista do canal local tinha aparecido horas antes no noticiário noturno da NBC. As três baleias encalhadas estavam em rede nacional. Era a vez de Cindy Lowry entrar no jogo.

Ela pulou da cama para o chuveiro. Antes de terminar de lavar o cabelo, o telefone tocou novamente. Era seu chefe, Campbell Plowden, do escritório de Washington do Greenpeace. Ele coordenava todas as atividades da organização relacionadas a baleias. Apesar de não ter visto a reportagem da NBC, queria saber se Cindy achava que o Greenpeace podia fazer alguma coisa. Plowden deixaria a decisão nas mãos dela. Se ela pudesse justificar um esforço realista para ajudar a resgatar os animais encalhados, o Greenpeace pagaria a conta.

Plowden sabia que as regras de caça por subsistência impostas pela Comissão Baleeira Internacional autorizavam que os esquimós pudessem matar quaisquer baleias que pegassem, embora só consumissem as da Groenlândia. Temia que os esquimós quisessem as baleias antes que alguém tentasse salvá-las. Queria que Cindy descobrisse se havia algum plano para matar as baleias para o preenchimento de cotas.

Em sua longa luta contra a pesca baleeira por subsistência, Campbell Plowden sabia, assim como todo mundo, sobre essa prática e a considerava terrível. O ardente defensor de baleias sabia que os esquimós absolutamente não eram caçadores por subsistência. Ele tinha razão. Lançadores de mísseis, bombas-relógio e motores externos não tinham muita semelhança com a pesca baleeira pré-moderna. Plowden não conseguia entender como Barrow, com uma escola de ensino médio de 80 milhões de dólares e um sistema de água encanada Utilidor de 400 milhões de dólares ainda tinha permissão para se autodenominar "vilarejo por subsistência". Quanto aos habitantes de Barrow, não podia entender como um lobista liberalista e bem remunerado da K Street, de Washington D.C., a 11 mil quilômetros de distância, podia dizer a eles de que forma podiam ou não viver sua vida.

Cindy ligou para Geoff e Craig perguntando se sabiam de algum plano de captura das três baleias. Os biólogos confessaram que, mesmo que houvesse planos, era bem provável que não ficassem sabendo. Os recém-chegados a Barrow levam seus habitantes a guardarem o segredo para si, ainda mais quando se trata de alguém com tendências ambientalistas.

A IWC delegou autoridade de regulamentação da caça para a subsidiária local, a Comissão Baleeira dos Esquimós do Alasca (AEWC). Craig telefonou para o gabinete da AEWC em Barrow, para ver se havia alguma conversa sobre capturar as baleias encalhadas. Craig descobriu que sim, na verdade havia esse interesse. Alguns capitães da região pediram permissão para capturá-las. Uma reunião estava agendada para as 19h30, do sábado, dia 15 de outubro, numa sala de aula da Escola de Ensino Médio de Barrow, para ouvir o pedido.

Craig ficou surpreso. Depois de ter passado três dias com as baleias encalhadas, não tinha como evitar um sentimento de ligação com os gigantes indefesos. Aquelas criaturas lutaram contra fantásticos revezes para sobreviver até o momento. Seu chefe sempre lhe dizia para nunca se envolver emocionalmente. Por que se sentiu tão ligado a três baleias tolas o suficiente para se deixarem encalhar no gelo crescente do Ártico? Craig sabia que, se apresentasse os dados do encalhe, diria que a morte das baleias seria uma coisa boa: seleção natural, sobrevivência das que têm melhores condições físicas, purificação do conjunto genético. Mas, conhecendo as baleias como conhecia, Craig sofria com elas. Não conseguia se animar com a ideia de alguns caçadores gananciosos capturando três animais que ninguém queria nem usaria.

Craig telefonou para Cindy e contou a ela que o destino das baleias seria decidido numa reunião especial na noite seguinte em Barrow. Cindy ia entrar no jogo. O interesse nacional pelas baleias só poderia aumentar suas chances, foram as palavras de consolo dela para Craig. Disse também para contar para Don Oliver, da NBC, sobre a reunião. Talvez ele pudesse cobri-la. Era a mesma tática que os ativistas dos direitos humanos adotavam no auxílio de presos políticos em terras repressoras, explicava Cindy. Quanto mais pessoas do Exterior soubessem das baleias, mais pressão os esquimós sofreriam no sentido de poupá-las.

Raramente reuniões daquele tipo negavam aos baleeiros a permissão para a captura. Cindy e seus aliados tinham menos de 24 horas para montar uma campanha eficaz de bloqueio da ação dos esquimós. Se o comitê votasse pela aprovação do pedido, as baleias seriam mortas na tarde seguinte, logo depois da igreja. Os baleeiros desafiantes não entendiam ainda o poder de algumas câmeras de televisão do mundo Exterior. Os Forasteiros estavam sempre dificultando a vida dos habitantes de Barrow. O que eles tinham a ver com isso? Na verdade, se a reunião saísse como o planejado, alguns baleeiros provavelmente iriam se oferecer para levar Don Oliver e Russ Weston de carona em seus *snowmobiles* para filmar a matança.

Como havia planejado tirar o restante da semana de folga, Cindy organizou tudo para redecorar o escritório do Greenpeace em Anchorage. Havia muito barulho de serras e outras ferramentas elétricas, então não dava para trabalhar por lá mesmo se quisesse. Foi para o condomínio de Kevin, na H Street, e começou a trabalhar por telefone. O caminho mais simples de libertação das baleias era por meio de um navio quebra-gelo. Campbell Plowden disse a ela que ia tentar conseguir um quebra-gelo em Washington enquanto ela ia tentando os contatos no Alasca.

Ela telefonou para o gabinete do governador do Alasca, Steve Cowper, em Juneau, e falou com David Ramseur, o chefe de gabinete. Às vezes ele ajudava, às vezes não. Cindy explicou a história das baleias encalhadas a Ramseur num apelo apaixonado. O ativismo ambiental era bem parecido com o setor de vendas. Cindy tinha que convencer as pessoas de que fazer alguma coisa era um investimento no capital político, valia muito a pena.

Cindy seduziu Ramseur com iscas políticas tentadoras. Se o governador conseguisse usar sua influência para fazer que a Guarda Costeira enviasse um quebra-gelo para Barrow, Cindy prometeu que seria a primeira vez que os democratas ganhariam pontos extras de uma pequena multidão de ambientalistas bem barulhentos. Ramseur ficou impassível após ouvir a oferta de Cindy e perguntou: – O que você quer que a gente faça? Não estou interessado e o governador também não está.

Por conta de acordos anteriores com o principal assessor do governo, Cindy sabia que Ramseur não tinha muita paciência, e isso não combinava bem com a fome de ação por parte dela. Em vez de tentar ponderar com ele, Cindy o chateou respondendo com mais patadas. Apesar de sua mente dizer que agredi-lo não ia funcionar, ela não conseguia parar. Sabia que tinha perdido aquela rodada. Cindy prometeu a Ramseur que encontraria outros meios de salvar as três baleias. Ramseur não queria que Cindy desligasse o telefone com raiva. Ofereceu-se para ouvir o que ela tinha a dizer contanto que nem ele nem o governador fossem usados para iludir outros com promessas de ajuda.

O telefone tocou novamente. Era a esposa de um executivo do petróleo que fez Cindy prometer mantê-la anônima. Cindy brincou, chamando-a de "Maria Baleia". A sra. Baleia perguntou se ela sabia alguma coisa sobre as baleias que haviam aparecido no noticiário da NBC na noite anterior. Quando Cindy disse que sabia muitas coisas sobre elas, Maria Baleia ficou emocionada.

– Sabe... – ela disse. – Sei um jeito de tirá-las de lá. – Cindy endireitou as costas e colocou o telefone mais perto da orelha. A mulher do outro lado da linha disse que conhecia Pete Leathard, o vice-presidente da Veco Inc., a maior companhia de construção petrolífera do Alasca, que tinha uma enorme operação na Baía de Prudhoe. Maria contou que Leathard viu a transmissão de Brokaw na noite anterior e ficou tão tocado com as imagens que queria sua empresa no salvamento.

– Como ele pode nos ajudar? – perguntou Cindy, incapaz de disfarçar o descaso. Por que um empresário do petróleo, o inimigo e alguém de moral inferior, estaria interessado em ajudar as três baleias encalhadas? Só pessoas como ela eram iluminadas o suficiente para amar os animais. Deve ser uma piada, um trote, ou uma tática de Relações Públicas, pensou a mestre nesse tipo de coisa.

– Não, não – disse a mulher, tentando reconfortá-la. – Leathard está falando sério.

Maria contou a Cindy que a Veco tinha um aerobarco quebra-gelo fornecendo materiais de construção para plataformas de petróleo marítimas no Ártico. Como a ganância dos executivos de petróleo era considerada uma verdade absoluta, então pouca atenção foi dada ao risco de que o mesmo homem estava disposto a correr para fornecer mais petróleo a uma economia industrial em expansão. Diferentemente de locais com climas mais quentes, a perfuração marítima no Ártico só era possível durante a curta estação do verão, quando a cobertura de gelo derretia o suficiente para permitir a perfuração exploratória, com o custo médio de cada poço – bem-sucedido ou seco – de quase 200 milhões de dólares.

A Ilha Mukluk era um exemplo disso. Em 1984, em meio a previsões de uma grande descoberta, três companhias de petróleo uniram forças para construir a única plataforma estável da época que resistisse ao gelo em movimento e aos duros ventos do Oceano Ártico congelado. O aerobarco forneceu os materiais usados para construir a Ilha Mukluk, uma ilha de cascalho, feita pelo homem, bem no meio do Mar de Beaufort. Naquela época, a ilha era a maior e mais cara plataforma de petróleo jamais construída, tendo custado perto de 2 bilhões de dólares. Cada centavo foi jogado no fundo do mar. Seu fracasso marcou o fim da atividade exploratória de North Slope por quase duas décadas.

O barco quebra-gelo de 4 milhões de dólares, encarregado de administrar a malfadada operação, não passou de um erro de cálculo do poço seco. Leathard tinha certeza de que o navio podia cortar o gelo de Barrow. Fora desenhado para flutuar sobre um colchão de ar e quebrar o gelo espesso ao deslocar a água debaixo dele. Como estava inativo, Leathard achava que o presidente e fundador da Veco, Billy Bob Allen, não se oporia a emprestá-lo para o resgate de Barrow.

Se Allen tivesse alguma dúvida, Leathard achava que podia acalmá-lo, apontando para a cobertura nacional, garantindo algum tipo de exposição para a Veco. A "indústria" precisava de publicidade positiva. Uma companhia de petróleo ajudando a resgatar três baleias encalhadas era como dinheiro no banco. Leathard estava convencido de que o navio ia dar certo e estava determinado a provar.

Maria Baleia contou para Cindy que tudo o que Leathard precisava era de um helicóptero potente o bastante para puxar o navio de 90,5 toneladas de seu ancoradouro congelado. O navio afundara a poucos metros da camada de terra congelada permanente, amolecida durante o verão no Ártico, congelando o navio cada vez mais fundo no solo a cada inverno. O contato de Cindy precisava de ajuda para localizar um helicóptero adequado para rebocar um navio a 432 quilômetros a noroeste, até onde as baleias estavam encalhadas.

– O único tipo de helicóptero que pode puxar uma carga como essa é o *Skycrane* – disse ela. – Um *Skycrane Sikorsky CH-54*.

– Bem, onde posso arranjar um desses? – perguntou Cindy.

– As únicas pessoas nesse estado que tem um são a Força Aérea e a Guarda Nacional do Alasca.

– Bem, quanto tempo tudo isso leva? – perguntou Cindy.

– Assim que você conseguir o helicóptero, a Veco pode levar o navio até Barrow e libertar as baleias em quarenta horas – prometeu Maria, que pediu a Cindy para não revelar seu nome. – Apenas confie em mim – implorou. – A Veco quer ajudar de verdade – e instruiu Cindy a não telefonar para ela, a não ser que fosse urgente. Caso contrário, teria de retirar a oferta. Por menos que Cindy confiasse na Veco, o favor foi mais do que retribuído.

Cindy desligou o telefone confusa. Por que uma companhia de petróleo ia querer ajudar três baleias? Após desistir de tentar entender as razões pelas quais o plano não funcionaria, ela percebeu que não tinha escolha. Tinha de confiar nos caras maus. Não sabia como, mas ia conseguir o tal helicóptero.

Cindy ligou para Dave Ramseur no gabinete do governador. Disse a ele que uma empresa de petróleo cederia um navio quebra-gelo para abrir o caminho da liberdade para as baleias encalhadas. Tudo o que precisava era usar dois helicópteros *Skycrane* da Guarda Nacional do Alasca ou da Força Aérea.

Ramseur disse a Cindy que ninguém do governo poderia ajudar. Assim como todos os estados dependentes do petróleo, 1988 tinha sido um ano ruim para o Alasca. Ficara numa corda bamba financeira, e um movimento em falso significaria mandar o estado para a recessão. A arrecadação fiscal das companhias de petróleo ficou bem baixa no momento em que teria sido mais necessária. Depois que o governo fez todos os habitantes do Alasca levarem mordidas do fisco, por que ia gastar cartucho político em três baleias que nem votavam?

Alguns meses antes, o governador Cowper foi extremamente criticado pela falta de iniciativa no resgate de sete caçadores de morsas, esquimós de North Slope, que ficaram presos num enorme pedaço de gelo que se soltou do litoral, indo parar no mar. Ramseur corretamente pensou que, se o governador mandasse subitamente uma equipe de resgate por conta de três animais, depois de ter feito tão pouco para salvar sete nativos de Kotzebue, no Alasca, daria margem ao início de um ataque massivo contra ele. (Os caçadores de morsas acabaram sendo salvos três semanas depois.)

Cindy perdeu a paciência quando Ramseur perguntou a ela por que estava tão preocupada com três baleias ameaçadas não pelo homem, mas pela natureza. Sofrimento é sofrimento, respondeu entre os dentes. Então, ela lembrou Ramseur de que em 1987 o país tinha assistido coletivamente à retirada de uma garotinha chamada Jessica McClure de um poço em Midland, no Texas. Ramseur de súbito respondeu dizendo que o governador não estava na cidade e que só poderia ser encontrado na segunda-feira.

Ele riu quando Cindy pediu que solicitasse ajuda dos quebra-gelos soviéticos, invocando um obscuro tratado marítimo entre os Estados Unidos e a União Soviética: – A Guarda Costeira não nos deixou pedir ajuda aos soviéticos nem quando os caçadores de Kotzebue ficaram presos. Você acha que fariam agora por causa de três baleias? – respondeu, de forma sarcástica.

Cindy desligou o telefone com mais raiva do que tristeza. Telefonou para Geoff e Craig em busca de consolo. Ramseur não estava mentindo quando disse que o governador estava fora da cidade. Ele estava, na verdade, em Barrow – no meio do quintal de Geoff e Craig, no auditório do Laboratório de Pesquisa Naval do Ártico. Para o governador Steve Cowper, a recusa inicial em ajudar marcou o último momento em que sua participação foi solicitada no drama que iria se desenrolar. Daquele instante em diante, até o fim do resgate, o governador Cowper não foi nem ouvido nem consultado.

Mas será que alguém sabia que esse evento, aparentemente insignificante, estava prestes a se transformar na maior história do Alasca desde o grande terremoto de 1964? Que a história iria captar a imaginação de milhões ao redor da Terra? Que envolveria tanto o presidente dos Estados Unidos como o secretário-geral do Partido Comunista da União Soviética? Se não fosse pela história real do *Exxon Valdez*, que deixou vazar 11 milhões de galões de petróleo bruto de North Slope nas águas cristalinas da Sonda Príncipe William, só cinco meses depois, teria sido exatamente o tipo de erro grave do qual alguns políticos jamais se recuperariam.

Cowper não sabia como lidar com a atenção inicial da mídia, que chegou com o resgate, mas até aí ninguém mais sabia. Os amigos não sabiam como se solidarizar com o desespero de Cindy, que parecia acompanhar até os menores fracassos. Seu melhor contato político abriu o jogo com ela. Ela não podia contar com ajuda nenhuma deles.

Cindy olhou pela janela, que dava vista para o leste, e avistou as Montanhas Chugach cobertas pela neve. Pareciam estar olhando diretamente para ela. Mas era só uma ilusão. O tom alaranjado do pôr do sol emprestava ao contorno das montanhas uma paz aconchegante que não existia. Nada no Alasca, pensou Cindy, nem a natureza nem as pessoas, eram tão benignos quanto parecia. E pensava nas três baleias como se já as conhecesse. Não tinha visto nenhuma imagem das três californianas cinzentas. Mesmo assim, começou a chorar, as primeiras das muitas lágrimas que estavam por vir. Kevin revirou os olhos.

Eram 7 da noite, na sexta-feira, 14 de outubro de 1988, exatamente uma semana depois que as baleias foram encontradas pela primeira vez. Cindy Lowry estava no pior momento de sua crise. Um homem chamado Kent Burton estava na linha. Identificou-se como subsecretário para Oceanos e Atmosfera do Departamento de Comércio dos Estados Unidos. Estava ligando de Washington, sua cidade natal, e lá eram 23h.

– Olá, Cindy? – ele disse. – O secretário de Comércio William Verity sugeriu que eu ligasse para você e oferecesse ajuda para salvar as baleias.

Quem disse que os deuses da natureza não faziam milagres? Aquele foi o telefonema crítico de todo o evento. Sem ele, não haveria a continuidade do resgate. Kent Burton envolveu-se no pedido do senador do Alasca, Ted Stevens. Mesmo naquela época, Stevens era um dos membros que serviram por mais tempo ao senado dos Estados Unidos. O anonimato foi a ferramenta que Stevens usou para construir sua posição exclusiva de poder silencioso. Seria a ferramenta usada por mais vinte anos, até ser derrotado por pouco na proposta de um sétimo mandato, apenas oito dias após ter sido considerado culpado em um notório julgamento de corrupção federal. Foi condenado por aceitar contratos de serviços não relatados de ninguém menos que Bill Allen, da Veco. Alguns meses depois, as condenações de Stevens foram todas anuladas por "total má conduta processual". Steven morreu em agosto de 2010 num acidente de avião na mata do Alasca.

Foi Stevens, mais do que qualquer outra pessoa, quem alavancou poder suficiente para o salvamento das três baleias. Stevens respondeu a quase todos os jornalistas da mesma forma. Com seu sotaque fanhoso de Indiana, disse: – Se você quer que as coisas sejam feitas da próxima vez, é melhor ficar de boca calada desta vez.

O Departamento de Comércio foi o setor crítico do governo, responsável por lidar com espécies ameaçadas e proteção dos animais. Diferentemente dos Forasteiros, quase todos os habitantes do Alasca têm experiências com animais selvagens. Mesmo no coração de Anchorage, há arranhões de alce em parques públicos e ursos revirando lixo. Fora da cidade, os ursos pardos ficavam confortáveis em qualquer uma das centenas de riachos ricos em salmão.

O senador Stevens não foi o único a fazer *lobby* para o Departamento de Comércio naquele dia. Um pouco antes, Campbell Plowden tinha feito a mesma coisa. Contara a Burton que Cindy estava tentando conseguir um quebra-gelo para abrir o caminho para as baleias nadarem até o mar. Funcionou. O Comércio estava interessado em ajudar Cindy Lowry com as baleias. Quem precisava do governador? Agora, ela tinha o rei do petróleo e Ronald Reagan do seu lado. Com aliados como esses, como poderia perder?

7
A ÚLTIMA FRONTEIRA DE BILLY BOB

Os habitantes do Alasca chamavam seu estado de A Última Fronteira. Como se fosse uma "América dentro da América", um lugar em que um passado obscuro, ou mesmo nenhum passado, não impediam um futuro melhor. A ética do povo do Alasca venerava as pessoas que superam adversidades. Não havia muitos a incorporar tal ética melhor que "Billy Bob" Allen. Poucos nativos do Alasca iriam impor suas próprias histórias de sofrimento sobre Billy Allen. Quando desembarcou no Porto de Anchorage em 1968, não havia muito como distingui-lo de qualquer outro migrante dos demais 48 estados continentais, em direção ao norte para buscar uma vida melhor. Um passado difícil e um ardente desejo de ser bem-sucedido com o próprio esforço eram suas únicas posses. O Alasca era o último lugar grande o suficiente para acomodar ambições do tamanho das de Bill Allen. O Alasca era sua maior e melhor esperança.

A pobreza sem lucros do Novo México ajudou a alimentar as esperanças de Allen. O dia em que seu pai abandonou-o, aos catorze anos, e sua família, foi o último dia de escola e seu primeiro dia de trabalho. O jovem faminto encontrou trabalho ajudando um idoso da cidade a projetar oleodutos para petróleo e gás. Depois de quinze anos de trabalho sob o sol quente do deserto, Bill Allen avaliou sua vida e percebeu que ela não o levaria a nenhum lugar, a menos que ele mudasse a rota.

Seus sonhos ganharam vida com as histórias do *boom* de petróleo do Alasca. Era 1968.

O Alasca estava prestes a decolar e Bill Allen queria pegar carona. Ele e seu sócio fundaram um pequeno negócio de abastecimento de petróleo chamado VE Construction. O sócio entrou com o dinheiro, Allen com a inteligência. Não demorou muito para o operário de 39 anos do Novo México conseguir seu primeiro contrato de construção de uma pequena plataforma de petróleo marítima em águas próximas a Anchorage. Ele era tão bom que, em menos de uma década, tinha erigido a maior companhia de construção de petróleo.

Olhando para Allen, ninguém diria que em 1988 ele era o homem mais rico do Alasca. Só depois de ter conseguido grande sucesso por lá é que conseguiu arrumar tempo para ficar em seu rancho perto de Grand Junction, no Colorado.

Na manhã de sábado do dia 15 de outubro de 1988, dois dias depois de as baleias terem aparecido pela primeira vez no noticiário da NBC, Allen e alguns de seus peões estavam verificando e consertando as ferraduras de alguns de seus cinquenta cavalos puro-sangue. Pelas patas traseiras de um de seus cavalos, Allen viu a caminhonete do administrador do rancho se aproximar. Limpou as mãos na calça jeans Wrangler e pegou uma velha bandana vermelha para limpar o suor do rosto cheio de poeira.

– Bom dia, chefe – disse o administrador. – Pete Leathard, de Anchorage, está ao telefone. Ele disse que é importante.

Allen liberou os homens para almoçar assim que terminassem de ferrar os cavalos. Caminhou pelo gramado em direção ao telefone rotativo preto, que talvez fosse mais velho do que o próprio estábulo. Allen sabia que Pete Leathard não o incomodaria a menos que fosse necessário. Naquele negócio (o do petróleo), notícias inesperadas eram sempre más notícias.

A mente de Allen trabalhava rapidamente imaginando o pior cenário possível. Talvez tivesse ocorrido uma explosão em algumas das plataformas marítimas construídas pela Veco. Ficava imaginando quantos homens haviam morrido. Entretanto, Allen achou que estava ouvindo coisas quando Pete lhe pediu permissão para autorizar a Guarda Nacional a rebocar o quebra-gelo para Barrow, numa missão de resgate de baleia.

– Você quer o quê? – Allen perguntou, incrédulo.

Bill Allen não tinha ouvido nada sobre as baleias e, mesmo se tivesse, não se importava nenhum pouco com aquilo. Amava cavalos, não baleias. Aqueles malditos ambientalistas sempre escondidos atrás das baleias quando queriam impedir seus projetos – projetos que empregavam milhares e financiavam o próprio governo do Alasca que Lowry e os outros estavam colocando contra ele.

Allen ouviu Leathard tentar convencê-lo de que a Veco poderia se beneficiar por ajudar as baleias.

– Bill – disse Pete. Fazia pouco tempo que Allen havia começado a insistir num único primeiro nome, mais digno. – O navio pode fazer isso. Pode libertar aquelas baleias e nos fazer marcar uns pontos com o público. Odeio fazer isso com você, Bill, mas precisamos de você aqui para assumir a missão. A mídia está por toda parte.

Allen não precisava ser lembrado de que o navio tinha sido um desastre para a Veco. Foram seus 4 milhões de dólares que pagaram por ele. Ninguém gostava de perder dinheiro mais do que Bill Allen. Melhor usar o barco do que deixá-lo afundar na tundra. Pete Leathard estava certo. No momento em que Allen entrou no jogo, o resgate estava garantido.

Allen cancelou o restante da estada no rancho e reservou o próximo voo para Anchorage. Guardou seu chapéu de vaqueiro creme no compartimento de bagagem de mão e esticou as pernas no assento especialmente requisitado do jumbo 757. Durante o voo de seis horas de Denver para Anchorage, começou a pensar duas vezes no assunto. Uma empresa de construção de petróleo trabalhando com ambientalistas para ajudar a salvar três baleias? Sempre que alguém do Exterior perguntava a ele como seu pessoal se dava com os ambientalistas do estado, Bill Allen usava uma metáfora da indústria de petróleo – Como "todos" não se misturam com água... – ele dizia – Não nos misturamos.

Na hora em que Pete Leathard ligou para Billy Bob Allen no Colorado, Kent Burton do Departamento de Comércio entrou em contato com Cindy Lowry em Anchorage. Burton aguardava instruções sobre como ajudar as baleias. Cindy lhe disse que ainda não tinha recebido uma posição oficial da Veco sobre o aerobarco. O telefone tocou novamente. Era Pete Leathard da Veco. Disse a ela que Bill Allen tinha não apenas autorizado o uso do barco como ele mesmo estava indo para Anchorage.

Ao aceitar a oferta da Veco, Cindy criou a mais estranha coalizão da história do ambientalismo moderno: a Veco com o aerobarco e o Greenpeace de Cindy Lowry com seus contatos para salvar as três baleias californianas cinzentas. Cindy ligou para Kent Burton, no Departamento de Comércio, em Washington, para dar as boas novas e perguntar o que tinha de fazer para conseguir o helicóptero que o governador se recusara a emprestar. Burton informou que isso ela só conseguiria com a solicitação de um oficial autorizado do governo. Assim que conseguisse isso, Burton daria o próximo passo.

Por que se deixar chatear com senadores? Cindy perguntou a si mesma. Esperava bem menos deles do que do governador Cowper. Quando tinha sido a última vez, Cindy se perguntava, que um senador do Alasca ou seu único congressista – por sinal, todos republicanos que não escondem de ninguém que odeiam a natureza e tudo que há nela – alguma vez apoiaram alguma coisa em que ela estava trabalhando? Com certeza, se um dos quatro oficiais do estado fosse ajudar, teria de ser o governador Cowper. Era o único democrata.

Mesmo assim, Cindy seguiu o conselho de Kent Burton e telefonou para o escritório de Ted Stevens. Ela percebeu ter julgado mal o demonizado Stevens quando o assistente do senador, Earl Comstock, disse a Cindy que eles estavam ansiosos para fazer todo o possível para ajudar. Stevens estava acompanhando a história das baleias encalhadas na televisão, como todo mundo. Os republicanos também podiam amar baleias!

No sábado, Comstock telefonou para o senador em casa para perguntar se ele estaria interessado em veicular o pedido de Cindy por helicópteros à Guarda Nacional, a fim de rebocar o aerobarco congelado. O senador estava mais que interessado. Para desgosto de sua esposa, ele cancelou os planos de um sábado tranquilo em família e foi correndo para o escritório no Capitólio.

Cindy queria descobrir sozinha com quem estavam os helicópteros e quanto tempo demoraria para entrarem em ação. Telefonou para a matriz da Guarda Nacional em Anchorage, esperando que a secretária eletrônica fosse atender. Em vez disso, falou com o general John Schaeffer.

O general era mais do que o oficial de alta patente no estado; ele era uma lenda do Alasca. O esquimó inuíte de raça pura do pequeno vilarejo de Kotzebue, na costa noroeste do Alasca, era o herói de seu povo. O general de 51 anos de idade era o mais alto escalão inuíte da história do estado. Seus feitos eram ensinados em todas as escolas do Alasca. Tal como um gerente de investimentos, transformou meio milhão de dólares para a corporação nativa local, por conta do Acordo dos Nativos do Alasca de 1971, em mais de 50 milhões de dólares.

Schaeffer conseguiu tudo isso em menos de uma década, e o fez ao empregar setecentas pessoas num vilarejo que nunca tinha usado dinheiro antes.

Sua carreira militar também foi impressionante assim.

Dois anos antes do cargo estadual, Schaeffer, de 28 anos de idade, alistou-se no famoso grupo de Esquimós Escoteiros, oficialmente conhecido como o Primeiro Batalhão de Guarda Nacional do Exército do Alasca. Em 1988, o general John W. Schaeffer era general-adjunto da Guarda Nacional do Alasca e comissário do Departamento de Assuntos Militares e Veteranos do Estado do Alasca. Muitos habitantes do Alasca sentiam que a próxima parada de Schaeffer seria um mandato em Juneau, como o primeiro governador nativo do Alasca. Pesquisas de opinião apontavam Schaeffer como vencedor de qualquer partido político em que entrasse.

Cindy ficou surpresa ao ouvir sua voz inconfundível ao telefone num sábado de manhã. Antes que conseguisse responder, o general teve de repetir a saudação. Naquele momento, Cindy não sabia que ele tinha ido ao escritório por causa das baleias. Ted Stevens tinha passado à frente dela e já havia pedido ao general que coordenasse a logística necessária para a operação de resgate.

– Vamos tentar salvar aquelas baleias – disse o general inuíte a Cindy. Ela ficou impressionada. Não sabia como nem por quê, mas subitamente os "caras maus" estavam marchando em sintonia com ela – ou será que era ela quem marchava com eles?

Em menos de 24 horas, Cindy Lowry havia conseguido apoio de uma gigantesca companhia de construção de petróleo, de um senador e do Departamento de Comércio, além do oficial do mais alto escalão do Exército do Alasca, tudo para salvar três baleias encalhadas no topo do mundo. Mas ainda não era hora de celebrar. O resgate não havia nem começado. O telefone, que não parava de tocar, não deixava Cindy cansada. Quando não era a Guarda Nacional, era o senador Stevens. O quarto de seu namorado havia se tornado o quartel-general provisório do mais massivo resgate de animais da história.

Cindy não conseguia tomar a tão necessária xícara de café antes de o telefone tocar outra vez. Dessa vez era Ben Odom, o maior cliente de Bill Allen. Odom era o vice-presidente sênior da Atlantic Richfield Oil Company (Arco), uma das maiores, mais velhas e ricas companhias de petróleo na Terra. Estabelecida em 1866, a Arco era a força motriz por trás do Fundo John Rockefeller da Standard Oil, que desenvolveu a moderna indústria do petróleo e, de muitas formas, o próprio mundo em que habitamos hoje. No primeiro quarto do século em andamento, a Arco tinha crescido a ponto de se tornar, nos Estados Unidos, o maior vendedor de gasolina no varejo, com as maiores operações por todo o mundo, incluindo o Alasca.

Foi Ben Odom da Arco, junto à parceira Exxon, quem descobriu o maior campo de petróleo da América do Norte, em 12 de março de 1968, na Baía de Prudhoe, em North Slope, no Alasca. Ela era responsável por todas as operações estaduais da Arco (que se uniu à BP em 2000).

Apesar de Ben Odom e Bill Allen terem se tornado amigos íntimos, os dois homens tiveram origens bem distintas. Ambos nasceram no mundo do petróleo, mas em lados opostos. Enquanto Allen teve uma infância difícil, Odom nasceu no mundo da elite do grande *boom* de petróleo da Oklahoma dos anos 1930. Refinado e educado nos moldes da indústria, Odom foi criado para chegar ao topo. Depois de 35 anos na Arco, seu charme e estilo foram frequentemente comparados ao de James A. Baker III, que em apenas poucas semanas seria nomeado secretário de Estado dos Estados Unidos por outro camarada, empresário do petróleo do Texas, o candidato à presidência George W. Bush.

Bem cedo no sábado de manhã, Odom, vestido informalmente, chegou à suíte executiva, elegantemente mobiliada no topo do Alasca Tower, o edifício da Arco de 23 andares, no centro da cidade em Anchorage. Na noite anterior, Pete Leathard tinha pedido permissão para usar o equipamento da Arco para remover o aerobarco que estava guardado na Doca Leste da Arco na Baía de Prudhoe. Odom ficou tão intrigado com os desafios técnicos do resgate quanto com as baleias, pois o Ártico era o ambiente de trabalho mais difícil do mundo, então qualquer iniciativa inovadora seria bem-vinda. Ele construíra sua carreira fazendo coisas que as pessoas diziam não poderem ser feitas em condições tão ruins. Odom também sabia que não macularia a imagem da Arco aparecer como mocinho da história. (Como se fornecer energia segura, abundante, confiável e barata já não fosse.) Tentar salvar as baleias só o faria marcar pontos numa batalha com uma indústria muito maior.

Por quase uma década, a Arco e todas as principais companhias de petróleo trabalharam duro fazendo *lobby* pelo direito de exploração no Refúgio Nacional da Vida Selvagem do Ártico (ANWR). Com 20 milhões de acres, o ANWR era um dos últimos santuários de vida selvagem intocada da América do Norte. As companhias de petróleo queriam permissão para perfurar apenas a extensão de 2 mil acres dentro do gigantesco refúgio. Os ambientalistas argumentaram que aquele lugar ficava bem no coração da área de procriação de mais de 200 mil caribus. A indústria petrolífera respondeu lembrando aos ambientalistas que eles haviam dito a mesma coisa quando tentaram impedir a exploração na Baía de Prudhoe, o que se transformou na maior operação de petróleo ambientalmente sensível já construída. Caribus saltitam e brincam pelo oleoduto, e os rebanhos continuam aumentando.

Ben Odom e Bill Allen sabiam que a recusa em permitir a exploração no ANWR só aumentaria a dependência da América pelo petróleo estrangeiro, com muito menos preocupação pela segurança ambiental. Também acreditavam que a exploração do petróleo no Alasca podia render muito dinheiro às suas empresas. Tanto o presidente Ronald Reagan como o candidato George Bush sentiam que recusar a exploração das últimas fontes remanescentes de petróleo doméstico acabaria enfraquecendo os Estados Unidos, algo que prometeram não deixar acontecer.

Ambientalistas como Cindy Lowry argumentavam que a ameaça ao ambiente seria grande demais – mesmo apesar de estar mais limpo do que em todas as outras décadas. Permitir a perfuração no ANWR era uma obscenidade – entretanto, tudo o que Cindy não aprovava era, de uma forma ou de outra, considerada um obscenidade. Antes do vazamento do *Exxon Valdez* em março de 1989, as companhias de petróleo se gabavam por sua bem merecida reputação de excepcional controle ambiental no Ártico. Mas naquele mesmo ano, a Agência de Proteção Ambiental (EPA) acusou as companhias de petróleo de violar com regularidade muitos padrões federais severos. A EPA alegava que petróleo e produtos químicos eram derramados, "arruinando" 11 mil acres de tundra. Nunca se importou em explicar o que realmente significava "arruinando".

Durante a campanha presidencial de 1988, George Bush alegou que os caribus "adoravam o oleoduto". Naturalmente, deu margem para a zombaria das elites, instigada por seus detratores do ramo ambiental, que o chamaram de ambientalmente insensível. O Serviço de Pesca e Vida Selvagem Norte-Americano considerou aceitável o trocadilho infeliz de Bush, próprio dos jargões políticos, e disse que o impacto negativo na migração dos caribus era bem menor do que o previsto de início.

Na ocasião do encalhe das baleias, parecia que a indústria petrolífera havia obtido uma vantagem crucial na batalha de uma longa década em relação à abertura do ANWR. Ben Odom, Bill Allen e o governo dos Estados Unidos esperavam uma cobertura positiva para as companhias de petróleo, e trabalhar no resgate das baleias poderia ajudar. Relações públicas positivas poderiam influenciar os poucos senadores em cima do muro, cujos votos eram necessários para a aprovação da exploração.

Odom não queria correr nenhum risco. Ofereceu mais do que o uso de algumas instalações. Disse a Cindy que a Arco teria o maior prazer em doar todo o combustível ao helicóptero da Guarda Nacional necessário para rebocar o aerobarco de 90,5 toneladas. Baseando-se nas estimativas de Pete Leathard, Odom calculou que fornecer o combustível necessário parar retirar o aerobarco do gelo custaria à Arco 15 mil dólares, rebocando-o numa viagem de quarenta horas até Barrow. Para uma empresa que faturava 25 milhões de dólares por dia só na Baía de Prudhoe, aquela quantia era totalmente insignificante.

Odom disse a Cindy que iria encontrar Allen assim que chegasse a Anchorage. Se tudo desse certo, o navio poderia estar a caminho de Barrow na segunda-feira à noite, 16 de outubro. Dois dias depois, as baleias estariam livres.

Nem tanto.

Cindy estava ansiosa para falar com Geoff e Craig. Em poucas horas, Barrow estava programada para sediar uma reunião especial que decidiria o destino das baleias. A Comissão Baleeira Internacional concedeu ao representante local, a Comissão Baleeira dos Esquimós do Alasca (AEWC), o direito de controlar sua própria cota com a IWC. Poderiam continuar a caça contanto que os baleeiros de Barrow seguissem a lei. Se isso não acontecesse, a IWC teria poder para impor sanções rígidas, incluindo período de observação condicional, multas pesadas, e – a mais severa de todas – cotas reduzidas nas estações subsequentes, um penalidade de morte cultural para um vilarejo cuja cultura muitos acreditavam já estar há tempos extinta.

O corpo diretivo da AEWC incluía todos os grandes capitães baleeiros de Barrow. A postura consensual garantia que todo capitão tivesse igual participação nas decisões do comitê. Com muita frequência, os capitães se encontravam informalmente no restaurante chinês. Visitas dos representantes da IWC marcavam o que havia de mais próximo de um evento organizado em Barrow. Baleeiros relutantes tiravam suas vestimentas pesadas para colocar desconfortáveis e inadequadas roupas ocidentais, só usadas quando a IWC visitava a cidade. Ninguém em Barrow, inuíte ou não, curtia muito as reuniões no estilo ocidental. Só a situação mais incomum poderia fazê-los participar de uma: o encalhe de três baleias californianas cinzentas havia se transformado numa dessas situações.

Baleeiros de Nuiqsut queriam capturar os três animais, e ofereceram a Barrow a chance de ganhar algum dinheiro com isso. A cota e as regras da IWC o permitiam, assim como a lei estadual e, obviamente, a tradição também. Mas as baleias logo estavam se transformando numa história da mídia nacional. Como ficaria a imagem dos baleeiros perante os Forasteiros se matassem os animais que o mundo queria salvar, e tudo por apenas alguns milhares de dólares? Os líderes das tripulações baleeiras sabiam ter poder para decidir se as capturavam ou as deixavam morrer, como parte natural da cadeia alimentar. Mas o que não sabiam é que também estava em suas mãos o poder de criar ou interromper uma das maiores histórias da mídia de todos os tempos, sobre um evento aparentemente insignificante.

Para os profissionais do Controle de Vida Selvagem, capturar as baleias em dificuldade parecia ser a coisa certa a fazer.

Em Barrow, a maioria dos leigos no assunto concordava com eles. A sabedoria convencional os convencera de que um amplo resgate levaria as baleias ao sofrimento prolongado e gastaria muito dinheiro dos contribuintes. Geoff e Craig sabiam que tinham poucas chances de sobrevivência. Cindy não estava convencida de que elas seriam salvas. Tampouco estava convencida de que poderiam ser salvas. Mas tinha de tentar. Temia que os capitães baleeiros não lhes dessem essa chance. Tudo o que queria era um pouco de tempo para descobrir se um resgate bem-sucedido poderia ser elaborado.

O dr. Tom Albert, diretor do Controle da Vida Selvagem de North Slope, pediu que Cindy lhe enviasse um relatório sobre a evolução do caso. As perspectivas de resgate eram reais? A função dele era trabalhar com os esquimós – caso quisessem capturar as baleias. Albert não queria que seus funcionários, Geoff e Craig, impedissem a captura se as chances de resgate fossem mínimas. Provocação sem causa só abalaria as relações com seus empregadores esquimós.

Dizer a Albert sobre o plano de quebrar o gelo com o navio da Veco foi o suficiente para convencê-lo a ficar ao lado de Cindy na tentativa de salvar as baleias. Sabia que Geoff e Craig teriam de assumir uma nova e mais difícil missão. A pesquisa ainda era importante, mas sua função não era mais de observação a distância. Agora Geoff e Craig tinham de fazer o possível para manter as baleias vivas. Pela primeira vez desde a descoberta dos animais há dez dias, seria dado o primeiro passo em direção à liberdade deles.

Apesar de Cindy ter rascunhado o esboço de um resgate, ele ainda precisava ser executado. Lowry tinha de monitorar as promessas de apoio para garantir que fossem cumpridas. Mesmo que os esforços da equipe de resgate recebessem a intervenção dos esquimós ao decidirem usar a cota remanescente para matar as baleias, estava na hora de trazer todo mundo para o seu lado e começar a trabalhar.

A organização, que nasceu na manhã de sábado de 15 de outubro de 1988, precisava de um líder e de um nome. Kent Burton, do Departamento de Comércio, trouxe as duas coisas. O governo ia liderar o resgate, que seria chamado de Operação Liberdade, um nome que depois mudaria para Operação Resgate, na véspera do derradeiro resgate das baleias.

Como subsecretário de Oceanos e Atmosfera, Burton fiscalizava a Agência Nacional de Administração Atmosférica e Oceânica (NOAA). Seguindo o Ato das Espécies Ameaçadas de 1973, a agência era a autoridade final sobre qualquer assunto relacionado a todos os mamíferos marinhos, incluindo baleias. Burton queria um representante da NOAA no local, para coordenar a operação do governo. Precisava de alguém competente para administrar a função da NOAA e ser o coordenador do resgate.

Tom Albert disse a Burton que já havia conversado com Ron Morris, do gabinete da NOAA em Anchorage. Albert solicitou a ajuda de Morris na noite em que aconteceria a reunião dos capitães baleeiros. Morris achou que uma viagem para Barrow seria uma agradável distração. Fez uma pequena mala e saiu de carro pela Minnesota Drive rumo ao Aeroporto Internacional de Anchorage, a tempo de pegar o voo noturno da MarkAir para Barrow.

O avião de Bill Allen pousou em Anchorage duas horas depois que o de Morris partiu. Pete Leathard encontrou Allen no portão. A Guarda Nacional estava ocupada montando uma equipe, Pete disse a Allen. A NOAA havia assumido um papel federal e já tinham encaminhado um representante para Barrow, e a Arco prometeu fornecer combustível para toda a operação. No caminho do aeroporto, Allen acenou com a cabeça e apontou as botas de cowboy de bico fino da marca Tony Lama, esticadas no painel do carro de Pete Leathard, em direção ao maior edifício do Alasca. Era o jeito de dizer que queria ver Ben Odom. Odom estava ocupado naquela tarde de sábado, trabalhando na função que sua empresa teria no resgate. Os três começaram a mapear a operação.

Odom perguntou quanto trabalho seria necessário para retirar o navio do gelo e quanto custaria. Leathard lembrou-lhe que, por 50 dólares a hora, só o trabalho em si custaria dezenas de milhares de dólares à Veco. Um pouco antes, naquele mesmo dia, Allen comprometera a si e suas empresas em ajudar no resgate, e era isso que iria fazer. Os três homens telefonaram para o general Schaeffer, que lhes disse estar tendo problemas com um comando logístico para gerenciar a operação a partir de Baía de Prudhoe.

O general Schaeffer queria que um distinto coronel de quarenta anos de idade, chamado Tom Carroll, liderasse a operação. Carroll era o melhor comandante em campo do estado. Contudo, estava de folga no fim de semana e não estava escalado para se apresentar ao QG antes das 8h da próxima segunda-feira. O general Schaeffer não iria em frente com a operação se não pudesse contar com a ajuda daquele homem.

8

UM GRANDE CAÇADOR ESQUIMÓ SALVA AS BALEIAS

Não havia algo que Tom Carroll amasse mais do que o aroma da madeira cortada. Quando não estava usando as vestimentas militares, estava coberto de serragem. No quartel-general, todos brincavam que a única maneira de manter o coronel limpo era deixando-o vestido de verde. A manhã de sábado de 15 de outubro não foi exceção. Os óculos juvenis do coronel estavam cobertos com uma camada de serragem tão espessa que foi preciso usar as mãos para "ver" a porta do armário que havia colocado sobre o torno mecânico em sua oficina, em Anchorage. Carroll, de óculos opacos, derrubou quase tudo que estava entre ele e o telefone que tocava.

Era o general John Schaeffer telefonando para lhe dizer que a Guarda Nacional tinha sido chamada para ajudar a salvar as baleias encalhadas de que todos estavam falando: – Estão chamando de Operação Liberdade. – O general perguntou: – Você está interessado? – Carroll sabia que se tratava de uma pergunta retórica. Quando seu superior sugere uma missão, o oficial bem treinado aceita. Mas ele estava feliz em aceitar. Carroll adorava operações de campo – foi por isso que continuou no Exército depois de voltar condecorado do Vietnã como comandante da Infantaria. Acolhia toda oportunidade de deixar o claustrofóbico escritório no edifício Frontier de Anchorage. O general disse ao coronel para se apresentar no quartel.

Carroll desligou o telefone, tomou um banho, vestiu o uniforme padrão de coronel da Guarda Nacional do Alasca e saiu pela porta da frente. O coronel Tom Carroll era um profissional determinado. Seu pai era militar, um legado que passara para Tom. Ele evocava o espírito confiante do Alasca e do Exército. Aventura, risco e ousadia não eram palavras novas para ele. Perda também não era. Descobriu o significado de perda a duras penas quando bem jovem.

Na manhã de 27 de março de 1964, quando Carroll tinha quinze anos de idade, a Sonda Príncipe William entrou em erupção como o epicentro do mais poderoso terremoto que atingiu a América do Norte. A leitura de 9,2 foi a maior leitura registrada na escala Richter, oitenta vezes mais potente do que o terremoto de 1906 em San Francisco. Entrou para a história por mover a terra mais rapidamente e numa distância maior do que qualquer outro registrado. Sua força foi tão devastadora, que matou pessoas a mais de mil quilômetros de distância. O terremoto da Sexta-Feira Santa marcou a maior tragédia moderna do Alasca. De Port Ashton a Nellie e de Anchorage a Seward, 131 pessoas morreram naquela manhã. O pai de Tom Carroll foi uma delas.

Carroll era uma das poucas pessoas na Última Fronteira no fim dos anos 1980 que tinham realmente nascido e crescido no Alasca. Era chamado de fermento. Os primeiros pioneiros brancos do Alasca costumavam cultivar a pesada levedura, tendo-a sempre em mãos para fazer pão e biscoitos. Como a massa tornava a crescer após cada uso, ficava indefinidamente fresca, exatamente como os primeiros pioneiros que colonizaram e se firmaram no Alasca. Tornou-se homônimo do estado. Para se tornar fermento era necessário passar por um rito de passagem, impossível para qualquer outro estado. Além do nascimento, a condição de fermento só poderia ser conferida àqueles que tivessem sobrevivido a 25 invernos no Alasca.

O coronel Carroll foi de carro até a C Street por uma das muitas ruas comerciais construídas durante o *boom* do petróleo no começo dos anos 1980. Pensou nas fortes imagens das baleias, apresentadas por Todd Pottinger na noite anterior. Carroll não era ambientalista mas, como quase todo mundo no Alasca, queria o bem das criaturas. Mas não entendia por que a Guarda Nacional tinha se envolvido no resgate.

Transeuntes civis não olharam para Tom Carroll quando ele caminhou pelo saguão de um dos edifícios mais modernos do Alasca vestindo a farda de combate na selva. O Alasca tinha o maior índice de militares civis de todos os estados no país.

Quando o coronel entrou em seu escritório, surpreendeu-se ao ver o general Schaeffer sentado em sua cadeira, usando seu telefone. Falava com o senador Stevens em Washington. Como um visitante inesperado, Carroll saudou seu superior timidamente e saiu de fininho de seu próprio escritório.

Oito dias depois de as baleias terem sido descobertas pela primeira vez no gelo, o general Schaeffer uniu-se ao coronel Carroll, um profissional da construção, dois especialistas em logística do Ártico e um grupo da imprensa na sala de reunião no final do corredor de seu escritório. Ele explicou ao grupo agitado que o propósito da missão era rebocar um aerobarco de 90,5 toneladas da Baía de Prudhoe até Barrow. Tom Carroll, a quem Schaeffer havia deixado como encarregado, decidiria qual equipamento seria mais adequado para o massivo reboque. Carroll sabia que puxar 90,5 toneladas por quase 500 quilômetros de gelo irregular poderia resultar numa operação bem complicada. Intimamente, perguntava a si mesmo até se seria possível. Mas o coronel Carroll era pago para fazer, não para duvidar.

Pete Leathard garantiu ao general Schaeffer que a parte mais difícil da missão seria retirar o improdutivo barco da tundra congelada onde estava há quatro anos. Assim que o soltassem, o navio poderia ser facilmente rebocado pela sólida superfície congelada do oceano... pelo menos, era o que todos pensavam. Carroll verificou todo o arsenal do Alasca, para determinar qual equipamento estaria disponível e mais adequado à tarefa. No roteiro escrito à mão, o coronel elencou as opções de sua nova missão na caderneta amarela. Ele ponderou as opções e, como todos os comandantes, optou por ficar do lado da cautela. O *Skycrane* era capaz de içar mais peso do que qualquer outro helicóptero. Se este não conseguisse cumprir a missão, nenhum outro cumpriria.

Carroll queria ter certeza de que o combustível necessário, a maior exigência do *Skycrane*, estaria disponível. Bebia incríveis 650 galões por hora. Isso significava que seriam necessários pelo menos 30 mil galões para conseguir tirar o quebra-gelo da terra congelada para levá-lo até Barrow. Antes de pedir o helicóptero, Carroll verificou com Schaeffer se estavam autorizados a usar tamanha quantidade de combustível. O general disse ao coronel Carroll que não medisse esforços: a Arco ia doar todo o combustível necessário.

Quando Ben Odom soube que sua oferta seria levada a sério, já era tarde demais para recuar. No momento em que o resgate foi concluído, a Arco teria se tornado de longe o maior doador de dinheiro da Operação Liberdade, doando mais de meio milhão de dólares em combustível para salvar as baleias.

O próximo item da lista do coronel Carroll era a equipe de apoio. Dentre pilotos, relações públicas, equipes de solo, Carroll ia precisar de um posto de comando e habitação para quase doze pessoas. Depois de verificar com Ben Odom, Carroll ficou sabendo que a Arco também iria providenciar um espaço de trabalho, telefones e quartos, para a Guarda Nacional e para a Veco, na instalação ultramoderna da Baía de Prudhoe, a quase 3 mil quilômetros do Polo Norte.

A Arco gastou centenas de milhares de dólares para construir uma excelente moradia para seus trabalhadores de North Slope. Para manter o moral, os barões sem coração do petróleo certificaram-se de que seus trabalhadores esforçados fossem muito bem pagos, desfrutando de todo conforto possível durante o expediente de trabalho – filmes, faxineiras e serviço de quarto, pistas de boliche e lanchonetes que serviam os melhores filés e lagostas frescas vindas de Anchorage. Até os esquimós em Barrow gastarem 15 mil dólares para construir uma piscina em 1986, a Baía de Prudhoe era o único lugar a ter uma acima do Círculo Ártico.

Carroll precisou de várias horas e de seus homens para deixar tudo arrumado com a aeronave e a equipe de apoio para os *Skycranes*. Quando terminaram, o coronel disse aos homens para irem para casa: – Não se esqueçam de dormir um pouco. Vocês devem estar de volta aqui às 5h – ele queria começar logo. – Vamos sair às 6h – disse, concluindo as ordens de comando. Carroll queria verificar as condições do gelo nos arredores de Barrow antes de tomar a decisão final de autorização de reboque do aerobarco. Apesar de toda a conversa sobre como o Mar de Beaufort era macio e sólido entre Prudhoe e Barrow, ninguém tinha de fato ido examinar as reais condições. Carroll era um homem que se preocupava com detalhes. São os detalhes que levam uma missão ao sucesso ou ao fracasso.

Pete Leathard prometera que o navio podia quebrar o gelo de até 60 centímetros de espessura. Se o gelo estive mais espesso ainda, teria de ser quebrado por outra coisa. Não era preciso pensar demais. Não havia mais nada capaz de quebrar o gelo que ultrapassasse 60 centímetros. Tom Carroll não iria arriscar seus homens, seu equipamento e seu próprio posto numa operação que não tivesse excelentes chances de sucesso.

O general Schaeffer foi com o coronel até a copiadora, do outro lado do corredor. Carroll olhou para o documento que o general ia copiar: a lista escrita por Schaeffer com o nome e telefone de todos os envolvidos no resgate. O coronel se preparou para ver o nome dos cidadãos mais importantes do Alasca: o senador Stevens, o governador Cowper, Bill Allen e Ben Odom. Mas ficou chocado ao ver o nome que encabeçava a lista: Cindy Lowry.

– Não é a garota do Greenpeace com o megafone? – perguntou ao general.

– Sim, com certeza – respondeu Schaeffer. – E, quer goste ou não, terá de trabalhar com ela. Foi ela quem iniciou essa operação toda, para começo de conversa. Estamos do lado dela desta vez, Tom.

O coronel Carroll não tinha nada contra Cindy. Nem a conhecia pessoalmente. Mas queria saber como alguém tão bem conhecida pelos escândalos públicos contra as Forças Armadas no Alasca poderia de repente estar interessada em participar de uma operação totalmente controlada pelos militares.

Tom Carroll tentou ligar para Cindy Lowry, mas não conseguiu, pois ela estava ao telefone com Geoff e Craig, que haviam acabado de voltar de mais um dia no gelo com as baleias. Estavam discutindo estratégias para a crítica noite da reunião dos capitães baleeiros. Confirmaram o que ela tinha visto e ouvido pela televisão. As baleias estavam se tornando rapidamente um fenômeno local, uma atração turística e ao mesmo tempo um evento em rede nacional.

Na tarde de sábado de 15 de outubro, uma semana depois de terem sido descobertas, as baleias tinham companhia quase o dia todo. Alguns caçadores esquimós e poucos membros da imprensa que já estavam na cidade uniram-se a Geoff e Craig no acompanhamento do dia a dia dos animais. As baleias nunca mais ficariam sem assistência durante o período em que houvesse luz do dia. Geoff e Craig disseram a Cindy que, quando estavam quase indo embora, descobriram que a baleia mais nova estava tendo problemas para respirar. O filhote ofegava, tossia muita água e parecia estar exausto. Até aquele momento, Geoff e Craig tinham recebido ordens apenas para observar, sem interferir. Elas precisavam de mais espaço para respirar. O buraco do qual dependia sua sobrevivência tinha antes o diâmetro de 18 por 10 metros. Após oito dias, já havia encolhido dois terços de sua extensão. Em breve, o buraco estaria completamente congelado.

Os dois biólogos queriam ajuda. Se pudessem aumentar o buraco, as baleias poderiam respirar com mais facilidade e isso lhes daria um pouco de tempo. Começaram a espalhar a ideia de ampliação dos buracos em meio ao ronco ensurdecedor dos *snowmobiles* enquanto os guiavam pela lúgubre paisagem do Ártico, em sua longa e fria viagem de volta a Barrow. Antes de terminarem a conversa e liberarem a linha, Cindy perguntou para Geoff e Craig se já tinham ouvido falar de Ron Morris.

– Ron Morris, da NOAA. Ele é o coordenador do projeto – respondeu Cindy. Morris chegaria no voo das 15h30. Ela não sabia se alguém já tinha arrumado acomodação para ele. Não havia muitos quartos de hotel disponíveis. Aquele não era um problema só do Morris; Cindy ia ficar na mesma situação antes mesmo que se desse conta. A próxima ligação foi a de Campbell Plowden em Washington, que lhe disse para ir a Barrow no próximo voo disponível.

– Não se preocupe com bagagens – orientou-a – Jogue algumas coisas numa sacola de mão. Você vai ficar lá só por um ou dois dias.

Era tarde demais para o último voo de Barrow, que havia saído de Anchorage às 3h40. O próximo voo sairia só no dia seguinte, domingo pela manhã. Na mesma hora em que Cindy começou a arrumar suas coisas, o avião de Ron Morris começou a pousar. Ele estava prestes a entrar num mundo que, mesmo após várias visitas anteriores, ainda permanecia um mistério. Só a cinco anos de se tornar um fermento naturalizado, Morris, com 54 anos de idade, nunca conseguira entender como uma cidade feito Barrow pôde ser erguida. Ele não conseguia pensar num lugar que fosse mais deprimente.

Quando o piloto ligou o aviso de não fumar, sinalizando a descida final no aeroporto Wiley Post–Will Rogers Memorial, Morris se recostou no assento para terminar seu *Bloody Mary*. Engoliu umas balinhas de *Tic-Tac* e estava pronto para encarar o mundo. Queria causar uma boa primeira impressão. Ajeitou a barba enquanto o avião taxiava. Preocupava-se em manter sua aparência náutica arrojada. Com os ralos cabelos grisalhos, alguém comentara que Morris parecia uma daquelas pequenas esculturas de Maine que pescadores de lagosta vendiam em lojas de souvenires por todo o país. Só faltava a capa de chuva amarela.

Se ainda não estivesse convencido, Morris não precisava de lembretes adicionais sobre onde o 737 havia pousado assim que saiu do avião. Estava quase 10°C mais frio em Barrow do que em Anchorage. Barrow e Anchorage pareciam dois mundos diferentes. E eram, sob muitos aspectos. Anchorage era mais próxima de Seattle do que Barrow. Separando-as, havia mais de 3 mil quilômetros de vida selvagem. O homem e sua habilidade de voar pelas cidades eram tudo o que ligava dois mundos completamente diferentes.

Ninguém estava esperando por Ron Morris no aeroporto. Como todas as outras pessoas que chegavam a Barrow para viver aqueles dias surreais, ele não fazia ideia de onde ir ou do que fazer. Depois de pegar a mala de náilon congelada na pequena esteira de aço inoxidável, Morris olhou pela janela do terminal coberto de fumaça e percebeu o cenário das ruas de Barrow coberta pelo vapor que vinha dos edifícios e dos carros que passavam por ele. Ao abrir a leve porta de madeira laqueada, Morris percebeu não haver rastro de respiração condensando no vidro bem à sua frente.

Deve ser o plástico do Ártico, pensou. Vidro comum teria estilhaçado com as temperaturas de congelar os ossos. A primeira rajada de ar do Ártico o atingiu diretamente no rosto, assim como a todo visitante. Sorrindo, resmungou sarcástico: – Não é um dia ruim – lembrando de visitas anteriores em que as coisas tinham ido bem mal, recompondo-se. Pelo menos, ainda havia luz.

Ed Benson ainda tinha alguns quartos vazios no Airport Inn. Mas, no momento em que Morris apareceu, Benson estava cobrando 225 dólares por noite, para uma cama quente e uma ducha. Nascido e criado na cidade de Nova York, Morris sabia que estava sendo roubado. Mas também sabia que não tinha chance. Colocou o cartão American Express sobre o balcão, bem acima da porta externa entreaberta.

Enquanto Morris desfazia sua mala, Ed Benson gritou por ele do pé da escada. Tom Albert, do Departamento de Controle da Vida Selvagem, estava telefonando para lhe contar sobre a reunião dos capitães baleeiros daquela noite, na Escola de Ensino Médio de Barrow. Antes de desligar, Ron perguntou a Albert onde poderia comer alguma coisa antes da reunião. Morris queria descobrir mais sobre a questão da captura das baleias. Tinha visto reportagens pela televisão e lido relatórios em Anchorage. Se um esquimó competente pudesse convencê-lo de não haver esperança de salvamento das baleias, e Geoff e Craig concordassem com isso, então Morris não ia impedir.

Tom Albert, o diretor do Controle da Vida Selvagem de North Slope, conseguiu reunir a nova equipe de resgate no Pepe antes de partirem para a reunião dos baleeiros às 19h30. Durante o jantar, Ron Morris interrogou Geoff e Craig. Se os baleeiros votassem pelo salvamento das três baleias californianas cinzentas, Ron queria ter certeza de que todo mundo soubesse que ele estaria no comando. A NOAA o apontou como coordenador do resgate, caso houvesse aprovação dos baleeiros.

Geoff e Craig pareciam exaustos quando se sentaram nas cadeiras do lotado restaurante. Cinco dias sobre a superfície congelada do Mar de Chukchi a -37°C começavam a cobrar seu preço. O corpo humano precisa de pelo menos 7 mil calorias diárias para ficar aquecido se exposto ao Ártico. Morris observou, maravilhado, os dois homens devorarem a comida mexicana mais cara do mundo de uma vez só, o que era mais do que ele podia gastar em uma semana. A conta dos dois deu quase cem dólares. Alguns jornalistas novos notaram os biólogos. Agora que estavam de folga, não podiam se recusar a responder a uma ou outra pergunta, poderiam? Sempre que questionados, Geoff e Craig sempre respondiam que o destino das baleias não estava em suas mãos nem nas dos oficiais do estado, mas nas mãos dos capitães baleeiros. Ninguém poderia ajudar os animais se os anciãos de Barrow decidissem matá-los.

– Mas e se eles decidirem matá-las? – perguntou a voz rouca de Don Oliver da NBC – Será que algo poderia ser feito para salvá-las?

Antes que Geoff e Craig tivessem a chance de responder, Ron Morris olhou diretamente para o brilho de luz das câmeras de televisão, tão fortes que impediam a visão e calmamente, mas com muita confiança, se apresentou. – Meu nome é Ron Morris – disse o homem da NOAA. – Fui nomeado coordenador da Operação Liberdade hoje cedo. Como sabem, os capitães baleeiros vão se encontrar em uma hora para decidir o que fazer. A reunião é aberta e você está convidado a participar. Assim que terminar, terei prazer em responder quaisquer perguntas que tiverem, se puder.

Finalmente, havia alguém no cenário que poderia lidar com Oliver e suas perguntas. E eles ficaram impressionados com a forma como Morris o convidou para a reunião dos capitães baleeiros. Morris parecia agir de forma muito natural.

Não importa o quanto alguns jovens esquimós quisessem capturar as três baleias encalhadas, ninguém podia ignorar a presença da mídia, que não parava de chegar a Barrow. Todas as três principais redes uniam suas forças. Na noite seguinte, domingo, 16 de outubro, todos estariam em Barrow. Até mesmo a CNN, com o orçamento apertado, arrumou um jeito de mandar a própria equipe ao encalhe. Malik queria chegar cedo à reunião. Queria colocar algum juízo na cabeça dos ousados jovens esquimós, que pediam uma chance de abater as baleias encalhadas. Malik sabia que a matança de animais abalaria o próprio princípio da pesca baleeira por subsistência.

Para a recém-chegada imprensa, Malik não passava de mais um esquimó inuíte que vivia no topo do mundo, mas ele era mais esperto do que o Exterior imaginava. Andando pela Takpuk Street, onde ficava a escola, Malik vestia um casaco bem quente chamado parca. Era feito de pele de caribu de tom castanho-claro, e a pele cintilante de tom acinzentado dos esquilos machos do Ártico. As tradicionais botas de peso leve, chamadas *mukliks*, feitas de pela de foca, ou *Oogruk*.

Quando Malik entrou na escola, vários jornalistas já estavam lá. A maioria deles tinha acabado de chegar à cidade e estava em frente à escola. Poucos achavam que a reunião merecia mais do que uma cobertura superficial. Quase nenhum deles estava vestido da mesma forma que Malik. Ao caminhar pelo corredor para se servir de uma xícara de café, o cinegrafista Bruce Gray ergueu o pesado equipamento nos ombros. As potentes luzes afixadas na câmera quase cegaram um Malik surpreso, que voltava para a sala. Gray focou as lentes nas *mukluks* de Malik, depois na parca, enquanto ao mesmo tempo se preparava para tirar fotos do rosto inuíte típico de Malik.

Antes que as grandes tripulações baleeiras entrassem na sala de aula reservada para elas, ficou claro que teriam de se mudar para acomodar todas as pessoas interessadas na reunião pública. Havia mais de uma dúzia de Forasteiros e perto de cinquenta habitantes de Barrow, ansiosos para ver o que aconteceria com as baleias encalhadas. Foram para o moderno auditório de projeção audiovisual semicircular, com mais de cem cadeiras almofadadas de teatro. O ambiente tinha espaço suficiente para acomodar a todos.

Um homem baixo, forte, usando óculos de armação prateada sobre olhos fundos e um rosto robusto arredondado, esperava pacientemente pelo início da reunião. Seu nome era Arnold Brower Jr., um dos capitães baleeiros mais bem-sucedidos de Barrow. Fazia parte da geração dos melhores jovens baleeiros de subsistência. Sua tripulação matara cinco baleias da Groenlândia só na primavera; um feito quase nunca ouvido antes, mesmo para seu mentor Malik.

Arnold Brower Jr. fazia parte de uma das maiores famílias inuítes da região. Na verdade, mais de cem pessoas no auditório chamavam-se Brower. Parecia que quase todo esquimó em Barrow ou fazia parte daquela família ou tinha parentes próximos.

A família Brower podia conseguir rastrear sua linhagem esquimó em milhares de anos, mas o nome surgiu nos tempos modernos. O patriarca era um jovem explorador valente de Nova York, que chegou a Barrow por volta de 1880, em busca de aventura. Brower descobriu além do que seus sonhos mais ambiciosos podiam conceber. Encontrou uma imensa fortuna e um legado impressionante. A primeira veio da venda de carvão para os novos navios baleeiros comerciais a vapor que percorriam as frias águas do Ártico em busca de recompensas. A segunda, diz a lenda, veio do fato de Brower tirar a maior vantagem do traço mais atraente da cultura esquimó: casamentos múltiplos.

Ninguém sabia ao certo quantos inuítes eram de fato descendentes de Charlie Brower, mas numa mesma geração havia literalmente centenas deles. Estavam por toda parte. Brower tinha dezenas de postos comerciais da "família" espalhados por todo o Distrito de North Slope no Alasca. Todos eram administrados por pessoas que alegavam pertencer ao clã dos Brower. Em pouco tempo, havia tantos membros da família Brower por toda a cidade de Barrow, que construíram até um bairro chamado, é claro, de Browerville.

O que começou como um grupo casual de tradicionais cabanas feitas de grama e ossos de baleias, em 1988 já era um verdadeiro bairro residencial. Browers de todos os formatos e tamanhos viviam em casas aquecidas com água corrente. Havia até mesmo uma linha de ônibus que os levava pela extensão de 1,5 quilômetro até o "centro da cidade" de Barrow. Quando morriam, os membros da família Brower desfrutavam do descanso eterno no próprio túmulo da família.

Como muitos caçadores de subsistência de Barrow, Arnold Brower Jr. tirava seu sustento do Distrito de North Slope. Mas, diferentemente de muitos outros, Brower realmente trabalhava por seu sustento. Era um dos principais assessores do prefeito George Ahmaogak. Como o prefeito estava participando da reunião da Federação dos Nativos do Alasca, e o vice-prefeito, Warren Matumeak, não estava disponível, Arnold Jr. ficou incumbido de moderar a reunião dos capitães baleeiros. Reuniões de emergência entre eles eram raras, mas, se havia uma situação que podia ser chamada de emergência, era aquela. Nenhum habitante de Barrow estava passando fome. Nem havia frotas massivas de navios comerciais baleeiros na costa matando todas as baleias das quais Barrow costumava depender para sobreviver. Aquela ameaça vinha apenas da modernidade.

Para todos os jornalistas fascinados pela aparência estranha das botas e do clássico rosto inuíte, Malik parecia primitivo. Esquimós cujas características dariam uma ótima gravação colorida em rede nacional. Logo todos entenderiam que Malik era muito mais do que um ótimo vídeo de curta duração.

Malik sabia que, por qualquer que fosse a razão, dezenas de milhões de pessoas nos demais 48 estados continentais estavam grudados na saga das três baleias ofegantes no topo do mundo. Aquela era a primeira e talvez a última chance de passar uma boa impressão a tantos Forasteiros. Malik também percebeu que, se as câmeras captassem a imagem de um bando cruel de caçadores inuítes, não importando se fosse um pequeno grupo, afoito para matar as adoradas baleias, poderia ser o fim da pesca baleeira esquimó e, portanto, o fim da tradicional vida inuíte. Assim que as terríveis imagens fossem transmitidas pelo *Aurora I*, o mal estaria feito.

A única questão não respondida era a gravidade das consequências. Malik tinha de fazer de tudo para evitar que acontecesse. Assim que percebeu a intenção de Arnold Jr. de iniciar a reunião, Malik gentil, mas incisivamente, empurrou o assustado Brower para um canto. Ele insistiu para conversar em particular com um grupo de quatro jovens baleeiros que ainda pediam para abater os animais encalhados. Falando em dialeto nativo inuíte, Malik disse aos jovens, seus discípulos, que o preço de suas ações impetuosas seria alto demais. Balançando a cabeça para repreendê-los severamente e com austeridade, Malik exigiu que cancelassem o pedido de captura das baleias.

Os jovens baleeiros se reuniram e rapidamente chegaram a um consenso. Um deles se aproximou de Arnold Brower Jr. e sussurrou algo para ele. Brower sentou-se em frente de três microfones da televisão afixados debaixo da mesa – Estão todos prontos? – ele perguntou.

– Os capitães baleeiros de Barrow decidiram enviar todos os esforços para salvar as três *Agvigluaqs* – disse, usando a palavra inuíte para as baleias cinzentas. A sala irrompeu em aplausos e vivas. A curta declaração de Arnold Brower removeu o último e maior obstáculo da Operação Liberdade: os baleeiros esquimós da região. Pois, apesar de toda a experiência militar do coronel Carroll, a presença da câmera de Ron Morris e a determinação destemida de Cindy Lowry em elaborar um resgate, o movimento crucial pertencia aos esquimós. Como um mundo cada vez mais ansioso veria em breve, os inuítes iriam fazer muito mais do que aprovar o resgate. Eles iriam executá-lo.

9

A MISSÃO IMPOSSÍVEL DO CORONEL CARROLL

No instante em que Arnold Brower Jr. fez o inesperado anúncio, ele mudou totalmente o assunto do debate sobre o que fazer com as três baleias encalhadas. A mídia a postos iria registrar uma guinada de 180º dos baleeiros. Não era mais uma questão sobre matá-las ou não, e sim de como salvá-las.

Roy Ahmaogak, o caçador local que descobriu as baleias oito dias antes, inclinou-se nervoso para falar no sistema portátil de microfone público. Suas palavras foram as primeiras proferidas após a decisão dos baleeiros de libertar os três leviatãs. Falando no forte sotaque gutural característico dos inuítes, ele disse:

– Parece-me que podemos libertar as baleias, mas temos de pensar numa maneira de mantê-las vivas até que o navio chegue. Será que alguém tem alguma ideia?

Geoff, Craig e Ron Morris estavam sentados juntos, encarando os baleeiros. Não acostumado a falar diante das luzes das câmeras de televisão, Craig George olhou ao redor com apreensão antes de reunir coragem e oferecer uma sugestão.

– Arnold, que tal as serras que usamos hoje? – ganhando confiança com os acenos de aprovação das pessoas em volta, Craig continuou: – Arnold Jr. esteve lá hoje e sua motosserra abriu muito bem o buraco. Não vejo por que não continuar fazendo exatamente a mesma coisa nos próximos dias até a chegada do aerobarco.

Motosserras estavam entre as primeiras ferramentas que os habitantes de Barrow compraram com o dinheiro do petróleo no início dos anos 1970 e têm sido uma das mais importantes armas do arsenal inuíte desde então. Diferentemente do lenhador, que vê a serra corrente como um instrumento para poupar tempo, a serra esquimó era usada para poupar vidas. O gelo era mais do que uma inconveniência; era uma constante barreira separando o caçador do alimento e das peles necessárias à sua sobrevivência. A motosserra não apenas poupava o esquimó do árduo trabalho de cortar manualmente toda a extensão de gelo até o oceano, poupava-lhe a preciosa energia que lhe permitia caçar por períodos de tempo maiores.

Na sexta-feira à tarde, Brower teve uma ideia. Se era possível cortar buracos no gelo com a motosserra para caçar focas, por que não usá-la para ampliar o buraco das baleias? O único buraco estava encolhendo vários centímetros a cada dia. Até sexta-feira, só tinha 1 metro de largura por 3,5 de comprimento. Se a equipe de resgate não agisse rapidamente, o buraco congelaria completamente.

Sem nem pensar em comunicar alguém, Brower carregou uma de suas motosserras e um galão de gasolina enferrujado num trenó de madeira, e o amarrou na traseira do *snowmobile*. Com o corpo fechado contra os ventos que impediam a visão e contra os ventos de rachar os ossos, o ousado esquimó foi até as baleias.

O carburador deu uma engasgada, mas logo em seguida Brower conseguiu fazer a enferrujada motosserra ganhar vida, roncando numa temperatura de -31ºC. Levou a serra até a lateral mais longa do buraco retangular e cortou vários blocos de gelo a partir da beirada. Depois de Craig ter descrito o sucesso de Arnold mais cedo no mesmo dia, os baleeiros decidiram usar algumas de suas serras para ampliar aquele tamanho.

Desde que se viram presas num pequeno buraco de gelo, as baleias tiveram de fazer uma escolha. Podiam aprender a alterar dramaticamente seu padrão de respiração ou morreriam. Elas escolheram viver.

Por causa do distinto hábitat, a baleia cinzenta desenvolveu um padrão de respiração diferente. Raramente, se é que ocorria, a baleia cinzenta nadava mais do que 1,5 quilômetro de distância da costa. Mantendo-se perto da margem do oceano, viviam quase exclusivamente em águas rasas. As baleias cinzentas passavam a maior parte de sua vida em águas não mais profundas do que o comprimento de seu corpo. Outras baleias, como a magnífica jubarte, viviam longe da costa. Suas emersões muito potentes faziam surgir claramente para fora da água 36 toneladas e 12 metros de altura. A força da baleia jubarte caindo na água novamente esmagava mais cirrípedes num segundo do que a baleia cinzenta conseguia rolando pelo cascalho por um ano. Tal espetáculo alegrava cada vez mais turistas que vinham para o Alasca. Os anfitriões tornaram-se prósperos empreendedores na crescente indústria dos Forasteiros chamada de observação das baleias.

Os biólogos sempre acharam que as baleias cinzentas não saltavam porque viviam em águas mais rasas do que as outras. Nunca se desviavam do padrão tradicional de arquear as costas o suficiente para expor os espiráculos acima da superfície da água, respirando de forma horizontal à superfície. No momento em que Roy Ahmaogak avistou as três baleias subindo e descendo do pequeno buraco há oito dias, ele aprendeu uma coisa nova. Uma baleia cinzenta conseguia erguer a pesada cabeça para fora da água se sua sobrevivência dependesse disso.

No domingo pela manhã, Geoff usou a motosserra para cortar o gelo no centro do buraco. Malik fez um movimento vigoroso com a mão, indicando a ele que parasse. Geoff sabia mais sobre baleias do que a maioria dos homens brancos, mas Malik sabia mais que Geoff. Martelar uma motosserra no meio da água em que as baleias precisavam emergir, com certeza as espantaria. Sem ter para onde ir, as baleias iriam nadar em direção à morte por não poderem respirar. Malik queria proceder de forma cautelosa. Sentia que as baleias estavam se acostumando com as ferramentas humanas usadas para libertá-las.

Malik pegou duas motosserras e as colocou no gelo nas duas pontas do buraco. Depois, fez sinal aos espectadores para que esperassem quietamente. Se as baleias não percebessem alteração na água desde a última emersão, poderiam arriscar subir.

Malik estava certo. Depois de um mergulho estranhamente longo, as baleias se aproximaram do buraco aberto pela trepidação. Hesitaram um pouco antes de chegar à superfície e cautelosamente irromperam sobre as águas agitadas. Dessa vez, não houve demora. Elas se revezaram para respirar, da mesma forma como faziam quando foram vistas pela primeira vez, primeiro as duas baleias maiores, depois o filhote. Cada baleia respirava profundamente, e logo mergulhava sob o gelo.

Só quando as baleias começaram a se acostumar mais com a forte vibração das serras, é que Malik percebeu que não havia problema em usá-las novamente. Devagar, empurrou a dura ponteira da serra até a beira do gelo espesso. Malik, talvez o baleeiro esquimó que sobrevivera a mais temporadas, não estava preparado para o que viu. Momentos depois de saírem de perto do som, as baleias pareciam apreciar o ruído. Talvez, pensou Malik, tenham sentido que os instrumentos barulhentos e desajeitados da superfície estavam milagrosamente retirando o gelo que ameaçava prendê-las. Malik tinha uma nova preocupação: como fazer para que as três baleias não fossem acidentalmente feridas pelas lâminas letais de uma motosserra.

Geoff, Craig e Ron Morris estavam aliviados ao ver como as baleias pareciam se acostumar rapidamente com a presença das serras. Mas ficaram impressionados com a forma com que as baleias pareciam abraçar as ferramentas como sua salvação. Craig mencionou a Geoff o quanto Cindy Lowry iria sentir por não ter estado ali para ver. Mas, bem cedo no domingo de manhã, Cindy já estava a caminho de Barrow. A ansiosa espera da noite anterior tinha valido a pena.

Assim que a reunião dos capitães baleeiros terminou, Geoff e Craig foram na maior animação telefonar para Cindy de uma dos telefones recém-instalados no saguão impecável da escola de Barrow. Era o telefonema que ela e Kevin aguardavam nervosamente durante toda a noite. Ela pedira aos biólogos que ligassem para ela assim que soubessem da decisão. Tentou não ficar olhando para o telefone, enquanto prendia a respiração, à espera do telefonema. Kevin saiu para buscar comida e alugar um filme. Estava feliz por sair um pouco. Observar a ansiedade de Cindy era demais para ele.

Prevendo como estaria o humor dela, Kevin procurou pelas prateleiras da videolocadora algo que a distraísse. Ouviu Cindy dizer que queria ver *Sem saída*, um filme sobre a relação de um jovem oficial da Marinha com uma bela política de Washington. Só depois do resgate, um filme como aquele seria uma boa escolha.

– Eles querem salvá-las – Craig disse a Cindy, triunfando de alegria. Já se apoiando nos braços de Kevin, quase rasgou a pele dele com as unhas. Não estava apenas negando-

-lhe o fim de semana que prometera, mas agora lhe causava danos físicos.

Mais tarde naquela noite, Cindy estava inquieta. Havia reservado o voo para Barrow, mas ainda nem tinha começado a arrumar as coisas. Apesar de morar no Alasca, ela não tinha roupas certas para o Ártico. Também não tinha a comida adequada. Sabia muito pouco sobre Barrow, mas sabia que, se não levasse a própria comida, tudo o que teria para comer seria baleia, morsa ou carne de foca.

Ela não lia o jornal desde que começou a se devotar às baleias. Sua única fonte de notícias vinha do cabo conectado atrás do televisor de Kevin. Nada do que ela viu ou ouviu a tinha preparado para o cenário singular em que aquele drama se desenrolava. Não se mencionavam as ironias ou os esquimós e, com certeza, não se falava nada sobre o restaurante mexicano Pepe, a Arctic Pizza, os passeios de 200 dólares de *snowmobile*, nem do papel higiênico com bastões de madeira. Era como se não houvesse existência humana, só as imagens lastimáveis de um oceano branco interminável derretendo imperceptivelmente num branco sem fim. Embora fosse quem tivesse impulsionado as três baleias encalhadas aos holofotes do país, Cindy Lowry não sabia nada sobre a maior e mais importante cidade do Ártico em que chegaria, nove dias após as baleias terem sido avistadas pela primeira vez.

Ao se deitar na cama, Cindy percebeu que não tinha ajustado o despertador. Ela acordava às 6h30 todas as manhãs para treinar. Correr maratonas era um de seus *hobbies*. Contudo, no domingo de manhã, Cindy faria exercícios suficientes ao correr para terminar tarefas de última hora, a tempo de pegar o voo do meio-dia da MarkAir para Barrow. Kevin também tinha suas atribuições. Estava preocupado com o que Cindy iria comer no remoto vilarejo baleeiro, mas por razões diferentes. Sabia que, se suas opções culinárias se limitassem a mamíferos marinhos, Cindy morreria de fome.

    Ela gostava de dizer as pessoas que comia apenas alimentos saudáveis. Kevin sabia que não era bem verdade. Em segredo, ela apreciava alimentos ricos em conservantes, colesterol e muito açúcar. Kevin queria evitar mais uma briga sobre a dieta de Cindy. Logo depois que ela saiu de casa para comprar um chapéu, luvas e botas, ele saiu de fininho para comprar algo que ela pudesse comer. Frutas, verduras e um mix de amendoim e uvas passas de alto valor energético seriam o último presente de Kevin para Cindy ao lhe dar um beijo de despedida no portão de embarque.

    Como na maioria dos voos da MarkAir para Barrow daquele fim de semana, os jornalistas eram a maioria dos passageiros do avião em que Cindy estava. E, como em todos aqueles voos, a primeira parada foi em Fairbanks. Uma hora de voo ao norte de Anchorage, a segunda maior cidade do Alasca marcava o extremo norte do limitado sistema rodoviário do estado e completava um pouco mais de um terço da jornada até Barrow.

    Caminhando pelo terminal do aeroporto mais moderno do norte, Cindy concluiu que iria aproveitar a parada de 25 minutos para fazer sua última refeição antes de entrar no pavoroso mundo subterrâneo de Barrow. Ao avistar um restaurante mexicano do outro lado do corredor, foi até lá rapidamente, deu uma espiada no cardápio e pediu uma salada com tacos. Com certeza, pensou, aquela seria sua última chance de aproveitar sua cozinha predileta.

    Enquanto Cindy esperava em Fairbanks a continuação de seu voo até Barrow, Pete Leathard estava voando alto sobre a fronteira do Alasca em um dos jatos executivos da Arco. A operação da Veco em North Slope tinha sido trabalho pesado. A caminho de Prudhoe, Leathard conversou bastante ao telefone com Marvin King, gerente de operações de solo. King e seus homens passaram a noite fora, numa temperatura de -1°C. Primeiro, tinham de determinar se o aerobarco estava funcionando. Depois tentaram soltar as 90,5 toneladas de barco afundado na congelada doca leste da Arco.

King disse a Leathard que conseguia tornar o barco navegável, mas precisava de uma coisa que não tinha: tempo. Sabia que seu chefe estava a caminho e assegurou-lhe que manteria o pessoal necessário trabalhando na operação, usando motosserras, machados de gelo e picaretas. King e as dezenas de funcionários estavam trabalhando duro debaixo do frio cruel, cortando, serrando e rachando quatro anos do inabalável gelo do Ártico que havia se acumulado em volta do casco do navio. Aqueles homens foram especialmente treinados para fazer trabalhos manuais sob o clima mais hostil do mundo.

Ganhando até cem mil dólares por ano, estavam entre os trabalhadores mais bem pagos do planeta.

Cada um deles sabia que era tolice medir as tarefas feitas no Ártico com as que faziam sob condições normais. Lá, as regras eram diferentes. O homem e seus vastos poderes não valiam muito. O Ártico era o último lugar na Terra em que a natureza desafiava a habilidade humana. Se um homem branco quisesse chamar o Ártico de lar, teria de aceitar os limites daquele hábitat ou morreria. Só dessa forma um homem poderia lidar com esses árduos elementos. As duas equipes da Veco trabalhavam em turnos no frio brutal, mas no fim o resultado era o mesmo: cansaço rápido e inevitável. Depois de apenas alguns minutos, até o homem mais ágil não conseguia mais suportar. Os trabalhadores abatidos buscavam abrigo num depósito pré-fabricado, erguido para fornecer aconchego e nutrição aos cansados homens.

As rosquinhas, o café e os cigarros serviam tanto como nutrição quanto as temperaturas de 4°C serviam para aquecer. Assim como as criaturas que estavam se esforçando para libertar, os homens entravam no depósito desnorteados por sua própria dor e cansaço. Os pulmões chiavam com o amargo frio. Estavam unidos em sua tosse e falta de ar.

Os únicos sons do depósito vinham dos passos e dos ruídos respiratórios dos homens exaustos. Não trocavam uma palavra. Suas mandíbulas pareciam congeladas. Mover as articulações congeladas até de leve causava dor. No momento em que a boca deles parecia derreter o suficiente para permitir a fala distinguível, já estava na hora de voltar a trabalhar. No caminho de volta, os mais ou menos recuperados trocavam de turno com outra fragilizada equipe, lutando para escapar do frio. Correndo grande risco pessoal, os trabalhadores da construção da Veco no Ártico trabalharam durante a noite para desprender um enorme equipamento, que serviria de tentativa de libertação das baleias a 430 quilômetros de distância.

Até o momento, todas as quatro principais redes de televisão norte-americanas já estavam em Barrow ou a caminho. Dezenas de milhões de americanos que já acompanhavam a história estavam ansiosos por um pouco de ação. A excentricidade de alguns executivos jornalísticos do Exterior havia transformado a rotina do encalhe das baleias cinzentas numa campanha séria de resgate. Agora, pela primeira vez desde que foram descobertas há oito dias, um passo concreto fora finalmente dado rumo à liberdade das três baleias. Mas, ironicamente, nenhum representante da mídia – que despertou o interesse que justificava o resgate – conseguiu chegar a tempo de cobrir a primeira história real do resgate na Baía de Prudhoe.

Don Oliver e a equipe da NBC foram os primeiros a chegar. Desesperados para encontrar um jeito de chegar lá, o produtor

Jerry Hansen alugou o único helicóptero disponível do Ártico pela bagatela de 600 dólares por dia. Mas na hora em que chegaram, já era tarde demais. A maioria do trabalho extenuante já tinha sido feita. A primeira gravação exibida na televisão mostrou um aerobarco aparentemente livre do gelo. Como ninguém podia comparar aquele evento com a imagem do aerobarco congelado e enterrado, os americanos jamais ficariam sabendo o quanto os funcionários da Veco se sacrificaram para cumprir a missão.

Billy Bob Allen apreciou os esforços de seus homens: – Uma ação dessas não tem preço – disse, abençoando-os. Seus funcionários acreditavam nele porque ele nunca se esquecia de ninguém. A princípio, Allen dizia aos amigos que queria ajudar as baleias porque "parecia ser a coisa certa a fazer". Nas próximas duas semanas, Bill Allen e a empresa que construíra concentraram-se literalmente apenas nisso. Negócios pendentes foram deixados de lado ao mesmo tempo que ansiosos executivos de toda a indústria perguntavam-se por que Allen e sua equipe estavam tão apaixonadamente comprometidos com algo que não tinha nada a ver com ajudar os clientes a bombear petróleo. E, além do mais, não era fato que todos no ramo do petróleo eram gananciosos e sem coração?

Allen trabalhou bem no sábado à tarde, no escritório de Anchorage, familiarizando-se com os detalhes que envolviam a operação. A primeira crise ocorreu quando Marvin King telefonou do depósito dos empregados na Doca Leste. Disse a Allen que a remoção do gelo estava saindo melhor do que o planejado, mas seus homens estavam exaustos.

– Faça-os descansar – respondeu Billy Bob. – Não podemos permitir que caiam mortos. – King disse a Allen que havia muitas coisas a serem feitas para deixar o barco pronto, a maior delas incluía a remoção de 600 toneladas de gelo que envolvia o navio todo. O gelo só poderia ser retirado à mão. King não sabia o que fazer primeiro. O coronel Carroll e a unidade especial da Guarda Nacional só chegariam em Prudhoe no fim da manhã seguinte. Allen disse a King para combinar as tarefas possíveis. Testes que não dependessem da remoção do gelo do barco poderiam começar a ser feitos assim que possível. Não demorou muito para King perceber que seu chefe estava certo.

King havia acabado de ligar os motores quando descobriu o primeiro problema. Um dos turbopropulsores que davam ao aerobarco força de flutuação suficiente acima da superfície do gelo não estava funcionando. Allen achava que substituir a peça seria quase impossível. Seu aerobarco era o único daquele tipo no mundo. Allen ligou para os fabricantes japoneses do navio, para ver se poderiam ter a peça sobressalente. Quando lhes disse que precisava da peça imediatamente para ajudar a salvar as baleias encalhadas, eles acharam que seu cliente vaqueiro havia perdido a cabeça.

Duas horas depois, Allen ainda não havia obtido resposta. Já tinha perdido a paciência. Foi só no domingo bem cedo pela manhã, horário de Tóquio, que o presidente da Mitsui Engineering & Shipbuilding Co. telefonou. Quinze minutos depois, a filial de equipamentos da Mitsui localizou uma máquina em Long Beach, Califórnia, que poderia ser levada de avião até Anchorage. O esforço de salvar as baleias ainda era uma operação marginal. Qualquer pequeno obstáculo poderia servir de desculpa perfeita para a retirada de qualquer uma das partes, deixando as baleias à própria sorte. Como o aerobarco era a única opção de resgate, a inabilidade de se encontrar um turbopropulsor teria dado motivo suficiente para a Veco abortar sua participação no resgate.

Ao perceber que precisaria de uma aeronave *charter* especial para cargas para levar o turbopropulsor até Prudhoe, Allen apertou firme os polegares contras às têmporas de sua cabeça quase sem cabelos, num esforço inútil de eliminar a dor de cabeça que aparecia sempre que havia gastos inesperados. O menor dos aviões que comportava o enorme motor era o C-130, um esteio militar. Se o Hércules, como o avião era conhecido, conseguia transportar tropas e tanques dentro e fora de lugares problemáticos ao redor do mundo, Allen sabia que conseguiria levar seu turbopropulsor em segurança até Prudhoe.

Cinco minutos haviam se passado desde a conclusão da crise do turbopropulsor, quando King telefonou para Allen novamente com mais um desastre. Ninguém em Prudhoe sabia como operar o quebra-gelo. Só um homem na Veco havia operado aquele navio, e agora Allen tinha de tentar encontrá-lo. Ninguém na Veco sabia do paradeiro do capitão de quebra-gelos Brad Stocking desde que a exploração de bilhões de dólares na Ilha Mukluk resultou num poço seco em 1984. Usando dados eletrônicos que elencavam os paradeiros dos locais de construção de petróleo e seus empregados, Pete Leathard iniciou uma caçada humana por todo o mundo em busca do incerto capitão. Depois de três dias de intensa busca, a Veco desistiu. Brad Stocking nunca foi encontrado.

Bill Allen telefonou para todo o estado tentando descobrir o que poderia rebocar um aerobarco de 90,5 toneladas de Prudhoe até Barrow. A resposta obtida quase uníssona dos habitantes do Alasca foi: "trem-gato".

Trens-gatos eram tratores-lagarta que reabasteciam remotos vilarejos continentais durante os nove meses de inverno, usando a superfície dos rios congelados do Alasca como estrada. Num estado sem rodovias, os rios eram a tábua de salvação do reabastecimento para comunidades e colonos que não conseguiam outro tipo de contato. Trenós de neve compridos, cheios de suprimentos e alimentos, eram presos ao pesado trator, equipado com rolamentos de tanque extragrandes para se prender ao gelo e empurrar a carga pela superfície dos rios congelados.

Mas o tamanho, o peso e o destino do quebra-gelo de Bill Allen eliminavam o uso do trem-gato quase de imediato. Mesmo se houvesse rio largo o suficiente para que pudesse puxar o navio, ele era grande e pesado demais para ser rebocado por um trator-lagarta. O rio mais próximo em direção a Barrow ficava a 180 quilômetros a oeste de Prudhoe e a desembocadura ainda não estava completamente congelada. Caso o coronel Carroll e o helicóptero CH-54 *Skycrane* não conseguissem cumprir a missão, Cindy Lowry teria de achar uma outra forma de salvar suas baleias.

O coronel Carroll tinha planos para o sábado à noite e não ia cancelá-los só porque tinha de liderar uma missão no Ártico bem cedo na manhã seguinte. O homem de quarenta anos sentia uma energia ilimitada. Aproveitou Anchorage com alegria moderada durante a folga, até pouco depois das 3h da manhã. Esperou até chegar em casa antes de se render a seu único vício notável: café. Bebeu a última xícara do dia, foi até o armário impecavelmente arrumado, pegou algumas ceroulas do Exército e outros uniformes de tempo frio, que calculou serem necessários para a viagem de dois dias "lá para o Slope". Arrumou tudo com primor numa grande mala verde com forro de lona e caiu no sono rapidamente.

Quando seu despertador tocou, 45 minutos depois, o coronel acordou revigorado. Pulou da cama e se serviu da "primeira xícara" do dia do café que ainda estava fresco, por ter sido feito a menos de uma hora. Tomou banho, fez a barba, limpou rapidamente a minúscula bagunça e saiu. Encontrou a equipe de seis membros e embarcou no avião executivo turboélice, modelo C-12 King Air, da Guarda Nacional do Alasca, para um voo de cinco horas até Barrow. Antes de fechar o convés, Carroll ordenou que os dois *Skycranes* do hangar de Elmendorf da Força Aérea estivessem prontos para um rápido despacho.

Depois de uma rápida soneca, Carroll contorceu a estrutura atlética no assento da primeira fila para servir pães doces e café enquanto deixava sua equipe a par da Operação Liberdade. Sabendo que estava prestes a entrar no campo de batalha do desenrolar de uma notícia em rede nacional, Carroll levava consigo Mike Haller, o oficial de relações públicas da Guarda Nacional para "lidar" com a imprensa. O coronel Carroll disse a Haller que o propósito de sua missão era evitar que a imprensa competitiva interferisse demais no resgate.

A melhor maneira de fazer isso, disse Carroll, era sendo amigável com a mídia. Haller planejava agendar entrevistas coletivas regulares, para que a mídia sentisse que todas as suas perguntas estavam sendo respondidas. Carroll alertou Haller para evitar passar à imprensa a ideia de que estava sendo manipulada. No minuto em que isso acontecesse, a cobertura da Guarda Nacional se tornaria detestável. Sabiam que todo mundo logo iria querer entrar no mesmo barco. Discutiram a possibilidade de elaborar e coordenar coletivas de forma que fosse autorizada a entrada de uma equipe de televisão, fotógrafo e jornalista da mídia impressa por vez. Qualquer gravação, fotos e citações feitas pelo grupo de jornalistas seriam disponibilizadas a todas as agências de notícias.

O piloto de Carroll verificou o controle do tráfego aéreo, para ver se teria abertura para sobrevoar a área em que estavam as baleias. O coronel queria inspecionar as condições do gelo de cima. Sem sinal de vida humana há mais de três horas, o coronel não acreditou quando o piloto lhe disse que o espaço aéreo no local estava restrito devido ao tráfego intenso. "Tráfego intenso?", o coronel se perguntou.

Voando na direção oeste, começaram a descer rapidamente da altitude durante o voo rumo à costa congelada da Lagoa Elson. A aeronave pousou de forma acentuada para a direita, fazendo que o coronel e sua equipe se segurassem firmes em seus assento. Na fração de segundos necessária para que o avião atravessasse o estreito banco de areia, voaram imediatamente sobre as baleias. A 60 metros de altura, as poucas pessoas reunidas ao redor do pequeno buraco de respiração pareciam fora de contexto diante do inerte pano de fundo branco como a neve.

Carroll olhava, maravilhado, para o impressionante local abaixo. Balançou a cabeça demonstrando surpresa quando o avião tocou o solo do Aeroporto Wiley Post–Will Rogers Memorial. Do assento ergonômico revestido de veludo do avião, os elementos sem vida e cruéis do lado de fora da janela se pareciam, de forma enganadora, com um conto de fadas, enquanto o avião taxiava em direção ao hangar do departamento de Busca e Salvamento de Randy Crosby, do outro lado da pista de decolagem de mais de 2 quilômetros. Antes que o piloto pudesse desligar o motor, Carroll e Haller observavam perplexos os compartimentos do hangar do SAR serem abertos, deixando sair uma leva de cinegrafistas e seus técnicos, atropelando-se numa corrida louca por um lugar ao pé da escada de saída do avião. O conto de fadas ficou para trás naquele exato momento.

– Isso acontece em todo lugar que vou – disse Carroll, impassível.

Como um habilidoso militante político, Carroll abriu o maior sorriso e saiu do avião rapidamente. Impressionado pelos inúmeros microfones à sua frente, trocou um caloroso aperto de mãos com Ron Morris, que dava para ver que morria de frio. Carroll, que era bem maior que ele, colocou os braços ao redor de seus ombros. Ao atravessarem a pista, as câmeras captaram o coronel Carroll ouvindo o que Morris tinha a dizer. Caminharam juntos pela parte "segura" do hangar, deixando Mike Haller para lidar com a mídia.

Assim que entraram, o coronel Carroll pediu para conhecer o encarregado do local. Imaginou que fosse o homem de sorriso largo que estava em pé, vestindo um macacão de piloto azul no final do corredor. Sua aura confiante que combinava com a expressão de Grizzly Adams[12] deu a Carroll a sensação de que aquele era o chefe. Tinha razão. Era Randy Crosby, diretor e piloto principal do Comando de Busca e Salvamento de North Slope. Quando Carroll observou o forte piloto de resgate lhe servir uma generosa xícara de café de North Slope, percebeu que os dois iam se dar muito bem.

O coronel embarcou no segundo helicóptero de Randy e voou para o local. Carroll viu as baleias pela primeira vez quando o helicóptero vermelho, branco e amarelo preparou-se para pousar sobre a superfície congelada do Mar de Chukchi. No meio da manhã de domingo, Randy já tinha levado pessoas suficientes ao gelo para saber como ficavam animados ao ver as baleias pela primeira vez. Com Carroll não foi diferente. Quando saiu do helicóptero, Randy fez sinal para que ele abaixasse a cabeça até ficar longe o bastante da hélice em movimento. Apesar de o gelo parecer sólido como pedra, Crosby não queria correr nenhum risco. Manteve o helicóptero em meia potência. Se o gelo começasse a ceder debaixo dele, Crosby tinha apenas alguns segundos para erguer o helicóptero para a segurança do espaço aéreo. Quem estivesse no gelo, teria segundos para sair de lá.

Carroll caminhou até as baleias, tentando ouvir Arnold Brower Jr. descrever as condições do gelo à grande como-

---

12. Alusão ao famoso alpinista e domador de ursos pardos denominados *grizzly bears* em inglês. (N. T.)

ção de equipes de televisão que o seguiam. Ele perguntou a Brower a distância dali até a crista de pressão e se alguém já tinha ido até lá. Brower disse que os caminhos mais próximos pelo gelo ficavam a 8 quilômetros de distância, duas vezes mais longe do que estavam quando as baleias foram descobertas há nove dias.

Cada dia que as baleias continuavam presas no gelo, mais distantes ficavam da segurança da saída para o mar aberto. Mas mesmo tal segurança estava rapidamente se esvaindo. A saída para o mar aberto que separava a crescente formação de gelo da massa de gelo polar em expansão encolhia quase 1,5 quilômetro por dia. Quando Carroll e Crosby viram isso na manhã de domingo de 16 de outubro, perceberam que estavam a menos de 24 quilômetros de distância. Se não conseguissem libertar as baleias antes que as duas formações se encontrassem e fechassem a saída, as baleias morreriam. Brower caminhou com o coronel até a margem do tumultuado buraco. Sem ainda ter visto as baleias, Carroll inclinou-se de forma hesitante para olhar diretamente no borbulhante buraco de tom cinza-escuro do mar. Assim que sua cabeça apareceu no plano paralelo da água, uma das baleias irrompeu, espalhando água no surpreso coronel. A transmissão de notícias daquela noite e os jornais da manhã seguinte traziam imagens e fotos cômicas do condecorado veterano de guerra tendo dificuldade para limpar a respiração cristalizada da baleia em sua roupa.

Quando o encontraram, Geoff e Craig tinham um recado para o coronel: traga o aerobarco para Barrow. Disseram ainda que as baleias que ele afetuosamente admirava estavam lutando contra o tempo. Apesar de as motosserras serem usadas para manter o buraco aberto, os biólogos achavam que muito em breve as baleias começariam a mostrar sinais de fadiga. Carroll prometeu dar o melhor de si. Segurando o chapéu para que não voasse, saudou os dois biólogos de forma costumeira e correu para o helicóptero de Randy Crosby, que estava à sua espera.

Crosby, Carroll e Brower voaram para o oeste, a fim de inspecionar as condições do gelo na margem extrema. Quando Crosby desceu o *214 Lone Ranger* para a posição de pouso, o mais novo e proibido obstáculo veio bloquear a visão. Poderosas correntes oceânicas erguiam muralhas de gelo. Em alguns lugares, a crista de pressão elevava-se a 10 metros de altura da superfície do oceano. Em meio a todos os fragmentos, Crosby procurava atentamente por um lugar seguro para pousar.

Carroll e Ron Morris viram que o gelo ao redor das baleias não era espesso o suficiente para desafiar a suposta habilidade de quebrar gelo do aerobarco. Mas a crista de pressão mudava toda a história. Não havia meio de o navio quebrar o gelo em volta dela. Na esperança de encontrar pontos fracos, sobrevoaram a crista para procurar por rachaduras nas paredes de gelo em que o quebra-gelo pudesse encontrar passagem.

O coronel poderia ter cancelado o plano da Guarda Nacional de rebocar o aerobarco. Se o barco não conseguisse passar pela crista de pressão, então por que trazê-lo de Prudhoe? Em vez de desistir, Morris, Brower e Carroll concordaram que a Guarda Nacional deveria continuar com a operação do aerobarco. Pediram a Brower que ajudasse a encontrar esquimós dispostos a mostrar a área em busca de rotas possíveis em que o quebra-gelo pudesse passar pela crista de pressão. Quando voltou para a aeronave que o aguardava no hangar de Busca e Salvamento, Carroll reuniu sua equipe, agradeceu Randy Crosby pelo passeio e disse a Ron Morris para manter os buracos abertos.

– Vejo vocês em alguns dias – disse com confiança às câmeras, ao subir pela escada de alumínio do *King Air*. Ele voltaria, mas não como herói. Com a partida de Carroll, Morris tinha menos de uma hora para se preparar para a chegada do próximo contingente de VIPs, os empresários do petróleo. O jato da Arco que trazia Billy Bob Allen e Ben Odom seguiu a mesma rota feita por Carroll. Também fez a volta inclinada e foi recepcionado no aeroporto pelo mesmo coro de jornalistas. Randy Crosby teve uma sensação de *déjà vu*. Allen subiu a bordo do helicóptero de Crosby, prometendo a Odom e Leathard que ia ser um bom perdedor. Continuou dizendo que apoiava os esforços de Pete e iria honestamente ajudá-lo a sair do resgate. O notável cenário de Barrow e do Ártico deixou Bill Allen paralisado. Já tinha visto aquilo centenas de vezes nos últimos vinte anos. Ali foi feita a sua fortuna. Tinha certeza de que já tinha visto tudo o que tinha para ver. Mas o impaciente empresário e seu conterrâneo estavam prestes a ver algo que os transformaria para sempre.

Billy Bob saiu do helicóptero determinado a esconder até o fim sua falta de interesse pelas baleias. Iria dizer aos jornalistas o quanto esperava que as três criaturas conseguissem a liberdade. Elogiaria todos os envolvidos no resgate e então voltaria ao hangar, tomaria café num copo de isopor e pegaria o avião para casa. Quando o helicóptero pousou, espalhou a neve que cobria o brilhante gelo azul-acinzentado de 30 centímetros de espessura do Ártico.

Morris apresentou Allen, Odom e Leathard a Arnold Brower Jr., que estava ocupado trabalhando com sua equipe na tentativa de expandir o único buraco de respiração das baleias. Allen e Brower conversaram sob o alto ruído do helicóptero. Poucos minutos depois, Billy Bob se deu conta de que nem tinha visto as baleias. Não sabia quanto tempo levaria até que aparecessem, mas não estava interessado em ficar esperando por elas numa temperatura de -31°C.

A primeira baleia emergiu da mesma forma que fizera milhares de vezes antes nos nove dias em que estavam ali. Mas para Bill Allen era uma revelação indescritível, uma epifania. Uma expressão de jovial admiração tomou conta de sua face. Pete Leathard nunca o vira tão animado. O empresário do petróleo de meia-idade abandonara todas as suas ambições por algum tempo para se transformar no jovem Billy Bob novamente. Correu até a beira do buraco e rapidamente caiu de joelhos. De forma apaixonada, chegou bem perto da água e acariciou o rosto da baleia exausta. A baleia chegou ainda mais perto de Allen, projetando a cabeça para fora da beira do buraco. Num apelo irresistível por mais atenção de seu novo amigo, a baleia derrubou Billy Bob quando, de forma brincalhona, bateu o imenso, mas exausto nariz contra o peito dele.

As baleias mais uma vez usaram de sua magia. Para Allen, e para a maioria dos não esquimós, a magnificência da baleia era uma descoberta até que recente. Mesmo estando no século XX, as únicas pessoas que conseguiram se aproximar tanto assim das baleias fizeram-no para matá-las e correram grande risco pessoal. Mas a transformação do homem de matador para salvador de baleias foi tão rápida e tão universal que, no fim do mesmo século, centenas de milhões de pessoas ao redor do mundo observaram grandes nações comprometendo milhões de dólares e centenas de homens para libertar três baleias num extremo isolado do universo.

Aos olhos de quase todas as culturas marítimas, a baleia sempre esteve no topo do panteão da mitologia animal. No decorrer da história, ela desempenhou o papel da lenda, do mito e da alegoria. Da punição-com-arrependimento de Jonas na boca da baleia, ao capitão Ahab e sua batalha com Moby Dick, nunca houve outra criatura como essa. O leviatã tem controlado a gama da emoção humana ao mesmo tempo que nunca abandona o nível da consciência. A baleia sempre foi tudo, menos ignorada.

Pois, na maior parte da história da humanidade, uma palavra classificou muito bem o relacionamento humano com a criatura que mal conhecia: medo. Baleias são as maiores criaturas que já habitaram a Terra. A baleia-azul de 60 metros é maior do que os maiores dinossauros que já existiram. O tamanho colossal convencera gerações de que a baleia era do mal. Atribuir poderes malignos, os quais as baleias não tinham, fazia que as pessoas se mantivessem afastadas delas a todo custo. De acordo com algumas lendas, até mesmo aqueles que as viam à distância estavam fadados a mortes prematuras. Durante muito tempo, os homens sabiam tão pouco sobre a baleia que a consideravam um peixe. Na segunda metade do século XIX, a grande fera foi finalmente dominada. O animal antes orgulhoso, agora não era páreo para as frotas baleeiras armadas com arpões. Conforme o homem foi se familiarizando com o animal que agora caçava sem arrependimento, sua concepção começou a mudar. Os atributos antes desconhecidos começaram a aparecer. A inteligência notável, a graça, a injustificada confiança do homem amaldiçoou o estereótipo milenar. Só que, mais do que qualquer outra coisa, a baleia tinha um certo charme inegável, um charme de impressionante bondade. Os velhos mitos sofreram uma morte silenciosa.

Contudo, só depois de terem assassinado literalmente cada uma delas é que o homem se deu conta da grandiosidade da baleia, uma grandeza que ele sabia que poderia desaparecer da face da Terra. Talvez por sentimento de culpa por ter interpretado mal e procurado dominar a criatura durante tanto tempo é que agora o homem adotava a baleia, apelidando-a de "Gigante Gentil", como um símbolo de sua própria preocupação com o mundo que estava destruindo. Salvá-la foi o primeiro passo em direção à própria salvação. Depois de ver as baleias, Billy Bob Allen não conseguia se expressar em palavras da mesma forma que não conseguia antes. Mas agora ele sabia que baleias eram especiais.

10
DO FECHAMENTO À ABERTURA

As notícias, por definição, são imprevisíveis. Se a situação já é esperada, então não é notícia. Para as pessoas em Barrow, o encalhe de três baleias californianas cinzentas não era notícia. Era algo esperado e previsível. Mas para quem vive no Exterior, era uma chance sem precedentes de se ver como parte de um esforço para ajudar a resgatar um dos animais favoritos do homem. Assim que as primeiras imagens de Oran Caudle sobre as baleias encalhadas chegaram à ilha de edição de Todd Pottinger, na KTUU-TV em Anchorage, desencadearam um fluxo de interesse e preocupação raramente vivido na espécie humana.

De vários aspectos, aquela era uma história que a própria televisão criara para cobrir. Oferecia abundância de um imaginário animal espetacular praticamente sem necessidade de análise. Uma imagem de baleias desesperadas, emergindo, irrompendo e agitando-se no confinamento de um minúsculo buraco no meio do Oceano Ártico congelado falou bem mais do que as palavras ensaiadas de um comentarista de televisão. Captou a imaginação de milhões de pessoas de uma forma que os executivos das redes de TV jamais tinham visto. Só o imediatismo da televisão conseguia conduzir a atração quase que hipnótica das baleias. De alguma forma, do mesmo jeito que um gato preso no alto de uma árvore conseguia mobilizar uma cidade inteira, três baleias cinzentas presas no gelo do Ártico conseguiram mobilizar um mundo inteiro.

Após algumas horas da primeira transmissão da NBC na quinta-feira, 13 de outubro, seis dias depois que as baleias foram vistas pela primeira vez, a central telefônica da emissora de Nova York ficou congestionada com as centenas de telefonemas de cidadãos comuns ao redor do mundo. Eles queriam saber como podiam ajudar. Na sexta-feira de manhã, o gabinete do Greenpeace em Washington atendeu outras centenas de membros consternados.

As pessoas tinham se pronunciado. O que havia começado como uma história ideal para a NBC usar como "fechamento", uma notícia leve para encerrar uma transmissão, por um curto período de tempo tornou-se uma obsessão nacional. Subitamente, o país implorava por mais imagens das baleias. Pelas centrais telefônicas congestionadas e a alta na audiência, as redes de televisão entenderam o recado. Enviaram equipes às pressas para Barrow, tentando atender à crescente demanda.

As baleias não ficaram no "fechamento" por muito tempo. No domingo à noite, 16 de outubro, eram a notícia de "abertura". Apenas três semanas antes da eleição presidencial, e três dias depois da primeira reportagem, as baleias se transformaram na história principal em todas as emissoras. Dentre as 30 milhões de pessoas estimadas que teriam assistido às baleias ofegantes na edição noturna de domingo, estava o presidente Ronald Reagan. Ele escreveu um lembrete a si mesmo para perguntar a respeito delas no dia seguinte, na reunião das 9h com os funcionários do alto escalão da Casa Branca. Talvez "indefesas" não fosse a melhor palavra para descrever as três baleias. Elas claramente haviam feito algo que a maioria das criaturas não conseguia fazer. Nove dias após a descoberta, as baleias impulsionaram a ação do homem mais poderoso da Terra.

No manhã de domingo de 17 de outubro, o presidente disse a seu chefe de gabinete, Kenneth Duberstein, que queria relatórios frequentes sobre o progresso do resgate. O resumo diário da reunião circulou em todos os gabinetes da Ala Oeste, incluindo uma referência ao interesse do presidente pelas baleias encalhadas. O memorando chegou rapidamente ao secretário de imprensa da Casa Branca, Marlin Fitzwater, o porta-voz do presidente. Quase imediatamente, Fitzwater percebeu a oportunidade. Mencionar as baleias no relatório matinal do presidente demonstraria que Ronald Reagan estava tão preocupado com as criaturas encalhadas quanto milhões de outros americanos. Como ninguém desejava o mal delas, a Casa Branca não teria nada a perder. Depois de ficar a par da história das baleias com o chefe de gabinete, Fitzwater inseriu algumas palavras sobre elas na declaração que estava preparando para ler à imprensa da Casa Branca sobre as atividades do presidente.

Ronald Reagan estava fechando com chave de ouro um dos mandatos presidenciais mais bem-sucedidos da era moderna. Tinha o maior índice de aprovação comparado a qualquer outro presidente. O cargo de Kenneth Duberstein, de chefe de gabinete da Casa Branca, garantia que seu legado não fosse maculado nos últimos dias. Nada de passos em falso de última hora. A recuperação mais longa da história americana, levando a União Soviética à beira da extinção sem que um tiro sequer fosse disparado, um renovado sentido do orgulho americano – esse era seu legado.

Não obstante, havia apenas algumas áreas em que a imagem do presidente era menos gloriosa. Dentre elas estava o ambientalismo. Apesar da popularidade, uma maioria de americanos ainda sentia (de forma incorreta, como comprovado depois) que Reagan não gerenciava bem a questão ambiental. George Bush, seu aparente sucessor, de forma tola espalhou a falácia quando se autodenominou o "Presidente Ambientalista".

A verdade nua e crua é que o crescente padrão de vida correspondia diretamente a um ambiente mais limpo e saudável. Economistas denominam essa questão "efeito riqueza". O aumento da riqueza leva ao aumento da despesa. Isso se aplica mais à proteção ambiental do que a qualquer outra coisa. Observar o aumento dos bens e da renda leva as pessoas a terem mais confiança em gastar mais. Sociedades mais ricas gastam mais para proteger o ambiente do que sociedades mais pobres. Protegem mais porque têm mais. No último terço do século XX, os Estados Unidos gastaram milhões de dólares protegendo o ambiente – muito mais do que qualquer outro país. Se os Estados Unidos não estivessem criando mais riquezas, não poderiam gastar mais para proteger o ambiente. O processo que rege o crescimento econômico é o mesmo que resulta em menos poluição. Poluição é ineficaz. É o que acontece quando algo não é feito da forma correta. Ser eficiente é conseguir mais com o que você já tem; desperdiçando menos, poluindo menos e protegendo mais – um ambiente limpo e seguro.

Ao presidir um dos maiores *booms* econômicos da história dos Estados Unidos, Ronald Reagan fez mais para proteger o ambiente norte-americano do que muitos outros presidentes. Além disso, ele também amava baleias. Se o presidente Reagan ajudasse no resgate de baleias, pensavam seus assessores, talvez conseguisse polir sua imagem ambiental. Mas qualquer um que pense que esse foi o motivo dele naquele resgate não conhecia o homem. O segredo de sua imagem era que ele não se importava com sua imagem. Ele se importava com suas políticas.

Duberstein nomeou um departamento pouco conhecido da Casa Branca, mas de importância fundamental, para se encarregar do resgate. O Ministério dos Assuntos do Gabinete (OCA) trabalhava para resolver divergências políticas referentes a questões que variavam de chuva ácida às três baleias encalhadas na fronteira americana. Às vezes, era impossível chegar a um consenso. Mas não em relação àqueles animais. A resposta era unânime: salvem as baleias.

Bonnie Mersinger ficou sabendo sobre as baleias às 7 horas de sexta-feira, 14 de outubro. Estava sentada em seu cubículo na Ala Oeste da Casa Branca tomando suco de maçã de caixinha com canudinho. Poucos minutos roubados com Jane Pauley e Willard Scott eram o único contato que a atraente mulher tinha com o mundo exterior. Raramente mulheres atraentes de 39 anos de idade que se tornavam assistentes-executivas do presidente dos Estados Unidos tinham outros interesses além do trabalho.

Mersinger virou a cadeira assim que ouviu a palavra "baleias" ser mencionada em seu pequeno aparelho de televisão da Sony. Seus colegas se referiam a Bonnie como a "residente ambientalista da Casa Branca". Como milhões de outras pessoas, ela queria ver mais. Não sabia por que exatamente, mas havia alguma coisa sobre as baleias que a fazia se solidarizar com elas. Talvez fosse sua criação. Antes de mudar de profissão, no início dos anos 1980, Bonnie havia trabalhado com animais, enormes animais graciosos. Ganhava a vida treinando cavalos, incluindo o famoso Risco Genuíno, o vencedor da corrida de cavalos do Kentucky em 1980. Até conseguir a chance de trabalhar para Ronald Reagan, ela adorava treinar puro-sangues mais do que qualquer outra coisa.

Mersinger sabia que Reagan ia querer ajudar as baleias. Esse desejo vinha de duas de suas mais profundas emoções: o amor por animais e a queda por histórias de azar. Ela escreveu um memorando sobre o encalhe na sexta-feira, 14 de outubro, mas já muito no final do dia. O presidente e sua esposa já estavam a bordo do Marina Um, que os esperava no

Gramado Sul da Casa Branca, para passar o fim de semana em Camp David.

Às 10 da manhã da segunda-feira do dia 17, dez dias depois de as baleias terem sido vistas pela primeira vez, o presidente dos Estados Unidos estava oficialmente envolvido no resgate, e Bonnie Mersinger se tornara sua representante pessoal. Ela sabia que o protocolo limitava a autoridade direta do presidente às agências federais. Já que duas das quatro facções independentes do resgate, a NOAA e a Guarda Nacional, respondiam diretamente a ele, a Operação Liberdade presenteou o presidente com uma rara chance de escolha. Todos na Casa Branca sabiam que, quando uma oportunidade se apresentava daquela forma, o presidente Reagan sempre gostava de exercitar sua autoridade como chefe do Estado-Maior. Mersinger aconselhou o gabinete de Ken Duberstein para transferir o envolvimento da Casa Branca para a Guarda Nacional do Alasca.

Reuniu artigos de jornais sobre as baleias em seu computador. Procurando por detalhes, Mersinger reuniu nomes dos principais jogadores: Cindy Lowry do Greenpeace, Ron Morris da NOAA, os executivos do petróleo, os esquimós e um coronel da Guarda Nacional chamado Tom Carroll. Sendo também um oficial, Bonnie telefonou para Frank O'Connor, um velho amigo da Guarda Nacional do Alasca, para ver se ele podia lhe dizer alguma coisa sobre a Operação Liberdade. O'Connor disse que, até a Guarda Nacional entrar na jogada, não havia ninguém encarregado de estabelecer as prioridades. Agora, talvez uma estrutura sensata de comando tivesse início. O'Connor assegurou-lhe que, no Alasca, Tom Carroll era a pessoa mais qualificada para lidar com o problema.

O coronel Carroll era o homem de que Bonnie precisava. Por intermédio dele, poderia conduzir o interesse do presidente no resgate e reforçar sua oferta de ajuda. Juntos, ela e Carroll podiam manter o chefe executivo completamente informado sobre o bem-estar das baleias. Por volta do meio-dia, horário de Washington, Bonnie telefonou para a central de comando móvel da Guarda Nacional na Baía de Prudhoe. Apesar de ainda faltar uma hora e meia para o nascer do dia no Alasca, o coronel Carroll já estava sob o gélido frio verificando sua lista de tarefas para que o *Skycrane* pudesse começar a rebocar o quebra-gelo. Um civil cedido pela Arco atendeu o primeiro telefonema de Bonnie e a informou que o coronel voltaria logo. Os fortes ventos baixavam a temperatura na tundra congelada a -73°C.

Se Tom Carroll fosse como qualquer outro homem, teria voltado logo em seguida. Mas o coronel Carroll estava obcecado com o problema. O coronel ficou lá fora, exposto ao frio que ameaçava a própria vida, por quase doze horas. Cruelmente, gritava as ordens por meio de seu *walkie-talkie* aos pilotos de helicóptero e à equipe do aerobarco. Os homens da Arco e da Veco que haviam acabado de conhecer o coronel achavam que ele estava descontrolado. Antes de o reboque começar, Carroll removeu o principal empecilho logístico: o combustível. Calculava que os helicópteros fossem precisar de 20 mil galões de avião de alta octanagem para rebocar o aerobarco pelos 434 quilômetros de Prudhoe até Barrow. O coronel planejou uma operação completa para que houvesse combustível suficiente para o navio e os helicopteros. Encomendou bombas de reabastecimento para carregar todos os 20 mil galões a bordo do aerobarco em tanques de armazenamento personalizados.

Cada item da lista de Carroll foi resolvido e tudo estava pronto às 11h, duas horas mais cedo do que o esperado. Contudo, quando ele deu a ordem de início e o potente helicóptero começou a rebocar, o aerobarco não saiu do lugar. A força que içava o aerobarco de 90,5 toneladas quebrou a grossa camada de gelo que cobria a costa. Carroll observava impotente seu piloto, o primeiro-sargento Gary Quarles, bravamente manter a estabilidade do *Skycrane*, impedindo que girasse fora de controle e acabasse caindo na baía congelada. Depois que Quarles pousou o veículo em segurança, Carroll foi até lá para investigar. O navio estava profundamente atolado na lama.

Uma camada espessa cobria a borda de borracha necessária para prender o ar para que o navio flutuasse. Carroll não tinha outra escolha a não ser recorrer às equipes da Veco, que ainda se recuperavam dos dois dias anteriores de trabalho árduo e pedir que vestissem seus uniformes de trabalho no Ártico, pegassem os machados e as pás e voltassem ao trabalho. Eles quebraram o máximo de lama congelada possível antes de desabarem de cansaço. Gary Quarles tentou novamente. Aumentou seu helicóptero para uma impulsão de 10.200 quilos. Após o segundo fracasso, Carroll sabia que não ia dar certo: o navio era pesado demais. Pediu que os 20 mil galões de combustível armazenados no aerobarco fossem retirados antes de tentar outra vez. Carroll deu um jeito para que o combustível do helicóptero fosse reabastecido no gelo. Caminhões-tanques especiais do Ártico dirigiram a noite toda, viajando centenas de quilômetros sobre a superfície congelada do mar para reabastecer tanques de combustível de 600 galões a cada duas milhas durante o caminho até Barrow.

O coronel refletiu sobre o último contratempo enquanto supervisionava o fechamento do aerobarco. Seu assessor de imprensa, o tenente Mike Haller, entregou-lhe um recado. O coronel limpou a lama congelada do rosto paralisado enquanto tentava, de forma desajeitada, abrir o bilhete debaixo do uivo dos ventos. Era de uma mulher da Casa Branca chamada Bonnie Mersinger. Carroll não tinha tempo para se incomodar com aquilo. Disse a Haller para cuidar da situação.

– Mas, senhor... – Haller protestou de forma gentil, aumentando o tom de voz o suficiente para ser ouvido debaixo do vento e do barulho do motor – Ela disse que quer falar com o senhor.

– Está bem – disse, com compaixão – Diga a ela que ligarei assim que sair daqui.

Finalmente, por volta das 22h, horário do Alasca, Carroll pegou o telefone e discou o número escrito no recado. Não demonstrou surpresa quando Bonnie Mersinger atendeu. Havia muita coisa se passando em sua cabeça para que sua mente agitada percebesse que eram 2 da manhã em Washington. Apresentou-se de forma educada, mas profissional, à voz feminina do outro lado, impressionado com a clareza da conexão. Bonnie disse ao coronel que o presidente queria agendar um telefonema para Prudhoe em algum momento da tarde de terça-feira. A princípio, Carroll achou que fosse piada. Imaginou que aquilo tudo fosse obra de seus colegas lá no leste em retaliação a uma das famosas pegadinhas infames de Carroll. Quando ela demonstrou que não estava brincando, Carroll achou melhor levá-la a sério.

Ele respondeu que adoraria conversar com o presidente, mas não podia agendar um horário. O presidente dos Estados Unidos, o chefe executivo, queria falar com ele e ele não tinha certeza de que poderia atender o telefone? Que tipo de homem era aquele, Mersinger perguntou a si mesma. Em vez de ficar nervosa, ficou curiosa e queria descobrir mais. Bonnie perguntou ao coronel como era o Ártico. Sua resposta soou como uma declaração formal à imprensa. Bonnie agradeceu o coronel pelo seu tempo e lhe disse que voltaria a falar com ele pela manhã.

Bonnie ainda não tinha colocado o fone no gancho, quando algo lhe ocorreu. Ela tinha de ligar de volta para ele. A princípio ninguém atendeu. Sem saber o porquê, deixou o telefone tocar uma dúzia de vezes até alguém finalmente atendê-lo – Guarda de Prudhoe – ela imediatamente reconheceu a voz. Era Tom Carroll.

– Você é sempre assim tão formal? – ela perguntou diretamente, o que deixou o coronel surpreso. Era a primeira vez que falava com alguém como um ser humano desde que havia saído de Anchorage. O coronel Carroll estava o tempo todo sob pressão, mas nunca tinha tomado consciência disso. Ao ouvir o tom amigável de Bonnie, sucumbiu a uma impressionante onda de alívio e deixou-se cair na cadeira. Subitamente, o peso de todas as suas preocupações havia sumido. Estava se abrindo com uma mulher que mal conhecia, e confidenciou a ela, o que não lhe era característico, que pelo menos até o momento a operação estava sendo um desastre.

A franca admissão quebrou todas as barreiras entre eles. Ignorando o fato de que ela havia ligado para ele, brincou, pedindo permissão para ir para casa e dormir um pouco. Afinal de contas, lembrou, já eram quase 2h30 e ela teria de estar de volta na Casa Branca em quatro horas e meia.

O coronel não conseguia acreditar como tinha se aberto com uma mulher que havia acabado de conhecer pelo telefone.

Já fazia quase três dias que Tom Carroll não dormia. Mesmo assim, o tenso coronel parecia imune à exaustão. Às 22h30, véspera de mais um dia exaustivo, o coronel olhou ao redor para ver se alguém o "via" enquanto se exercitava usando pesos na academia da Arco. Normalmente, para o pavor do oficial assistente nomeado para ele, Carroll levava seus próprios pesos consigo aonde ia, mas, para o alívio de todos, Carroll descobriu que a Arco tinha uma academia de ginástica antes de sair de Anchorage. Depois de se exercitar e suar muito puxando ferro, Carroll enrolou uma toalha branca ao redor dos ombros largos e voltou ao escritório pelos aquecidos corredores do complexo de convivência de 300 mil dólares da Arco. Queria falar com Ron Morris, o coordenador da NOAA, para fazer o balanço da segunda-feia, 17 de outubro, o dia dois da Operação Liberdade.

Carroll tinha certeza de que um telefonema de Prudhoe para Barrow, a 434 quilômetros pela tundra congelada, seria caro. Mas não era nem preciso discar o número um para conseguir a ligação; era ligação local, mais barato do que uma ligação do outro lado da cidade em Manhattan. Telefonou para o Airport Inn e pediu para falar com o quarto de Ron Morris. Ed Benson, o dono do hotel, disse a Carroll que Morris estava no Topo do Mundo, bebendo com seus novos amigos.

No decorrer do dia, Carroll verificou como estavam as baleias e a equipe de resgate pelo rádio. Na segunda-feira de manhã, 17 de outubro, vários esquimós com suas próprias motosserras estiveram no gelo, ajudando Arnold Brower Jr. a manter o único buraco grande o suficiente para que as baleias respirassem. Mas o sopro dos ventos e a queda da temperatura trabalhavam com a mesma rapidez dos esquimós. A pior notícia do dia não veio com o fracasso do reboque do helicóptero em Prudhoe, e sim com as próprias baleias. Sua condição parecia estar se deteriorando rapidamente.

Na noite anterior, domingo, 16 de outubro, Cindy Lowry estava acordada na pequena cama de seu quarto de hotel em Barrow, preocupada com seu primeiro dia no gelo e tentando imaginar a aparência das baleias. Queria já poder estar lá com elas. Mas a negritude da escuridão a impossibilitava de correr tamanho risco. Qualquer tolo o suficiente para se aventurar no gelo seria presa fácil aos famintos ursos polares que estavam à procura da próxima refeição.

Cindy resolveu esperar pelo raiar do dia. Quando caiu no sono, não demorou muito para seu telefone tocar de forma inesperada. Eram 5h30 e sua iniciação ao ritual diário nada acolhedor. Em vez de um telefonema despertador padrão, o operador do hotel permitia uma ligação externa na hora em que Cindy quisesse acordar. Como ela recebia muitos telefonemas, era bem provável que alguém ligasse na hora em que ela queria ser acordada. Sempre que atendia o telefone, do outro lado da linha, invariavelmente, havia um jornalista de algum dos 48 estados fazendo perguntas sobre as baleias.

Ron Morris queria encontrar todo mundo antes de começar o dia, talvez durante o café na manhã no restaurante Pepe. A equipe de resgate ouvia Morris presidir as reuniões matinais enquanto saboreava gigantescos omeletes de seis ovos, batatas fritas caseiras e oleosas e pão de forma cheio de manteiga. Os biólogos perceberam que Morris olhava ao redor do salão para ver se havia jornalistas por perto tentando ouvir a conversa. Assim, sussurrando, Morris disse a eles que estava com um documento enviado pelo governo dos Estados Unidos. Batendo o dedo indicador no bolso da desgastada camisa de flanela xadrez, Morris disse que o pedaço de papel continha o que ele precisava: – Posso matá-las quando e como quiser – brincou. Cindy ficou aterrorizada. Geoff e Craig riam de forma nervosa. "Quem era aquele homem", eles não paravam de pensar. Os jornalistas que estavam por perto, na verdade, conseguiram ouvir tudo, e avidamente rascunharam a citação que seus editores jamais usariam.

– Quem é esse cara? – indagou Charles Laurence, um fotógrafo do influente jornal inglês *Daily Telegraph*. – Ele só pode ter enlouquecido.

Outros jornalistas sentados próximos, olharam para Laurence e acenaram a cabeça em silenciosa aprovação. Diferentemente de outras histórias que prosperavam sobre as imperfeições do sujeito, os jornalistas enviados à cobertura das baleias depararam com a mais incomum das realidades. As pessoas se importavam com as baleias, não com as bizarras idiossincrasias da equipe de resgate. Gostassem dele ou não, Ron Morris era a única fonte oficial de informação sobre o resgate. Se nós, jornalistas, quiséssemos acesso a Morris (o que, obviamente, todos tínhamos) precisaríamos manter uma boa relação com ele. Ríamos de suas piadas – e algumas delas eram até bem engraçadas – e ninguém escrevia nada sobre sua questão com a bebida, porque visivelmente não bebia nada mais, nada menos do que todos os outros. Muitos o convidavam para as refeições, uma bebida e bate-papos noturnos – e ele aceitava tudo com prazer. Morris adorava visitar as salas de edição das emissoras, onde podia assistir às gravações dele mesmo e do resgate no fascinante equipamento. Era divertido e ele podia fazer aquilo. Quem não faria isso?

Sempre que pensávamos nos biólogos-transformados-em-salva-vidas, nenhum de nós via Ron Morris como um tolo. Ele tinha uma notável noção de como a mídia funcionava e como usar esse conhecimento para maximizar sua própria evidência pessoal. Apenas um dia após sua chegada, ele conversou com Geoff e Craig em particular e lhes disse para não falar com os membros da imprensa, a menos que ele aprovasse antes. Ao bloquear o acesso da equipe de resgate à mídia, Morris sentia que seu prestígio aumentaria.

Foi citado em todas as histórias e aparecia em todas as transmissões. Criou sua própria imagem como um membro da equipe de resgate gentil e incansável, cuja solícita imprensa passava suas histórias adiante.

Apesar de todas as confissões particulares de pessoas que alegavam não gostar de Ron Morris, como será que qualquer um de nós nos comportaríamos se fôssemos colocados numa situação similar sem nenhum preparo? Fomos nós que reescrevemos as regras do jornalismo, permitindo a Morris gerenciar uma operação livre de escrutínio ou das críticas aplicadas a todos que passavam pela análise microscópica do jornalismo norte-americano. Corríamos o risco de começar a nos esquecer de que a história não era sobre Ron Morris, deveria ser sobre as baleias. Morris tornara-se um conveniente e infeliz bode expiatório para muitos de nós, incluindo eu mesmo.

11
O PRESIDENTE TAMBÉM ASSISTE TV

Era domingo de manhã, 17 de outubro. As três baleias encalhadas já sobreviviam há dez longos dias num buraco de gelo cada vez menor no Oceano Ártico. O que teria marcado o fim de um martírio fatal para qualquer outra criatura marcou, para esse trio de sorte, apenas o início.

Enquanto isso, Cindy Lowry entrava em cena. A mulher cujos esforços para ajudar as baleias indefesas transformaram seu problema numa obsessão nacional, estava a caminho de ver as baleias pela primeira vez. Antes de ir para o gelo com Geoff, Craig e Ron Morris às 11h, Cindy verificou seus recados na recepção do hotel. Não fazia ideia do que esperar. Era sua primeira manhã na cidade. Achou que Kevin pudesse ter ligado para dar um olá.

Ao caminhar em direção à recepção, viu uma irritada recepcionista de cabelos tingidos de loiro, tentando agitadamente anotar os recados enquanto segurava o telefone entre o ombro e a orelha. Num de seus intervalos de 2 segundos, quando o telefone parou de tocar, Cindy tentou docilmente um contato, para saber se havia algum recado para ela.

– Meu nome é Cindy Lowry – disse a bela e sorridente salvadora de baleias. – Tem algum recado para mim?

– Se tem algum recado para você? – perguntou a recepcionista, em tom acusatório, com seu forte sotaque colombiano. – Você só pode estar brincando – depois jogou em cima dela uma pilha de cinquenta recados manchados de café, para surpresa de Cindy. Folheando-os um tanto nervosa, ela ficou surpresa com a rapidez com que todas aquelas pessoas haviam descoberto onde ela estava e quem ela era. Contou quase 30 recados de repórteres de jornais, rádio e televisão de todo o país que gostariam de agendar entrevistas.

Mas o que realmente impressionou Cindy foram os recados de outras pessoas não ligadas ao meio jornalístico. Como um endereçado à "Moça do Greenpeace" de uma senhora em Colúmbia, Carolina do Sul: – Por que você não usa dinamite para retirar o gelo? – dizia a mensagem. Uma outra mulher de Louisiana teve uma ideia similar: – Por que não derrubar napalm[13] dos helicópteros para derreter o gelo ao redor das baleias? – Um homem da Califórnia perguntou a Cindy: – Por que não jogam isca de peixe na água e puxam as baleias como peixes?

As pessoas estavam gastando tempo e dinheiro para encontrá-la no topo do mundo para oferecer seus conselhos sobre como salvar as três baleias encalhadas. Ela sempre soube que baleias eram especiais, a classe média americana também sabia.

Cindy não sabia, até ler o jornal do dia seguinte, que mais telefonemas eram encaminhados ao centro de comando de Tom Carroll na Baía de Prudhoe. Centenas de telefonemas vinham dos mesmos tipos de pessoas com ideias similares. As sugestões variavam de impraticáveis a totalmente absurdas. Não obstante, Cindy sentia-se tocada pela preocupação de pessoas tão distantes.

Uma das pessoas que telefonaram era um jovem empresário de Mineápolis chamado Greg Ferrian. Na segunda-feira, 17

---

13. Material químico usado em lança-chamas e bombas incendiárias. (N.T.)

de outubro, ele ouviu Peter Jennings no programa *World News Tonight*, da ABC, dizer que os esquimós estavam perdendo a batalha para manter o único buraco de gelo aberto. O correspondente da ABC, Gary Shepard, relatou que, apesar de os esquimós estarem trabalhando 24 horas por dia, a constante queda da temperatura tornava quase impossível para eles impedir que algumas partes do buraco não congelassem.

Greg Ferrian conhecia o problema. Seu sogro era dono de uma empresa chamada Kasco Marine, que fabricava pequenas bombas d'água circulatórias, desenhadas para impedir a formação de gelo em volta dos barcos no inverno. Kasco vendia a maioria dos "removedores de gelo" de 500 dólares para marinas e proprietários de lagos de patos por toda a região dos Grandes Lagos. O Alasca era um vasto novo território para as vendas. Greg calculava que os removedores funcionariam tão bem com as baleias como funcionavam com os barcos. Os removedores funcionavam muito bem no inverno morto de Minnesota, quando as temperaturas regularmente caíam abaixo das leituras atualmente apresentadas em Barrow de -34°C.

É verdade, pensou Greg, que as máquinas podiam não funcionar muito bem no frio intenso do Ártico, mas era outubro. Barrow ainda estava a vários meses de distância de tal frio. Ferrian estava convencido de que os removedores podiam fazer o trabalho. Podiam ajudar as três baleias a ganhar o tempo de que precisavam para sobreviver até que o quebra-gelo viesse da Baía de Prudhoe. E os removedores podiam fazer muito melhor e mais barato do que qualquer outra coisa.

Greg queria ajudar, mas não tinha certeza de como começar. Finalmente, decidiu telefonar para uma estação de televisão local, KSTP-TV, a afiliada da ABC em Mineápolis. A KSTP lhe disse para ligar para a ABC de Nova York. Depois de falar com quase todo mundo cujo código de área fosse

212, Ferrian finalmente encontrou alguém gentil o suficiente para ajudá-lo. Era a produtora de operações que estava auxiliando a equipe da ABC em Barrow a cobrir a história. Apesar de ter recebido dúzias de outros telefonemas de mais pessoas também preocupadas tentando ajudar, a mulher foi boa o suficiente para lhe passar o telefone do coronel Carroll da Guarda Nacional.

Ferrian ficou surpreso que a conexão com um lugar a quase 500 quilômetros acima do Ártico fosse tão clara. Greg tentou descrever os removedores de gelo ao assessor de imprensa do coronel Carroll, Mike Haller, que disse a Ferrian que o coronel teria de aprovar o plano, mas é claro que ele estava lá no gelo. Haller sugeriu que, se Greg estivesse mesmo falando sério, ele teria de telefonar novamente quando escurecesse, por volta das 16h30, horário do Alasca. Até lá, o coronel já deveria ter voltado do centro de comando da Arco/Veco.

Quando Greg Ferrian finalmente conseguiu falar com o coronel Carroll, a maneira acolhedora e agradável de se comunicar soava como alívio ao tratamento rude que havia encontrado a caminho do topo. O coronel ouviu com paciência enquanto Greg repetia as confiantes alegações sobre os removedores de gelo. Carroll disse a Greg que os removedores pareciam uma boa ideia. Podiam ser exatamente a coisa certa para manter os buracos abertos e as baleias vivas, disse Carroll. Se dependesse dele, iria usá-los num minuto. Mas não era. Ron Morris tinha de aprovar.

Ferrian desligou e esperou por um novo tom de discagem para ligar para Ron Morris. De forma impressionante, conseguiu o contato na primeira tentativa. Mas Morris o interrompeu antes que ele pudesse explicar sobre o aparelho.

– Preciso ir – disse Morris, de forma abrupta. – Tem um helicóptero me esperando para uma entrevista coletiva.

Ferrian queixosamente apelou por um pouco mais de tempo
– Tudo de que preciso é uma palavra, um sim ou um não. Não podemos ao menos tentar? – implorou.

– Uma palavra? – perguntou Morris, em tom de provocação
– Não – rebateu. Ferrian ouviu o clique quando Morris desligou.

Mas Greg não desistiu. A resposta de Morris o encorajou ainda mais. Ele telefonou para seu cunhado, Rick Skluzacek, que administrava a Kasco Marine na ausência do pai. Greg achou que Rick deveria saber de seu esquema para arrastar os removedores de gelo da empresa até o Ártico. Acreditando cada vez mais nisso, Greg lhe disse que a Operação Liberdade queria usar os removedores de gelo para ajudar a salvar as três baleias encalhadas. Rick sabia que Greg tinha uma queda por ideias malucas, mas aquela era definitivamente a mais louca que já ouvira. A experiência o ensinara a ser cauteloso. Mas a suspeita inicial de Rick deu margem à oportunidade e ao desafio de demonstrar as máquinas de remoção de gelo a centenas de milhões de pessoas ao redor do mundo.

Agora Greg tinha um problema de verdade. Rick estava realmente interessado. O que aconteceria se Rick realmente quisesse ir a Barrow? Como Greg poderia contar a verdade a ele? Em vez disso, Greg optou por não entrar em pânico e decidiu se preocupar com detalhes técnicos não tão importantes mais tarde. Greg Ferrian telefonou para Carroll novamente e mentiu de novo. Dessa vez disse que ele e Rick já tinham decidido ajudar. Haviam reservado o próximo voo para Barrow com seis removedores de gelo.

Sem temer a mesma resposta do coronel, de que a decisão de usar as máquinas não dependia dele, Greg perguntou se havia geradores elétricos que pudessem ser usados em Barrow. O coronel disse que achava que sim, mas não tinha certeza. Antes que pudesse dizer que só Ron Morris podia autorizar o uso, Greg desligou.

– Maldição – disse Carroll, impressionado com a teimosia do rapaz de Minnesota. – Esse rapaz não está de brincadeira.

Ferrian ligou para seu cunhado e mentiu novamente. Ficava cada vez mais fácil. Disse a ele que estava tudo certo em Barrow. Tudo o que precisavam fazer era empacotar os removedores de gelo e ir até lá. Depois de passar a noite de domingo em claro, ligou para a 3M, para a Control Data Corporation e outras empresas constantes da lista da Fortune 500[14]. Tentou convencê-los a doar seus jatos particulares para que o equipamento fosse levado até Barrow. As baleias eram com certeza uma grande história e Ferrian era um vendedor tão bom que as três empresas acabaram dizendo sim. Contudo, tiveram de retirar a oferta, pois ficaram sabendo que nenhum de seus aviões estava disponível.

Quando Greg orçou voos comerciais para Barrow, tinha uma nova razão para se preocupar. Não havia como mentir sobre isso. Sabia que Rick não tinha comprado 100% da ideia de simplesmente sair da meramente fria Minnesota para cair no amargo frio do Ártico. A tarifa de ida e volta para Barrow de 2.600 dólares poderia colocar um fim à farsa de uma vez por todas. Até mesmo Greg se perguntava se o plano todo não era intangível demais.

Greg sabia que, quanto mais tempo desse a Rick para pensar a respeito de Barrow, maiores as chances de ele resolver desistir da ideia. Greg decidiu não dar essa escolha ao cunhado. Não apenas reservou os assentos, como também ligou para a KSTP-TV em Mineápolis e disse que ele e Rick estavam indo a Barrow ajudar as baleias. Agora, não havia nada que o cunhado de Greg pudesse fazer. Já estava gravado. Os judeus chamam isso de cara de pau. As pessoas de Minnesota

---

14. A *Fortune 500* é uma lista publicada anualmente pela revista *Fortune*, em que constam as quinhentas principais empresas dos Estados Unidos. (N.T.)

chamam de coragem. Seja qual for a definição, Greg Ferrian demonstrava isso em abundância. Ele e Rick Skluzacek estavam a caminho de Barrow.

Greg Ferrian esperava que a KSTP-TV mencionasse a viagem da dupla à Barrow no noticiário das 6 horas. O segundo diretor da KSTP, Mendes Napoli, ficou sabendo do telefonema, jogou o lápis vermelho sobre a mesa e saiu correndo pela porta atrás de seus jornalistas. Napoli soube na hora que estava com a história mais quente das Cidades Gêmeas. As baleias encalhadas, a principal história de todos os noticiários, tinham um ângulo local, e a KSTP era a única estação que sabia disso. Aparecendo exatamente antes de um período fundamental de índices de audiência, a notícia era quase boa demais para ser verdade.

Napoli correu para o outro lado da redação para usar o rádio. Tentou desesperadamente entrar em contato com Jason Davis, um de seus principais repórteres que havia saído com uma equipe para preparar uma reportagem ao vivo para o noticiário das 6 horas. Quando Napoli o encontrou no caminhão satélite, informou a Davis que não haveria gravação ao vivo. Disse a ele para ir para casa e fazer as malas com roupas bem quentes. Davis tinha uma nova história que o levaria para Barrow, Alasca, com outros dois homens da cidade que achavam que podiam libertar as baleias encalhadas.

Napoli leu o número do telefone da casa de Greg Ferrian para Davis pelo rádio. Davis pegou seu telefone celular portátil de sua mochila de náilon e ligou para Ferrian para se apresentar – Sou Jason Davis, do *Eyewitness News* – disse o jornalista no inconfundível sotaque australiano. Ferrian não precisava de apresentações, ele era viciado nos noticiários locais e reconheceu na hora a voz de Jason Davis. A aposta de Ferrian tinha valido bem mais a pena do que ele esperava.

Ferrian achava que a chance de uma menção no noticiário era ínfima. Uma equipe fora enviada para ir com eles ao Alasca? Ficou muito empolgado. Agora, finalmente havia algo de verdadeiro que podia contar a seu cunhado. Não havia como Rick recuar. Horas mais tarde, Rick e Greg estavam na fila do balcão de passagens da Delta Airlines para seu voo para Fairbanks. Os funcionários que cuidavam de seu embarque ficaram tão animados em saber que eles estavam indo ajudar as baleias, que embarcaram os seis removedores de gelo compacto sem custo extra.

A KSTP ligou para os empreiteiros que reformavam o jato corporativo recentemente comprado e disse a eles que precisariam enviar no dia seguinte uma equipe do *Eyewitness News* para o Alasca. Os empreiteiros trabalharam a noite toda para aprontar o avião aos novos donos. Removeram a espalhafatosa cama de aço duplo e os espelhos do teto, substituindo-os por um modesto bar. O proprietário anterior do avião, o falido pastor da televisão Jimmy Swaggart, achava que beber era um pecado.

O coronel Carroll não sabia o que fazer com os telefonemas de Minnesota. Ligou para Cindy em Barrow para perguntar o que ela achava, mas ela acabara de sair do hotel. Cindy estava finalmente a caminho de ver as baleias.

Geoff e Craig tentaram preparar Cindy para a crescente piora da condição das baleias. A temperatura em Barrow caía a cada dia. As motosserras mal podiam dar conta das novas formações de gelo. Os buracos estavam congelando rapidamente, e o navio estava pelo menos a três dias de distância. Ao dirigirem seu Chevy Suburban pelo opaco gelo suave da Lagoa Elson, Cindy não conseguia acreditar no quanto os três estavam isolados. Com todos os jornalistas, helicópteros sobrevoando e esquimós com motosserras, esperava por uma algazarra.

Em vez disso, encontrou uma impressionante, quase desafiadora, solidão. Assim que cruzaram a lagoa congelada e dirigiram por 12 quilômetros até o banco de areia de Point Barrow, onde as baleias estavam, ela não viu nada além de um vago *snowmobile* roncando a distância. Mesmo com os olhares do mundo vidrados sobre o local, North Slope continuava com a aparência hostil, estranha e inimiga à vida como em qualquer outro momento em sua eterna existência.

Atravessaram o banco de areia que separava o passado do presente. O mundo de isolamento transformou-se num mar de atenção. Quanto mais se aproximavam dos buracos, mais pessoas e atividades avistavam: táxis *snowmobiles* transportando jornalistas para lá e para cá, jornalistas conduzindo entrevistas na beira d'água. O contraste com o cenário estéril durante o caminho era surreal.

Os esquimós sabiam dizer na hora quem vivia no gelo e quem não. Cindy não vivia. Os que lá viviam usavam parcas com manchas de sangue de morsas e peles de foca e levavam rifles potentes nos ombros para se proteger dos ursos polares. Os que não viviam, como Cindy, ficavam tremendo com suas roupas coloridas de esquiador, vestimentas mais adequadas a hotéis nos Alpes do que a expedições no Ártico.

Geoff levou Cindy para conhecer Arnold Brower Jr., que havia passado a noite toda por lá com sua equipe de esquimós, abrindo vários novos buracos no gelo. Ela estava impressionada como ele não demonstrava sinais de fadiga. Um caçador inuíte com frequência passa dias seguidos exposto aos árduos elementos da natureza procurando pela caça para alimentar e vestir sua família. O milênio no Ártico havia capacitado os esquimós a tolerarem condições que o mais valente dos homens brancos não conseguiria. Ninguém duvidava da força das equipes da Veco, que quebraram o gelo para soltar o navio. Mas, ao observar o trabalho deles, os homens brancos logo aprenderam que os esquimós poderiam ter soltado o gelo do aerobarco mais rapidamente com metade do pessoal, e ninguém teria sofrido. Eram tipos diferentes de homens. Os esquimós foram constituídos para o Ártico. Aquele era seu lar.

Os esquimós cortavam o gelo num ritmo febril, sem nem se darem conta da temperatura de -37°C. Sem luvas ou chapéus, de casacos desabotoados, eles brincavam, riam e até mesmo dançavam sobre os pedaços flutuantes de gelo. Cindy e seus agasalhados, mas trêmulos, camaradas brancos ficaram ali por perto. Eram fortes candidatos a ganhar queimaduras de gelo.

– Por que você veio trabalhar num frio tão forte? – perguntou um ingênuo jornalista a um ocupado esquimó.

– Frio? – foi a resposta do esquimó, com ingenuidade equivalente – Só estamos aqui apreciando o tempo.

Arnold já tinha ouvido falar na Cindy do Greenpeace muito antes de ela pisar em Barrow. Há anos, sua organização lutava contra a pesca baleeira de subsistência. Em qualquer outra circunstância, aqueles dois eram inimigos. Para Arnold, Cindy estava disposta a arruinar seu povo e seu antigo modo de vida. Para Cindy, Arnold e seu povo continuavam a assassinar de forma insensata uma criatura magnífica e ameaçada com ferramentas cada vez mais modernas. Brower percebeu que aquela era uma rara chance na história dos esquimós inuítes. Se conseguisse a amizade de Cindy, talvez pudessem encontrar uma forma de diminuir a tensão que dividia os vilarejos baleeiros e seus adversários ambientais. Estendeu avidamente a mão sem luvas num genuíno desejo de começar bem as coisas.

Entre eles, estava Geoff, que sentia tanto a tensão quanto a oportunidade. Se Cindy aceitasse o caloroso aperto de mão, um grande passo seria dado. Se o fizesse demonstrando rancor, os danos poderiam ser irreversíveis. O bonito rosto de Cindy instantaneamente se abriu num sorriso acolhedor e radiante enquanto ela apertava a mão de Brower num sinal de emocionada amizade.

Brower olhou para a mulher e lhe disse o que ela já sabia. Precisava de roupas mais quentes. Quando Barrow via um estranho congelar, não perguntava se queria roupas emprestadas, já ia logo vestindo a pessoa. Ao ver que ela estava à beira de sofrer queimaduras de gelo, pegou o cachecol de pele ao redor do pescoço e inclinou-se para envolvê-lo ao redor das bochechas dela, brilhantes de tão vermelhas. Ao ver a pele, Cindy recuou instantaneamente.

Brower não entendeu. Ela queria ser amiga ou não? Não conseguia entender por que Cindy havia recusado sua hospitalidade. Estava evitando o toque de um assassino de baleia manchado de sangue ou havia outra razão menos ofensiva? Ao perceber que sua ação estava sendo vista como uma afronta, ela agradeceu prontamente a preocupação de Brower, mas disse que não podia vestir pele de animal.

– Por que não? – perguntou Arnold. – Você é alérgica?

– Não, não – disse Cindy, rindo. – Só não uso pele de animal.

Brower jamais entenderia os brancos malucos do Exterior. Disse que o cachecol era dela se mudasse de ideia. Cindy esperou ansiosa pela emersão de uma das baleias. Ainda não as tinha visto. Dois cinegrafistas se acotovelavam por uma posição que lhes rendesse um "bom vídeo" do primeiro dia da ambientalista no gelo. A determinada Lowry ainda estava um tanto insegura no local para dizer aos cinegrafistas que recuassem. Conforme Cindy caminhou com Arnold até os buracos vazios, os cinegrafistas estavam muito ocupados discutindo uns com os outros sobre quem havia passado na frente da gravação do outro para perceber o desconforto de Cindy. Era bem provável que nem iriam ouvi-la. Sua função era conseguir o melhor vídeo, não vencer concursos de popularidade. Se isso significava ferir sentimentos ou provocar raiva, que fosse. Depois que a história terminou e foram poupados do inferno do Ártico, nunca mais veriam mesmo as pessoas a quem estavam ofendendo.

Cindy podia distinguir as baleias mesmo antes de vê-las. Havia absorvido todas as informações que Geoff, Craig e Arnold forneceram. As imagens no jornal e no noticiário davam a Cindy tanta perspectiva quanto a qualquer um. Agora, era a sua vez de esperar por aqueles primeiros longos minutos até que as baleias finalmente emergissem. Quando Geoff e Craig as observaram pela primeira vez há cinco dias, elas prendiam o fôlego por 6 minutos a cada vez. Mas, nos últimos cinco dias, os dois biólogos perceberam uma mudança. Com a temperatura cada vez mais baixa, a crescente atividade humana e o gelo se fechando sobre sua cabeça, as baleias começaram a emergir com mais frequência. Em vez de a cada 6 minutos, agora irrompiam a cada 3 ou 4 minutos. Geoff e Craig supunham ser um sinal do crescente estresse. Quanto mais tensas as baleias se sentiam, menos tempo passavam debaixo d'água. O filhote emergia com muito mais frequência do que as outras duas, outro sinal da fragilidade.

Malik foi o primeiro a perceber o comportamento, mas não comentou com ninguém. Não queria chatear as pessoas que estavam trabalhando duro para salvá-las. Talvez retomassem um padrão de mergulho considerado mais normal, antes que alguém notasse que havia algo errado. Mas depois de mais um dia sem avanços, Malik não era mais o único a saber que as baleias estavam com dificuldade. Na segunda-feira de manhã, o filhote mal podia erguer a cabeça fora d'água para respirar. Estava ensanguentado e abatido pelas repetidas vezes em que bateu a cabeça nas pontas afiadas do buraco. Cindy inclinou-se para oferecer conforto à baleia enferma com o toque de sua mão. Murmurou palavras de encorajamento em meio às respirações irregulares do filhote. Sentiu um aperto no coração pela pequena baleia, que batizou de Bone, por causa de toda a pele arranhada no nariz. O nome foi aceito por todos.

Os esquimós usaram o próprio dialeto inuíte para batizar o filhote de Kannick, ou Floco de Neve. As outras tinham várias opções de nomes, mas nenhum agradava. Os esquimós chamavam a maior de Siku, uma das centenas de palavras do dialeto inuíte para gelo. A equipe de resgate do Exterior a chamava de Bico Cruzado, por causa da mandíbula torta que jamais permitia que a baleia fechasse a boca. A menor das duas baleias adolescentes foi batizada com o nome esquimó Poutu, uma exclusiva palavra inuíte referente a um tipo específico de buraco de gelo. Os falantes da língua inglesa, que a chamavam de qualquer coisa, adotaram o nome Bonnet.

No fim da tarde de segunda-feira, Arnold Brower ficou sabendo que o coronel Carroll não estava tendo muito progresso com o quebra-gelo na Baía de Prudhoe. Brower e Malik encorajaram Morris a começar a pensar em alternativas, caso o aerobarco não desse certo. Àquela altura, não havia outras opções. Era o aerobarco ou o fracasso. Morris disse que esperar era tudo o que podiam fazer. A falta de experiência de Morris com o Ártico limitava sua habilidade de pensar em novas formas de ajudar as baleias. Sendo assim, ele continuava insistindo que o coronel Carroll soltaria o navio em breve.

– Mas e se ele não vier? – perguntou Arnold Brower com impaciência. – O que faremos então?

— Vocês são os especialistas — disse Morris na defensiva. — Me digam vocês.

Malik sugeriu abrir novos buracos. Talvez o espaço extra na superfície acalmasse o sofrimento das baleias. Brower achava que valia a pena tentar. Reuniu três homens com serras correntes e os instruiu a abrir um novo buraco de 6 por 6, a uns 30 metros a oeste do buraco já existente.

Ao expandirem o buraco original, Arnold e seus homens cortaram enormes blocos de gelo, que amarravam na traseira da caminhonete para retirar da água. Cada novo bloco retirado os convencia de terem criado o sistema mais ineficiente possível. Quando Geoff quase caiu dentro das águas congelantes ao tentar laçar uma pedra ao redor do bloco de gelo, Malik e Arnold perceberam que deviam mudar de tática. Malik começou a cortar pedaços menores de gelo, retirando-os da saliência congelada com um arpão de alumínio longo usado para caçar focas. Assim, em poucos minutos, um buraco estava aberto. Não havia caminhonetes nem cordas, só alguns esquimós com motosserras e bastões.

Os esquimós conseguiram avançar 30 metros, prontos para começar novamente. Malik limitou a dimensão do novo buraco. Ele e Arnold serraram o perímetro do retângulo que Malik havia marcado com a sola de suas *mukluks* de pele de foca. Em seguida, cortaram a ilha flutuante em pedaços pequenos, o suficiente para um homem puxar pela circunferência da beirada. Os esquimós melhoraram com a prática. Cada novo buraco levava menos tempo do que o anterior.

Mas as baleias não se moviam. Permaneciam no primeiro buraco, o único que conheciam. Malik achava que toda a atividade no buraco original as impedia de seguir em frente. Pediu às pessoas que se distanciassem dos velhos buracos para ver o que as baleias fariam sem a presença dos humanos as seduzindo. Ninguém da imprensa saiu do lugar. Como os demais, o cinegrafista da CBS Bob Dunn balançou a cabeça concordando, e disse: – Claro – mas nem se moveu. Malik não entendia. Por que ele disse que ia sair, mas não se mexia?

Apesar de todas as emissoras terem horas de gravações das baleias até segunda-feira, 17 de outubro, o vídeo das baleias era cativante demais. Os jornalistas sempre tinham de ir atrás de seus sujeitos. Agora, suas câmeras, microfones e canetas podiam esperar todo o tempo do mundo para gravar as magníficas, se não trágicas, imagens das baleias presas em pequenos buracos. Depois de terem viajado tão longe para vê-las, era impossível levantar e sair.

A gravação de todo mundo era igualmente espetacular; os cinegrafistas brincavam que estavam rumo ao primeiro prêmio Emmy coletivo para a categoria fotografia jornalística de televisão. As condições eram tão perfeitas, ninguém poderia perder. Até mesmo eu tirei ótimas fotos. Com câmeras de 35 milímetros totalmente automáticas, vendidas desde o começo da década, tudo o que precisávamos fazer era "focar e bater".

As imagens transmitidas aos 48 estados eram tão consistentemente impressionantes, que as emissoras queriam cada vez mais. Quanto melhor o vídeo, mais gravações eram transmitidas pelas emissoras. Quanto mais transmitiam, mais fascinado o público ficava, mais pressão era colocada sobre as equipes de resgate quando ao salvamento das baleias. Quase na mesma rapidez com que a história se desenrolou, o resgate foi conduzido por uma força que ultrapassava o controle de todos, a força do fascínio humano coletivo. A Operação Liberdade estava no piloto automático, a primeira história da era da televisão em que só era preciso "focar e bater".

Quando o maior evento na história de Barrow aconteceu, o líder principal da cidade não foi encontrado. O prefeito de

North Slope, George Ahmaogak, deixou a cidade na semana anterior, antes de as baleias terem entrado em rede nacional, para participar de uma reunião da Federação dos Nativos do Alasca. Mas, quando a reunião acabou e Barrow estava no centro do mundo, o prefeito não voltou. Durante dias, ninguém sabia onde ele estava nem quando retornaria.

Toda a atenção deve ter assustado o assediado prefeito. George Ahmaogak estava envolvido em polêmicas muito maiores do que acusações de alcoolismo e violência doméstica. Não era apenas a cobertura da história das baleias que estava no piloto automático durante os primeiros dias do resgate, a cidade toda também estava. Podia não haver um líder oficial durante os cruciais primeiros dias, mas suas responsabilidades continuavam. Arnold Brower ligou para Dan Fauske, o diretor de finanças de North Slope. Na ausência do prefeito, Fauske era a única pessoa autorizada a mexer no tesouro do distrito. Brower pediu a Fauske que enviasse dinheiro para servir refeições aos homens famintos. Fauske planejava o orçamento anual de 200 mil dólares do distrito. Certamente que o distrito teria condições de arcar com algumas centenas de dólares para café e rosquinhas. Fauske concordou.

Logo, todos os fardos inesperados da cidade recaíam sobre os ombros de Fauske. Randy Crosby telefonou do Resgate e Salvamento querendo mais combustível para seus helicópteros. Desde sábado, 15 de outubro que os dois helicópteros do SAR estavam ajudando a imprensa com serviço de transporte ininterrupto de ida e volta ao local em que estavam as baleias. Crosby não tinha ideia do que ia fazer com seu departamento quando concordou em dar à NBC voos gratuitos até as baleias. Todos os outros jornalistas reivindicaram o mesmo tratamento.

Em 1975, Fauske trocou o solo fértil das montanhas de Iowa pelo branco sombrio da tundra de Barrow. Pensou ser uma boa forma de passar o verão antes da faculdade. Era uma época excitante. Os campos de petróleo da Baía de Prudhoe viviam o *boom* inicial, assim como Barrow. Fauske ganhava 30 dólares por hora entregando a água drenada nos 3 metros de gelo de um dos milhares de lagos congelados nos arredores de Barrow. As coisas iam tão bem que Fauske nunca se apresentou na faculdade.

Os inuítes viam Fauske como um dos homens capazes de ajudá-los a usar de forma racional a imensa riqueza recém-adquirida com o petróleo. Ele era branco e inteligente, e adorava Barrow. Num dos melhores negócios feitos em sua vida, os esquimós concordaram em pagar pela faculdade de Fauske em troca de sua promessa de que voltaria a administrar as finanças do distrito. Quando voltou da Universidade de Gonzaga, Fauske rapidamente colocou as finanças do Distrito de North Slope em ordem. Não só angariou mais de 1 bilhão de dólares para financiar o massivo programa de melhoria de capital de Barrow, como também seu severo gerenciamento garantiu a Barrow a mais alta classificação de risco do país.

Fauske concordou em reembolsar os custos de combustível de Randy Crosby, mas viu um pesadelo financeiro na linha do horizonte se não fosse linha dura logo de cara. Incapaz de contatá-lo de outra forma, Fauske apareceu na reunião matinal de Ron Morris na terça-feira para lhe dizer que não tinha autoridade para gastar o dinheiro de Barrow sem sua aprovação. Morris disse a ele que todos os custos seriam reembolsados.

– Por quem? – perguntou Fauske, incisivamente.

– Pelo governo dos Estados Unidos – respondeu Morris, de forma não muito convincente. Fauske sabia reconhecer uma resposta vaga quando ouvia uma, e sabia que não podia haver nada mais vago do que o "governo dos Estados Unidos".

Randy Crosby quase desejou que Fauske tivesse se recusado a fornecer mais combustível. Talvez assim pudesse recuperar seu hangar do domínio dos cinegrafistas e técnicos de televisão. Enquanto esperavam pelos voos gratuitos até as baleias, os jornalistas e técnicos reunidos tomavam café de graça e comiam rosquinhas de graça. Pareciam um bando de estudantes extravagantes invadindo um prédio.

Um deles percebeu uma cesta de basquete atrás de um dos helicópteros estacionados. Começaram com sessões de jogos usando um trapo sujo do mecânico como bola. Randy ficou feliz por terem arrumado uma ocupação.

– Apenas sejam cuidadosos – implorou Randy, sabendo que estava à mercê deles.

– Cuidado com esse trapo – disse às pessoas, que provavelmente nem estavam ouvindo. – A menos que todos tenham 400 dólares para um novo motor, não deixem o trapo cair na passagem de sucção.

– Claro – disseram. – Sempre tomamos cuidado.

O coronel Carroll também achava que estava sendo cuidadoso. Tentou manter a mídia o mais distante possível da operação na Baía de Prudhoe. A operação com o aerobarco ia de mal a pior, e ele não queria que o resgate todo fracassasse por causa de alguns problemas. Sabia que a imprensa podia matar a história com a mesma rapidez que a criara. Na segunda-feira à noite, dia 17, o aerobarco estava a apenas 300 metros de onde havia iniciado o dia. O que ele diria ao presidente no dia seguinte? Será que deveria dizer que a operação toda era um desastre? Precisava conversar com alguém.

Às cinco da manhã de terça-feira, Bonnie Mersinger telefonou da Casa Branca para começar a fazer os ajustes para o telefonema do presidente. Ficou surpresa ao encontrar o coronel tão desperto. Haviam conversado há algumas horas e ela estava exausta. O que será que dava ao intrigante coronel tamanha energia, perguntou a si mesma. O pequeno progresso que achou ter feito com ele na noite anterior parecia ter desaparecido. O coronel Carroll estava de volta à postura formal. Queria continuar a conversa, mas estava ocupado demais. Ou conversariam uma outra hora ou talvez nunca mais.

Em apenas alguns minutos, Bonnie disse a Carroll, Marlin Fitzwater anunciaria a programação do dia do presidente. Pediu a ele que concedesse de 4 a 6 minutos por volta das 15h, horário de Washington. Conforme a hora da conversa com o chefe do Estado-Maior foi se aproximando, o coronel demonstrou considerável diminuição na coragem da noite anterior. Estava uma pilha de nervos e Bonnie estava adorando.

– Quando você precisar de mim, apena diga – ele respondeu, tentando esconder a autoconfiança abalada. Ela lhe disse para ficar por perto. Ele falaria com vários setores da burocracia da Casa Branca antes de realmente falar com "The Gipper"[15], o primeiro setor, a Agência de Comunicação da Casa Branca, responsável por providenciar todas as necessidades de comunicação do presidente. O discreto gabinete era dirigido pela elite de oficiais do Exército, Marinha e Fuzileiros Navais altamente treinados das Tropas de Comunicação da Casa Branca. Um oficial da Tropa de Comunicação perguntou ao coronel se a Guarda Nacional iria precisar da linha telefônica que estavam usando. A Tropa de Comunicação gostava de controlar a linha várias horas antes de cada chamada telefônica vinda do presidente. O coronel verificou com Mike Haller, seu assessor de imprensa, que de forma brincalhona

---

15. "The Gipper" era o apelido de Ronald Reagan, por sua atuação no filme *Knute Rockne, o ídolo do futebol americano*, em que interpretou o personagem principal, George "The Gipper" Gip, uma lenda do futebol americano, por jogar tão bem na defesa quanto no ataque. (N.T.)

ofereceu ao gracioso chefe do Estado-Maior a concessão do uso da linha até a hora do almoço.

Depois que a "Comunicação" segurou a linha, Bonnie ligou de volta para verificar a informação para uma pauta que o presidente iria usar durante sua conversa com o coronel. Bonnie perguntou ao coronel Carroll que tipo de perguntas o presidente deveria dirigir a ele. Era importante que o presidente se mostrasse atualizado, já que a agência de imprensa iria soltar uma fita de áudio e a transcrição do telefonema.

A princípio, toda aquela confusão por causa de um simples telefonema pareceu totalmente absurda para Carroll. Mas o respeito cedeu lugar à zombaria. Entendeu que, quando se tratava da comunicação do presidente, todo detalhe era significativo. Além do mais, contanto que os intermináveis preparativos lhe proporcionassem uma desculpa para conversar com Bonnie, ele não fazia objeções. Bonnie perguntou ao coronel sobre as personagens principais do resgate. Ela citou sua própria lista de pessoas e organizações.

– E os ambientalistas? – ela perguntou.

– É o Greenpeace – disse Carroll.

Bonnie suspirou de alívio ao perceber que ele não acrescentou nenhum comentário pejorativo. A última coisa que queria era ouvir o coronel começar a tecer observações maldosas contra os ambientalistas quando o presidente finalmente estava começando a se importar com eles. Bonnie, propositadamente, organizou o telefonema para que não parecesse abertamente político. Ela não disse nada diretamente. Apenas rezou para que o coronel Carroll não fizesse que o presidente Reagan passasse por tolo. Bonnie havia concluído seu trabalho prévio. Disse a Carroll que, da próxima vez que conversassem, seria após o telefonema do presidente. Assim que a Tropa de Comunicação da Casa Branca grampeou a linha telefônica, eles estavam no comando.

O coronel Carroll estava na lanchonete tomando café quando o telefonema de Washington aconteceu. Uma secretária da Arco gritou por seu nome.

– Coronel Carroll! – gritou. – A Casa Branca está na linha.

– Já volto, o presidente quer conversar comigo – disse o coronel na cara de pau, ao assustado segurança sentado a seu lado. Atendeu o telefone em seu cubículo e disse: – Aqui é o coronel Tom Carroll falando.

– Aqui é a Comunicação da Casa Branca. Por favor, aguarde na linha pelo presidente.

Poucos minutos depois, às 15h03, horário de Washington, uma voz inconfundível surgiu na linha – Coronel Carroll?

Por uma fração de segundos, o coronel ficou paralisado. Seu coração parou de bater e sua boca ficou seca como algodão. Será que era realmente Ronald Reagan – o presidente dos Estados Unidos – que tinha acabado de chamá-lo pelo nome?

– Sim, senhor – disse o coronel, endireitando as costas e ajeitando-se de forma nervosa na cadeira.

– Aqui fala Ronald Reagan.

– É um prazer, senhor.

– Bem, estou ligando apenas para dizer que estou muito impressionado por tudo o que está fazendo aí pelas baleias e para obter um relatório *in loco* sobre os esforços para o resgate.

– Muito bem, senhor – disse o coronel. – Há uma tremenda quantidade de pessoas aqui apreciando o fato de o senhor ter arrumado tempo para este telefonema – o presidente educadamente pediu a Carroll que deixasse de lado as formalidades e fosse direto às baleias. O coronel contou sobre o frio cruel, mas o poupou dos detalhes dos problemas com o aerobarco. Carroll mencionou o nome de todas as pessoas envolvidas e suas organizações, agindo exatamente conforme o ensaiado com Bonnie.

Bonnie, ouvindo pelo viva-voz da Casa Branca, riu quando o presidente, de forma habilidosa, interrompeu o nervoso coronel: – Senhor – disse o coronel, impassível com o apelo do presidente por brevidade: – Acho que este telefone fará uma substancial diferença no moral de todos os envolvidos. Desde as equipes lá fora neste exato momento com o aerobarco até as pessoas trabalhando em Barrow. Esse é o tipo de coisa que faz que tudo valha a pena.

– Bem – disse o presidente, com a marca registrada de seu discurso – Diga a todos que estamos orgulhosos de você e do que tem feito aí. E deixe-me devolvê-lo à missão de resgate agora. Mas saiba apenas que uma grande quantidade de pessoas está rezando por todos vocês.

Antes de desligar, o presidente desejou boa sorte ao coronel.

Mas mesmo o legendário desejo de sorte de Ronald Reagan não seria suficiente para levar a enlameado aerobarco pelos 434 quilômetros do congelado Oceano Ártico até Barrow.

12
BOM DIA, AUSTRÁLIA

Para os jornalistas, a história das três baleias encalhadas mostrou mais do que um milagre das telecomunicações modernas. Demonstrou como eles haviam ficado poderosos. Nunca antes haviam impulsionado tantas pessoas importantes a agir de forma tão rápida e decisiva diante de um evento de importância questionável. Nas mãos de algumas pessoas, um pequeno buraco no meio do Oceano Ártico foi transformado num local de importância global, pelo menos durante algumas semanas frias em outubro de 1988.

Em uma das primeiras vezes no mundo das notícias televisivas que muda rapidamente, uma história de valor marginal ganhou valor principal, baseada na desinformada capacidade de julgar os fatos de pessoas distantes do evento. As pessoas atualizadas sabiam que não havia nada naquele encalhe de baleias que merecia atenção da mídia; contudo, as pessoas que não sabiam nada sobre baleias não faziam ideia do pouco que sabiam.

A história real era que a grande sabedoria não exigia que as pessoas da mídia obtivessem grande poder. A história corriqueira se transformou numa grande história não na mente daqueles que sabiam das coisas, mas na daqueles que não sabiam de nada. Tratava-se mais de uma história sobre como as baleias viraram notícia do que a história das baleias em si.

A transformação de um fato nada importante em um grande evento aconteceu em três estágios claramente definidos.

Primeiro, cogitou-se a possibilidade de captura e abate das baleias. Depois, os biólogos Geoff e Craig ficaram sabendo delas. Ligaram para a Guarda Costeira, que contou para o *Anchorage Daily News*. Em 24 horas, a história virou o "fechamento" do programa de Tom Brokaw em 13 de outubro de 1988, transmitida pelo noticiário noturno da NBC. Seis dias depois que Roy Ahmaogak as encontrou debatendo-se na neve semilíquida das águas do Ártico, as três baleias entraram em rede nacional. Estágio um.

O segundo estágio durou três dias. Da quinta-feira, 13 de outubro, até domingo, 16 de outubro, as baleias viraram uma notícia cada vez mais estável para as quatro redes de televisão mais importantes da época. Em apenas 72 horas, elas passaram da notícia de "fechamento" para "abertura". Demorou tudo isso só porque as emissoras precisavam de alguns dias para conseguir equipamento e pessoal para o topo do mundo. Quando apareceram pela primeira vez na televisão, as baleias fecharam o noticiário. No sábado à noite, 16 de outubro de 1988, elas o abriram. Estágio dois.

Mas foi o estágio três que estabeleceu o cenário para as baleias como acontecimento. Assim que passaram a abrir as transmissões dos noticiários das emissoras, a atenção do mundo acrescentou ímpeto à equipe de resgate, atraindo recursos extravagantes e esforços sobre-humanos, necessários para salvar as baleias cinzentas. As primeiras perguntas sobre a seriedade do governo dos Estados Unidos dada à Operação Liberdade foram respondidas quando o presidente Reagan telefonou para o coronel Carroll em 18 de outubro. A conversa telefônica de 6 minutos entre o presidente e o coronel da Guarda Nacional do Alasca levou a especulações sobre o que poderia estar acontecendo. Agora, até mesmo o presidente dos Estados Unidos estava hipnotizado pelo problema dos mamíferos isolados em

North Slope. Com o aval de um presidente popular, podíamos salvar nossas adoradas baleias sem peso na consciência.

Logo, a mania dos americanos sobre baleias passaria a ser global. Equipes de televisão estrangeiras começaram a chegar ao cenário, deixando a cidade lotada ao extremo. Logo depois de a notícia do telefonema do presidente se espalhar, Ken Burslem atendeu à ligação do escritório de Los Angeles. Burslem era o chefe que cobria o Oceano Pacífico para a Rede Ten de televisão, uma das três redes comerciais da Austrália. Seu editor de tarefas em Melbourne queria saber mais sobre as baleias. Burslem lhe disse que elas estavam se tornando rapidamente a maior história da América, maior até mesmo que as apostas eleitorais para o pleito que seria dali a apenas três semanas. Ele acreditava que a dificuldade das baleias atrairia o público australiano amante de animais, da mesma forma que maravilhava os americanos. O editor de pautas sediado na Austrália deu autorização a Burslem, que reservou para si e sua equipe o próximo voo para o Alasca. Queria ser o primeiro australiano a transmitir imagens das baleias ao pessoal da Austrália, da Nova Zelândia e dos arredores.

Levou alguns segundos para Burslem relembrar o pouco que sabia sobre o congelado norte. Ele confessou a seus editores australianos que os seis anos em que trabalhou na Rede Ten norte-americana não foram o bastante para prepará-lo para aquela aventura em North Slope. Se Barrow parecia remota a um ianque, com certeza era intergaláctica a um australiano.

Como a maioria de vários correspondentes que viajam pelo mundo, Ken Burslem levava a vida como um médico de plantão. Deixava duas malas sempre arrumadas para missões de última hora. Uma delas ficava em casa e a outra, no escritório. Quando ligou para Barrow, percebeu que suas roupas não seriam suficientes para mantê-lo aquecido no

Ártico. Não era preciso ser um gênio para saber que estava frio em Barrow, mas como jornalista australiano enviado para cobrir a América no ensolarado sul da Califórnia, estava totalmente despreparado para a experiência de tremer os ossos que o aguardava. Seria uma das mais inesquecíveis de sua carreira de 25 anos.

Burslem pegou sua parca de esqui de peso leve, achando que esta o aqueceria durante a curta estada a apenas 2.700 quilômetros do Polo Norte. Afinal de contas, pensou, qual a dimensão do frio? Era a segunda semana de outubro. A temperatura estava na casa dos -1°C, e na Austrália o leve inverno estava abrindo passagem para mais uma gloriosa primavera australiana. A equipe formada por três homens da Rede Ten embarcou no avião da Lax com contagiantes sorrisos e um jeito agradável típico dos australianos. Quando saíram do avião em Fairbanks, o bom humor jovial foi para longe com o vento do Ártico. Já estava -23°C por lá – a temperatura mais fria que qualquer um deles tinha vivido. Burslem não sabia se entrava em pânico ou tomava uma cerveja.

Registraram-se no hotel à beira do Rio Chena, no centro de Fairbanks, e telefonaram para Melbourne para verificar novos detalhes. Foram informados que estavam programados para fazer um *"link* ao vivo" com a Austrália, em pouco mais de uma hora. Burslem queria ter escolhido a cerveja. Contudo, entrou em pânico.

– Que bom que eu liguei – disse Burslem. – Seria bem chato fazer um *link* ao vivo sem mim, não é? – disse, rindo.

Deram-lhe o número de telefone da KTVF-TV, a estação local em Fairbanks. Estavam articulando entrevistas ao vivo entre os âncoras da Rede Ten em Melbourne e Sydney, e o exausto, porém inteiro, Burslem, ligou para a KTFV e perguntou pelo encarregado dos *links* ao vivo.

– *Link* o quê? – foi a resposta, em tom de censura.
– Diabos! – disse Burslem, censurando a si mesmo. Não sabia contar quantas vezes tinha cometido o mesmo erro. O agitado australiano não precisava lembrar a si mesmo que os americanos usavam o termo "gravação ao vivo" quando se referiam a entrevistas ao vivo via satélite. A quanto tempo estava na América? Perguntou a si mesmo em voz alta.
– Desculpe, amigo – disse ao confuso homem da redação. – Eu quis dizer gravação ao vivo para a Austrália. Sabe de alguma coisa sobre isso? Seu tímpano quase estourou quando o telefone do outro lado da linha se espatifou no chão.
– É o australiano! – gritou o excitado funcionário da KTFV. Perguntou a Burslem onde ele estava. Ao dar ao homem o nome do hotel no centro da cidade, disseram-lhe que alguém da TV o encontraria no saguão em cinco minutos. Burslem e sua equipe de três pessoas chegaram ao estúdio da KTFV vestidos para uma noite fresca de "churrasco na praia" em Queensland. O pessoal da estação não conseguia evitar as risadas. Uma das pessoas puxou Burslem de lado e se desculpou rindo. Segurando o riso, disse a Burslem que, se fosse a Barrow vestido daquele jeito, morreria. O próprio Burslem parou de rir quando finalmente entendeu o conselho amigável do rapaz.

Burslem resolveu se preocupar com o problema após a entrevista ao vivo. Diferentemente da televisão americana, a australiana tinha poucas pretensões, e nenhuma delas era muito exagerada, como a das redes americanas. Erros não podiam ser ignorados, e eram sempre publicados. Os jornalistas da televisão australiana, diferentemente dos colegas americanos, eram orientados a focar mais na emoção humana, principalmente as mais brandas. Para Ken Burslem, isso se mostraria válido.

As instruções de Sydney eram para ficar na rua na frígida noite do Alasca para que os telespectadores na Austrália pudessem sentir como estava frio: – Haja como se sentisse muito frio – foram as últimas palavras de Sydney. Se havia uma coisa que Burslem não precisava ouvir era alguém lhe dizendo para tremer quando estava sob uma temperatura de -23°C. O que ele não sabia sua fina jaqueta de esqui vermelha lhe ensinaria. O pessoal da KTFV estava feliz em ajudar o alegre australiano a fazer história na televisão. Se funcionasse, seria o *"link* ao vivo" mais remoto transmitido para a Austrália, e a equipe com falta de roupas ainda nem tinha chegado a Barrow. Os australianos não perceberam que Fairbanks, a segunda cidade do Alasca, era uma Meca cosmopolita comparada ao pequeno vilarejo de esquimós. Um dos câmeras do estúdio saiu pela porta dos fundos, em direção ao estacionamento coberto pela neve, para a gravação externa. Burslem ficou entre a câmera e a enorme quantidade de neve, que o deixava pequeno contra o segundo plano. Quando alguém da KTFV perguntou se estava tudo bem com a neve, Burslem urrou bem alto.

– Diabos, somos australianos! – foi a resposta ao pessoal superatencioso. – A maioria desses afortunados nem sabe do que a gente está falando. Com certeza não vão perceber a diferença de uma sequência para a outra – disse, reconfortando seus assistentes nervosos. Se tudo corresse bem, a gravação funcionaria exatamente como a feita por Oran Caudle, de Barrow. Mas, em vez de usaram a fita pré-gravada, Burslem estava na frente da câmera respondendo a perguntas ao vivo vindas de um telefone da Austrália. A filmagem saía da câmera para a antena parabólica no estacionamento da KTFV. A antena irradiava o sinal de vídeo para o mesmo satélite que Oran usou em Barrow, o *Aurora I*, parado em órbita fixa a 36 mil quilômetros acima do Alasca. Em Seattle, a 8 mil quilômetros ao sul, o sinal era retransmitido ou reposicionado para outro satélite.

De lá, a equipe da Rede Ten em Los Angeles observava Burslem fazer suas caretas engraçadas, que eram sua marca registrada nos monitores de teste. Em Los Angeles, o sinal era reenviado para seu terceiro satélite, antes de ser simultaneamente registrado em Melbourne, Sydney e Canberra. Em menos de um segundo, a imagem de Ken Burlem mostrando a língua congelada começava no topo do mundo e viajava mais de 200 mil quilômetros antes de terminar perto da base do mundo. Momentos antes do horário de entrar ao vivo, Burslem pegou no bolso seu protetor auricular predileto. Levava sempre o mesmo em todas as suas histórias. Ao colocá-lo na orelha, o técnico da KTFV disse para não usá-lo.

– Use um dos nossos – disse com confiança. Eram de borracha e não iriam congelar dentro da orelha. Burslem não deu atenção aos protestos que visavam ajudá-lo. Como, perguntava-se, um protetor auricular poderia congelar? A entrevista só duraria 2 minutos. As estações na Austrália comunicavam-se com Burslem por um linha telefônica regular. Ele conectou uma ponta do protetor auricular num telefone e o outro na orelha. Não dava para ver, mas conseguia ouvir o programa transmitido ao vivo na Austrália como um telespectador comum. Quando ouviu o âncora anunciar seu nome e localização, Burslem sabia que estava na hora de parar de fazer caretas. Estava no ar.

Mas, ao receber seu sinal, sentiu uma pontada dura na orelha esquerda e tentou discretamente erguer a mão sem segurar o microfone, para suportar a dor aguda e sem explicação. Quando conseguiu, ficou horrorizado. Não se mexia. O homem estava certo, o maldito protetor havia congelado em sua orelha. Lá estava Ken Burslem, o correspondente sediado na América, apresentando ao vivo uma transmissão histórica à sua terra natal com o minúsculo protetor auricular congelado no canto de sua cabeça. Só queria que tudo terminasse e, quando terminou, agradeceu a Deus. Relembrando os fatos, percebeu que não conseguia se lembrar que quase nada que havia dito.

Mas as pessoas que viram vão se lembrar daquilo por muito tempo. Burslem sabia que sua voz soava engraçada, mas ele era novo demais no Alasca para perceber isso. Tentou pegar um dos fios de borracha da equipe, mas o encontrou duro como macarrão cru. Quando ergueu a luva para coçar o queixo, não sentiu nada. A coceira era um aviso natural. A mandíbula inferior estava congelada. Quando tentou falar, as palavras eram incompreensíveis. Na Austrália diriam que ele estava bêbado.

Foi exatamente isso que seus produtores também acharam. Acabaram supondo que haviam pego o homem com as calças na mão. Sabiam que o avisaram da entrevista ao vivo com apenas uma hora de antecedência, mas não era tempo suficiente para apagar o fogo em seu sangue. Se a mesma coisa tivesse acontecido com um correspondente americano, avisado ou não, ele seria imediatamente demitido. Felizmente, Ken Burslem era australiano. Mas em Barrow, o problema só piorou. Conforme o interesse pelas baleias foi se espalhando pela Austrália, Burslem foi forçado a ficar do lado de fora do estúdio por períodos de tempo cada vez maiores no cruel frio da noite no Ártico. Depois de apenas alguns dias em Barrow, Burslem de fato sentiu saudades da suavidade de Fairbanks.

Dada a demanda popular, Oran Caudle exibia todas as transmissões de televisão de Barrow pelo canal a cabo local. Se a Nielsen Company[16] se importasse em monitorar North Slope, os índices de Oran estariam lá em cima. Ken Burslem tornara-se uma celebridade instantânea no Ártico. Grupos

---

16. Empresa de pesquisa de marketing sediada em Nova York que calcula índices de audiência nos Estados Unidos. (N.T.)

de pessoas espontaneamente se reuniam para assistir a seu mais novo herói fazer suas apresentações noturnas ao vivo para a Austrália. Como brincadeira, os esquimós o presentearam com uma chave simbólica do novo centro de tratamento de alcoolismo de Barrow. Burslem adorou. Jurou aos produtores que estava totalmente sóbrio, mas eles não acreditavam nele. A fala enrolada era real demais. Estavam convencidos de que só uma pessoa alcoolizada soaria daquela forma – Pelo amor de Deus! – exclamou. – Queria que tivesse álcool aqui para eu tomar!

Era impossível para os produtores da Austrália perceberem como estava frio lá. Com o vento, a diferença de temperatura entre Barrow e Brisbane chegava a 15°C. Quando os índices australianos também começaram a disparar, os produtores deixaram a preocupação de lado. Os telespectadores queriam ver cada vez mais o homem da Rede Ten em Barrow. Logo, Ken Burslem se tornaria uma lenda australiana. A nação inteira sintonizada todos os dias para assistir ao correspondente americano ao vivo, ao ar livre, ainda sóbrio mas parecendo cair de bêbado. A vida brincava de forma irônica com Ken Burslem. Ele era um dos únicos jornalistas em Barrow que não bebia.

O círculo vicioso de Burslem só terminou com a libertação das baleias. Quanto mais alcoolizado sua mandíbula congelada o fazia soar, mais as pessoas de sua terra natal queriam ouvi-lo.

Mais estações da Austrália tentaram programar suas gravações ao vivo com o homem feliz no topo do mundo. No fim daquelas longas noites de bate-papo, Burslem mal conseguia falar, quase incapaz de controlar até mesmo a fala inebriada pela qual havia ficado tão famoso. Para não sair perdendo, a rival australiana de Burslem, a Rede Nine, trilhou o próprio caminho até Barrow. Com a celebridade de Burslem, a missão da Nine era ficar por perto. Fizeram um trabalho admirável com as tomadas australianas das baleias. Seu maior momento aconteceu numa das últimas noites da saga, quando colocaram o hesitante prefeito de Barrow ao vivo. George Ahmaogak não precisava congelar a mandíbula para soar alcoolizado, ele já estava. O pessoal da Austrália e arredores imediatamente se apaixonou por sua alma gêmea inuíte.

13

O ÁRTICO E A CASA BRANCA UNIDOS PELO AMOR

As baleias encalhadas a 16 mil quilômetros de distância se tornaram uma grande notícia na Austrália. Enquanto as redes americanas, em sua própria indiferença, perdiam a perspectiva do que aquela história significava, os jornalistas australianos estavam determinados a divertir seus telespectadores. Pesando na balança de suas próprias expectativas, era claro que os australianos estavam vencendo. Ken Burslem ganharia mais tarde o Prêmio Thorn, o prêmio de maior prestígio ao jornalismo televisivo da Austrália, pela significativa reportagem no topo do mundo.

Aos envolvidos no resgate, nos dias que imediatamente se seguiram ao chamado do presidente, nao havia muito com o que se divertir. Para o coronel Tom Carroll da Guarda Nacional, a euforia causada pelo telefonema do presidente não durou muito. A seriedade voltou assim que olhou pela janela. Estava contando com um plano cujos problemas ficavam cada vez maiores a cada hora. Na terça-feira à noite, o fim do segundo dia de reboque e 11º desde que as baleias foram descobertas, o barco que justificava o resgate e supostamente deveria libertar as baleias havia se transformado no calcanhar de Aquiles da Operação Liberdade. Não estava nada próximo de Barrow. Toda vez que um problema era resolvido, outro aparecia.

Os helicópteros *Skycrane* que o coronel Carroll enviara para transportar o barco logo mostraram seus limites. A gigantesca tonelagem do navio, mais as brutais condições do Ártico, provaram ser mais do que os *Skycranes* podiam aguentar. Depois que os helicópteros finalmente soltaram o aerobarco da doca em que estava congelado havia quatro anos, o enorme peso continuava quebrando o novo gelo que se formava na costa. Toda vez que a gigantesca máquina louva-deus içava o barco, ele caía sobre o gelo novamente depois de ser transportado por apenas alguns quilômetros. Naquele ritmo, levaria uma semana só para sair do porto.

Na noite de quarta-feira, 19 de outubro, a operação de Tom Carroll estava com sérios problemas. O barco estava a menos de 8 quilômetros de onde partira. Os rotores dos caros helicópteros estavam rachando por conta da força exercida, ameaçando a segurança da tripulação. A imprensa já tinha farejado a diminuição da fé da equipe de resgate no plano de batalha hesitante do coronel. A diversão de Ron Morris com a derrota dele já deixara de ser segredo. Os dois não sentiam muita empatia um pelo outro.

As pessoas supunham que ele havia ficado com inveja do telefonema do presidente. Morris se sentia renegado com a recusa de Carroll em retornar seus telefonemas. Morris não era o único a fazer críticas. Na metade da primeira semana da Operação Liberdade, alguns membros da imprensa achavam que o coronel estava fugindo deles. Agora que as coisas começavam a falhar, Carroll era acusado de tentar se proteger de perguntas desagradáveis. Na quarta-feira de manhã, 19 de outubro, ele estava com a corda no pescoço. A imprensa continuava pressionando-o. O produtor da ABC-TV, Harry Chittick, o chamava de "Coronel Pedra Angular", por causa da sua inabilidade em mover o aerobarco.

Um crescente contingente de esquimós incansáveis continuava abrindo buraco atrás de buraco enquanto o navio continuava inerte a apenas uma hora de onde saiu. Por que, se não se tratava de uma corrida, a mídia fazia que o coronel se sentisse como se estivesse ficando para trás? Ele reuniu o piloto dos helicópteros para discutir planos de uma última tentativa de mover o aerobarco. Se não funcionasse, teriam de pensar em outras alternativas. Se nada fosse viável, o coronel e sua equipe seriam forçados a encarar a imensa perspectiva de voltar para Anchorage com um fracasso na bagagem. A indignidade de aceitar a primeira derrota operacional de sua carreira era muito ruim. Mas ser abandonado pelo seu próprio estado por conta de uma imprensa aventureira era mais do que o forte coronel podia aguentar.

Na quarta-feira, 19 de outubro, as baleias estavam se agitando nos buracos de gelo perto de Barrow havia doze dias. Toda a missão de resgate, iniciada há cinco dias, foi planejada em torno da habilidade de uso do aerobarco da Veco. Tom Carroll estava enfrentando uma crise pessoal. Seu treinamento dizia para separar o coração da razão. Seu trabalho era fazer, não sentir. Mas não conseguia evitar. Sentia muito.

Ele tinha passado anos construindo com cuidado fortes muralhas de distanciamento emocional. Agora, uma mulher a 8 mil quilômetros de distância, uma mulher que jamais tinha encontrado pessoalmente, era a força que libertava a emoção contida. Ela era a única pessoa a quem podia recorrer para consolá-lo.

Bonnie e Tom sempre conversaram durante toda a Operação Liberdade. Nos primeiros dias antes do telefonema do presidente, nenhum dos dois tinha tido coragem de explorar o estado civil do outro, mas o jogo continuava. Os dois estavam notavelmente mais próximos a cada dia. Depois da desastrosa quarta-feira, o coronel e Bonnie conversaram meia dúzia de vezes. O último telefonema do dia durou horas. Ele não sabia por quê, mas Carroll sentia-se seguro falando com Bonnie. Talvez fosse porque ela também fazia parte da Guarda Nacional ou porque trabalhava para o presidente de que ele tanto gostava. Talvez fosse apenas o fato de ela despertar nele algo há muito tempo reprimido.

Se Carroll se sentia atraído por ela, Bonnie estava muito mais. Mas Bonnie tinha uma vantagem crucial. Há dias, o coronel só podia imaginar a aparência da mulher por quem estava se apaixonando rapidamente. Bonnie não tinha esse problema. Toda as vezes em que ligava a televisão, lá estava ele. Ela via um líder confiante e atraente naquele homem. Na quarta-feira à noite, Tom Carroll baixou a guarda. Confessou que as coisas não iam bem. Ele e seus homens passaram horas planejando um plano de última hora para fazer o barco seguir em frente. Ao mesmo tempo que ela precisava saber do progresso da operação para relatar ao presidente, também estava interessada por causa de Tom. Queria desesperadamente saber se o novo plano tinha sido bem-sucedido, nem tanto pelas baleias, mas pelo coronel que ela conhecia só pelo telefone.

Desde o primeiro momento em que tentaram soltar a embarcação, o comando de resgate da Guarda Nacional fazia um revezamento com os helicópteros, para içar o aerobarco pelo porto coberto de gelo. Carroll imaginava o que aconteceria se os dois helicópteros puxassem o barco de uma só vez. Será que o efeito de duas máquinas provocaria um empuxe duas vezes mais potente? Será que seria suficiente para tirar o barco da estagnação e a caminho de Barrow? Trabalhando com réguas de cálculo e calculadoras de bolso, Carroll e seus pilotos ficaram acordados até as primeiras horas de quinta-feira, 20 de outubro, trabalhando em fórmulas e equações que determinassem se o empuxe duplo era somente uma possibilidade teórica. Testaram suas habilidades matemáticas por horas, até que finalmente conseguiram algumas respostas. Os helicópteros teriam de puxar de uma altitude bem menor e abaixo da potência máxima. As cordas de reboque de 250 metros tinham de ter o dobro do comprimento. Muita pressão aplicada a qualquer um dos grossos cabos de aço poderia fazer que ambos os helicópteros rodopiassem em direção ao solo, causando grandes explosões. Se o coronel decidisse tentar, seria o primeiro a usar a tática. Ninguém jamais tentou um empuxe duplo antes. Sem levar em consideração o efeito sobre as baleias, Carroll calculou que o exercício traria valiosas lições para mais missões importantes no futuro.

Ele estava preocupado com a mídia. Sabia que tinha de convidá-los para cobrir a tentativa, mas não fez muito alarde sobre o evento, por causa dos riscos. Se sentissem sinal de perigo, todos cairiam em cima dele, abalando a confiança de sua equipe, aumentando a chance de suas próprias profecias de rejeição se cumprirem. A maneira diplomática usada para cobrir Ron Morris não era usada com o coronel. Sem a presença de Morris, todos os olhos da mídia estavam voltados para Carroll. No raiar do dia da manhã seguinte, o coronel e sua equipe, pensando de forma otimista, foram até o gelo da Baía de Prudhoe para uma última tentativa. Os helicópteros estavam abastecidos e prontos para decolar. Os cabos de reboque com o tamanho aumentado encaixavam-se debaixo da base do barco estagnado. Sucesso ou fracasso, aquilo faria parte da história do transporte militar. A imprensa sobrevoava o local em um helicóptero da Guarda Nacional vindo de Barrow. Via rádio, Carroll verificou duas vezes o contato com os pilotos. Antes de decolarem, deu-lhes as instruções finais.

– Vocês são os pilotos – garantiu-lhes. – São vocês que mandam. Se a qualquer momento sentirem que é muito perigoso, soltem o cabo e desçam – os pilotos conheciam os riscos. Haviam feito os cálculos juntos na noite anterior e chegaram à mesma conclusão. Era perigoso, mas podia dar certo. A imprensa pressionava por uma ação do coronel. Mas ele não arriscaria a vida de seus homens pelo bem das três baleias encalhadas, certamente não faria isso pela imprensa que, até o momento, havia lhe oferecido o título de convidado de honra na festa de seu próprio linchamento.

Os helicópteros decolaram ao mesmo tempo e pairaram no ar a uns 30 metros de distância, em frente ao cambaleante aerobarco. Os pilotos seguiram seus cálculos e esperaram pelo sinal do capitão do barco. Quando os dois helicópteros e o barco estavam prontos, os *Skycranes* gradualmente e alinhados avançaram até que a rigidez dos cabos os fez parar.

Os helicópteros aumentaram a potência até que, esticando-se contra os cabos, o barco saiu do último buraco e começou a deslizar lentamente pelo gelo. O coronel e seus homens sentiram uma breve chama de esperança. Talvez desse certo. O aumento das expectativas foi rapidamente frustrado. O aerobarco nem bem tinha começado sua jornada de esperança pelo gelo quando caiu por cima dele. Era a mesma velha história, navegação suave por 500 metros seguida de mais um contratempo.

– Não adianta – disse o piloto Gary Quarles pelo rádio. Vou desistir. Não vai dar certo.

O coronel ficou desapontado, mas não surpreso. Na verdade, sentiu até um certo alívio. O pesado fardo colocado sobre seus ombros há cinco dias tinha finalmente sido retirado. Seus homens e as equipes da Veco tinham feito tudo o que podiam para mover o navio. Nada funcionara. A tarefa era desencorajadora demais. O general Schaeffer não podia pedir mais nada. Ninguém podia. Correria riscos, mas só se nenhum de seus homens ou equipamentos fossem expostos a perigos desnecessários. Com certeza a mídia ia apontar o dedo na direção deles. Mas, como encarregado da missão, estava preparado para arcar com as consequências. Era essa sua função. Não teve problema nenhum em levar todos os créditos há alguns dias. Agora a mesa tinha virado.

Quando Ron Morris ficou sabendo que o aerobarco era uma causa perdida, ordenou a Arnold Brower Jr. e suas equipes inuítes a abrir quantos novos buracos fossem necessários. Era tarde demais para cancelar o resgate. O mundo todo estava assistindo. As baleias tinham de ser salvas.

Cindy Lowry segurou as lágrimas quando soube que o empuxe duplo havia fracassado. Via Bone ficar mais fraca a cada respiração ofegante. Os novos buracos eram largos e compridos o suficiente para as três baleias, mas por uma razão que ninguém entendia elas não iam até eles.

Ao meio-dia, na quarta-feira, 19 de outubro, dia quatro da Operação Liberdade, os esquimós abriram uma corrente de quinze buracos, alongando-o em quase 800 metros em direção ao mar aberto, que ficava a 8 quilômetros de distância. A crista de pressão de 9 metros, que separava as baleias da liberdade do mar aberto, ainda surgia no horizonte. Mas por enquanto, a equipe de resgate se concentrava em fazer que elas seguissem na direção certa. Iriam se preocupar com a crista de pressão quando e se as baleias chegassem lá algum dia. A diferença entre os meios de tecnologia de ponta usados para mover o barco e os meios nada tecnológicos usados pelos esquimós para cortar o gelo não se perdeu com o coronel Carroll. O aerobarco fracassou, mas os buracos feitos pelas motosserras pareciam promissores, apesar de ainda não terem sido usados.

Cindy ligou para Campbell Plowden no escritório do Greenpeace, em Washington, para discutir alternativas ao aerobarco.

Plowden era um dos principais defensores de baleia do mundo; com certeza teria alguma sugestão. No começo da conversa, Plowden se desculpou pela dificuldade em fazer contato com ela. O Greenpeace teve de contratar oito empregados temporários no auge do resgate em Barrow, apenas para atender os telefonemas das milhares de pessoas ao redor do mundo.

Plowden sugeriu a Cindy que entrasse em contato com uma pessoa que vinha ligando para o escritório do Greenpeace há dias com uma oferta incomum de ajuda. Era um homem chamado Jim Nollman, que se autodenominava "comunicador interespécies". Nollman disse que poderia atrair as baleias para fora dos buracos originais, tocando fitas de outras baleias com equipamento de som específico para uso embaixo d'água. Cindy já tinha ouvido falar muito sobre Jim Nollman e nada do que ouvira tinha sido bom, mas achava que não tinha escolha. Pelo que sabia, ele era a única pessoa na América do Norte que tinha um equipamento de som capaz de funcionar no Ártico. Ela aceitou a oferta de ajuda e lhe pediu que viesse para Barrow, prometendo pagar pelas despesas.

Vulnerável ao frio, ela não conseguia ficar mais do que alguns minutos no gelo, que já começava a tremer de forma incontrolável. Levou semanas para seus dentes pararem de doer de tanto bater. Os sapatos, fracos para o frio, não eram suficientes, e ela passava metade do tempo erguendo a perna do gelo, para balançá-la e fazer o sangue circular no pé adormecido. Se não tivesse se recusado a vestir pele de animal, muito do sofrimento físico de Cindy poderia ser evitado. Ela podia morrer congelada, mas sua consciência estava limpa.

Ela e Craig caminharam de volta à pequena cabana de caça portátil, parcialmente aquecida, que ficava na ponta do banco de areia para dar à equipe de resgate de Barrow uma trégua do inescapável frio e dos ventos do gelo. A pequena cabana parecia um farol no limite da América do Norte, a 30 metros de onde o continente penetrava pelo congelado Oceano Ártico.

Quando abriram a frágil porta, Cindy e Craig foram recebidos por vários esquimós amigáveis, que foram fazer uma pausa ali naquele local apertado, mas relativamente quente. Ofereceram aos dois visitantes café bem quente, servido no copo de isopor, que os dois aceitaram de bom grado. Cindy viu pedaços inteiros de *muktuk* que os esquimós usavam para mastigar como alta fonte de energia. Queria lhes perguntar como podiam comer carne de baleia ao mesmo tempo que trabalhavam tão duro para salvar três baleias encalhadas a apenas 30 metros de distância.

Para os esquimós, a resposta era simples. As criaturas pelas quais estavam trabalhando tanto não eram baleias das quais dependiam. Os esquimós inuítes comiam baleias da Groenlândia, e não cinzentas. Foi essa mesma dependência de baleias que levou Malik, Arnold Jr. e agora dezenas de outros voluntários inuítes até lá para ajudar as cinzentas em dificuldade. A tradição inuíte reverenciava as baleias.

Antes de voltarem para o gelo, eles perguntaram a Cindy se ela queria comer alguma coisa. Além da carne de baleia, havia um estoque de carne de morsa, foca e até mesmo de urso polar. Quando ela disse que não comia carne, eles ofereceram peixe cru. Depois de ter ficado exposta ao frio congelante a manhã toda, estava com tanta fome que pareceu tentador. Contanto que não fosse carne, Cindy comeria com prazer.

– Tome, mergulhe na manteiga de esquimó – disse o trabalhador inuíte, que lhe passou um pedaço de peixe congelado num palito. Ela rapidamente mergulhou o peixe no inodoro líquido amarelo e enfiou na boca. No instante em que as papilas gustativas registraram o pungente sabor incomum, ela começou a vomitar e a se contorcer de maneira incontrolável.

O céu da boca despreparado de Cindy sentiu uma reviravolta violenta. Quando ela se recompôs, em meio às caretas que fazia, olhou para os preocupados trabalhadores e perguntou exatamente o que será que a tinha feito vomitar.

– Provavelmente a manteiga – foi o palpite deles.

– Qual o problema da manteiga? – Cindy perguntou, em meio ao coro de risadas.

– Sabe... – disse um esquimó – Não é o tipo de manteiga com que você está acostumada.

– Então, de que tipo é? – Cindy perguntou impaciente.

– É de foca – disse o homem em voz baixa. – É óleo de foca. Chamamos de manteiga de esquimó.

Aquela era toda a explicação de que Cindy precisava. Ela deu de ombros, enojada, e voltou para o frio.

Doze dias após as baleias terem sido avistadas, o cenário mudou dramaticamente. Estava quase irreconhecível desde a vez em que Craig, Geoff e Billy Adams, o guia inuíte, foram verificar pela primeira vez a ocorrência de que havia três baleias encalhadas no final do banco de areia de Point Barrow. Naquela terça-feira fria de outubro, os três homens viram três criaturas lutando sem saber como contra a indiferente força da natureza do Ártico. O panorama era sombrio e cinzento. Não havia uma só alma num raio de 24 quilômetros das seis criaturas. Os três homens nunca sonharam com a possibilidade de salvamento das baleias. O máximo com que sonhavam realizar era estudá-las até que morressem. Talvez pudessem publicar um estudo numa revista de biologia marinha.

Agora, o limite mais distante da América do Norte havia se tornado o centro do mundo da mídia. Tráfego intenso circulava sobre o gelo opaco e suave da lagoa congelada, cuja fronteira a oeste era marcada pelo banco de areia. Um pequeno canto de um universo interminável, silencioso e inerte subitamente havia se tornado um oásis de ruídos e atividade intensa. Helicópteros velozes quebravam a calmaria com seus roncos contínuos sobre o local cada vez mais lotado em que estavam as baleias. O que começara com a visita de três homens presos a um único buraco havia se transformado em centenas de pessoas ao redor de vários buracos, que logo passaram a ser centenas de novos buracos, que finalmente se estenderiam por 11 quilômetros em direção ao horizonte a oeste.

Até o vazamento do *Exxon Valdez*, seis meses depois, o resgate de baleias de outubro era o único maior evento da mídia na história do estado. Os 150 jornalistas enviados para Barrow formaram o maior contingente da imprensa que já invadiu qualquer parte do Alasca. Mas, de todos os lugares da Última Fronteira, os jornalistas escolheram reunir suas equipes e seus caros equipamentos ao redor de alguns pequenos buracos de gelo abertos pelo homem no topo do mundo, o limite mais remoto do estado mais remoto. No ápice do resgate, havia um jornalista para cada 17 residentes de Barrow.

14

BARROW: QUEIMADURAS DE GELO DE PRIMEIRA LINHA

Depois de alguns dias do telefonema do presidente para Tom Carroll, pelo menos 26 companhias de transmissão dos quatro continentes transmitiam sua versão dos eventos a partir da sala de controle do estúdio sobrecarregado de Oran Caudle. Há menos de uma semana, o complexo nunca fora usado para transmissões antes. As enormes antenas parabólicas brancas eram uma prova poderosa do dinheiro que muitos habitantes do Alasca consideravam mal-empregado.

Agora, a instalação de Oran transmitia imagens das baleias quase 24 horas por dia, para cada canto do globo. Subitamente, Barrow era a mais glamorosa manchete do mundo. Vendedores de todo o estado voavam para Barrow para começar a oferecer suas mercadorias. Camisetas de vários designs diferentes, cada uma proclamando sua própria versão do tema: "Estou salvando as baleias".

O restaurante mexicano Pepe tinha de abrir mais cedo pela manhã e fechar mais tarde à noite para acomodar as centenas de Forasteiros sem nenhum outro lugar para comer. Fran Tate, a proprietária, não era avessa à exposição nacional à mídia. Aproveitava cada minuto. O simples fato de ser dona de um restaurante mexicano a uma impressionante distância do Polo Norte levou-a ao palco do *Tonight Show* com

Johnny Carson e à primeira página do *Wall Street Journal*, muito antes de os jornalistas irem parar em Barrow. Fran Tate insistia que a ampliação do expediente era para a comodidade da imprensa, mas a cética mídia suspeitava que ela ficaria aberta enquanto pudesse cobrar de seus clientes o que eles consideravam preços exorbitantes.

Harry Chittick achava que o fato do Pepe poder cobrar 20 dólares por sua versão oleosa de um hambúrguer e sair impune era tão digno de ser noticiado quanto tudo mais que estava acontecendo no gelo. O produtor da ABC News queria conseguir uma declaração curta de um membro da imprensa de fora da cidade pagando a conta superfaturada. O cinegrafista de Chittick ficou preparado na boca do caixa. Quando o cinegrafista da CBS, Pete Dunnegan, pagou a conta no caixa, o cinegrafista de Chittick gravou bem na hora em que ficou de frente para ele, com um palito na boca e dando de ombros – Vinte e um dólares por um café, hmphhhh! – disse, coçando a cabeça. – Deve ter sido o excesso de açúcar – a bem-humorada declaração fechou a transmissão do programa da ABC, *World News Tonight*.

Isso também marcou o final perfeito da carreira culinária no Pepe para Pete Dunnegan. Fran Tate ficou lívida quando viu a piadinha dele na TV. Na hora do jantar, ela parou Dunnegan bem na porta. Na frente de seus colegas, disse-lhe para nunca mais pisar em seu restaurante outra vez. Dunnegan concordou com alegria. Ele era a inveja dos membros da imprensa. O restante de nós não tinha escolha a não ser sofrer as consequências gastrointestinais do Pepe. Quanto mais Barrow e as três baleias eram notícia nos Estados Unidos, mais interesse as emissoras estrangeiras mostravam pela história. Dois dias depois do telefonema do presidente ao coronel Carroll, equipes de redes britânicas, australianas e canadenses chegaram a

Barrow, colocando mais lenha na fogueira da agitação frenética do topo do mundo.

Mas os mais curiosos com a história das baleias eram os japoneses. No momento em que o resgate começou a crescer, três das quatro redes nacionais tinham equipes em Barrow. Estavam maravilhados com a mais nova bizarra obsessão da América. Estavam menos interessados em Bone e seu nariz esfolado do que em pessoas como Cindy Lowry, que se importava tanto com criaturas tão suculentas. Queriam explorar mais sobre a força das três baleias em unir quase todos de uma nação tão grande e diversa como os Estados Unidos.

Takao Sumii, o presidente da rede japonesa NTV, me ligou na noite seguinte ao telefonema do presidente Reagan. Era quarta-feira, 19 de outubro, dia 12 do encalhe das baleias, e dia cinco da Operação Liberdade. Tentou me explicar o que sua rede queria cobrir sobre a mídia americana. Eu podia ser jornalista, mas também era espectador. Conseguia ver o apelo emocional da história, apesar de não conseguir entender a dinâmica de seu crescimento em termos de evidência ou urgência. Para mim, parecia que a história de Barrow começou com as três baleias e evoluiu para se transformar numa história sobre a mídia. Só depois que cheguei a Barrow é que comecei a entender como aquilo era verdadeiro.

No voo da MarkAir de Anchorage para Barrow, Masu Kawamura, o correspondente da NTV, me disse que meu trabalho era relatar a cobertura da mídia sobre o evento, dando aos telespectadores japoneses uma noção do absurdo do episódio. Como os demais americanos, eu queria ver as baleias salvas, mas não perdi muito meu sono por causa disso. Sem nenhuma bagagem anterior e não sabendo nada das complexidades que levaram ao resgate, não estava nem mais, nem menos interessado do que qualquer outra pessoa comum. Era o aumento do apego e da ternura pelos animais ameaçados que criou a história em primeiro lugar. Eu observava ansiosamente as baleias cada vez mais próximas do que parecia ser uma morte inevitável e patética. Não sabendo nada sobre o Ártico e suas condições, xinguei o maldito coronel a quem as emissoras apontaram por ser o culpado de não conseguir levar o aerobarco para Barrow. Eu era exatamente aquilo que os japoneses me enviaram para analisar.

No Japão, carne de baleia era um alimento apreciado há séculos. Os japoneses queriam saber o que havia com os saborosos animais que parecia tocar de maneira tão forte o coração dos ocidentais. Ressentiam a pressão internacional que os forçava fingir ter cessado a pesca baleeira. Longe de parar com o assassinato das gigantescas criaturas, os japoneses só rebatizaram a pesca baleeira com um nome novo e benigno.

A convenção da Comissão Baleeira Internacional (IWC) de 1986 extinguiu o que sobrou da pesca baleeira comercial por cinco anos. Como signatários, os japoneses enfrentariam sanções econômicas se não aderissem. Então propuseram um acordo. Noruega, Islândia, Japão e União Soviética concordariam em desistir da pesca baleeira comercial se pudessem continuar a caçar para "fins científicos". Temendo não haver acordo nenhum, os demais membros da IWC concordaram.

A tinta da assinatura do acordo nem bem havia secado, e a demanda por baleias dentro da "comunidade científica" japonesa foi parar nas alturas. Os "cientistas" japoneses descobriram que precisavam de 1.100 amostras. Mas ninguém sabia o que os tais "cientistas" queriam "estudar". *Grosso modo*, o mesmo número de baleias agora podia ser morto para fins científicos depois da moratória, da mesma forma que eram mortas para fins culinários antes da moratória. Poderíamos chamar de "ciência culinária", talvez?

Os "cientistas" japoneses compravam carcaças inteiras de fontes domésticas como também de baleeiros noruegueses e islandeses. Quando terminaram sua "pesquisa", tentaram vender as carcaças de volta aos baleeiros, que então as revenderam aos atacadistas alimentícios japoneses. Para os japoneses e outras pessoas sensatas, aquele resgate de baleia não fazia sentido. Qual a diferença entre as três baleias presas e três bois texanos também presos? Por que não vender simplesmente as baleias ao Japão e ganhar mais dinheiro em vez de gastar dinheiro para salvar animais que, para começar, estavam destinados ao abate?

Quando chegamos e encontramos Rod Benson, ele jogou nossas malas na traseira coberta de neve de sua caminhonete Chevy movida a gás natural e nos levou direto às baleias. Estávamos a 700 metros do mar antes de me dar conta de que estávamos dirigindo sobre o oceano. Isso mesmo. Dirigindo uma Chevy em cima do Oceano Ártico.

Depois de viajar de Nova York, Toronto e Tóquio, a primeira coisa que vimos no topo do mundo foi um estranho homem sorridente sentado numa cadeira de diretor à beira de um buraco de gelo no meio do Ártico congelado. Ele cantava uma canção estranha e dizia ser para as baleias que não estavam visíveis no momento e sim lá no fundo do mar. Tentando escapar de sua rapsódia, comecei a pensar que talvez Masu Kawamura, nosso correspondente em Tóquio, estivesse certo. Será que o buraco do coelho de Lewis Carroll era realmente tão inalcançável?

Fomos então apresentados a Geoff e Craig, que estavam ocupados tentando acalmar Cindy depois de uma confusa discussão com Jim Nollman, o comunicador interespécies. O que eu não sabia na época era que Cindy estava discutindo com Nollman sobre sua insistência em tocar música de viola sul-africana em vez dos sons de baleia que havia prometido em Seattle.

Então, em pé à beira do buraco de gelo, fui pego de surpresa por uma dor inexplicável, primeiro em meu olho esquerdo e, segundos mais tarde, no olho direito. Parecia um objeto afiado cortando meus olhos fechados. Sabia que tinha alguma coisa a ver com as minhas lentes de contato, mas não conseguia tocar nelas. Minhas pálpebras estavam congeladas. No instante em que pisquei, as minúsculas gotas de condensação na ponta dos cílios congelaram as minhas pálpebras, fechando meus olhos. Minhas lentes de contato estavam congeladas em meus olhos e minhas pálpebras estavam presas. Só fazia 5 minutos que havia entrado em contato com o gelo. Percebendo minha desorientação, um esquimó veio até mim e me levou até o carro dele, que estava parado com o motor ligado. Meus olhos descongelaram rapidamente. Agradeci muito e usei óculos o restante da viagem. Atos de extraordinária bondade eram a regra, e não a exceção, em Barrow.

Rod Benson nos deixou no Hotel Topo do Mundo, para que pudéssemos nos registrar com nossos associados da NBC. Eles eram parceiros da rede NTV americana. Apresentei-me ao produtor Jerry Hansen. Com um sorriso, ele me garantiu que nossa viagem a Barrow seria memorável. Feliz em se livrar daquilo, entregou-me todo animado as chaves do velho e acabado Chevy Suburban, alugado pela NBC no começo da semana:

– É todo seu – disse, expressando um óbvio alívio. Não importava o quanto fosse ruim, disse a mim mesmo, com certeza parecia mais convidativo do que passar várias horas por dia pendurado na traseira de um trenó puxado por cães debaixo de temperaturas caindo para -101°C.

Jerry passou-me as instruções básicas:

– Nunca desligue o motor e encha o tanque toda noite – só havia um posto de gasolina num raio de 160 mil quilômetros quadrados. Isso, combinado ao fato de quanto o pobre Suburban gastava, davam uma boa aposta de que eu me lembraria muito bem de onde ficava o posto. O que Jerry deixou de me contar foi para nunca deixar o câmbio automático no *"park"*, posição usada para o carro parado. Estávamos apenas em nosso terceiro dia em Barrow, o câmbio congelado da caminhonete morreu entre a cidade e as baleias. Só depois de termos xingado todos juntos a maldita oficina que nos cobrou 200 dólares por dia por uma caminhonete que não funcionava, é que nos demos conta de que havia quebrado porque nenhum de nós foi informado de como devíamos operá-la.

Se deixada no *"park"*, o fluido do câmbio não esquenta com o restante do carro. Trocar a marcha do veículo com todos os lubrificantes congelados acabou por destruí-lo em menos de 24 quilômetros. De olho nos ursos polares, retiramos nossos equipamentos da caminhonete e desajeitadamente pedimos carona de volta à cidade. Informei sobre o veículo abandonado e passei por ele nos dez dias seguintes indo e vindo do local em que as baleias estavam, imaginando se algum dia seria resgatado ou se iria acabar se unindo aos outros veículos abandonados e ao lixo que se empilhava nas laterais das poucas ruas e passagens de Barrow.

Na quinta-feira, 20 de outubro – dia 13 – o estúdio de Oran Caudle estava à beira de uma sobrecarga. Na noite anterior, apesar do caos que ameaçava engoli-lo, Oran conseguiu fazer a transmissão do programa de notícias noturnas da ABC, o *Nightline*. Nunca antes o *Nightline* havia sido transmitido de uma locação tão remota. Em Nova York, Ted Koppel imaginava se valia a pena correr o risco de viver em Barrow. Só depois Harry Chittick, o produtor da ABC no local, garantiu a Nova York que eles conseguiriam transmitir, mesmo se Koppel e sua equipe não concordassem.

Vestidos de parcas e blusas de moletom, Ron Morris e Arnold Brower Jr. sentaram em cadeiras dobráveis de alumínio no esparso cenário do estúdio de Oran Caudle. O pano de fundo estava repleto de caixas vazias de equipamentos. A cena captada pela única câmera do estúdio parecia uma gravação de um aluno de ensino médio de uma escola rica do subúrbio, em algum lugar dos 48 estados continentais. Brower e Morris responderam às perguntas de Ted Koppel sobre as baleias presas, por uma linha telefônica convencional de Nova York. Como milhões de outras pessoas, Koppel queria descobrir o que havia de especial com aqueles três animais que havia transformado caçadores de baleias como Arnold Brower Jr. em um incansável salva-vidas de baleia. Quando a resposta de Arnold não correspondeu ao que Koppel queria ouvir, Morris correu ao auxílio de seu colega inuíte.

— Eles reagem como qualquer outra comunidade — disse Morris. — Trata-se de um esforço humano. Sentiram piedade e compaixão por aquelas criaturas. É o mesmo sentimento que toma conta de mim ao ver qualquer outro animal encurralado no Alasca — Brower suspirou aliviado. O correspondente da ABC News, naturalista e especialista em baleias Roger Caras, garantiu a Ted Koppel e a seus milhões de telespectadores que as baleias nunca sobreviveriam a tal situação difícil.

— Detesto ser um balde de água fria... — disse Caras, do confortável estúdio da ABC de Manhattan. Elas estão exaustas, estressadas e têm um longo percurso pela frente. Haverá ursos polares à espreita de qualquer animal que esteja estressado ou fraco. O sudeste do Alasca, depois da Columbia Britânica no Canadá, tem muitos grupos de baleias assassinas, e a forma como irão bombear seus lobos caudais será muito lenta e acabarão sendo detectadas, pelas vibrações na água, que atrairão as baleias assassinas. Depois, na costa do Oregon, haverá os tubarões-brancos. Em seguida, se ainda tiverem uma reserva de energia, depois de toda essa extensão percorrida, terão de descer até o México central. E tudo isso sem comer.

– Não acho que elas consigam chegar ao México. Vão sumir de vista assim que o gelo for retirado, e ninguém jamais saberá o que terá acontecido com elas. Por mais que deteste dizer isso, não acho que elas vão conseguir.

O complexo antes subutilizado havia se transformado num hospício. Mais de vinte emissoras nacionais e internacionais e estações de televisão locais, tropeçando, discutindo e ameaçando umas às outras e a um esgotado Oran Caudle pelo acesso ao estúdio e ao equipamento de transmissão. Oran não sabia a quem recorrer. A coisa ficou tão feia na metade da semana, que os jornalistas entravam no estúdio e sem parar tiravam Oran de forma abrupta de seu próprio estúdio. Sua adulação pelos "peixes grandes" das emissoras transformou-se em desprezo. Estavam transformando seu sonho em pesadelo. Eram rudes, bêbados e tinham seu ego grande demais para ser medido.

Uma noite, o técnico de uma das emissoras japonesas programou uma transmissão para Tóquio, mas nem se importou em comunicar Oran. Quando o horário do técnico estava se aproximando, ele entrou na sala de controle e ligou todos os circuitos, ignorando a equipe que estava usando a sala. Mas quando foi ajustar o nível do áudio, aumentou tanto que estourou todos os fusíveis do quadro de som. Felizmente, era uma das últimas transmissões do dia, e o único que faltava transmitir era Ken Burslem, o animado australiano. Se o impertinente técnico tivesse estragado uma transmissão de uma rede americana, eles teriam erguido o primeiro poste de luz de Barrow só para enforcá-lo. Oran ficou acordado a noite toda arrumando o estrago e preparando-se para o próximo dia de loucura. O técnico nunca pediu desculpas pelo ocorrido.

Os produtores das três redes vieram até Oran e sugeriram passar a eles o controle do estúdio até o término da história. Sabiam o que estavam fazendo, garantiram. Entre si, os três produtores estavam naquele ramo havia mais de 27 anos. Naquele que deveria ter sido o momento de seu maior triunfo profissional, Oran Caudle estava sendo enxotado de seu próprio cargo.

Ele perguntou a Harry Chittick, da ABC, por que ele e Jerry Hansen estavam tão preocupados com uma sobrecarga. Chittick explicou que, como em qualquer história principal de uma localidade remota ou estrangeira, a principal preocupação era o acesso ao satélite. No ramo da notícia, disse Chittick, os concorrentes tinham dois objetivos. O primeiro era a gravação dramática e as declarações curtas. O segundo era negar exatamente a mesma coisa aos concorrentes.

Como Oran sabia, o *Aurora I* era o único satélite que podia "ver" o sinal de Barrow, e o estúdio de Oran era o único local que dava acesso a ele naquela parte remota do mundo. Uma única rede poderia facilmente ganhar o monopólio da história se comprasse todos os segmentos de tempo disponíveis no *Aurora I*, uma técnica conhecida como *bird-jamming*. Se uma companhia reservasse todos os horários para si, ninguém mais poderia usar o satélite. O praticante do *bird-jamming* teria de encarar um agradável dilema. Ele poderia impedir o uso por parte de todos os concorrentes e ter a história só para si, tornando a exclusiva, ou poderia faturar uma grana alta vendendo segmentos de tempo aos concorrentes, aumentando bem o valor.

Uma sobrecarga era a última coisa que Oran queria. Ele verificou com a Alascom, a companhia que tinha o satélite *Aurora I*, para ver se alguém estava tentando comprar todos os horários. Disseram a ele que a grande demanda de pedidos de última hora possibilitou o aumento dos preços a ponto de até mesmo as grandes redes não terem condições de encurralar o mercado. A mão invisível de Adam Smith era tão poderosa que dava para alcançar até mesmo o céu.

Mesmo assim, as redes americanas acabaram ficando com a maior parte do tempo. Afinal de contas, a história era deles. Sorte de emissoras como a NTV e a BBC, que tinham acordo de parceria com as redes americanas. Suas gravações eram transmitidas às vezes quando as parceiras americanas tinham excesso de material. Os demais conseguiam alguns minutos extras aqui e ali, e pagavam uma exorbitância por esse privilégio.

Caudle não estava apenas frustrado, estava ficando exausto. Afinal de contas, fora seu vídeo o responsável pelo lançamento da história em primeiro lugar, e agora ele estava sendo descartado como se fosse o lixo de ontem. Pior ainda, ouvira rumores de que alguns membros da mídia do Exterior estavam tirando sarro dele e da cidade fronteiriça, para a qual tinha vindo ajudar a estabelecer.

Subitamente, Oran passou a ter um olhar menos deslumbrado em relação ao trabalho interno das redes de notícias. Por comparação, o estúdio de televisão do Distrito de North Slope não parecia mais assim tão ruim. O que chocava Caudle eram as intermináveis discussões. Harry Chittick da ABC gritando com Don Oliver da NBC, os japoneses gritando uns com os outros, e todo mundo gritando com a CBS. Por duas semanas seguidas, Caudle e seus assistentes trabalharam das quatro da manhã até quase depois da meia-noite. O dia começava com gravações ao vivo para os noticiários matutinos americanos. Um enorme fluxo de correspondentes e cinegrafistas passava pela porta giratória nas próximas 24 horas. Final, e convenientemente, cada dia terminava com o único e verdadeiro prazer inalterável da mídia: Ken Burslem e suas travessuras em *"link* ao vivo" para a Austrália.

Caudle e sua equipe do estúdio de televisão em North Slope foram reduzidos a zumbis ambulantes. O suco de maçã com barra de cereal no café da manhã foram substituídos por café, café e mais café. O coronel Carroll ficaria orgulhoso disso. Lá no gelo, o café é servido em barris. Abrir novos buracos e manter os já existentes abertos era um esforço feito 24 horas por dia. As poucas centenas de dólares inicialmente autorizadas pelo diretor de orçamento de North Slope, Dan Fauske, para alimentar a meia dúzia de esquimós cresceram com a mesma proporção exponencial que o resgate em si.

Na metade da primeira semana da Operação Liberdade, os gastos de Fauske haviam subido para dezenas de milhares de dólares. Outubro daquele ano estava sendo um dos mais frios da história do Alasca. As temperaturas já estavam chegando aos -40ºC. Apenas poucos meses depois, em janeiro de 1989, a América do Norte registraria a leitura mais fria já feita, de -63ºC, a apenas 160 quilômetros ao sul de Barrow. Estava tão frio que foi preciso contar com a ajuda de mais dezenas de habitantes de Barrow.

Com o prefeito fora da cidade e de alcance, Fauske sabia que a responsabilidade era dele. Como nunca antes, e quase certamente nunca depois, os olhos do mundo estavam voltados para o pequeno vilarejo. Fauske sabia que, se as baleias morressem e ele não tivesse feito nada que pudesse pelo bem da cidade, o mundo poderia colocar a culpa nele por isso. O conservador Fauske estava cara a cara com o maior risco de sua vida.

Fauske sabia que, se havia alguém que poderia salvar aquelas baleias, essa pessoa era Arnold Brower Jr., com a ajuda dos esquimós de Barrow. Brower também sabia disso. Sempre que Fauske autorizava os gastos, Brower voltava pedindo mais. E conseguia toda vez.

Exceto durante a estação da pesca baleeira, mais de 70% da força de trabalho de Barrow estava desempregada. Para ajudar a aliviar um dos mais crônicos subprodutos da era moderna, Barrow criou um serviço de empregos local chamado de Programa de Empregos da Prefeitura, no meio dos anos 1980. Para Fauske, ajudar as baleias parecia uma chance perfeita de colocar em ação tanto o programa subutilizado como as pessoas desempregadas em Barrow. Brower afixou uma placa no quadro de empregos do corredor principal do prédio de administração do distrito. Centenas de residentes de Barrow desempregados, uns mais sóbrios que outros, e um número surpreendente de pessoas da raça branca, entraram na fila por uma chance de ganhar 21 dólares por hora abrindo buracos no gelo. Isso custaria ao distrito mais de cem mil dólares.

O pequeno resgate de Cindy Lowry, organizado há apenas cinco dias, agora era uma massiva operação profissional. Empregara centenas de trabalhadores bem pagos do Programa de Empregos da Prefeitura, da Veco, da Arco e da Guarda Nacional. Mas, mesmo com todos os reforços adicionais, as baleias ainda não saíam de seu buraco original. Ron Morris precisava de ajuda. Mandou buscar dois dos principais biólogos especializados em baleias do Laboratório Nacional de Mamíferos Marinhos de Seattle. Talvez eles soubessem como atrair as baleias para longe da morte gélida que as aguardava no primeiro buraco.

Aquele primeiro buraco era agora um dos muitos num mar de gelo que se alongava até o mar aberto. Mas era o único buraco em que as baleias confiavam. Não conseguiam sair de lá. Durante o dia, com certeza podiam ver a luz das dezenas dos demais novos buracos abertos à sua frente. Ninguém, nem mesmo Malik, conseguia entender por que elas não se moviam. Ele achava que, se deixassem o primeiro buraco congelar, as baleias não teriam escolha a não ser nadar até o novo. Cindy disse que era arriscado demais. Malik não estava tão convencido de que daria certo para argumentar com ela.

Quanto mais tempo elas continuavam no primeiro buraco, mais fraca Bone ficava. O filhote estava tão fraco que Cindy imaginava por quanto tempo ela ainda iria aguentar. O que aconteceria, pensou, se as outras baleias saíssem do lugar? Será que Bone teria força para segui-las? Observar Bone sofrer era um teste de força para Cindy, mas ela ainda tinha reservas. Todos no gelo admiravam sua compaixão. Era genuína, não havia dúvidas disso. Se as baleias pertencessem a alguém dali, esse alguém seria Cindy.

Apesar de não ter nenhuma função oficial na operação, ela era a pessoa mais importante do gelo. Sem sombra de dúvida e acima de qualquer suspeita. Ninguém, nem mesmo Ron Morris, ousava tomar alguma ação sem primeiro obter seu consentimento. As pessoas observavam fascinadas como Cindy acariciava a cabeça de cada uma das baleias cansadas com suas mãos suaves e cuidadosas. E com Bone havia algo especial. Por ser a mais vulnerável e a com menor chance de sobrevivência, Cindy se afeiçoou de forma especial a ela e, para surpresa de todos, Bone parecia ganhar força. O filhote parecia reagir aos encorajamentos de Cindy. De forma impressionante, Bone sempre emergia perto dela, não importando o local em que ela estivesse ao redor do buraco, assim como um bebê instintivamente procura por sua mãe. De alguma forma, o bebê parecia saber que a pequena presença maternal sobre o gelo era a chave para sua redenção.

Mas, por mais próximas que estivessem, Bone parecia estar mais perto da morte. Como se estivesse escapando das mãos de Cindy, seu espírito, que antes flutuava sobre a água, agora parecia afundar. Nada parecia dar certo, o aerobarco, o telefonema do presidente, nem os novos buracos dos esquimós, e com certeza nem o comunicador interespécies. Enquanto as outras duas baleias pareciam fracas e sem reação, o filhote estava completamente apático. Cindy e Ron lutavam contra o desânimo. Na noite de quarta-feira, 19 de outubro, doze dias após terem sido descobertas, as baleias pareciam entregues. Não importava a técnica precisa dos esquimós ao cortar o gelo, ele estava começando a congelar. A queda da neve e a força dos ventos de 50 quilômetros por hora transformavam rapidamente os buracos abertos em neve semilíquida, ameaçando encapsular as baleias antes do próximo amanhecer.

15
MINEÁPOLIS VEM PARA O RESGATE

Na mesma hora em que a fé estava perdendo a força, a ajuda estava a caminho. Depois de voar a noite toda, Greg Ferrian e Rick Skluzacek, os homens de Minnesota com os removedores de gelo, finalmente chegaram a Barrow. Durante toda a viagem de Mineápolis, Greg jamais disse a verdade para seu cunhado ou para Jason Davis, do *Eyewitness News*. Ele não informou a eles que Ron Morris se recusou a autorizar o uso dos removedores. Greg disse a Rick que estava tudo pronto para sua chegada ao topo do mundo.

Quando ficou sabendo da ideia, Jason Davis, da KSTP, achou que seguir dois homens da cidade tentando salvar as baleias perto do Polo Norte parecia uma grande aventura. Mas assim que o avião decolou, o entusiasmo de Davis desapareceu. Os ventos sopravam a 62 quilômetros por hora, fazendo que o clima em Minnesota em janeiro parecesse ameno. A primeira pista para Rick de que as coisas não estavam tão tranquilas quanto previstas veio quando Greg admitiu não terem lugar para ficar. Um detalhe ínfimo, prometeu Ferrian.

Ligaram para o Hotel Topo do Mundo do aeroporto: – Lotado – disse a recepcionista. O mesmo aconteceu com o Airport Inn. Greg ficou na linha esperando para perguntar à mulher esquimó atrás do balcão da MarkAir se ela sabia de algum lugar em que pudessem ficar. Notou a presença de uma enorme placa de papelão escrita com marca-texto e pendurada com uma linha em cima do início da fila do balcão.

"Toda baleia, foca, povo e urso polar crus devem ser acondicionados em pacotes impermeáveis para transporte na Mark-Air." Quando se virou para apontar para a estranha placa, Rick já estava focando sua câmera de bolso para tirar uma foto. Quando Greg chegou ao começo da fila, perguntou a agente que estava muito ocupada se ela sabia onde havia acomodações. Tentou brincar dizendo que a viagem de Mineápolis tinha sido bem difícil para aguentarem mais uma viagem. Sem se impressionar com a fraca tentativa de bom humor, a agente disse a ele para ligar para o Laboratório de Pesquisa Naval do Ártico (NARL), ao norte da cidade.

– Norte da cidade? – perguntou o confuso Greg Ferrian. – Pensei que aqui já fosse o extremo norte.

– O extremo norte é o NARL – foi a resposta dela. Carregaram seus seis removedores de gelo na traseira do táxi Isuzu I-Mark e subiram a bordo para a viagem de 8 quilômetros à ponta extrema do continente. Quando o motorista lhes disse que a curta viagem sairia por 50 dólares, perceberam que haviam chegado não só ao limite do continente, mas também ao limite de seus meios. Chegaram ao NARL bem a tempo de conseguir os últimos dois quartos de hóspedes na instalação impecavelmente limpa. O cheiro de esterilização de um hospital pairava forte no ar. Caso alguém se queimasse com produtos químicos ou ácidos durante os experimentos no Ártico, havia uma ducha de emergência vermelha no corredor do lado de fora do quarto.

Pelas reportagens de televisão que vinha assistindo antes de sair de Mineápolis, Greg imediatamente reconheceu os biólogos de North Slope, Geoff Carroll e Craig George, quando os viu arrastando os pés cansados e o corpo dolorido para o escritório do outro lado do corredor. De forma entusiasmada, apresentou-se à dupla exausta, que havia voltado ao escritório para escapar das baleias, mesmo que só por alguns minutos. Greg pediu só um minuto do tempo deles para explicar sobre os removedores que havia trazido de Minnesota às próprias custas.

– Essas máquinas podem manter abertos os buracos no gelo – Greg garantiu a Geoff. – Esse é o nosso trabalho –. Geoff achou que valia a pena tentar as máquinas, mas detestou a ideia de mais uma noite sem dormir sob o frio cruel, preocupando-se com os ursos polares à espreita. Sabia, entretanto, que as baleias precisavam de ajuda. A impressionante maré de sorte que havia levado as baleias tão longe parecia estar se esgotando. A temperatura caindo só aumentava a terrível situação das baleias. Craig disse a Greg e Rick que tinham de procurar Ron Morris. Os biólogos prometeram ajudar, mas precisavam se afastar de Morris primeiro, apenas por algumas horas. O coordenador tinha transformado todo o resgate num picadeiro para a mídia e ele era o diretor do circo. Para sua própria sanidade, precisavam de uma folga.

Geoff disse aos dois homens de Minnesota que a melhor maneira de pegarem Morris seria esperando por ele no hangar do Resgate e Salvamento. Craig dirigiu até o hangar no fim da pista de decolagem e os apresentou a Randy Crosby. Eles esperaram duas horas e meia antes de Morris pousar com um dos helicópteros de Crosby. Com um leve aceno de mão, Morris tentou ignorar os apelos insistente de Greg: – Tudo o que estou pedindo é que me deixe explicar sobre a máquina – implorou Greg. – Você tem de pelo menos nos permitir isso. Afinal de contas, gastamos milhares de nossos próprios dólares vindo aqui para tentar ajudar.

– Está bem – cedeu Morris. – Vou te dar um minuto e meio para explicar. – Ouviu a curta, mas objetiva, explicação enquanto examinava as unhas dos dedos numa tentativa óbvia de mostrar desinteresse. Ao se levantar para ir até o escritório de Crosby, Morris duvidava da eficácia dos removedores. Mesmo que funcionassem, acrescentou, achava que seriam muito barulhentos. Rick implorou a Morris para deixá-los ao menos tentar usá-los. Afinal de contas, a Guarda Costeira tinha sucesso ao usá-los para manter um buraco de 50 metros quadrados no meio do congelado Lago Superior. Sem se mostrar impressionado, Morris os orientou a voltarem ao NARL e aguardarem a decisão. Disse que ligaria com uma resposta definitiva.

Rick e Greg voltaram para o pequeno quarto agora apinhado de máquina de derreter gelo e esperaram pela ligação de Morris. Após duas ansiosas horas, não conseguiam mais esperar. Rick tinha de saber se sua viagem tinha sido um total desperdício de tempo e dinheiro para matar seu cunhado que o havia arrastado até lá. Por volta das 18h30, telefonaram para Morris no Airport Inn. Sua esposa disse que ele não podia ser perturbado. Estava se preparando para aparecer no noticiário noturno *Nightline*. Um minuto mais tarde, houve uma comoção no corredor. Quando Rick espiou pela porta, viu Geoff e Craig apressadamente batendo em todas as portas fechadas do edifício. Craig viu Rick e gritou: – Aí está você. Estamos te procurando por toda a parte.

Os biólogos haviam acabado de voltar do gelo. As condições só estavam se deteriorando. Os buracos estavam congelando novamente: – As baleias não estão aguentando – Geoff lhes disse. – Não acho que vão sobreviver mais uma noite.

– Dane-se o Morris! – Craig gritou, ao ouvir Rick murmurar algo sobre esperar pelo telefonema do coordenador. – Temos de levar essas máquinas para o gelo. – Carregaram dois dos removedores na traseira da caminhonete de Craig coberta de gelo e neve. Foram até o Busca e Salvamento e tentaram encontrar um gerador elétrico para ligar os removedores. Randy

Crosby lhes disse que os ventos fortes tornavam o voo noturno muito arriscado e perigoso. Enquanto esperavam pela melhora das condições atmosféricas, Rick e Greg distribuíram folhetos aos vários jornalistas do turno da noite que estavam à espera de alguma notícia. Dentre os que receberam o folheto, estava o chefe de Geoff e Craig, o dr. Tom Albert, o diretor do gabinete de Controle da Vida Selvagem do Distrito de North Slope.

Depois da aparição no *Nightline*, Ron Morris voltou para o hangar. Eram 22h, quarta-feira, 19 de outubro, e Tom Albert estava esperando por ele. Com muita raiva, esfregou o folheto na cara assustada de Morris: – Ou você nos deixa capturar essa baleia ou dá uma chance para esses caras! – Albert foi com tudo antes que Morris pudesse responder. Por volta das 23h, Randy finalmente encontrou um gerador portátil da marca Honda no fundo do hangar. Depois de substituir as tomadas queimadas e limpar o carburador, o pequeno gerador japonês ganhou vida. Foi carregado com o carburador num helicóptero do SAR e saiu voando em direção à negritude da noite do Ártico. Sobrevoando o vazio escuro, Randy procurou por uma única luz de uma cabana de caça que iluminava a margem do banco de areia. Quando estava exatamente sobre ela, ligou as luzes de pouso e procurou por um lugar seguro para pousar.

Cindy e Arnold Jr. haviam acabado de perder a esperança. Aquela noite tinha sido a pior de todas. Estavam pensando em voltar para a cidade para dormir um pouco. Tudo o que os prendia alia com as baleias na temperatura de -40°C era o medo não declarado de, que da próxima vez que voltassem, os buracos, assim como as baleias que dependiam deles, teriam desaparecido sem deixar rastro debaixo do gelo firmemente congelado e da neve soprada pelo vento. A chegada dos cunhados de Minnesota tiraram Cindy e Arnold da beira do desespero. Ficaram cheios de expectativa reunidos ao redor do pequeno gerador vermelho e branco, enquanto Randy tentava ligá-lo. Mas estava tão frio que seus componentes haviam congelado durante os 12 minutos de voo do hangar.

Craig sugeriu que tentassem novamente com seu próprio gerador portátil. Isso exigiria mais uma viagem de volta à cidade. Ao voltarem para o hangar, Cindy sabia que estavam deixando as baleias vulneráveis ao próprio destino, mesmo que só por uma hora. Perguntava a si mesma se elas sobreviveriam. Queria ficar lá no gelo com elas, mas Arnold Brower Jr. não deixou. Havia ursos polares por toda parte. Se ela ficasse sozinha, as baleias teriam mais chance de sobreviver do que ela.

Greg estava exausto. Seu corpo cansado estava no limite. Tinha de dormir um pouco. Já passava de meia-noite e ele não tinha dormido desde que saíra de Mineápolis há 36 horas. Como Rick era o especialista em removedores, Greg estava livre para entrar em coma em sua cama no NARL. Rick ficou tremendo sem ter o que fazer na noite escura do Ártico, enquanto Craig procurava pelo gerador no bagunçado depósito de ferramentas. Como podia ter perdido, perguntava a si mesmo. Quando o encontrou, funcionou na primeira puxada. Tratando-o da mesma forma que fazia com seu trator, deixou o motor ligado para o caminho de volta até o hangar do SAR, onde Randy e Cindy o esperavam.

Randy não ficou animado com a ideia de voar com um motor de combustão movido a gasolina ligado dentro da cabine. Crosby rezou para que a FAA nunca descobrisse o que ele ia fazer. Sair com um motor inflamável dentro do helicóptero era incrivelmente perigoso, como também era incrivelmente frio. Estava -51°C e só a alguns metros do chão, mas o aquecedor a bordo mal funcionava com todas as janelas fechadas. Mas com um motor ligado emitindo fumaça letal de monóxido de carbono, teriam de voar de janelas abertas.

A viagem foi a pior experiência de que todos podiam se lembrar. Os braços de Randy estavam tão dormentes pelo frio, que ele mal conseguia manejar o helicóptero. O olho esquerdo congelou fechado. Cindy começou a chorar lágrimas que congelavam instantaneamente em suas bochechas vermelhas. Rick desejava estar morto, e Craig tentava tirar o frio torturante da mente concentrando-se numa música que tentava cantarolar. Finalmente, o helicóptero pousou. Randy abaixou a cabeça contra o congelado console de vinil, aliviado com o término da perigosa missão. Craig e Geoff seguraram o gerador barulhento como se fosse um frágil bebê ao caminharem em direção à neve derretida do primeiro buraco.

Como cães ofegantes, as baleias em pânico emergiam a cada segundo. Craig calculou que as baleias estavam próximas do fim. A qualquer minuto os mamíferos se afogariam. Rick conectou o fio do gerador em um dos removedores de gelo compactos de forma agitada e o jogou no canto do buraco que congelava a cada minuto. Depois de pular para cima e para baixo algumas vezes, o aparelho em forma de boia atingiu a posição correta. Estava pronto para ser ligado. Funcionou assim que o botão foi acionado. A água levemente aquecida elevou-se a 30 centímetros abaixo da linha da água, borbulhando na superfície. Instantaneamente, a neve semilíquida e o gelo ao redor da boia começaram a derreter. Os removedores de gelo haviam funcionado.

Nos primeiros 10 minutos, o removedor derreteu a neve e o gelo de metade do primeiro buraco. Quase tão rapidamente, as baleias começaram a se acalmar. Cindy, Randy, Craig e Greg exultaram. Finalmente haviam encontrado uma forma de ajudar as baleias. Em sua euforia, Rick descobriu uma renovada fonte de energia que o impulsionou para o próximo buraco. Montou o segundo removedor e o jogou ali. Em questão de segundos, funcionou. Logo, o segundo buraco também estava livre do gelo. Inebriados pelo delírio, as quatro almas solitárias dançavam sobre a superfície de um mar congelado no frio cruel e negro de uma noite no Ártico.

Sabiam que não deveriam confiar em tudo que sentiam e viam. Sua consciência exausta atravessava uma nova esfera. Gaguejaram sem acreditar no que viam. A visão que seus olhos contemplaram em seguida era muito mais que a mente cansada conseguia conceber. As baleias estavam no segundo buraco. Apenas poucos minutos depois de terem liberado o gelo, elas deram o primeiro sinal de que queriam ser resgatadas. As baleias avançaram.

O próximo movimento teria de partir do homem.

16
SALVANDO BALEIAS À MODA ANTIGA

O coronel Tom Carroll estava exausto. Não parava de bater a ponta do lápis afiado na mesa de conferência de fórmica, fornecida pela Arco, os anfitriões da Baía de Prudhoe. O olhar fixo e sem objetivo pairava pelo vidro congelado da janela em direção ao mar. À sua frente, vários copos de isopor sujos de café que foram se acumulando desde o estabelecimento da unidade da Guarda Nacional por ali há cinco dias. Sua mente só conseguia pensar no prostrado aerobarco, abandonado e inerte no gelo.

A operação para salvar as três baleias acabou sendo a mais estranha missão de sua vida. Chamado em seu lar em Anchorage num sábado à tarde, o coronel Carroll foi inicialmente encarregado do aspecto logístico de um resgate de baleias que crescia a cada dia. Seu comandante oficial, o general John Schaeffer, o enviou para uma única e objetiva tarefa. O general Schaeffer deu-lhe a ordem de mover o aerobarco de 185 toneladas da doca congelada na Baía de Prudhoe até Barrow, um percurso de 434 quilômetros pela superfície coberta de gelo do Oceano Ártico.

Apenas 72 horas depois de chegar àquela terra do nada que era o Ártico, Carroll apresentava relatórios ao presidente. Como se isso não fosse suficiente, também estava se apaixonando por uma das assistentes do presidente, a quem nunca tinha visto antes. Mas, assim que o coronel começou a crescer no resgate, caiu sobre a terra com a força de um meteoro em queda. Ele estava de volta ao solo, encarando a amarga realidade da logística do Ártico. Seus 15 minutos de fama estavam se encerrando, pelo menos por enquanto.

Na noite de quinta-feira, 20 de outubro, dia 5 da Operação Liberdade e dia 13 do encalhe das baleias, o coronel Tom Carroll não se sentia confortável em pensar que sua missão parecia um fracasso. Disse a seus homens que haviam executado a missão com honra e distinção. Eles tinham sido enviados para uma tarefa difícil com quase nenhuma chance de sucesso. Apesar das crescentes recriminações da mídia, o coronel disse a seus homens para manterem a cabeça erguida.

Bem quando seu ciclo emocional entrava no estágio da aceitação, dando início ao processo de cura natural, o general Schaeffer telefonou e perguntou a ele o que planejava fazer em seguida. Carroll achou que o general estava brincando. Afinal de contas, pensou, mais uma execução como a que acabara de dirigir, e toda a Guarda Nacional do Alasca poderia ser a próxima espécie em extinção.

O general Schaeffer disse ao coronel Carroll que, se não fosse pela Guarda Nacional, as baleias já teriam perecido há muito tempo. Carroll tinha muito do que se orgulhar. O general insistiu para que a participação da Guarda e o comando do coronel continuassem até o término do resgate. A Guarda tinha investido muito tempo e dinheiro para recuar agora. Se recuassem, disse o general, a imprensa interpretaria como sinal de fraqueza, um golpe do qual a Guarda Nacional poderia demorar para se recuperar.

Também mandaria o sinal errado ao resgate em si. Se a Guarda, com todos os seus recursos, desistisse das três baleias, como ficaria perante os esquimós e suas motosserras? Schaeffer ordenou a Carroll que elaborasse planos alternativos para auxiliar no resgate. Se não havia mais o que fazer em termos de logística na Baía de Prudhoe, então o coronel Carroll e sua equipe e equipamentos teriam de se deslocar para Barrow. Era lá que estava a ação. Havia muito que a Guarda pudesse fazer por lá. Randy Crosby e seus helicópteros do Busca e Salvamento estavam sobrecarregados. A Guarda podia ajudá-los a levar a imprensa ao local das baleias e, se necessário, coordenar o acesso da imprensa ao local. Tom Carroll estava de volta à ação, apesar de ser em menor escala. Mas, pelo que a imprensa sabia, ele jamais havia perdido uma batalha.

Apenas algumas horas antes, as baleias mostraram o primeiro sinal de progresso desde o início do resgate. Finalmente, começaram a explorar os novos buracos abertos pelos esquimós na quarta-feira. Os removedores de gelo de Minnesota não poderiam ter chegado num momento mais dramático. Salvaram as baleias quando estavam literalmente dando seus últimos suspiros. O frio da noite de quarta-feira fechou praticamente todos os buracos, exceto os abertos pelos removedores.

O coronel pensou com calma por um momento sobre as possíveis formas de ajuda. A breve experiência com a embarcação lhes trouxe valiosas lições. A principal delas foi a dificuldade de se fazer até mesmo a mais simples das funções no Ártico. Desbloquear o aerobarco de um congelamento de quatro anos foi um feito em si. Esforços hercúleos foram exigidos apenas para movê-lo do lugar; coisas nunca antes tentadas foram feitas. Enquanto a ingenuidade criativa era a única opção disponível para muitas das expedições ao Ártico, a avaliação detalhada do coronel determinava que uma operação tão cheia de obstáculos não superados não podia depender inteiramente de soluções improvisadas.

Carroll decidiu que as inovações do Ártico deveriam ser deixadas aos inovadores. Se a Guarda Nacional ia desempenhar um papel significativo no resgate de baleias, o coronel decidiu que só poderia ocorrer através de meios testados e comprovados.

Carroll ligou para Ben Odom, o presidente da Arco Alasca, e o principal investidor do resgate. Os dois mantinham contato diário desde que o coronel e sua unidade chegaram à instalação de Odom em North Slope, há cinco dias. O fracasso com o barco não mudou a cabeça de Odom. Ele queria aquelas baleias livres e seu talão de cheques continuaria aberto.

O entusiasmo pelo projeto era compartilhado por quase todo mundo da Atlantic Richfield. Da sala de jantar dos executivos às cantinas, o resgate era o grande tópico da conversa por toda a parte do edifício da Arco, o Alasca Tower. Havia unido os 25 mil empregados da empresa como nunca antes, de acordo com o que Ben Odom se lembrava.

Nenhuma companhia de petróleo no Alasca teve uma cobertura mais favorável do que a Arco durante a Operação Liberdade. Normalmente o bode expiatório dos ambientalistas dentre os dependentes do petróleo, agora trabalhava lado a lado com Cindy Lowry e o Greenpeace. A empresa engoliu em seco todas as críticas relacionadas ao destino de recursos para um resgate para salvar três baleias ameaçadas pela natureza, não pelo homem. É claro que os verdes depois torceram o nariz ao dizer que o trabalho da Arco na libertação das baleias não teve nada a ver com a limpeza de 11 mil acres de tundra do Ártico em North Slope, que alegavam ter sido destruída pela perfuração de petróleo.

A companhia Standard Oil era uma das concorrentes globais da Arco, bem como parceira de uma gigantesca associação de companhias trabalhando nos campos de North Slope. A Standard Oil doou três motosserras para o resgate. Nenhuma boa ação, por menor que seja, sai impune, ainda mais quando se trata de uma companhia de petróleo. Quando a Standard

Oil confirmou a doação, a mídia imediatamente rebateu dizendo que a companhia gastara mais dinheiro anunciando a contribuição do que com a própria contribuição em si.

Odom foi extremamente encorajador com o coronel e seus homens da Guarda Nacional. Não obstante o contratempo do aerobarco, quanto mais tempo durava o resgate, mais a Arco se beneficiava da boa vontade gerada por seus esforços. Além disso, Ben Odom queria as baleias livres pelas mesmas razões que as demais pessoas. Eram vítimas inocentes, cujo sofrimento não podia gerar outro sentimento que não compaixão. Odom disse a Carroll que ele e a Arco estavam à disposição. Carroll entrou em contato com Morris em Barrow para descobrir opções, se é que existiam, que o coordenador da NOAA estava considerando. O coronel o informou que a Guarda tinha ordens para ajudar de qualquer forma que Morris considerasse apropriada. Morris disse a Carroll que ele e Cindy haviam chamado especialistas da NOAA e do Greenpeace para que elaborassem uma lista abrangente descrevendo todas as técnicas plausíveis para remoção do gelo e movimentação das baleias.

Cindy Lowry estava surpresa com a extensa pesquisa que seu colega, Campbell Plowden, havia conduzido da sede do Greenpeace em Washington. Entre fazer perguntas e obter respostas por quase todo mundo que se dizia especialista em gelo ou baleia, Plowden ficou no telefone por quatro dias seguidos. Enviava fax noturnos para Cindy em Barrow, apresentando um panorama geral do que havia aprendido naquele dia. Ela revisava e editava os relatórios antes de passá-los a Morris.

A alternativa mais promissora ao abandonado aerobarco parecia ser o uso de bombas de jato d'água portáteis. Originalmente desenhadas para desalojar minerais presos no granito, provaram ser mais do que capazes de explodir depósitos de gelo espesso do Ártico. As poderosas bombas disparavam água pressurizada de 15 toneladas por centímetro quadrado. Os fabricantes asseguraram a Plowden que podiam explodir uma parede de gelo sólido de 12 metros. Mas não havia bombas assim no Alasca. Empreiteiras privadas apenas as levaram para North Slope quando precisaram para alguma obra. Assim como os helicópteros do tipo Boeing Vertol que Bill Allen queria usar para rebocar o aerobarco, os operadores independentes de jatos de água foram até lá em busca de algo promissor.

Cada opinião tinha muitos empecilhos. Pó de fósforo queimado foi eliminado por conta do potencial de destruição de outros animais marinhos, incluindo baleias que nadavam livremente pela região. O laser de erosão a vapor que corta partículas de vidro e aço era pesado demais para transportar dos 48 estados, e o miniquebra-gelo, da companhia de petróleo Amoco, estava sendo usado para proteger um navio de perfuração no Oceano Ártico, a 320 quilômetros ao norte de Prudhoe.

No começo da semana, quando o aerobarco ainda era esperado, Cindy ouviu um rumor de que havia um quebra-gelo ancorado na Baía de Prudhoe. Os proprietários do barco, a Arctic Challenger, recusaram o pedido de ajuda de Plowden. Seria suicídio, argumentaram, colocar seu pequeno barco para lutar contra o gelo do Ártico naquela época do ano. Da última vez que haviam tentado navegar de Prudhoe até Barrow, a viagem levou três semanas e o barco sofreu sérios danos, e só estavam em setembro. Felizmente, nenhuma vida foi perdida, mas o gelo estava mais espesso agora e os proprietários não iriam arriscar seu barco novamente pelo bem de três baleias. Plowden não podia culpá-los.

A única ideia que parecia plausível, ainda que remota se comparada às demais, veio do subitamente ressuscitado Tom Carroll. Depois de ficar sabendo das técnicas manuais de abrir buracos no gelo dos esquimós, Carroll perguntou a Marvin King, um dos diretores da Veco em Prudhoe, se ele sabia de algum mecanismo prontamente disponível que pudesse abrir buracos de forma mais rápida.

– Bem, tem a bala de gelo da Arco – disse, num tom que demonstrava falta de confiança.

– Bala de quê? – perguntou Carroll.

King esfregou o rosto cansado devagar, sentou-se e deixou escapar um suspiro. Seus esforços para soltar o barco podiam ter matado a ele e seus homens. Foi uma das tarefas mais difíceis que qualquer um deles já realizara. Lembrando-se de todas as queimaduras causadas pelo gelo, pulmões chiando, tosses dolorosas e pálpebras congeladas, a última coisa que King queria era sair dali e começar tudo de novo com mais uma das ideias malucas do animado coronel. Conhecida por vários outros nomes, a "bala" tinha uma função simples. "Pancada", "triturador de gelo", "bomba de gelo", cada um deles descrevia, de forma simples, a mais nova tecnologia do século XX no Ártico. A estaca de concreto de 5 toneladas decorada com o logo azul-claro da Arco parecia um gigantesco pião de brinquedo. A bala ficava pendurada num cabo de aço embaixo de um helicóptero. Elevada a 30 metros no ar, numa reafirmação das leis da gravidade, era lançada para esmagar o gelo abaixo. Sofisticada? Não. Eficaz? Sempre.

O coronel queria saber mais sobre a bala, mas não havia muito mais que King pudesse dizer, além de que era da Arco, que sempre a emprestava para a Veco. Baseando-se em seu pouco entendimento das condições do gelo em Barrow, não levou muito tempo para Carroll determinar que uma bala de 5 toneladas de concreto, lançada a 30 metros do chão destruiria qualquer coisa abaixo dela. O coronel Carroll queria testá-la. No fim da noite de quinta-feira, telefonou para Bill Allen em sua casa, em Anchorage, para ver se ele podia acelerar o processo de autorização de uso da bala da Arco.

Desde que havia tocado as baleias com as próprias mãos há cinco dias, Bill Allen parecia um outro homem. Seus empregados na Veco perceberam logo na manhã seguinte, após a sua viagem a Barrow. Ele estava mais relaxado, mais atencioso. Antes de seu encontro com as baleias gigantes, Allen não conseguia entender um animal tão grande e tão gracioso como o que havia gentilmente acariciado no topo do mundo. Diferentemente da Arco, a companhia de seu colega Ben Odom, a Veco quase não tinha contato com o público em geral. Vendia produtos na indústria do petróleo. Exceto durante o escândalo político de 1984, que abalou toda a legislatura do estado, quase ninguém de fora da "indústria" tinha nem mesmo ouvido falar na Veco. Seu papel no salvamento das baleias poderia apenas difamar a empresa. Bill Allen contribuiu com o tempo, a energia e o dinheiro da companhia por apenas uma razão: ele queria salvar as baleias.

A secretária de Allen, Pearl Crouse, entrou pela porta do escritório de seu chefe, na quarta-feira, 19 de outubro, trazendo um sorriso maternal no rosto. Ao trazer um pacote do correio, Crouse quase explodia de orgulho pelo chefe que tanto adorava. O carteiro estava carregando uma mala de correspondência de lona cheia de cartas escritas à mão para o presidente da Veco.

Crianças de todas as escolas ao redor dos Estados Unidos e Canadá escreveram cartas para Bill Allen com saudações como: "Caro Sr. Dono do Petróleo" e "Querido Salvador de Baleias". Muitas delas nem tinham endereço, apenas "Equipe de Resgate de Baleias, Alasca". Setenta e duas horas após o nascimento da Operação Liberdade, as cartas encontraram o caminho do quartel-general da Veco em Anchorage, na Fairbanks Street.

Ler as mensagens emocionantes melhorou o humor de Allen. Carroll não podia ter escolhido hora melhor para pedir a ajuda dele para conseguir a bala. Em sua euforia, Allen provavelmente teria concordado com qualquer sugestão. A operação inteira começou quando ele autorizou o uso do aerobarco. Mas durante a enorme quantidade de tempo levada para o barco ser considerado ineficaz, a Operação Liberdade já tinha ganhado vida própria, não dependia mais de apenas um homem. Allen sabia que não havia mais como parar a movimentação do resgate. Percebendo que iria acontecer com ou sem ele, estava determinado a ficar por perto, ajudando da melhor forma possível.

O coronel tinha mais um ato para protagonizar. Se a bala passasse no teste em Prudhoe, a Guarda Nacional estraçalharia seu próprio caminho de buracos para o mar aberto, começando de onde os esquimós haviam parado. Carroll passou as orientações do novo plano aos pilotos do *Skycrane*. O primeiro sargento Gary Quarles e sua tripulação olhavam para o horizonte queimado de tons laranja, boquiabertos, observando o que parecia ser um veículo extraterrestre de 2 metros de largura lentamente triturando a passagem da paisagem estéril.

Os homens do Ártico chamavam o estranho caminhão que levava a pesada bala de concreto de "Rolligon". A indústria do petróleo gastara milhões de dólares para desenhar uma máquina que pudesse carregar cargas pesadas no Ártico sem danificar o ambiente sensível. Como as rodas largas dispersavam o peso excessivo do caminhão por uma superfície de área mais vasta, seria possível cruzar a tundra e o gelo do oceano sem rachar o gelo.

A bala estava presa a um cabo de alta tensão mecanizado e pendurado no meio da leve fuselagem do *Skycrane*. Diferentemente do esforço usado para rebocar o aerobarco, aquele teste não trazia riscos. O helicóptero de alta potência não teve nenhum problema em levantar o bloco e jogá-lo no gelo abaixo. Pela primeira vez, desde que foram recrutados para North

Slope, os pilotos tiveram uma tarefa fácil. Nada de cálculos matemáticos tarde da noite, de rádios bilaterais, nem conversas de encorajamento. Ou o bloco quebraria o gelo ou não. Sentado ao lado do copiloto, Gary Quarles aumentou a potência do *Skycrane*, prendeu a bala e preparou para se dirigir à área aberta de gelo, no meio da Baía de Prudhoe. No último segundo, o coronel Carroll subiu a bordo para participar do passeio. Os pilotos abaixaram a aeronave a apenas 30 metros da superfície do gelo. Quando estava bem posicionada, Quarles segurou o controle com firmeza, prevendo o súbito empurrão para cima quando a bala foi lançada. Ao aceno de cabeça de Quarles, o copiloto lançou a bala na baía.

Como pilotos de bombardeio em combate, pressionaram os capacetes contra os vidros laterais para ter uma visão melhor. Olharam para baixo, para ver o efeito de sua bomba de concreto não explosiva. Procuraram pela boia, que deveria flutuar na água recém-aberta. Quando viram a boia laranja brilhando, ela estava pulando para cima e para baixo entre os estilhaços de gelo. A bala tinha funcionado. Quebrou 60 centímetros de gelo. Se a bala tinha conseguido penetrar ali, conseguiria facilmente esmagar o gelo com metade dessa espessura na beira de Point Barrow. Dando vigorosos socos no ar, o coronel Carroll deu um beijo animado de congratulação no capacete de Gary Quarles. O copiloto apertou o botão que recolhia a bala de volta ao compartimento em que ficava guardada debaixo da fuselagem. Talvez não fosse um peso morto, afinal de contas, pensou Carroll. Talvez sua mais nova ideia pudesse ajudar a equipe de Barrow no objetivo de libertação das baleias. Quando retornaram à base, Carroll telefonou para Morris e Bill Allen e disse a eles que a bala estava a caminho.

Na manhã de sexta-feira, 21 de outubro, os *Skycranes* estavam equipados para o voo de 434 quilômetros até Barrow.

A Guarda Nacional pediu a Randy Crosby e à sua equipe de Resgate e Salvamento para ajudá-los a procurar um local em que pudessem ficar. Havia apenas um local que podia acomodar a Guarda Nacional, e esse lugar era o hangar de Randy Crosby. Sem ter muita escolha, ele relutantemente se ofereceu para receber em suas próprias instalações os oficiais e seu coronel *workaholic*. Enviou um de seus empregados para reabastecer o hangar com muito café. Carroll e seus homens chegaram exatamente duas semanas depois que as baleias foram descobertas e seis dias após terem feito sua primeira viagem exploratória. De alguma forma, elas sobreviveram. Apesar do estresse inimaginável, as baleias conseguiram enganar seu próprio destino, aparentemente selado, por quinze dias.

Com exceção do fraco filhote Bone, os mamíferos pareciam tão bem quanto em qualquer outro momento de seu sofrimento de 350 horas. A baleia de tamanho médio foi batizada de Poutu, uma palavra inuíte que descrevia o buraco de gelo em que estava presa. Poutu tinha voltado a respirar normalmente, superando a pneumonia. Os biólogos especializados em baleias que Ron Morris havia mandado buscar no Laboratório Nacional de Mamíferos Marinhos em Seattle chegaram a anunciar que os animais estavam em impressionantes boas condições.

Vários jornalistas, incluindo a mim mesmo, perguntaram por que elas não recebiam alimentos em seu confinamento. Os biólogos nos disseram que, de qualquer forma, elas não comeriam. Como as demais baleias californianas cinzentas, aquelas três tinham vindo ao Alasca para tirar proveito dos ricos depósitos de anfípodas ao longo de centenas de milhares de quilômetros quadrados do fundo do mar de águas rasas do Oceano Ártico. Haviam acabado de passar os últimos cinco meses em regime de engorda. Cada uma delas engoliu várias toneladas de gordura extra no verão. Quando saíssem para sua jornada de 7 mil quilômetros do congelado Ártico ao sereno México, as baleias não comeriam até voltarem na primavera.

Craig e Geoff estavam convencidos de que algum milagre marinho as mantinha vivas naquele minúsculo buraco por duas longas semanas. As baleias conseguiram equilibrar sua sobrevivência contra uma formidável variedade de obstáculos. Cada uma das 5 mil expirações de cada baleia exigia uma difícil manobra contra as fortes correntes do oceano, através de uma pequena abertura no gelo enquanto combatiam a exaustão e a fadiga mental. Malik não considerava aquilo um milagre. Sabia que se tratava da força interior que as impulsionava à sobrevivência. Se a baleia da Groenlândia podia sustentar seu povo por tantos anos, Malik sabia que as três cinzentas com certeza conseguiriam achar uma forma de se salvar, se houvesse uma. Cindy não sabia que era isso que empurrava as baleias para cima diante da morte certa, mas ela agradecia a Deus por isso.

Durante as duas semanas da Operação Liberdade, o saguão do Hotel Topo do Mundo foi transformado de uma modesta antessala em um mercado internacional, cujo item mais procurado era a informação sobre as baleias e o esforço em resgatá-las. O hotel era mais do que um núcleo de transmissão e impressão para a mídia que tentava cobrir a história. Também se tornara um centro social. Autoproclamados especialistas em tudo, do Ártico às baleias, apresentavam suas teorias às multidões de ansiosos jornalistas à procura de qualquer ângulo ainda não retratado. Aqui, equipes de resgate e jornalistas socializavam e coabitavam.

O cheiro de uísque se misturava ao da fumaça de cigarro pelo saguão. Jornalistas e técnicos se agarravam aos copos excessivamente usados e pouco lavados. Quando os copos quebravam, os mais determinados conhecedores tinham de fazê-los com copos de isopor, uma tradição iniciada pelo produtor da NBC Jerry Hansen, e logo imitada pelos demais. Subir as escadas de ferro do hotel, no extremo norte do mundo, era penetrar numa atmosfera elitizada do jornalismo norte-americano. Em nenhum outro lugar, o coordenador do resgate, enviado pelo governo dos Estados Unidos, poderia ser sempre visto bebendo diante de uma imprensa passiva e impressionada.

Afetado pelo frio e pelo prolongamento da escuridão, o humor no saguão do Hotel Topo do Mundo mudou de forma notável na manhã de quinta-feira, 20 de outubro. A notícia do sucesso dos removedores de gelo tinha se espalhado. Os jornalistas se acotovelaram ao telefone para relatar à sua agência. Horas atrás, antes de irem dormir, seu prognóstico final não podia ser pior. O tempo cruel e os ventos uivantes ameaçavam cobrir as baleias antes do nascer do dia seguinte. Alguns relatos previam que a última pessoa a sair do gelo seria a última a ver as criaturas com vida. Ironicamente, não havia câmeras de televisão no gelo com Randy, Cindy, Craig e o rapaz de Minnesota, Rick Skluzacek para gravar o primeiro movimento das baleias em direção à liberdade. Uma obsessão nacional sem precedente, nascida da habilidade de captar cada movimento das baleias por câmera fotográfica ou de vídeo, perdera a primeira e única vez em que algo especificamente significativo havia acontecido.

Nem todos os repórteres perderam o milagre no gelo daquela noite. Havia dois jornalistas de sorte. Como chegaram a Barrow no mesmo voo que Greg e Rick, Maria Wilhelm e Taro Yamasaki da revista *People* sabiam que estavam bem atrasados em seu esforço para cobrir o resgate. A maioria dos demais repórteres chegara a Barrow havia dias. Maria calculou que os demais já sabiam de tudo e de todos. Ao embarcar no avião em Anchorage, ela percebeu que precisava desesperadamente de alguma coisa para poder entrar no jogo. Essa coisa de que ela precisava caiu de paraquedas bem em frente à sua fileira e tinha a forma de dois rapazes de Minnesota.

Com exceção da equipe de Jason Davis, do *Eyewitness*, que só conseguiu chegar a Barrow no dia seguinte, Maria Wilhelm foi a única jornalista que conseguiu fazer uma reportagem sobre a história de Greg Ferrian e Rick Skluzacek. Maria estava muito empolgada. Alguém tinha atendido suas preces. Apenas horas depois de ter pisado no voo da MarkAir, Taro e Maria tinham as únicas fotos dos removedores de gelo derretendo o buraco e as baleias se movendo para o novo buraco. Como que, para compensar o erro da noite anterior, os jornalistas se enfileiraram bem cedo na quinta-feira de manhã para conseguir as primeiras gravações das baleias no novo buraco. Toda manhã, Harry Chittick da ABC era o primeiro homem da rede a conseguir sair do irresistível sono do Ártico – às 4h30 era cedo demais nos demais 48 países continentais, mas depois do prolongado frio do Ártico, que cansava mais, era além do que muita gente podia aguentar. Por todo o milênio, os esquimós sempre se consideraram seres que hibernam. O único descanso de uma interminável noite frígida de inverno era o longo sono profundo. Durante o sono, um corpo despreparado para funcionar no Ártico poderia diminuir a resposta do metabolismo, fazendo que funcione lentamente.

Como os próprios esquimós, os jornalistas foram dominados pela mesma indescritível exaustão. Nenhuma quantidade de sono parecia suficiente. Tradicionalmente, as pessoas de sono leve entram numa espécie de coma em que não conseguem mais acordar. O saguão do Hotel Topo do Mundo estava cheio de pessoas alegando estar sóbrias que acabavam caindo no sono de roupa mesmo, acordando somente dez horas depois. Depois de oito horas no gelo com as baleias, era tudo o que se podia fazer para ficar acordado depois das 21h. Nem todo mundo reagia da mesma forma. Nosso cinegrafista, Steve Mongeau, ficava bebendo e rindo até altas horas com nosso anfitrião Rod Benson. Depois de apenas algumas horas de sono, Mongeau era sempre o primeiro a acordar. Não só isso, como também trabalhava duro e mais tempo do que qualquer um que já vi em Barrow; eu não conseguia dormir o suficiente e mesmo assim estava sempre exausto.

Mas o interessante é que a mononucleose, que vinha me limitando a não mais do que algumas horas diárias em Nova York, parecia ter desaparecido. Talvez tivesse congelado e morrido. Para a surpresa de seus colegas, Harry Chittick conseguia não apenas estar acordado, como também coerente para a reunião das 5 da manhã. O veterano do Vietnã e membro da Guarda Nacional dizia que seu segredo vinha de uma caixa de cereal de 8 dólares que havia comprado no único supermercado de Barrow. Apenas o ruído do radiador e a mastigação ritmada de Chittick quebravam a monotonia do escuro Ártico. Servindo-se de uma porção sob medida de seu galão de leite de 7 dólares, ele olhou de forma maravilhada para os pedaços irregulares de gelo espalhados pelo Mar de Chukchi. Aquilo o fazia se lembrar das imagens inesquecíveis transmitidas da superfície de Marte durante a missão da sonda espacial Viking, fotos impressionantes espalhadas pelo espaço vazio de 64 milhoes de quilômetros. Ficou maravilhado com a luminosidade curiosa e duradoura do mar. Não havia lua naqueles dias em particular para iluminar a mais negra das noites, mesmo assim a superfície esculpida do mar estava limitada só aos limites da imaginação de Chittick.

Confortavelmente enrolado num esfarrapado cobertor de lã verde do Exército, Chittick esperou com calma até que seu telefone tocasse. Derrubando esporadicamente gotas de leite em sua barba branca, ele saboreou a solidão do silencioso amanhecer do Ártico. Quando seu telefone realmente tocou, marcava o início de mais um dia de brutal agitação no gelo. A princípio, seus superiores em Nova York tentaram convencê--lo a não ir para Barrow. Não ia pegar bem, argumentaram, ele sair correndo para o topo do mundo numa tentativa óbvia de brincar de pega-pega com a NBC, que começou toda a história. Em seguida, mudaram de ideia. Apesar de ter demorado 72 horas para a ABC transmitir a primeira gravação própria feita em Barrow, todos sentiram ter sorte por Chittick estar lá para cobrir aquele que tinha se transformado em um dos maiores eventos da mídia da década.

O incansável Chittick disse a seus superiores que havia encontrado uma exausta, mas exultante, Cindy Lowry há apenas algumas horas.

– Os removedores de gelo funcionaram, as baleias foram para o segundo buraco! – ela exclamou.

Durante os cinco dias em que estava em Barrow, ele nunca tinha visto Cindy tão feliz. Assistira a seu crescente desespero ao ficar ali, impotente, enquanto a condição das baleias se deteriorava. Ela nunca havia demonstrado nenhum sinal da euforia apresentada agora. Incapaz de imaginar a agonia de uma única hora no gelo de rachar os ossos, muito menos um dia inteiro, os executivos da ABC News não conseguiam entender por que Chittick e sua equipe tinham perdido o primeiro grande movimento das baleias.

Chittick tentou explicar que, exceto por uma única luz posicionada para afastar curiosos ursos polares, o local em que as baleias estavam era uma treva só. Além do mais, não tinha como pedir a seus cinegrafistas para colocarem suas câmeras de cem mil dólares debaixo d'água para filmar as baleias nadando no buraco. Para que a filmagem funcionasse, as baleias teriam de esticar a cabeça no ar gelado por um bom tempo e falar inglês bem o suficiente para anunciar o movimento iminente.

Os conceitos errados que Chittick tinha de superar eram leves se comparados às histórias de outros membros da imprensa. O fotógrafo britânico Charles Laurence, enviado pelo *Daily Telegraph* de Londres, viajou com tanta pressa a Barrow que nem teve tempo de conseguir moeda americana. O primeiro de uma série de custosos erros de julgamento do bretão estava relacionado à suposição de que, como Barrow ficava nos Estados Unidos, seus poucos estabelecimentos comerciais aceitariam cartão de crédito. Quando não estava perigosamente pendurado na traseira de um trenó em alta velocidade, contratado por uma equipe de mais sorte, boa o suficiente para lhe dar uma carona, ele estava gritando com seus editores em Londres para mandar o dinheiro de que precisava para que pudesse cobrir a história de forma adequada.

Suas dificuldades ficaram piores quando ele descobriu que não existia nenhuma maneira de enviar dinheiro ao pequeno vilarejo de esquimó. O banco moderno mais próximo ficava em Fairbanks, 1.100 quilômetros de distância. Depois da prolongada humilhação de implorar por dinheiro vivo, ele finalmente persuadiu seu escritório a autorizar a ínfima quantia de 500 dólares para Fairbanks. Mesmo se Laurence pudesse descobrir uma forma de colocar a mão no dinheiro, 500 dólares mal dariam para dois dias em Barrow. Estava pálido, mas desesperado. Laurence despendeu a maior parte de seus primeiros dias em Barrow tentando conseguir, com muito dinheiro, o dinheiro que o atormentava em Fairbanks. Dezenas de telefonemas depois, encontrou um portador disposto a entregar a pequena quantia para Barrow. Depois de pagar o portador, metade do dinheiro tinha ido embora.

Além do mais, o frustrado fotógrafo teve de tolerar as inúmeras e incessantes instruções recebidas de Londres. Sem dinheiro, sofrendo por não ter roupas adequadas e quase com todo o corpo queimado de gelo, Laurence era esmagado sempre que um de seus concorrentes bem financiados conseguia uma foto que ele não tinha.

– Faça o que fizer – dizia a ordem de seus superiores em Londres – Certifique-se de tirar ótimas fotos das baleias quando elas escaparem – até o momento, seu refinamento inglês vivia colocando-o em xeque. Mas agora era o fim.

– Ah, vá para o inferno! Você só pode estar de brincadeira! – gritou, incrédulo. – Você acha que as baleias vão sair batendo as barbatanas e dando tchauzinho quando saírem nadando? – perguntou, tirando sarro.

Laurence ficou tão irado com o pedido, que começou a parar as pessoas que passavam na frente do telefone do Laboratório de Pesquisa Naval do Ártico, dizendo – Com licença – implorou a uma pessoa totalmente estranha. Falando alto o suficiente para que Londres ouvisse, Laurence perguntou ao transeunte – Dá para acreditar nisso? Esses idiotas querem que eu tire fotos das baleias quando elas escaparem. Estou chateado demais para falar com eles. Você, por favor, poderia tentar explicar a eles que estamos falando de baleias, não de um trio de pessoas felizes num acampamento que se despedem no fim de suas férias de verão?

Seus editores entenderam o recado e recuaram. Sua equipe ressentia-se por estar trabalhando demais, recebendo de menos e não sendo muito valorizada. O que ele não conseguiu de Londres conseguia daqueles que entretia com suas histórias engraçadas. Na análise da cobertura, nenhum dos estimados 150 jornalistas que se reuniram no topo do mundo teria discordado de uma observação universal: nenhuma guerra, revolução, ou campanha política que qualquer um de nós tivesse observado exigiu mais fisicamente do que o resgate de baleias de Barrow. Para alguns, foi um sinal do céu dizendo-lhes para explorar outro campo de trabalho. Para outros, como Harry Chittick e este que escreve, foi a história de sua vida, e do jornalismo televisivo em seu ápice. Não havia espaço para as usuais interferências superficiais nessa cobertura. Aproveitamos o acesso ilimitado a todas as personagens principais no drama sem o acompanhamento de assessores de imprensa que auxiliavam a maior das operações do governo.

Depois que as baleias deram o primeiro e hesitante passo em direção à liberdade, o resgate assumiu uma nova urgência. As baleias renovaram a esperança de um mundo ansioso. Um desejo instintivo de morte não era mais uma explicação válida para seu comportamento mal compreendido. Haviam demonstrado vontade de viver e provaram que podiam e iriam trabalhar com seus salvadores. Agora que as baleias estavam cooperando, não havia como voltar atrás.

17

URSOS POLARES AMEAÇAM ROUBAR O SHOW

O comando do resgate olhava interiormente para o único grupo que até agora havia mantido as baleias vivas desde que foram descobertas: os esquimós. Na quarta-feira, 19 de outubro, os buracos de Arnold Brower finalmente começaram a valer a pena. Na reunião de quinta-feira de manhã com Ron Morris e Cindy, Brower se ofereceu para tentar abrir buracos de respiração fora da área da crista de pressão, a uns 10 ou 12 quilômetros dali.

Enquanto isso, os anciãos do vilarejo, completamente versados nos caminhos de seu hábitat nativo, iam procurar uma forma de passar através dele. Com a sugestão de Brower, Morris pediu a Dan Fauske, diretor de orçamento de Barrow, que autorizasse equipes de busca formados pelos esquimós para encontrar pontos fracos na massiva muralha de gelo por terra e por ar. Fauske não estava acostumado a receber ordens. O pedido de Morris incitou sua ira. Quem aquele cara pensava que era?, Fauske se perguntou. Só depois da interferência de Brower, dizendo que a ideia era dele, é que Fauske cedeu. Os caçadores esquimós orientaram seus pilotos de helicópteros em direção a rotas promissoras pela crista de pressão, onde haviam marcado caminhos potenciais, derrubando sacos plásticos com cristais vermelhos de Kisuco. As marcas vermelhas iam se sobressair contra o universo pintado de branco.

Os caminhos dos esquimós inuítes eram novos para Morris. De forma não surpreendente, sua relação com Brower e os esquimós foi rapidamente desvendada. Não sem razão, sentia que os esquimós e seus simpatizantes estavam ansiosos para exibi-lo. Num esforço de encontrar apoio para sua liderança, Morris contratou dois de seus próprios especialistas em gelo para ajudá-lo. Como coordenador da NOAA, tinham uma posição em que podia dispor de recursos como poucos. A NOAA administrava o Serviço Meteorológico Norte-Americano, que empregava muitos dos principais hidrometeorologistas especializados em gelo oceânico. Ele telefonou para Gary Hufford, talvez o principal especialista em gelo do mundo. Morris ordenou que ele e seu sócio, Bob Lewellen, viessem imediatamente para Barrow. Mas, para o enorme desgosto de Morris, Hufford, foi o primeiro a admitir que, apesar de todo o seu treinamento profissional e da reputação internacional, Arnold Brower Jr. sabia muito mais das condições locais do gelo nativo do que ele.

A promessa de Brower de abrir buracos por todo o caminho até a crista de pressão colocou os intrépidos esquimós contra a única força que nem mesmo eles conseguiam dominar: a escuridão invasiva. Situada próxima ao topo do planeta, Barrow experimentava a mais dramática das variações de luz do dia de qualquer povoado humano permanente do globo. Entre 2 de agosto e 17 de novembro, Barrow passa de 84 dias de absoluta luz do dia para 67 dias de total escuridão. Os quatro meses no meio vivem a precipitada corrida em direção à noite interminável. Nesse período de quatro meses, Barrow perde até 20 minutos de luz todos os dias. Nos primeiros cinco dias da Operação Liberdade, a equipe de resgate perdeu mais de uma hora da útil luz do dia.

A crescente escuridão trazia não só a depressão do Ártico, como também rapidamente derrubava as temperaturas. Graças aos removedores de gelo de Minnesota, os esquimós não precisaram se preocupar em evitar que os buracos já abertos congelassem. Em vez disso, puderam se concentrar em abrir novos buracos. As pequenas bombas, que a imprensa começou a chamar de "Jacuzzis do Ártico", fizeram esse trabalho para eles.

Por volta das 9h de quarta-feira, Greg Ferrian e Rick Skluzacek estavam de volta ao gelo. E ocupados demais para notar que todas as câmeras de televisão do norte do Círculo Ártico estavam apontadas para eles.

Até aquele momento, eles ainda eram os únicos heróis do cenário. Como Nova York estava quatro horas à frente do Ártico, a notícia do milagre do fim da noite no gelo chegou tarde demais para os programas matinais das emissoras. Mas o triunfo dos rapazes de Minnesota dominou as transmissões por satélite da quinta-feira à tarde. Quando a noite chegou, eles já eram celebridades. Rick Skluzacek e Greg Ferrian eram os heróis americanos do momento, mesmo que por pouco tempo. De forma impressionante, a mesma transmissão de Peter Jennings que motivou a ida de Skluzacek e Ferrian para Barrow, chamou a atenção de um outro empresário samaritano. Esse fabricava componentes para motosserras em Portland, Oregon. Dudley Hollis, das Indústrias Omark viu os esquimós lutando para abrir buracos no gelo e sabia que tinha um produto que podia ajudá-los. Menos impetuoso dos que os cunhados de Mineápolis, Dudley Hollis, antes lenhador da Austrália, cuidadosamente avaliou se seu produto realmente ajudaria os esquimós. Sua empresa fazia uma solda para motosserras para fabricantes do mundo todo. A princípio, Hollis queria enviar 30 metros de bobina de corrente extra. Ele achava que os esquimós podiam precisar substituir suas correntes quando caíssem, por conta da imensa força da serra sobre o gelo espesso.

Bem quando estava prestes a enviar a bobina de corrente para Barrow, Hollis se lembrou das onze motosserras Husqvarna no laboratório de testes da Omark. Ele ligou para Dan Fauske, no Distrito de North Slope para ver se ela as queria – Quanto vai custar? – Fauske perguntou com cautela, de orelhas atentas e olhos bem abertos quando Omark disse que ia doá-las. – Bem, então vem correndo pra cá – disse Fauske, jovialmente.

O primeiro dia de Hollis no gelo quase foi seu último. Ele instalou a serra adaptável com lâminas extralongas, capacitando o operador a cortar o gelo de forma mais fácil. Explicou os procedimentos de segurança da maneira mais clara que pôde. Mas, só por precaução, vestiu calças de segurança de rede de aço grosso. É claro que o primeiro esquimó a usar a Husqvarna descuidadamente foi girando a serra sem nem olhar e bateu com tudo na perna de Hollis. Se não fossem as calças de segurança, a corrente, girando a 80 quilômetros por hora, teria arrancado a perna direita dele, deixando-o sangrar até a morte no gelo. Durante o restante do dia, mesmo naquele bendito lugar, Hollis não conseguia acreditar como uma pessoa pode ser tão feliz por ter as duas pernas.

Naquela mesma manhã, Harry Chittick convenceu Randy Crosby, do Departamento de Resgate e Salvamento, a levar uma equipe de cinegrafistas numa caçada de urso polar. Afinal de contas, pensou Chittick, quando se faz uma cobertura sobre o Ártico, temos de mostrar os ursos polares. Tudo o que Crosby havia feito nos últimos cinco dias era voar para lá e para cá no local em que estavam as baleias. Contanto que não fossem necessárias evacuações médicas, ele não tinha objeções. Na verdade, adorava. Era a coisa mais excitante que já tinha feito. Crosby curtiu a oportunidade de levar Chittick, um colega da aviação, num passeio aéreo sobre seu lar adotado, o Ártico. Crosby sabia onde encontrar os ursos que ele e seus vizinhos esquimós chamavam de Nanooks. Disse a Chittick que, com quase 3 metros de altura, era impossível não vê-los. Muitos esquimós, em expedições de caça perto do local em que as baleias estavam, viram ursos a cem metros de distância de onde ocorria toda aquela atividade humana.

Ursos polares são destemidos. Não se deram ao trabalho de incomodar as baleias ou a equipe de resgate até agora porque não quiseram. Se não tinham medo de Barrow, onde regularmente perambulavam pelas ruas, não estariam muito preocupados com algumas motosserras e *snowmobiles* lá longe no gelo, lar e território dos ursos. Chittick ficou surpreso em saber que os ursos polares não eram animais de terra. Como viviam principalmente no gelo e retiravam o alimento do mar, o urso polar era classificado como um mamífero marinho, igual às baleias encalhadas. Os ursos só se aventuravam na terra quando os caribus em migração ficavam visíveis na massa de gelo ou quando não encontravam alimento em seu hábitat.

Os ursos polares eram protegidos pelo governo federal, embora só tenham entrado para a lista das espécies ameaçadas em 2008, quando havia 25% a mais de ursos polares perambulando pelo Ártico. Enquanto os não nativos enfrentavam penalidades severas, incluindo longas sentenças na cadeia por matar um urso polar, os esquimós tinham permissão de caça limitada, de acordo com as leis de subsistência do Alasca. As cinco ou seis vezes por ano em que um esquimó tinha sorte o suficiente para atirar num urso polar era ocasião para um banquete local. Da mesma forma que ocorria quando uma baleia era morta, a notícia era transmitida pela KBRW, a estação de rádio de Barrow.

O anúncio no rádio era um claro convite só aos nativos esquimós inuítes. Quem não fosse – até mesmo cônjuges não esquimós, filhos e pais – não tinha autorização para participar.

As absurdas leis federais e estaduais de "raça e sangue", adotadas para proteger a cultura inuíte, só serviam para dividir por raça todas as pessoas que viviam em comunidades nativas. Sem falar que, com o índice de casamentos consanguíneos passando dos 80%, quem mesmo era esquimó? Em sua busca por fazer o bem, os legisladores federais não eram tão completos como seus predecessores alemães em Nuremberg ao classificar precisamente qual "porcentagem" de "sangue" não inuíte seria suficiente para tirar a esposa, a filha, ou o irmão da mesa de jantar da família.

Além disso, do jeito que a população de ursos estava se expandindo, era bem provável que houvesse mais ursos polares vagando por Barrow do que inuítes de "raça pura" para caçá-los. Ursos polares são uma espécie difícil de contar, pois estão constantemente andando e vivem em locais de difícil acesso. Mas um estudo de 2005, feito pelo Grupo Especializado em Ursos Polares da União Internacional para Conservação da Natureza, calculou uma população global de 25 mil. Se for verdade, significa que há mais ursos polares hoje do que havia antes; um quarto a mais do que havia há trinta anos. Mas filhotes de ursos polares com certeza são ótimos mascotes em desfiles ambientalistas.

Abrindo os enormes compartimentos do hangar, Randy Crosby engachou o trator de reboque na frente do novo helicóptero modelo *Bell Long Ranger 214*. De acordo com as próprias regras de Crosby, um helicóptero sempre tinha de estar pronto para uma emergência. Já que só faltava pouco mais de uma hora para o primeiro voo da mídia até as baleias, tinham menos tempo do que isso no ar para avistar um urso. Ele decolou do heliponto vagamente delineado pelas fracas linhas amarelas, obscurecidas pela neve levada pelo vento. Virou o helicóptero para o sudeste e a 8 quilômetros a oeste de Barrow em direção ao mar. A crista de pressão que Morris e os esquimós queriam rachar era o hábitat natural do animal mais feroz da Terra.

Enquanto Crosby sobrevoava a área tentando encontrar ursos, Arnold Brower e seu grupo de esquimós estavam lá em baixo, armados com rifles de alta potência para protegê-los do animal mortal e imprevisível. Nas áreas mais perigosas, as pessoas sabiam que tinham de andar de costas umas para as outras. Era assim que faziam no gelo. Caminhavam com armas, de cotovelos juntos, ao passar pelas torres de gelo da crista de pressão, procurando por um lugar para cortar o gelo para as baleias passarem. Esperavam conseguir evitar o confronto com um dos maiores e mais ágeis gigantes, mas se fosse inevitável, estavam prontos para vencê-lo.

Crosby voou na direção nordeste, rumo ao local das baleias, a partir do mar aberto da crista de pressão. Mantinha o helicóptero a menos de 30 metros da superfície da profundidade preta acinzentada da água fria como o gelo. Ele disse a Chittick e ao cinegrafista para ficar de olhos bem focados à direita da aeronave. Ursos polares gostavam de caçar junto à bolsa de gelo, em que podiam facilmente escorregar para dentro e para fora do mar rico em alimentos. Bem na hora em que Crosby ia aumentar a altitude do Long Ranger para procurar em outro lugar em que tinha visto ursos polares, uma massa de pele branca saiu por trás de um pedaço de gelo, vindo com raiva em direção ao helicóptero. Crosby virou a aeronave bruscamente num ângulo difícil e desceu apenas 3 metros, para possibilitar ao cinegrafista da ABC a melhor imagem do urso.

Mostrando os dentes e agitando as garras mortais, o enorme urso começou a erguer sobre as patas traseiras. Chittick estava estupefato. Será que aquele urso realmente pensava que podia atacar um helicóptero em movimento a 3 metros do chão? Mas enquanto sua mente concebia uma imagem de perplexidade, o rosto confuso de Chittick ficou sem expressão. O urso ficou completamente ereto. Chittick pensou que seus olhos finalmente o estivessem traindo. Percebeu que estavam se inclinando para olhar bem nos olhos do urso. Estava num meio de transporte aéreo e olhando para cima para ver a cabeça de um animal de terra que estava em pé, apoiado nas patas traseiras. Qual era a altura do maldito bicho? O rosnado do urso raivoso era facilmente audível sobre o ruído das hélices do helicóptero.

Inacreditavelmente, o urso sacudiu a garra numa tentativa de golpear o helicóptero. Não dava para acreditar! O cinegrafista da ABC captou a sequência dramática inteira em sua câmera. Não foi só a visão mais impressionante da carreira de Harry Chittick, mas também foi o melhor vídeo de todo o resgate. Pois os esquimós "puros" eram as únicas pessoas que tinham permissão de matar um urso polar de acordo com leis estaduais e federais, e eram os únicos batedores armados que as redes de televisão podiam contratar. (Quer os batedores concordassem em fazer exame de sangue para verificar a "pureza de esquimó", ninguém certamente se importava em perguntar.) Os jornalistas que estavam cobrindo as baleias foram avisados para nunca se afastarem mais de cem metros do local em que elas estavam, sem um guia, exceto pelas áreas que faziam parte do trajeto ao gelo.

No caminho de volta de nosso primeiro dia cobrindo as baleias, Masu Kawamura e eu estacionamos nossa teimosa caminhonete na lateral da estrada e caminhamos em direção à bolsa de gelo. Não conseguimos superar o fato de ser possível dirigir, caminhar e brincar em cima do Oceano Ártico. Nosso antes destemido cinegrafista, Steve Mongeau, decidiu ficar na caminhonete. Mongeau já havia feito reportagens no Ártico antes e sabia muito sobre ursos polares. Não havia como andar "lá fora" sem uma arma.

Masu e eu estávamos maravilhados com o fato de que provavelmente podíamos andar claramente pelo topo do mundo e descer para o outro lado até a Noruega, tudo isso por cima do oceano congelado. Subitamente, fomos pegos por uma forte nevasca – uma condição que cega a pessoa, causada pela neve rodopiando e tirando a visibilidade. Nós dois nos jogamos no chão para recuperar o equilíbrio e fugir do vento que chicoteava. Quando olhei ao redor para procurar por Masu, não consegui ver nada. Sabia que ele não podia estar a mais do que 2 ou 3 metros de mim. Sabíamos que não estávamos tão longe das baleias, porque o som dos helicópteros e das serras estava bem perto. Mas nenhum de nós conseguia ver nada.

Conforme o vento uivava, comecei a imaginar para o que estava olhando abaixo de mim. Seriam as pegadas de Masu? Não pareciam estar ali segundos antes? Mas pareciam bem maiores, se é que eram pegadas. Não dava para ter certeza. Talvez fosse só a minha imaginação. Mas, quando o vento parou e a nevasca cessou, convenci a mim mesmo que dava para ver a silhueta de um imenso urso polar que parecia estar olhando para nós.

Na fração de segundo seguinte, ele deve ter ficado assustado pelo ronco do helicóptero acima. Ou talvez não tenha sido nada. Nenhum de nós podia jurar ter visto alguma coisa – certamente não para membros de nossa própria fraternidade que só iam rir da gente. Naquela noite, foi exatamente isso que nosso anfitrião, Rod Benson, fez. Não havia como, gritou, não podíamos ter ficado tão perto de um urso, e, além disso, ninguém mais o vira, e se o urso estava mesmo tão perto do litoral, ele teria andado pela costa e isso teria acontecido logo em seguida. Masu e eu ficamos sabendo que a estratégia favorita de um Nanook é esperar que vítimas percam a visibilidade durante as fortes nevascas. Era uma boa fantasia para nos engajarmos:

(a) Se é que havia mesmo um urso e (b) se é que decidiu vir nos pegar, não teríamos tido muita chance e ele não teria tido uma boa refeição – então estávamos empatados.

Arnold Brower e seus escoteiros voltaram da expedição da crista de pressão com más notícias. Disseram a Morris que, apesar de haver certos pontos fracos, nenhum deles era raso o suficiente para ser aberto por motosserra. Isso significava que as enormes torres de gelo de quase 10 metros de altura também estavam a mais de 10 metros abaixo da superfície, firmemente ancoradas no assoalho oceânico.

Na manhã de sexta-feira, 21 de outubro, a Operação Liberdade precisava de uma liberdade própria. Apesar de as baleias terem começado a usar os buracos abertos pelos esquimós, ainda parecia não haver como passar pela crista de pressão. O que podia quebrar a crista? A pergunta feita desde o primeiro dia só tinha uma resposta: um quebra-gelo. O resgate estava de volta ao ponto em que havia começado há uma semana, com Cindy Lowry telefonando para lugares distantes. Muitos deles para Campbell Plowden, seu colega de Washington. Antes de o primeiro jornalista do Exterior chegar a Barrow para cobrir o resgate de baleias que se iniciava, Plowden já estava trabalhando por trás das câmeras para encontrar um navio que pudesse salvar as baleias. Na manhã de sexta-feira, 14 de outubro, um dia depois da primeira notícia do encalhe das baleias aparecer no programa de notícias noturnas da NBC, Plowden ligou para seus contatos na Guarda Costeira dos Estados Unidos, que operavam dois quebra-gelos de primeira classe.

O navio quebra-gelo de bandeira, o *Polar Sea*, já era notícia em si. Estava no meio do gelo da Passagem do Noroeste russa, no caminho de volta de um navio de resgate. Um navio canadense estava encalhado no lado ocidental da Passagem, a apenas algumas centenas de quilômetros a leste de Barrow.

O *Polar Sea* estava tentando guiá-lo em segurança. Em circunstâncias normais, disseram a Plowden, o navio teria passado diretamente por Barrow. Mas, por causa do mal tempo incomum no Ártico, o gelo do lado ocidental da Passagem do Noroeste estava muito espesso, até mesmo para o Polar Sea. Sendo assim, tanto o quebra-gelo como o navio ao qual veio salvar tinham de navegar pelo outro lado, a 2.500 quilômetros de distância do topo do mundo em direção às águas do norte do Atlântico, a poucas centenas de quilômetros da Islândia. De lá, eram mais 20 mil quilômetros de volta para Barrow pelo Canal do Panamá. Plowden não precisava perguntar mais nada. O *Polar Sea* não era uma alternativa.

– E o outro quebra-gelo? – perguntou, sabendo que a Guarda Costeira tinha uma segunda embarcação. O mais novo e mais suave *Polar Star* estava ancorado em Seattle, passando por extensivos reparos. Nenhum dos quebra-gelos americanos podia ajudar na causa que estava unindo o mundo. Como o Exército americano só podia ter dois quebra-gelos?, Plowden perguntava a si mesmo. Talvez porque pessoas como ele, que sempre encontravam razões para se opor a qualquer tipo de gasto, só imagine um quebra-gelo de 300 mil dólares, desenhado para facilitar o trânsito de "contaminados" navios comerciais por águas "puras".

Exceto pelo Alasca, que sempre brigava por mais, a Marinha não tinha muito uso para quebra-gelos; a Guarda Costeira muito menos. Na paixão pelo resgate, poucas pessoas pararam para refletir que, felizmente, até então apenas não precisávamos deles. Diferentemente da União Soviética, nenhum porto norte-americano jamais foi fechado durante o inverno, até os do Alasca. Na verdade, alguns acreditavam que os Estados Unidos nem precisavam dos dois que já tinham. Na maior parte do tempo, os quebra-gelos americanos auxiliavam navios canadenses na Passagem do Noroeste: em águas canadenses; e o Canadá tinha a sua frota de quebra-gelos – mais nova, mais rápida e mais confiável do que a da América.

Em suas conversas sobre os quebra-gelos americanos, Plowden ficou sabendo que havia um quebra-gelo de 60 metros em Juneau. Seus telefonemas revelaram que não dava para usá-lo. Com menos da metade do tamanho do *Polar Sea*, era pequeno demais para a função. Desenhado para quebrar o gelo relativamente fino do sudeste do Alasca, já seria bem difícil conseguir vir até Barrow, sem falar em competir com os enormes blocos de gelo da crista de pressão. Plowden conseguiu o nome de muitas empresas de serviços marinhos em Seattle que supostamente trabalhavam de perto com todos os grandes quebra-gelos do mundo. O encarregado da Corporação Marítima Crowley perguntou a Plowden se ele já tinha entrado em contato com alguém do gabinete da Marinha Mercante Soviética em Nova York. A União Soviética operava a maior e mais poderosa frota de quebra-gelos. Com poucos portos de águas quentes, precisavam desesperadamente garantir a passagem dos navios da Marinha Mercante e do Exército soviético.

Logo depois de falar com Crowley, a mesma mulher anônima que ligou para Cindy Lowry em Anchorage mais cedo naquela manhã, falando em nome do aerobarco da Veco, telefonou para Plowden em Washington.

– Já pensou nos soviéticos? – perguntou Maria Baleia. Maria disse a Plowden que tinha acabado de falar com o escritório de Armand Hammer em Los Angeles. Hammer era um industrial nonagenário que fez sua primeira fortuna como agente de comércio internacional para a então embrionária União Soviética. Mais tarde, apostou seus interesses comerciais ao controlar a gigantesca Occidental Petroleum Company, a qual dirigiu até sua morte em 1990. Hammer comentara corretamente que talvez fosse o único homem vivo que era íntimo tanto de Vladimir Lenin e Ronald Reagan.

O pedido inicial de Maria Baleia era para que o escritório de Hammer ajudasse a resolver a questão do gelo. Ela disse a Plowden que a mulher com quem falara tinha sido bem grossa.

Apesar de Cindy ter dito a ele para não perder seu tempo, Plowden ligou para David Ramseur, no gabinete do governador do Alasca. Ele queria ver se o governador poderia autorizar a Guarda Costeira a requisitar auxílio dos soviéticos – Você está louco? – foi a resposta áspera. Se o estado do Alasca não pedia ao governo norte-americano que requisitasse auxílio soviético quando um navio encalhava ou mesmo quando sete caçadores esquimós ficaram perdidos no mar, como Cowper justificaria fazer isso por três baleias estúpidas?

Na manhã de segunda-feira, 17 de outubro, as baleias já haviam virado notícia no mundo. Plowden acordou às 3 da manhã naquele dia para ligar para David McTaggart, o diretor do Greenpeace Internacional que estava em Roma. McTaggart estava doente, de cama, mas seu assistente, Brian Fitzgerald, ouviu Plowden explicar o problema. Plowden queria que McTaggart persuadisse seus contatos na Academia de Ciências da URSS a enviar um quebra-gelo. Fitzgerald prometeu comunicar o pedido de Plowden ao acamado diretor. Plowden desculpou-se por não poder dar mais detalhes. Além das caras tarifas telefônicas internacionais, ele estava com pressa. Tinha de estar no estúdio da ABC para gravar o programa *World News This Morning* com uma entrevista sobre o resgate. Disse a eles que entraria em contato assim que terminasse o programa, o segundo da ABC em que estava escalado para aparecer. Fitzgerald levou o recado de Plowden para McTaggart imediatamente. Se desse para mandar um telegrama aos soviéticos, talvez conseguisse lubrificar o maquinário em marcha lenta da burocracia soviética.

Antes de sair do estúdio da ABC, Plowden ligou para ver se tinha algum recado. Fitzgerald havia ligado de Roma. McTaggart concordara em enviar um telegrama para a apropriada autoridade soviética, Arthur Chilingarov, do Comitê Estadual de Hidrometeorologia e Controle do Ambiente Natural, se Plowden rascunhasse o texto e descobrisse o telex de Chilingarov. Plowden passou o restante da manhã de segunda-feira tentando contato com as linhas constantemente ocupadas da Embaixada Soviética em Washington. Quando finalmente conseguiu, o oficial na embaixada deu a ele o número do telex e o endereço do escritório de Moscou. O homem que estava prestes a receber o pedido de ajuda às baleias tinha um escritório na rua Pavlik Morozov, a figura do garoto mártir da União Soviética que personificou a virtude marxista-leninista ao denunciar o próprio pai para a NKVD de Stalin em 1932. Sergei Eisenstein transformou o "heroísmo" de Pavel Morozov num clássico filme de propaganda soviético de 1937.

Nem 10 minutos depois de Plowden ter conseguido o número de Chilingarov em Moscou, um repórter da CNN ligou para o Greenpeace para saber do pedido. Será que alguém o traíra? Como a imprensa já sabia de seus planos tão rapidamente? A CNN respondeu voluntariamente que a Embaixada Soviética os informou sobre o telefonema durante sua ligação de verificação matinal regular. Plowden negou saber de qualquer coisa. Agora, pareceria que ele tinha sido o responsável pelo vazamento. Se a história vazasse antes que um pedido formal fosse feito, o plano iria por água abaixo. Plowden rascunhou o texto e enviou por fax uma cópia do telegrama proposto ao escritório do Greenpeace em Roma para a aprovação de McTaggart e o enviou para Moscou. Menos de uma hora depois de ter enviado a mensagem para Roma, ela já estava em Moscou. Quando o camarada Chilingarov chegou ao trabalho na manhã seguinte, terça-feira,

18 de outubro, o recado do velho amigo do Greenpeace, David McTaggart, estava esperando sobre sua mesa.

O Greenpeace requisita seu auxílio com urgência para ajudar a libertar três baleias californianas cinzentas presas em buracos de gelo a menos de 2 quilômetros da costa de Point Barrow, Alasca", dizia o início da mensagem. A crista de pressão só seria descoberta dias depois do primeiro telex. E continuava: "Uma operação de resgate já está ocorrendo, mas só será bem-sucedida se o canal para o mar aberto, agora a 10 quilômetros das baleias, não congelar. Se o canal congelar, o quebra-gelo conseguiria abrir caminho para a passagem das baleias? Por favor, entre em contato com nosso escritório em Washington que está em contato direto com nosso pessoal no Alasca. Saudações. David McTaggart.

Conforme a notícia das baleias foi se espalhando pela Europa, Chilingarov mal podia conter sua alegria. Depois de sofrer décadas de descaso ocidental pela persistência na pesca baleeira, a União Soviética estava na extremidade receptora de uma oportunidade de ouro em termos de relações públicas. Mesmo com a moratória da Comissão Baleeira Internacional de 1986, a União Soviética ainda estava longe de ser a única maior pescadora de baleias cinzentas. No mesmo instante em que Chilingarov recebeu o pedido de ajuda, os baleeiros a bordo dos velhos navios soviéticos enferrujados de pesca baleeira estavam esfregando seu convés manchado de sangue depois de mais uma produtiva sessão de busca no Mar de Chukchi caçando baleias cinzentas. A caça deveria ser limitada só a propósitos de subsistência, mas a Glasnost tinha dado liberdade à mídia soviética para relatar que a carne de baleia cinzenta era de baixo teor de gordura e rica em proteína e era usada para alimentar os visons soviéticos vendidos por uma grana alta em dólar aos sujos capitalistas.

A União Soviética sabia que pelo menos 169 baleias cinzentas foram mortas em 1988. Agora, sem nenhum tipo de vínculo, estava recebendo a oportunidade de aparecer perante o mundo como a salvadora de baleias. Subitamente, ao abrir o caminho pelo gelo, o país poderia alegar se preocupar com as baleias com o mesmo amor, atenção e cuidado dispensados às pessoas. A União Soviética fora convidada a salvar as mesmas baleias que seus comerciantes baleeiros teriam preferido capturar. Conseguiria ótimas relações públicas. Ia ganhar aplausos das pessoas de todo o mundo e ao mesmo tempo faria pouco para impressionar. Não precisaria se preocupar em causar boa impressão com os ambientalistas – eles há muito admiravam os soviéticos por sua detalhada preocupação com a proteção ambiental. Tudo é justo no amor e na pesca baleeira.

18

AS BALEIAS QUASE DEIXAM O GOVERNO DE JOELHOS

O telex de David McTaggart apelando por ajuda marcou a primeira vez que Arthur Chilingarov ouviu falar das três baleias encalhadas. Mesmo assim, o ministro soviético imediatamente se agarrou ao potencial arrebatador do evento. O momento era crítico para a estabilidade de seu líder.

Até hoje os intensos esforços do chefe do partido político, Mikhail Gorbachev, de transformar a imagem interna de seu império, provaram ser um grande sucesso. Mas sua campanha doméstica para ressuscitar a moribunda economia soviética não estava indo tão bem. Não fora capaz de proteger o legado estilhaçado da maior ideologia anacrônica do século XX. O único índice mensurável que Gorbachev conseguiu aumentar em seu breve reinado como primeiro-ministro soviético foi o constante aumento do nível de expectativas não cumpridas entre seu povo.

Mikhail Gorbachev não tinha escolha a não ser dar a seus súditos o primeiro sabor da liberdade desde a Grande Revolução Socialista de outubro de 1917. Seu regime cambaleava por conta de décadas do duro e inútil planejamento central de cima para baixo. Gorbachev não subiu ao poder da União Soviética prometendo naturalizar estrangeiros para desmantelar seu império; ele o fez baseando-se na promessa de recuperação soviética. Evitar que os ventos da mudança de fachada, cuidadosamente administrada, soprassem totalmente em direção à contrarrevolução exigia tremenda habilidade. A qual, como se pôde ver, Gorbachev não tinha. Ele precisaria de tempo e sorte para evitar que as ruínas desabassem. Mas não tinha tempo nem suas reformas tiveram a força necessária para evitar a implosão das ruínas.

Até então, Gorbachev ganhara algum tempo devido a uma série de medidas que objetivavam manter a tábua de salvação do apoio ocidental intacta. Naquele ponto, Mikhail Gorbachev e a maioria das pessoas do Ocidente – especialmente a mídia – pensavam que tinha sido ele quem havia conseguido obter o melhor de Ronald Reagan, quebrando uma grande barreira soviética.

Um diplomata experiente, Chilingarov sabia que não devia recusar o pedido do Greenpeace. Mas não podia comprometer recursos soviéticos antes de receber a autorização do governo. Queria manter o canal de comunicação aberto. Rascunhou imediatamente uma resposta ao Greenpeace, com a data de 18 de outubro, um dia depois da mensagem inicial de David McTaggart.

> Confirmo recebimento do telex de 17/10/88. Estamos tentando tomar as medidas necessárias para esclarecer a possibilidade de dispormos de um quebra-gelo com a companhia de navegação Far East. Vamos mantê-los informados. Atenciosamente, Chilingarov. Gosgimct, Moscou, URSS...

A colaboração soviéticos–Greenpeace era natural. Apesar de discordarem em algumas coisas, a única questão que importava mais aos dois era o poder dos Estados Unidos. Os dois queriam enfraquecê-lo.

Campbell Plowden leu o telex de Chilingarov na quarta-feira de manhã, 19 de outubro, um dia depois de o presidente

Reagan ter ligado para o coronel Carroll na Baía de Prudhoe. A reação eufórica foi logo contida por notícias mais sérias. Os soviéticos estavam interessados, mas, de acordo com Cindy Lowry, o prognóstico das baleias estava se deteriorando. Se queriam salvá-las, os soviéticos teriam de se decidir logo para chegar a tempo em Barrow.

Depois de um rápido telefonema para Roma, verificando se tinha permissão para responder, Plowden escreveu o seguinte apelo:

> Confirmo recebimento do telex de 18/10/88. Um aerobarco está sendo rebocado para Barrow na tentativa de um resgate. Está atrasado há vários dias. Não sabemos se vai chegar ou se irá funcionar bem. As baleias estão muito estressadas. Caso o resgate não funcione, precisamos explorar outras alternativas com urgência. Obrigado por seus esforços para verificar disponibilidade de um quebra-gelo. Atenciosamente, Campbell Plowden, Coordenador da Campanha pelas Baleias, Greenpeace Internacional.

A mensagem da máquina de telex de Chilingarov chegou pouco depois da meia-noite, 20 de outubro, o dia 5 da Operação Liberdade. Poucas horas após ter lido a última comunicação do Greenpeace, os removedores de gelo vieram de Minnesota tarde da noite para aliviar a vigília de morte das baleias. Assim como a condição delas, as chances do envolvimento soviético rapidamente aumentaram. Na manhã de quinta-feira, 20 de outubro, a notícia sobre as baleias encalhadas havia feito mais do que cruzar o Atlântico, estava começando a envolver a Europa Ocidental. Com a orelha posicionada firme contra o coração do Ocidente, os soviéticos sabiam que as baleias eram uma grande notícia. Se pudessem salvar o trio preso no gelo, poderiam se redimir de alguns de seus erros, se é que havia algum ou se importavam com isso. Campbell Plowden e o Greenpeace sabiam disso também, e o usaram com grande sucesso.

Durante anos, o Greenpeace Internacional fez *lobby* pesado contra a pesca baleeira comercial da Noruega e da Islândia. Agora, com as baleias encalhadas nas manchetes, Plowden viu a mesma oportunidade que Chilingarov: uma chance de dar forma a uma pequena parte da história. Os telefones do escritório do Greenpeace na Europa não paravam de tocar. As pessoas da Itália à Irlanda queriam saber como podiam salvar as três baleias encalhadas de um lugar do qual nunca tinham ouvido falar. Os ativistas ambientais europeus estavam batendo nas portas do Greenpeace, esperando para se organizar. É claro que Plowden percebeu que não havia como ajudar as três baleias em Barrow – mas talvez eles pudessem ajudar outras baleias pressionando os governos que negociavam com as poucas nações que continuavam caçando-as.

Por mais diferentes que fossem os pontos de vista, o fato era que as três baleias realmente conseguiram ficar presas num momento oportuno. Se houvesse um momento certo para fazer pressão sobre os países que praticavam a pesca baleeira, seria aquele. Um desses países era a Islândia, uma pequena nação formada por ilhas no Atlântico Norte, lar de apenas um quarto de milhão de pessoas numa terra maravilhosa de inverno geológico entre a Europa e a América do Norte.

As pessoas da Islândia se orgulhavam do que acreditavam ser seu modelo de sociedade. Tinham muito orgulho disso; uma sociedade altamente industrializada, virtualmente sem nenhuma das tensões encontradas nos países ocidentais. A Islândia quase não sofria com crimes, drogas, falta de moradias, e não havia nenhuma tensão racial. Parece impressionante, até que se fique sabendo que as leis da Islândia na época barravam qualquer pessoa que não tivesse "sangue" islandês, quer fosse por cidadania ou por morar no país a longo prazo.

Enquanto os islandeses gostavam de acreditar que eram seres superiores, seu destino de sorte e atual prosperidade eram muito dependentes dos Estados Unidos. O envolvimento americano começou em 1941, cinco meses depois do ataque japonês em Pearl Harbor, quando uma força tarefa da Marinha norte-americana foi enviada à ilha para proteger as principais rotas marítimas do Atlântico Norte, que na época marcavam a diferença entre a vida ou a morte para a Grã-Bretanha. A Islândia, por muito tempo isolada e negligenciada, acabou se tornando o epicentro de uma luta titânica pela sobrevivência da liberdade contra a tirania nazista. Se os alemães cortassem as linhas de comunicação britânicas pelo Atlântico, a guerra terminaria com vitória da Alemanha.

Adolf Hitler brincou várias vezes com a ideia de ocupar a ilha e até elaborou planos preliminares para isso, mas para impedir esse movimento, as tropas britânicas rapidamente se uniram às canadenses e atracaram na Islândia, em 10 de maio de 1940. A perturbação islandesa com a união de forças entre Grã-Bretanha e Canadá, e com as muitas perdas britânicas na guerra, fizeram que a retirada do apoio islandês fosse desejável; além da preocupação americana com as vias marítimas do Atlântico, tudo isso culminou para levar a Islândia para dentro da órbita da defesa americana.

No começo de 1941, os britânicos foram levados a um ponto de ruptura. A decisão de Winston Churchill, de enviar 50 mil tropas para a Grécia, fez que as posições britânicas já precárias por toda a parte se tornassem ainda mais vulneráveis. O apoio dos 20 mil homens da Islândia à Grã-Bretanha teve de diminuir no exato momento em que os submarinos alemães começaram a atacar os ancoradouros canadenses desprotegidos, a oeste da ilha. Desesperados por alívio, os britânicos concordaram em transferir suas instalações na Islândia para os Estados Unidos. Foi a presença e a proteção fornecida pelos americanos que permitiu o florescimento pacífico da Islândia como um dos países mais ricos do mundo.

Mas a ilha estava à beira da recessão em 1988. A desaceleração econômica da Europa naquele ano estava esgotando o mercado de frutos do mar islandês, que contava com 80% das exportações. Para uma nação próspera, desacostumada ao crescimento lento, 1988 foi um ano de crise, cujo pico ocorreu em setembro. Foi um bom treino para o que aconteceria duas décadas mais tarde com a quebra bancária em 2008. Meses de queda de braço entre a coalizão de três partidos do governo levaram o primeiro-ministro Thorsteinn Palsson a renunciar, arrastando os vinte membros do Partido da Independência com ele. A nova e fraca coalizão da minoria islandesa era liderada pelo Partido Socialista Progressista.

Assim que sentou na cadeira de primeiro-ministro, o objetivo número um de Steingrimur Hermannsson era permanecer lá. Imagine só! Manter o país longe da recessão era a melhor forma que conhecia para atingir seu objetivo. Mas apenas semanas depois de assumir o cargo, ele seria confrontado com uma das mais bizarras crises que abalaram o país. A crise foi iniciada não pelo homem, mas por três baleias presas no gelo do outro lado do mundo.

Campbell Plowden acompanhou os acontecimentos de perto, em cada uma das poucas remanescentes nações adeptas à pesca baleeira, e a Islândia era uma delas. Como um cão de caça, ele farejou um governo vulnerável, nascido de uma crise e não de mandato popular. O encalhe das baleias deu a Plowden mais do que uma ideia. Deu-lhe a chance de atacar a pesca baleeira islandesa. As baleias de Barrow mobilizaram um continente de ativistas e dezenas de milhões de simpatizantes. Agora, todos podiam se unir na mais importante batalha para pôr fim à pilhagem comercial que levava as magníficas criaturas à beira da extinção.

Depois de conversar com seus superiores, Plowden enviou uma mensagem aos gabinetes europeus do Greenpeace, dizendo-lhes que a melhor forma de salvar as três baleias de Barrow era lembrando seus membros de que a real ameaça enfrentada pelas criaturas não eram as massas de gelo flutuante do Ártico, mas os enferrujados navios baleeiros, carregados com arpões e bombas. Não era a natureza que ameaçava as baleias. Era o homem.

Na quarta-feira, 19 de outubro, os ativistas da Alemanha Oriental, atraídos pela publicidade em torno das três baleias encalhadas, esperavam usar isso para fortalecer um boicote de seis meses contra as companhias alemãs que tinham negócios com a Islândia. Com a notícia do encalhe, a mídia alemã começou a cobrir o antes obscuro boicote do peixe islandês. Piquetes e protestos, que passaram despercebidos por meses, subitamente viraram notícia. Importadores de peixe alemães foram rapidamente forçados a tomar uma decisão: parar de comprar os produtos islandeses ou esperar por consumidores que parassem de comprar os deles.

O engraçado é que nenhum daqueles ativistas jamais havia feito muito esforço para protestar de forma "extraoficial" contra a pesca baleeira soviética. Talvez porque admirassem a animosidade da União Soviética em relação aos Estados Unidos?

O que era uma negociação marginal para as companhias da Alemanha Oriental era fundamental para as companhias islandesas. Tengelmann, o conglomerado de supermercados multibilionário da Alemanha Oriental, na época dono da rede de varejo norte-americana A&P, foi o primeiro a se render às exigências do boicote. A imagem negativa transmitida ao mundo era aparente demais aos diretores do Tengelmann. O mundo estava se unindo para salvar três baleias encalhadas enquanto Tengelmann continuava a conduzir seus negócios da forma rotineira com um país que as caçava, processava e vendia.

Na tarde de sexta-feira do dia 21 de outubro, Tengelmann anunciou o cancelamento de um contrato de 3 milhões de dólares com fornecedores islandeses em protesto à prática da pesca baleeira daquele país. A aposta de Plowden valeu a pena. Um dos maiores importadores de camarão cru da Islândia, há muito tempo alvo do boicote do Greenpeace, finalmente cedera. O boicote da Islândia rendeu o primeiro fruto.

A notícia do contrato cancelado abalou a Islândia e seu novo e fraco governo de coalizão. O novo governo do primeiro-ministro Hermannsson nasceu da crise. Três baleias lutando por sua vida nas águas congeladas do Ártico ameaçavam afundar uma nação muito distante em um caos político e econômico. O contrato de Tengelmann totalizava menos de um quarto de uma porcentagem de 1,1 bilhão de dólares das exportações anuais de peixes da Islândia, mas aquele era só o começo. O peixe era para a Islândia o que o petróleo era para o Alasca: mais de 80% do comércio. Sem uma indústria de pesca comercial viável, a Islândia iria desmoronar.

Quase imediatamente, outras companhias da Alemanha Oriental fizeram a mesma coisa. Aldi Supermarkets (que logo depois compraram a rede A&P) impuseram seu próprio boicote. A NordSea também. Acrescentando os novos cancelamentos aos custos dos boicotes que estavam ocorrendo na América, a indústria baleeira comercial de 7 milhões de dólares da Islândia já custava ao pequeno país 50 milhões de dólares, 4% do PIB de 1988. Centenas de pessoas perderam o emprego horas depois dos novos cancelamentos. O novo governo do primeiro-ministro Hermannsson tinha de agir sobre uma única questão bem definida. Será que a receita da pequena indústria baleeira valia o preço do descontentamento da economia doméstica?

Para Arni Gunnarsson, membro do Parlamento islandês, a resposta era um retumbante não. Gunnarsson era membro do dominante Partido Democrático Social. Crescera num distrito ao norte da Islândia totalmente dependente da pesca. O contrato cancelado já havia tirado o emprego de vários eleitores e fechado muitas instalações. Gunnarsson anunciou que iria apresentar um projeto de lei para extinguir a indústria da pesca baleeira comercial da Islândia na manhã da segunda-feira, 24 de outubro, dezessete dias depois que Roy Ahmaogak descobrira as baleias pela primeira vez e dez dias após o governo dos Estados Unidos ter autorizado o resgate. A notícia dos planos de Gunnarsson chocou a nova coalizão do governo. Mensagens furiosas foram enviadas a dois dos mais importantes políticos do país, e ambos estavam fora para conseguir apoio internacional ao novo governo.

O primeiro-ministro ofereceu um acordo a Gunnarsson. Se ele adiasse até quinta-feira, o primeiro-ministro anunciaria a extinção permanente da pesca baleeira comercial. O boicote de seis meses estava à beira do sucesso. No domingo, 23 de outubro, parecia que uma das quatro nações que ainda praticavam a pesca baleeira acabaria com essa prática de forma permanente.

A notícia foi divulgada por toda a mídia islandesa e saudada como um grande avanço. Como a Comissão Baleeira Internacional de 1986 baniu a pesca baleeira comercial, pesquisas de opinião pública mostravam o que os patrocinadores queriam que fosse mostrado. Ambientalistas ameaçavam mostrar dados apresentando uma crescente maioria a favor da extinção da pesca baleeira. Mas os adversários produziam seus próprios resultados, mostrando um número igualmente grande de islandeses contra o fim da prática, se isso significasse ceder ao "terrorismo econômico" dos adeptos ao boicote.

As armas do *lobby* contra a pesca baleeira deram um tiro certeiro no governo.

Ao lado do primeiro-ministro, o cargo de gabinete mais importante era o de ministro da Pesca, e esse cargo pertencia a Halldór Ásgrímsson, o mais ardente defensor da pesca baleeira na Islândia. Ásgrímsson estava na França quando ficou sabendo do acordo do primeiro-ministro. Ficou lívido. Como o primeiro-ministro podia unilateralmente anunciar a extinção da pesca baleeira? Desde quando a política nacional era determinada só pelo primeiro-ministro? Ásgrímsson disparou uma mensagem furiosa ao primeiro-ministro e voltou imediatamente para Reykjavik, a capital da Islândia. Prometeu se opor à proposta de extinção com todas as forças que tivesse. Para Ásgrímsson, a questão não era sobre a economia da Islândia, era sobre a soberania da nação.

Ásgrímsson tinha aliados poderosos. O principal dentre eles era o ministro de Relações Exteriores, Jón Baldvin Hannibalsson. Ele estava nos Estados Unidos apresentando o novo governo da Islândia aos oficiais americanos. Planejada com apenas alguns dias de antecedência, a visita de Hannibalsson coincidira com o ponto alto do resgate das baleias. O ministro de Relações Exteriores de um país que assassinava baleias para lucros comerciais estava numa visita de Estado em uma nação gastando milhões de dólares para libertá-las. Avaliando o panorama político norte-americano da semana de 21 a 28 de outubro, tudo o que ele podia fazer era lamentar o péssimo momento escolhido para sua viagem.

A reunião mais importante do ministro Hannibalsson era com o secretário de Estado George P. Shultz. Como principal porta-voz de sua nação, o ministro de Relações Exteriores foi exposto às preocupações de aliados como os Estados Unidos. A pesca baleeira estava invariavelmente no topo da lista. Com ou sem o encalhe de Barrow, ele tinha certeza de que iria ouvir o secretário Shultz apelar para que a Islândia parasse com a prática. Mas, agora, era bem provável que esse fosse o único item a ser discutido durante toda a sessão de 30 minutos.

Hannibalsson tinha consciência precisa de sua situação desconfortável, mesmo antes de receber um telex do Ministério de Relações Exteriores de Reykjavik. Nele havia a assustadora notícia dos boicotes da Alemanha e do anúncio do primeiro-ministro sobre a extinção da pesca baleeira na Islândia.

Ele sabia que o ministro da Pesca, Halldór Ásgrímsson, devia estar furioso. Ásgrímsson disse que lutaria contra a decisão e esperava contar com o apoio de Hannibalsson. Bem quando o Departamento de Estado estava preparando uma declaração para celebrar a decisão da Islândia, a embaixada da Islândia pediu ao Estado que adiasse a parabenização até que a notícia fosse confirmada. Hannibalsson encontrou Shultz no gabinete do Departamento do Estado e, sendo bem objetivo, disse a ele que o anúncio do primeiro-ministro, precipitado pelos boicotes alemães, havia lançado o país numa crise cujo grau ainda não podia ser determinado. Na quinta-feira, 27 de outubro, penúltimo dia da Operação Liberdade, parecia que o colapso de um novo governo era iminente.

A reação feroz dos dois principais ministros apresentou ao primeiro-ministro Steingrimur Hermannsson uma situação em que ninguém sairia ganhando. Se insistisse na briga, era quase certo que seu governo cairia. Se recuasse, manteria o posto, mas ficaria ainda mais fraco do que antes. Para salvar a própria pele, o primeiro-ministro recuou. O prazo máximo de 27 de outubro veio e se foi e sua promessa para Gunnarsson não foi cumprida. A Islândia pode ter voltado à pesca baleeira comercial, mas pagou caro por isso. Para Campbell Plowden e para a causa pela qual lutara, foi uma enorme vitória. Um governo foi forçado a abandonar algo que considerava um grande empreendimento nacional; sem falar na soberania – tudo isso por causa das três baleias do Alasca.

Esse elemento do resgate não foi relatado pela imprensa norte-americana. Os americanos estavam tão obcecados pelo seu próprio interesse nas baleias que nem perceberam o impacto retumbante na vida de pessoas que moravam na metade do caminho do outro lado do mundo.

19

DESESPERO: NADA PARECE FUNCIONAR

A crise da Islândia, que passou despercebida no próprio país que a desencadeou, foi uma história notável, totalmente ignorada. Seja como for, ninguém prestava mesmo atenção na Islândia. Exceto os soviéticos que a acompanhavam de perto. Os corredores do Kremlin certamente ficaram alvoroçados com as notícias de Reykjavik.

À medida que a história das três baleias encalhadas se espalhava pelo mundo, maior era a pressão sobre o homem que todos pensavam ter poder para libertá-las: o ministro da Hidrometeorologia Soviética, Arthur Chilingarov. Ambientalistas americanos, por muito tempo seus oponentes, haviam requisitado a assistência de seu país com urgência. No fim da primeira semana da Operação Liberdade, Chilingarov não sabia o que fazer. Precisava tomar uma decisão. Iria redirecionar os quebra-gelos soviéticos para Barrow ou não? Três dias antes prometera tentar. Até sexta-feira, 21 de outubro, tinha de tomar uma decisão.

Chilingarov tinha 72 horas para decidir se havia alguma razão contundente para que os soviéticos ajudassem no resgate. Durante os três dias desde que soube das baleias, a história havia tomado uma proporção muito maior que sua importância. Sabia que a mídia ocidental era imprevisível, mas nunca tinha visto nada semelhante. Não sabia ao certo como explicar a reação apaixonada dos americanos pelas baleias presas.

Um interesse ardente havia consumido os Estados Unidos no momento crescente de uma eleição presidencial. Quando esse interesse também consumiu a Europa, Chilingarov percebeu que os riscos de não agir agora eram maiores do que se resolvesse agir. Na noite de quinta-feira, 20 de outubro, horário de Moscou – o sexto dia da Operação Liberdade – Chilingarov instruiu seu ministro a persistir com o pedido. Em algumas horas, Chilingarov ficou sabendo que um dos maiores quebra-gelos da União Soviética estava terminando uma tarefa de seis meses bem ao fundo da bolsa de gelo polar. Estava construindo a Estação de Pesquisa Flutuante 31 do Polo Norte. O navio estava apenas a 160 quilômetros ao norte de Barrow.

O escritório de Chilingarov transmitiu novas ordens ao comandante Sergei Reshetov, capitão do imenso navio *Almirante Makarov*, de 150 metros de comprimento. Foi dito a Reshetov que, quando a estação flutuante estivesse pronta no sábado, 22 de outubro, ele deveria virar seu navio de 241 toneladas em direção a uma grossa e aterrada crista de pressão que estava a 10 quilômetros da costa de Barrow, no Alasca.

Reshetov recebeu a notícia com submissa frustração; não tinha como não obedecer. Para o pequeno capitão de cabelos loiros despenteados, a carreira na Marinha Mercante Soviética não permitia a desobediência. Ordens eram ordens, apesar da Glasnost. A obrigação de Reshetov era executar suas ordens. Seis meses no mar deixaram Reshetov e sua tripulação mais do que ansiosos para voltar para casa, o porto de Vladivostok. O *Makarov* partiu em março de 1988 em uma jornada de seis meses. A construção da estação 31 do Polo Norte demorou mais do que o esperado. Mas, em vez de voltar ao relativo conforto da Sibéria, o *Almirante Makarov* tinha recebido uma nova tarefa. No sábado, 22 de outubro, o navio precisaria percorrer rapidamente 483 quilômetros do gelo espesso canadense e americano, a caminho do Alasca.

Às 21h11, 21 de outubro de 1988, hora de Moscou, Chilingarov enviou um telegrama a Campbell Plowden que confirmaria o golpe de misericórdia da Operação Liberdade e anunciaria o possível resgate das baleias.

> Não estamos poupando esforços para ajudar na operação de resgate das baleias. Enviaremos o quebra-gelo *Almirante Makarov*. Aguardamos receber permissão para que nosso quebra-gelo possa entrar em águas americanas, como também reconhecimento aéreo do gelo para que possamos traçar a melhor rota até o local do resgate... Enviamos um pedido oficial ao Departamento de Estado dos Estados Unidos. Devido às águas rasas que cercam a área do resgate, não podemos assegurar o sucesso desta missão... Também estamos incertos quanto à habilidade das baleias de passar por canais abertos por quebra-gelos. Cordialmente, Comandante Arthur Chilingarov.

Ansioso para conseguir a liberação dos Estados Unidos aos navios soviéticos, Campbell Plowden ligou para o escritório da Marinha Mercante da embaixada soviética em Nova York. Com certeza, eles sabiam os procedimentos, Plowden pensou. Deviam fazer pedidos como aquele o tempo todo. O adido soviético disse que dois grupos ambientalistas, dos quais Plowden nunca ouvira falar, já haviam pedido ajuda. Algo o fez lembrar dos desconhecidos grupos de guerrilha árabes que se atracavam alegando responsabilidade por atrocidades terroristas recentes: a Sociedade Mundial de Proteção Animal e a Federação Baleeira Mundial no Arizona.

Plowden ligou para Ben Miller, o salvador de baleias, para informá-lo que o Greenpeace estava tentando conseguir ajuda soviética para o resgate. Miller disse que seu interesse não era apenas pela cobertura dos acontecimentos. Dias depois, ele procurou seu contato no Departamento de Estado para convencê-lo a pedir assistência aos russos. Miller disse a Plowden que estava conversando com uma pessoa do escritório de John Negroponte. Negroponte era o secretário-assistente para Oceanos e Assuntos Ambientais e Científicos Internacionais. Ele ocupava o maior posto no Ministério de Relações Exteriores Científicas e Ambientais do Departamento de Estado.

Na tarde de sexta-feira, 21 de outubro, Campbell Plowden ligou para o escritório de Negroponte. Deixou uma mensagem pedindo que alguém retornasse sua ligação o mais rápido possível. Apoiando o telefone entre a orelha e ombro, discou o número de Jim Brange, do Serviço Nacional de Pesca Marinha. Brange queria ajudar, mas disse a Plowden que o Departamento de Estado não poderia liberar a entrada do navio russo sem a aprovação do Pentágono. Brange e Plowden concordaram em procurar outras alternativas. Brange tentaria o Departamento de Defesa, e Plowden, o do Estado.

No fim do dia, Plowden juntou a correspondência entre o Greenpeace e os soviéticos e a grampeou. Pediu à sua secretária que enviasse imediatamente via fax para Cindy Lowry, em Barrow. Dois repórteres estavam no escritório em Barrow esperando para usar o telefone quando três bipes indicaram a chegada de uma transmissão. As folhas foram surgindo aos poucos na máquina de fax do Hotel Topo do Mundo. Incapazes de se segurar ou levados pela curiosidade, os desconhecidos espiões leram as mensagens entre Moscou e Washington. Entreolharam-se num deleite mútuo. Eram muitos os rumores sobre o envolvimento soviético desde o início daquela semana, mas os documentos transmitidos de 11 mil quilômetros via satélite confirmavam as suspeitas. Não deveriam ter bisbilhotado. Indignados ou não, teriam de ficar em silêncio.

Embora o fax não tenha virado notícia, os rumores sobre os russos se espalharam pela imprensa que estava em Barrow. Foi dado o sinal verde. A primeira agência que divulgasse a decisão soviética teria a maior exclusiva desde que a história começou. Mas exclusivas eram difíceis de aparecer durante a Operação Liberdade. Os péssimos aposentos da minúscula cidade e seu contagiante isolamento tornavam o conceito de confidencialidade impraticável. Quando um repórter tomava ciência de um fato impactante, outro já estava noticiando o mesmo fato.

Na semana anterior, Ron Morris, coordenador do resgate, encontrou o que chamava de problema insuperável, no minuto em que pôs os pés em Barrow. Confrontou uma mídia numerosa que competia para cobrir uma história com poucos ângulos exploráveis. Havia várias formas de fotografar as baleias. No início, o resgate parecia uma história simples que qualquer repórter pudesse seguir.

O coronel Carroll pressentiu que teria problemas com a mídia antes mesmo que ela deixasse Anchorage. Ele e seu assessor de imprensa, Mike Haller, sabiam que a única forma de trazer ordem a uma imprensa frenética era restringi-la sem tentar descaradamente limitar o fluxo de informação. Provar a eles que, mesmo tendo acesso às informações, fotos e demais envolvidos, seria inútil gastar energia procurando por furos de reportagem.

Quando Carroll chegou a Barrow com uma bala de concreto de 5 toneladas, viu que o diretor do Departamento de Busca e Salvamento, Randy Crosby, tinha criado inconscientemente seu próprio grupo de imprensa. Começou com uma jornada ou duas ao dia, levando Oran Caudle da TV de Barrow ou

Russ Weston da *KTUU-TV* até o local das baleias. A iniciativa cresceu como a própria história. A operação de Crosby tomou proporções inimagináveis. O SAR passou a voar de três missões no domingo, 16 de outubro, segundo dia do resgate, para mais de quatro missões alguns dias depois. Seu diário de bordo, preenchido às pressas, estava com o nome de mais de cem passageiros diferentes. Seu equipamento e seu pessoal estavam sendo muito requisitados. Ele imaginava quanto tempo demoraria para acontecer algo ruim.

Para os repórteres, o serviço gratuito era um achado. O acesso regular e dependente para cada repórter ao local das baleias evitava brigas frequentes associadas a histórias supersaturadas da mídia. Graças a Randy Crosby, cada empresa de mídia que viesse a Barrow podia chegar perto das criaturas quando quisesse. Grande ou pequena, rica ou pobre, não fazia diferença. A Operação Liberdade foi uma das histórias mais bem-sucedidas da televisão, com total igualdade de acesso para a imprensa. Em primeiro lugar, a única coisa que tornou possível a cobertura aos animais encalhados foi a escolha propícia do local.

As baleias deixaram-se prender próximas a um vilarejo moderno o suficiente para abrigar uma instalação que podia transmitir imagens de televisão via satélite. Porém, uma vez que a história ganhou notoriedade, o valor da localização inverteu-se. Não foi a proximidade de Barrow que salvou as baleias, foi sua dificuldade de acesso. Se o encalhe tivesse ocorrido em uma localização minimamente acessível, uma onda destruidora de repórteres invadiria Barrow. A cobertura adequada da história seria quase impossível. Pessoas de diversos setores da mídia que viessem a Barrow ajudar acabariam atrapalhando.

Felizmente para as baleias, seus salvadores e os repórteres que fizeram a longa jornada até o norte, Barrow não tinha estrutura para acomodar a enorme comitiva que normalmente acompanha as redes de televisão em grandes histórias. Havia poucas camas de hotel e poucos assentos de avião por dia. Não havia alternativas. Na hora em que Barrow pendurou sua placa de "não há vagas", o fluxo de chegada terminou. Barrow estava cheia. Na quinta-feira, 20 de outubro, dia 5 da Operação Liberdade, nem mesmo o coronel Tom Carroll conseguiu encontrar um local para ficar.

Das selvas do sudoeste da Ásia às florestas virgens do Alasca, o coronel Tom Carroll pensou ter visto e dormido em todas. Então chegou a Barrow, um local em que passaria dezesseis horas por dia, mas nunca por noite. No fim de cada dia, ele subiria em uma aeronave de oito passageiros, da Guarda Nacional Aérea do Alasca, e voaria 434 quilômetros pelo estonteante vazio da tundra até a Baía de Prudhoe. Ele dormia em um quarto bem decorado no complexo da Arco, agora cheio de copos de café vazios.

Desde o dia em que Ron Morris chegou, o resgate era recarregado com reuniões diárias pela manhã. À medida que a operação progredia em tamanho e proeminência, também aumentava a importância das reuniões. No fim da primeira semana da Operação Liberdade, ser convidado para a reunião significava ter acesso ao homem que comandava a operação. O que havia começado como um simples café da manhã no Pepe tornou-se uma demonstração de hierarquia. Os produtores das redes de televisão faziam que suas equipes aguardassem o término da reunião para, só depois, bombardear os participantes com perguntas sobre os procedimentos. Mas as equipes de salvamento foram instruídas por Ron Morris a direcionar todas as perguntas a ele.

Na noite de quinta-feira, 20 de outubro, seis dias depois de sua chegada, Ron Morris queria mudanças. Reorganizou o comando do resgate. Quem não concordava com sua estratégia foi removido. Vieram os Forasteiros, os biólogos Dave Withrow e Jim Harvey, do Laboratório Nacional de Mamíferos Marinhos de Seattle, os especialistas de gelo Gary Hufford e Bob Lewellen, do Serviço Atmosférico Nacional, e no sábado, 22 de outubro, o comandante da frota do Pacífico da NOAA, contra-almirante Sigmund Petersen.

Quando os Forasteiros chegaram, os que já estavam lá ficaram de fora, incluindo Craig George e Geoff Carroll. Os biólogos do Distrito de North Slope que ajudaram a manter as baleias vivas durante cinco dias, antes que a Operação Liberdade começasse, não eram mais convidados para as reuniões matinais – seus conhecimentos ignorados, o orgulho deles ferido. O esquimó Arnold Brower Jr., o homem que manteve aberto os primeiros buracos feitos para as baleias e que depois abriu com sucesso mais cinquenta, tornou-se nada mais do que um empregado "local". Eles guardaram seus ressentimentos para outro dia.

O coordenador deixou de aprender uma lição importante durante a primeira semana da Operação Liberdade. A tecnologia simples e o conhecimento nativo mantiveram as baleias vivas; equipamentos sofisticados, não. Mesmo os envolvidos com o reboque do aerobarco aprenderam que, no Ártico, o uso de tecnologia simples é sempre a melhor solução. Aproveitando o que aprendera com Arnold Brower e Malik, o coronel Carroll cedeu à simplicidade da bala de concreto, o método mais incomum já encontrado.

Na manhã de sexta-feira, 21 de outubro, as duas gigantescas baleias estavam em sua melhor forma física desde que foram descobertas por Roy Ahmaogak. Os removedores de gelo trazidos de Mineápolis obtiveram sucesso em manter seis buracos abertos durante as noites mais frias do resgate. Os ventos fortes e as noites escuras não eram páreo para os removedores de gelo. Quanto mais as máquinas provavam ser confiáveis, mais calmas ficavam as baleias.

Na manhã de sexta-feira, as três famosas criaturas começaram a demonstrar um notável apego aos jatos massageantes e ininterruptos produzidos pelas máquinas. As duas maiores baleias, Siku e Poutu, emergiram bem próximas aos removedores, flutuando alegremente pelo fluxo sedutor das "*Jacuzzis* do Ártico". Aquele relaxamento prazeroso rapidamente aliviou o estresse das duas semanas em que passaram presas.

Arnold Brower e sua equipe tentaram, em vão, fazer que as baleias se movessem em direção ao mar aberto, agora quase a 9 quilômetros de distância. Brower fez uma observação que rapidamente se espalhou entre as equipes de resgate e os repórteres: – Talvez – sugeriu – os removedores estivessem funcionando muito bem, tão bem que começavam a domesticar as desconfiadas baleias. E se o último obstáculo para a liberdade das baleias fossem elas mesmas?

Aquela indescritível observação, que era agora avaliada, provou que as equipes de resgate tinham tanto a aprender quanto as baleias. É claro que o maior obstáculo eram elas mesmas. Se o trio cetáceo tivesse interpretado adequadamente as condições climáticas, estaria, como suas criaturas semelhantes, a caminho do sul, fazendo a mídia procurar outra notícia.

O horário da reunião foi transferido para as 8h30, com o intuito de permitir aos participantes maior tempo para a preparação de suas apresentações e ligações matinais. Algumas das equipes de resgate apresentavam-se cedo pela manhã no hangar do SAR para as instruções da manhã. Quando chegavam, eram recebidas por cinegrafistas e repórteres desesperados, que buscavam informações concretas que confirmassem os rumores do iminente envolvimento dos soviéticos.

Reuniam-se à mesa em L de conferência do escritório do hangar. Não era como a mesa do coronel em Prudhoe, e sim cheia de manchas feitas por canecas de café e cinzeiros de alumínio, que liberavam o cheiro nocivo de cancerígenos vaporizados. Cindy Lowry, Tom Carroll, Randy Crosby e Arnold Brower Jr. estavam determinados a pressionar seu líder despreparado a tomar uma ação decisiva. O coordenador, que havia se mostrado adepto à manipulação da mídia, ainda precisava encontrar uma forma real de melhorar as condições das baleias. Após uma semana de relações públicas, ainda não havia nada de concreto.

Além disso, sem a atenção de Morris sobre a mídia, talvez não houvesse um resgate coordenado. Era necessário agradar a imprensa para o bem da cadeia de comando do resgate. Ideias impensáveis uma semana antes eram agora consideradas possíveis: criação de programas de emprego, contratação de centenas de esquimós para abrir buracos no gelo, bala de concreto de 5 toneladas e, talvez agora, quebra-gelos soviéticos. Todas se tornaram possíveis graças à solicitação habilidosa da imprensa. Mas a manhã de sexta-feira foi marcada pelo abandono abrupto dos bons sentimentos.

Demonstrando um enorme mau humor, Morris subiu com dificuldade os degraus de borda grossa de borracha do hangar do SAR, e ficou na presença de seus servos. A iniciativa e o respeito que Morris trouxe para Barrow involuíram com recriminações de quase todas as pessoas envolvidas no resgate. Estavam todos exaustos, especialmente ele, que não tinha dormido mais do que poucas horas em quase uma semana.

Naquela manhã, se Morris tentou esconder sua frustração em relação a Arnold Brower Jr. e seus esquimós, não conseguiu. A reunião continuou, mas com um tom amargo. Morris insistia que só ele falasse com a mídia. Seu controle, antes considerado reconfortante, agora não tinha mais o mesmo impacto. Cindy Lowry tentou convencer os presentes a dar ao homem acuado mais uma chance. Ele tinha uma tarefa impossível pela frente. Ninguém mais estava disposto a concordar com ele, que era a única pessoa que tinha poder para tomar decisões difíceis que certamente iriam incomodar seus comandados. Gostassem ou não, Cindy disse, Ron Morris manteve a Operação Liberdade viva e organizada durante períodos de muita dificuldade. As baleias estavam prestes a ser salvas, ponderou com seus colegas. Será que as pessoas não poderiam deixar de lado a antipatia que tinham por ele por mais alguns dias?

Após convencer seus colegas céticos a dar a Ron Morris mais uma chance, ela falou por telefone com o revigorado Bill Allen. Allen e a Veco ainda queriam fazer parte do resgate. Com prazer, Cindy aceitou a ajuda. Da mesma forma que o coronel Carroll, Allen recorreu a métodos mais simples para libertar as baleias presas. Na noite de quinta-feira, com o abandono oficial do aerobarco, Allen baixou um pouco a guarda, mas manteve firme o objetivo de libertá-las. A aceitação voluntária do manto humanitário foi a maior força que Billy Bob Allen presenciou, capaz de levantar o moral de sua equipe. A força de vontade inesperada de seus empregados para ajudar as criaturas em perigo o deixou muito orgulhoso. O resgate transcendia indústria, cultura e idioma. Seus empregados da Veco trabalharam arduamente, como qualquer outra pessoa, para libertar as baleias. Estavam treinados na exploração e na extração de petróleo, e não no controle da vida selvagem; mesmo assim, demonstraram uma determinação notável para libertar animais em perigo. As baleias presas não só transformaram Billy Bob Allen, mas também o império que criou.

Allen ordenou a seus homens que usassem equipamentos testados e menos sofisticados. Durante uma teleconferência, o gerente de operações de North Slope, Marvin King, disse a Allen que outro dispositivo da Veco havia sido testado durante o dia e parecia estar apto para a tarefa. Era um veículo anfíbio customizado para rebocar o aerobarco para dentro e para fora das plataformas de petróleo.

Para a felicidade da imprensa em Barrow, a Veco estava falando sério quando nomeou sua máquina de trator com parafuso de Arquimedes. Mesmo sendo menor do que o aerobarco, ainda era muito grande para ser transportado, até mesmo pela maior aeronave de carga. O trator podia cortar uma faixa de gelo na largura de quase 4 mil metros, com a ajuda da força propulsora de suas duas pontas longas em formato de parafuso. Assim como o aerobarco, estava inativo desde o fracasso do poço de petróleo da Ilha Mukluk em 1984.

– Caramba! – exclamou Billy Bob. – Vamos trazê-lo até aqui. – Quando a euforia diminuiu, Allen comparou a opção de usar o trator com as expectativas criadas. Ele sabia muito bem que, na melhor das hipóteses, seu dispositivo só podia somar ao resgate.

Na manhã de sexta-feira, Bill Allen contou ao coronel Carroll sobre o trator. Pete Leathard não conseguia falar com Cindy, pois o telefone dela estava sempre ocupado. O jeito foi deixar uma mensagem aos cuidados da recepção do Hotel Topo do Mundo, solicitando que Cindy entrasse em contato com ele ou com Billy Bob logo que possível. Queriam falar sobre o trator. Essa foi uma das várias ligações que Cindy não conseguiu retornar.

A reunião na manhã da sexta-feira, 21 de outubro, tornava-se crucial para a Operação Liberdade. Era a primeira vez em que se encontravam sem um plano mestre. As equipes de resgate estavam por conta própria. O objetivo da operação mantinha-se de pé devido ao entusiasmo de Arnold Brower Jr., bem como aos removedores de gelo de Minnesota e aos boatos sobre os russos. Logo quando o estado de saúde das baleias mostrava-se estável, o resgate parecia fracassar.

O envolvimento dos soviéticos não era o único boato em Barrow. Falava-se também do cancelamento do resgate, pelo menos em termos formais! Se os russos não viessem, Ron Morris teria pouco a fazer. Faria valer sua autoridade reconhecida, sacrificaria os animais sem alarde e voltaria para casa. Depois de mobilizar centenas de pessoas e milhões de dólares, o governo americano não tinha meios para salvar três baleias das ameaças do Ártico.

Muitos eram os rumores sobre o envolvimento dos soviéticos. Tudo isso mexeu bastante com Ron Morris. Se fosse verdade, por que ele, na qualidade de coordenador do projeto, não fora consultado? Enfrentou Cindy, exigindo que ela dissesse se sabia de alguma coisa. Desde a primeira vez em que a participação soviética foi discutida, Campbell Plowden insistira no sigilo. Levar tudo ao conhecimento do público seria uma opção apenas se os canais diplomáticos não produzissem os resultados desejados. Devido à insistência de Plowden, Cindy concordou com o sigilo.

Morris insistiu em obter uma resposta da única amiga que lhe sobrou. Sua mente repassava todas as possibilidades. Era impossível não pensar que, no caso da vinda dos soviéticos, ele seria como que varrido pelo vento do Ártico. Não que realmente esperasse que a adrenalina da semana anterior se mantivesse! No fundo, sabia que a operação terminaria, de uma forma ou de outra. Ou as baleias morreriam, ou seriam resgatadas. Seu temor naquela manhã de sexta-feira era, talvez, a consciência de que muito era esperado de um único homem.

Passada a cólera de Morris, fez-se o mais completo silêncio. Ele se inclinou e, aos poucos, recuou a cadeira. Limpou o suor do rosto e articulou algo, como se quisesse se desculpar.

Seus colegas ficaram mais à vontade. Era hora de voltar ao assunto. Na primeira vez em que se reuniam para a exposição de ideias quanto à operação, Morris os incentivou a realmente expressarem tudo o que achassem plausível para o resgate das baleias. Depois que cada um apresentasse suas sugestões, o grupo as avaliava.

Entusiasmado, Morris correu pela sala e recolheu a papelada. As opções variavam desde a bala de concreto que o coronel Carroll deveria testar no gelo ainda naquele dia até o trator com parafuso de Arquimedes. Não surpreendeu que as opções mais mencionadas fossem as únicas que já eram conhecidas: os esquimós e os removedores de gelo. As equipes de resgate continuavam fazendo buracos em direção à crista de pressão, na esperança que as baleias os usassem.

Na semana do início da Operação Liberdade, a temperatura média no gelo já caíra para -31°C. A bolsa de gelo do Ártico se deslocava quase 32 quilômetros para o sul e a costa de gelo ficava cada vez mais distante. A passagem, que já tivera 22 quilômetros de largura, mal tinha agora um único quilômetro no ponto mais estreito. Se as baleias não fossem resgatadas antes de a passagem se fechar por completo, ninguém conseguiria salvá-las – nem os esquimós com suas motosserras, nem a Guarda Nacional, nem o presidente dos Estados Unidos, nem mesmo os poderosos navios quebra-gelo da União Soviética.

Aliás, se os soviéticos não oferecessem ajuda, o comando de resgate teria de pensar em outras alternativas, ou desistir de tudo e deixar as baleias entregues à própria sorte. As sugestões das quais se havia zombado voltavam a ser consideradas. O coronel Carroll se dispôs a estudar o efeito de se detonarem bombas de diferentes forças destrutivas para abrir uma nova passagem. Sabendo que Cindy poderia se opor, ele prometeu lhe mostrar todos os seus planos antes de tentar qualquer outra ação. Mesmo que os explosivos abrissem uma passagem, poderiam representar riscos para as outras formas de vida do Ártico.

Criticado por esperar uma semana inteira por outras pessoas, o comando de resgate deu um passo à frente e começou a planejar outras alternativas. Imaginando que os explosivos não pudessem ser usados, Morris pediu a Cindy e aos demais outras ideias sobre como fazer que as baleias vencessem a barreira de gelo de 12 metros.

– Que tal transportá-las por cima da barreira em redes? – sugeriu. Baleias assassinas, embora menores do que as cinzentas, já haviam sido transportadas dessa forma, mas o procedimento era perigoso. Atrair uma baleia cinzenta para uma rede, com segurança, era uma coisa; içá-la em segurança para deslocá-la era outra. Até mesmo o *Skycrane*, o melhor helicóptero guindaste do mundo, poderia não ter a força necessária para puxar baleias de 22,5 toneladas para fora da água e transportá-las por cerca de 1,5 quilômetro até o mar aberto. As baleias teriam de ser sedadas. Tendo em conta que uma dose pequena para um homem pudesse matar uma baleia, seria arriscado sedá-las. Ademais, ainda não se conhecia o efeito da gravidade em um caso como esse. A gravidade poderia parti-las ao meio, espalhando suas tripas pelo gelo? O que seria um prato cheio para aqueles que ficam fascinados com vídeos mórbidos!

O dr. Tom Albert, do Distrito de North Slope, contatou um amigo na Noruega, especialista em medicar baleias. Ele começou a preparar o sedativo. Em San Diego, o *Sea World*, que já havia, com êxito, transportado baleias assassinas pelo ar, começou a preparar uma rede enorme e bem forte para transportar as cinzentas, que são bem maiores. Era um plano arrojado com pouca chance de sucesso. Todavia, se todas as demais possibilidades falhassem, estavam prontos para tentar. Com grande eficiência, a Operação Liberdade aceitou uma missão por conta própria. Enquanto os escalões superiores planejavam como atacar a crista de pressão, os esquimós continuavam a cortar o gelo com muito cuidado. Desde o início da semana, Arnold Brower e suas equipes haviam aberto 55 novos buracos, e as três baleias começaram a usá-los desde a chegada dos removedores de gelo, havia duas noites. Depois, no entanto, pararam. Geoff, Craig e biólogos do Laboratório Nacional de Mamíferos Marinhos não entendiam o motivo. Talvez estivessem descansando. Depois de duas semanas cansativas, as baleias voltaram a respirar normalmente. Pareciam gostar do ambiente cheio de bolhas no qual estavam. Na manhã da mesma sexta-feira, Craig George, de repente, mudou de opinião. Em silêncio ao lado de Cindy, notou que Bone, o filhote de baleia, ficava para trás de Poutu e Siku, as baleias maiores e mais fortes.

– Maldição! – Craig deixou escapar, logo que percebeu. – Elas não estão se mexendo por causa do filhote!

As baleias só saíram do lugar na noite de quarta-feira, quando se sentiram realmente ameaçadas pelos buracos congelados. No entanto, pararam quando sentiram a relativa segurança que os novos buracos representavam. O motivo era Bone! A lógica de Craig confirmava as análises preliminares de Geoff. Deixando claro que estavam unidas, as duas baleias adultas mostraram que não abandonariam o filhote, que era indefeso e dependia delas. A única coisa que poderia forçá-las a mudar de atitude seria uma real ameaça a seu próprio bem-estar. Os removedores de gelo haviam eliminado tal ameaça.

Por volta do meio-dia, havia um estranho silêncio no gelo próximo às baleias. Com tantos boatos sobre os navios quebra-gelo soviéticos, grande parte dos repórteres correu para a cidade para indagar suas fontes. Finalmente tinham o que contar: pistas verdadeiras para seguir, pessoas de verdade com quem falar, notícias reais. O melhor de tudo era que, para trabalhar, não precisavam ficar expostos às temperaturas externas, sempre abaixo de zero. Cindy queria fazer suas chamadas telefônicas. Na última vez em que ouviu Campbell Plowden, uma decisão soviética, passível de aprovação dos Estados Unidos, parecia iminente. A presença constante de Cindy não era necessária no próprio local em que ocorria a operação de resgate, que envolvia cem homens trabalhando 24 horas por dia. Entretanto, ela sentia que as baleias eram responsabilidade sua. Precisava estar com elas. Porém, como todos, estava faminta e com frio, e queria voltar para a cidade.

Ela correu para o helicóptero do SAR, cumprimentou Randy Crosby com um leve tapa em seu capacete e decolaram. Conforme Crosby alçava voo, a sequência de buracos desaparecia do campo visual. Cindy sentia-se aliviada com o ruído forte da aeronave. Aquela paz, no entanto, durou pouco. Outro grupo de repórteres esperava por ela. Queriam que Cindy e Ron confirmassem as notícias ora veiculadas nos 48 estados continentais: que os soviéticos haviam oferecido um navio quebra-gelo e um aerobarco auxiliar para ajudar a libertar as baleias. Os russos estavam a caminho. Sem saber o que dizer, Cindy forçou a passagem no meio da multidão para alcançar o telefone mais próximo. Declarou seu total desconhecimento a respeito dos soviéticos várias vezes, até que os repórteres começaram a acreditar nela. Mais tarde, quando Cindy tentasse contar a verdade, ela e o Greenpeace pareceriam ridículos.

Quando ela chegou ao saguão do Hotel Topo do Mundo, a imprensa assumiu uma atitude bem diferente. Era como se o saguão fosse um abrigo em que todos que entrassem não tivessem relação com nada. Ali, os repórteres não mais a questionaram; não mais lhe dirigiam microfones ou câmeras. Foi quando Cindy percebeu que os repórteres não esperavam apenas que seus alvos agissem por eles, eles também agiam por contra própria.

20
A VINDA DOS RUSSOS

Campbell Plowden, colega de Cindy Lowry em Washington, caminhava a passos firmes e pesados. Enquanto esperava informações do Departamento de Estado, seguia de perto a crise das baleias que acontecia a 24 mil quilômetros de distância. Mesmo para um homem cujo trabalho incluía organizar boicotes e gerenciar crises, aqueles eram tempos agitados.

O almoço já havia passado quando recebeu uma ligação de Tucker Scully, representante principal do secretário-assistente John Negroponte, do Departamento de Estado. Plowden esperou pela ligação de Scully a manhã toda; seu ritmo frenético nem mesmo permitiu que dispusesse de 3 minutos para saborear o sanduíche de brotos com abacate que havia feito naquela manhã. Scully informou Plowden que, antes que o Estado pudesse oficialmente autorizar a entrada dos navios soviéticos em águas americanas, precisaria de respostas para várias questões técnicas. Scully queria mais informações sobre os navios soviéticos, como suas especificações e capacidade. Ele disse a Plowden que aquele era o procedimento de responsabilidade padrão do Departamento de Estado. Se os navios afundassem ou um tripulante soviético se machucasse em águas americanas, os Estados Unidos não queriam ser responsabilizados. Scully não sabia quanto tempo seria necessário para levantar essas informações. Pedindo paciência, prometeu retornar assim que fosse possível, mas alertou Plowden que não se iludisse.

– Até lá – disse – não comente isso com ninguém. Não queremos que esse assunto se espalhe antes da hora. Quando for a hora certa, o próprio Departamento de Estado divulgará a notícia. Plowden não entendia por que as pessoas do Departamento de Estado gastavam mais tempo se preocupando com protocolos do que com política. Por que insistiam em "cuidar" da divulgação? Plowden não conseguia entender. Queriam ficar com todos os créditos? Ou descobrir uma forma de rejeitar a ajuda dos russos?

– Como você pode pensar algo tão sinistro assim? – Plowden perguntou ao confuso funcionário americano do Serviço de Relações Exteriores. – O mundo todo quer ver ação e tudo o que você faz é enrolar. – Plowden estava com a paciência esgotada: – O que há de errado com vocês? – perguntou, sabendo que não haveria resposta. Durante aqueles dias decisivos de outubro, ele não foi o único a exigir uma ação imediata. Após quase uma semana de um emocionante, mas frustrante drama, a paixão mundial pela segurança das baleias estava alcançando o clímax. Todos esperavam ansiosos por um final feliz, e a participação soviética parecia ser a solução. Quanto mais depressa os navios fossem permitidos em águas americanas, mais rapidamente o mundo saberia se as baleias seriam salvas. A menos que os quebra-gelos pudessem atravessar as cristas de pressão, não haveria mais esperança.

Plowden ligou para Cindy. Frustrado pelo cuidado excessivo do Departamento de Estado, não tinha nada novo a relatar. Em vez disso, apenas ouviu o que sua praticamente exausta colega tinha a dizer. Nas últimas semanas, ela havia dormido apenas algumas horas por dia. Entre repórteres fazendo barulho o tempo todo e as ligações intermináveis de jornalistas irritados, foi tudo o que conseguiu. Como todas as linhas telefônicas estavam ocupadas, precisou atender a ligação de Plowden no saguão. Uma fila longa se formou atrás dela. Cindy teve sorte de encontrar um telefone desocupado; muitos repórteres precisaram esperar mais de uma hora, naquela confusa sexta-feira, para ter a oportunidade de acompanhar uma história que se desenrolava rapidamente muito longe dali.

– Há mais alguém que possa nos ajudar? – perguntou Plowden.

– E aquele homem que o presidente chamou, o coronel? Talvez conheça alguém.

Cindy não sabia o que dizer a seu desesperado colega. Por razões que nunca fora capaz de compreender, ela não queria pedir favores ao coronel Carroll. Conversaram poucas vezes, mas não podia reclamar de seu comportamento. Todas as vezes em que se falaram, ele foi um perfeito cavalheiro. Apenas não gostou da ideia de envolvê-lo naquela questão. Plowden logo percebeu seu receio. Assim mesmo, insistiu que ela o procurasse.

– Você é quem alega que o nosso tempo está acabando – lembrou a ela. – Apenas peça que nos ajude.

Plowden, Cindy Lowry e todo mundo já sabiam que Tom Carroll conhecia pessoas influentes. Afinal, foi para ele que o presidente telefonou, e não para Ron Morris. Pela primeira vez, Cindy deixara seus preconceitos interferirem no resgate. Porém, sua relutância foi superada pela preocupação com as baleias. Além disso, havia trabalhado com Bill Allen, Ben Odom e com outras pessoas do setor petrolífero, e a Guarda Nacional nunca perfurou poços de petróleo nem poluiu oceanos. Deixando de lado seus caprichos, apressou-se para localizar o coronel. Ele estava examinando diários de bordo no hangar, isolado da desordem que o cercava. Ela ficou surpresa com a calorosa saudação com que a recebeu. De forma subconsciente, esperava que ele mostrasse sinais visíveis de ressentimento para que pudesse justificar seus sentimentos negativos. Sem saber, o amigável coronel fez que ela se sentisse ainda mais culpada.

— Se puder ajudar em alguma coisa, será um prazer — disse a ela, demonstrando uma preocupação genuína.

— Na verdade, pode — respondeu Cindy. — Estamos tentando agilizar a liberação dos quebra-gelos soviéticos junto ao Departamento de Estado, e precisamos de sua ajuda.

Carroll gelou. Arregalou os olhos, como se alguém tivesse atirado em sua laringe: — Os soviéticos? — perguntou, sem saber se já havia repetido essas duas palavras antes. A pergunta o pegou de surpresa. Não conseguiu esconder que ficou perplexo e confuso. Como ninguém do centro de operações de Anchorage havia mencionado qualquer coisa sobre os russos, ele nunca acreditou na possibilidade. Achou que fosse apenas boato. Não sabia dizer o que era verdadeiro e o que era falso. Se Cindy percebesse que a pergunta o deixara chocado, poderia dizer à imprensa que ele se opunha a ideia. E a imprensa acabaria com ele.

Sua mente acelerou-se, deixando-o ainda mais confuso. Procurou desesperadamente ao redor da sala por algo, qualquer coisa, que pudesse distraí-lo tempo suficiente para que ele recobrasse seu equilíbrio. Pelo menos dessa vez, todos na sala estavam ocupados e ninguém chamava o seu nome. Estava sozinho. Como podiam esperar que ele ajudasse os soviéticos a entrar em águas americanas? Ele era um coronel da Guarda Nacional, não um diplomata ou pacifista. Apesar da Operação Liberdade, a obrigação de Tom Carroll era a de zelar pelo seu país.

— Os soviéticos... — começou. — Bem, não é só isso — entretanto, sua confiança logo sucumbiu à medida que começou a gaguejar: — Eu não sei exatamente como... há coisas que provavelmente não... digo... os soviéticos, certo? — a compostura que conduzira Tom Carroll até aquele momento o abandonou. Desapareceu no frio do Ártico.

Sua reação à palavra "soviético" foi tão instintivamente profunda quanto a reação de Cindy à palavra "militar". A única diferença era que o rancor de Carroll era justificável, enquanto o de Cindy não. "Soviético" era uma das palavras mais abomináveis do vocabulário do soldado americano, e por uma boa razão. Gorbachev ou não, os russos tinham mais de mil mísseis balísticos intercontinentais (ICBMs) apontados para cidades americanas, e 3 milhões de tropas posicionadas para abrir caminho pelo coração da Europa, com guarnições militares espalhadas em nações hostis ao redor do mundo.

A cabeça de Carroll latejava. Não tinha ordens ou indicações de seus superiores sobre como lidar com aquela situação. Imagine só, se parecesse estar ajudando um oponente estratégico americano. Tentou convencer a si mesmo que estava exagerando um pouco. Dormia apenas uma hora por noite, e o café que era forçado a beber paracia nada mais do que água turva. Apesar disso, tinha uma carreira e a integridade de seus superiores para considerar.

Era hora de tomar uma decisão. Cindy conseguiu tirá-lo do sério.

– NÃO, NÃO e NÃO! – gritou. – Por que os soviéticos? Não há nada que eles possam fazer que nós não possamos. Além disso – insistiu, agora como centro das atenções no surpreso e silencioso centro de operações do SAR – o gelo é muito grosso e a água muito rasa.

A intuição de Cindy estava certa. A aversão do coronel a todos os soviéticos poderia ter posto em risco a integridade das baleias se não tivesse sido detectada a tempo. Mas agora veio à tona para todos saberem. O coronel foi neutralizado. Sua oposição fora removida com eficiência do caminho dos quebra-gelos. Ela desmascarou o coronel e era isso que importava, mesmo tendo custado muito caro: aumentou o moral da União Soviética. Assim mesmo, Cindy ficou muito impressionada para se vangloriar.

Seu autocontrole intensificou ainda mais a angústia do coronel. Ele demonstrou desespero; ela, compostura. Ele queria barrar os russos, mas sua ação irracional apenas abriu caminho. Cindy gentilmente pediu a Randy Crosby se poderia usar seu telefone para falar com Plowden em Washington. Em consideração a sua nova amiga, Crosby fez que sim com a cabeça. Era um momento difícil para o coronel, e ele não queria torná-lo ainda mais doloroso. Ela entrou no escritório de Crosby, deixando a porta aberta. Não queria que o coronel pensasse que iria humilhá-lo entre quatro paredes. A recusa de Cindy em assumir um comportamento vingativo ilustrou mais ainda a derrota dele.

De maneira surpreendente, não teve problemas para entrar em contato com seu escritório em Washington. Plowden aguardava sua chamada. – Diga a todos do Departamento do Estado que nós queremos que os russos venham. Precisamos deles aqui.

O coronel Carroll sentou seu corpo cansado em uma cadeira de metal. Apenas um painel de vidro o separava de Cindy à medida que elevava suas mãos à cabeça em submissão. Teria de cooperar. Tentaria um contato: Bonnie Mersinger na Casa Branca. Plowden recebeu detalhes dos dois navios quebra-gelos do escritório da Marinha Mercante do consulado soviético em Nova York, e os retransmitiu para Tucker Scully no Departamento de Estado. A notícia se espalhou. Plowden não conseguiu contê-la. Seus contatos no Serviço Nacional de Pesca Marinha recorreram a seus superiores para apressar o Departamento de Estado. A sorte estava lançada. Tudo estava pronto para o anúncio oficial.

Cindy disse a Randy que queria voltar ao gelo. Queria ficar perto das baleias. Deixaria a política e as negociações internacionais para outros. Mas, por precaução, ligou para Ron Morris que fazia suas ligações do quarto do Airport Inn. Sua esposa acabara de chegar de Anchorage, e bem na hora. A presença dela teve um efeito relaxante quase imediato no tenso coordenador. Cindy perguntou a Ron se ele sabia alguma coisa sobre o anúncio pendente, e ele disse que não. Prometeu informá-la se soubesse, uma promessa que não pôde cumprir.

Cindy foi para o local em que as baleias estavam no primeiro voo. Sob as ordens do coronel Carroll, Crosby e o SAR deveriam levar uma pequena equipe de cada mídia: imprensa, rádio e televisão. Havia um voo pela manhã e outro pela noite. As informações que fossem conseguidas pelo grupo de jornalistas seriam compartilhadas com todos, a maior parte do material consistia em gravações. Equipes que esperavam pelo próprio material, talvez para ilustrar um furo de reportagem ou alguma notícia exclusiva, tiveram de encontrar sozinhas o caminho do gelo.

Sem saber se teria outra chance de comer alguma coisa a não ser peixe cru, Cindy saboreou o gorduroso hambúrguer frio do Pepe, que tinha sobrado da noite anterior. Do casulo protetor da cabine, Cindy viu uma rígida, ainda sim magnífica, paisagem. O céu de tons alaranjados desnudo de nuvens incandescia sobre a interminável paisagem do Ártico.

Enquanto Cindy passava o entardecer no gelo, Ron Morris recebia uma chamada urgente do escritório de William Evans, sub-secretário do Departamento de Comércio de Washington. O anônimo Departamento de Estado decidiu finalmente permitir que os soviéticos entrassem em águas americanas. Concluiu que seria mais vantajoso aceitar a oferta do que rejeitá-la. Os russos estavam a caminho. Mas como a maioria das particularidades da diplomacia internacional, os mecanismos do anúncio eram mais complicados do que o próprio anúncio.

Era o Departamento de Estado que dava as ordens. Para diminuir sua importância, queria que um funcionário que tivesse o menor cargo fizesse o anúncio. A ideia era manter uma grande distância entre o alto escalão do governo americano e o resgate das baleias. O Estado queria se distanciar de um possível fracasso. Ron Morris era o homem para isso. Ele foi aconselhado a convocar uma entrevista coletiva em algum local do Ártico, uma paisagem que ninguém pudesse confundir com as colunas dóricas de Washington. Ele concordou prontamente. Escolheu o local preferido dos repórteres, em frente ao Hotel Topo do Mundo. Ficaria de costas para o irregular gelo do mar. A imagem viva do isolamento estava, de fato, apenas a um passo do saguão aquecido do hotel.

Morris recebeu uma versão "oficial" dos eventos que conduziram até o anúncio que deveria proferir à imprensa reunida, uma versão que poucos questionariam. Desligou o telefone e foi ao Topo do Mundo. À medida que caminhava sozinho pela Momegana Street, seu coração disparou de emoção. Estava prestes a fazer o maior anúncio de sua vida profissional – que os Estados Unidos haviam pedido aos soviéticos que ajudassem no resgate das baleias.

Desconhecendo o protocolo diplomático, não percebeu que fazia parte de um esquema do Departamento de Estado para minimizar o resgate como um todo. Morris era um participante inconsciente em seu próprio destronamento. Agora que os soviéticos estavam a caminho, o governo dos Estados Unidos começaria uma tentativa frenética de se afastar do caso. Quanto maior fosse a distância do governo quando os navios soviéticos chegassem, menor seria o impacto sobre o prestígio americano se os soviéticos conseguissem roubar a cena. Gorbachev já havia desmoralizado o Departamento de Estado muitas vezes no passado. A ideia era evitar que isso acontecesse novamente, ainda mais por causa de três meras baleias.

Morris abriu a espessa porta de metal do hotel, exibindo seu largo e conhecido sorriso. Seus amigos atentos da imprensa logo perceberam que algo estava acontecendo. – O que foi? – perguntou Harry Chittick da ABC. – Ouviu alguma coisa a respeito dos soviéticos? Estamos recebendo muitas críticas de Nova York. Eles precisam de confirmação. A agência de Washington está pronta para me apoiar, mas preciso de algo concreto. Morris deu a seu amigo Chittick uma exagerada piscadela como se dissesse, "adivinhou".

Ficou na ponta dos pés e gritou: – Escutem todos. Quanto tempo precisam para se preparar para uma entrevista coletiva importante? – ele sabia o efeito que sua pergunta teria. Os repórteres e seus cinegrafistas responderam com os pés. Todos que estavam próximos ao alcance da voz correram para suas respectivas suítes, pegaram seus equipamentos e voltaram rapidamente para reivindicar as melhores posições de gravação. Logo que as grandes redes se posicionassem, Morris faria seu anúncio.

Devido ao fuso horário, já era muito tarde para o noticiário da noite. Morris ficou chateado, mas, de fato, era exatamente isso que o Departamento de Estado queria. Era um segredo bem conhecido por Washington que as noites de sexta-feira eram as melhores para o anúncio de notícias ruins. Sabiam que já seria segunda-feira quando a maioria das pessoas tivesse digerido a notícia. No caso das três baleias, não seria exatamente assim. Nunca ocorrera aos políticos do Departamento de Estado que estavam usando meios convencionais para lidar com uma situação incomum.

Morris cuidadosamente se posicionou em cima de um monte de gelo, que refletia sua sombra sobre o horizonte infinito, para ler seu anúncio. Ele relatou ao grupo congelado, mas atento de repórteres, o que os Departamentos de Comércio e de Estado tinham mandado ele dizer. Isto é, que foram eles que trouxeram os navios soviéticos, e não Cindy Lowry, Campbell Plowden ou o Greenpeace.

Seu anúncio foi aceito como verdadeiro. Os repórteres em Barrow estavam muito longe da história de Washington para saber da verdade. Mais tarde, quando Cindy protestou em público por ter sido deixada de fora da versão oficial, vários repórteres a criticaram por tentar "roubar" o crédito. Tudo que pôde fazer foi rir. O Greenpeace estaria vencendo se não estivesse perdendo. À medida que a notícia se espalhou entre alguns repórteres que acompanhavam as baleias extremamente descuidadas, vários voltaram apressados para a cidade. Ao anoitecer, apenas um pequeno grupo permaneceu, os que optaram por ficar com as baleias em vez de recapitular os eventos que estavam acontecendo milhares de quilômetros de distância. Pela segunda vez em dois dias, a mídia perdeu outra notícia importante. Enquanto acompanhavam o momento de gloria de Ron Morris na cidade, perderam um dos mais dramáticos episódios de todo o resgate.

Naquela mesma tarde, Cindy havia voltado ao gelo. Ficou sozinha junto à extremidade do terceiro buraco. Várias camadas de roupa, calças verdes e pesados casacos brancos a aqueciam bem. Estava admirada com o poder de adaptação de seu corpo. Ele se ajustara ao Ártico muito antes de sua mente. Por algum mistério, ela havia parado de tremer dias antes. Quando se acostumou com o novo ambiente, seu corpo começou a conservar energia preciosa. Pela primeira vez desde que recebera a ligação de Geoff e Craig uma semana antes, Cindy Lowry estava tranquila, sua mente e seu corpo em paz.

À medida que olhava para o horizonte, tentava imaginar o que as baleias deviam estar pensando. (Imaginávamos se elas podem realmente pensar.) Elas sabiam a seriedade de sua situação? Imaginava se elas poderiam chegar a Baja, mesmo que pudessem ser resgatadas das catacumbas do Ártico. Cindy fez a Craig as mesmas perguntas durante um intervalo na tenda esquimó. A relutância de Craig deixou tudo claro. Seu conhecimento, mesmo que limitado, deu a ele pouca esperança quanto à sobrevivência das baleias.

Como Cindy poderia discordar? Até a noite de quarta-feira, as condições das baleias haviam se deteriorado tanto que elas quase morreram. Mas depois, pareciam estar de férias em um *spa*, passando o tempo nas bolhas de uma *jacuzzi*, como se seus problemas tivessem magicamente desaparecido. Será que sabiam que eram as queridinhas do mundo? Será que sabiam que quase 1 bilhão de pessoas, 20% da raça humana, as conheciam? Será que sabiam que estavam humilhando um governo do outro lado do Polo Norte? Será que sabiam que os russos estavam a caminho para salvá-las?

Subitamente, teve um momento de paz. Sabendo que sua ansiedade voltaria a qualquer minuto, saboreou aquele momento. Fechando os olhos, Cindy se sentou no gelo. Concentrou-se no silêncio do anoitecer ártico, interrompido a cada minuto pelo som caloroso e reconfortante de uma baleia emergindo a alguns metros dali. Nunca havia se envolvido em um projeto tão estressante, nem vivido um momento de completa paz como aquele. Ficou cercada pela própria ironia.

Já tinha tentado a meditação, mas nunca funcionou. Não fazia o tipo. Será, imaginou, que era por causa da superfície congelada do Oceano Ártico, a apenas centímetros das três gigantescas, mas indefensáveis baleias? Imaginou seu espírito planando a alguns metros acima do corpo. Com os olhos fechados, viu as baleias realizarem suas danças fantasmagóricas. Seus medos, como sua sensação de frio, desapareceram. Não temia por ela nem, estranhamente, pelas baleias.

De alguma forma, elas sobreviveriam. Com essa revelação, o espírito de Cindy voltou ao corpo. Despertou gradualmente, refrescada pela realidade do Ártico. Abriu seus olhos, irradiando um sorriso causado por uma tranquilidade interior. A visão de um grupo de esquimós rindo animadamente penetrou em sua recém-recarregada consciência. Cindy foi até lá dizer olá, e para talvez se juntar à diversão. Um bloco de gelo, cortado da extremidade do buraco, flutuava na superfície do oceano. Ela viu Malik e Arnold Brower darem mais risadas ainda. Eles observavam Johnny Brower cantarolando à medida que se equilibrava no bloco flutuante. Os outros esquimós juntaram-se a ele em uma versão inuíte da música dos Beach Boys, "Surfin' Usa". Johnny Brower estava surfando no Oceano Ártico!

E aquilo não era fácil. O bloco inclinava-se para cima e para baixo na corrente agitada do oceano. Manter-se ereto exigia muito equilíbrio e controle. Diferentemente da queda de uma onda em Malibu, cair ali teria consequências graves. Se escorregasse quando o bloco de gelo virasse ao contrário, cairia e ficaria preso debaixo do gelo. Milagrosamente, teria apenas poucos segundos de consciência. Um minuto depois, Johnny Brower poderia estar morto, sua carreira de surfista encerrada mais cedo. Com certeza, eles sabem disso, Cindy se confortou. Apesar disso, eram um produto do Ártico. Se conseguiam se divertir tanto assistindo a Johnny Brower fazer sua melhor imitação de Duke Kahanamoku, ela também conseguiria.

Quando a tolice terminou e Johnny pulou do bloco para a segurança do gelo sólido, a equipe já tinha terminado de cortar o gelo. Começaram a recolher o equipamento quando ouviram sons de agitação próximos ao local em que estavam as baleias. O terror tomou conta do rosto de Cindy. Ela suplicou a Arnold e Malik por uma explicação. Eles também não sabiam o que estava acontecendo, mas o olhar firme de seus olhos a acalmaram, permitindo que ela os acompanhasse para investigar aquela comoção.

Correndo pelo gelo liso em roupas pesadas, Arnold consolou Cindy: – Está tudo bem – assegurou a ela.

– Meu Deus, o que aconteceu? – ela gritou. – Tomara que elas estejam bem.

A previsão de Arnold estava correta, as duas baleias pareciam estar bem. À medida que se aproximavam de duas semanas presas naquela noite escura, de repente elas começaram a exibir uma agitação incomum. A mudança em seu comportamento era clara. Era como se soubessem que algo estava prestes a acontecer. Sem aviso ou explicação, começaram a emergir com mais força. Em vez de flutuarem confortavelmente pela superfície, limpavam seus pulmões com muita força. Os vapores exalados pelos seus pares de espiráculos formavam nuvens espessas em forma de V que pairavam no ar.

Não era pânico. Era uma energia controlada e determinada – um momento de preparação, o aquecimento dos poderosos motores. As baleias estavam prestes a se mover.

Após uma última subida para pegar ar, as baleias mergulharam fundo na água escura e fria. Instintivamente, Cindy e Craig correram para o próximo buraco. Sabiam que elas iriam para lá. Esperando que emergissem, ouviram seus sons inconfundíveis. Mas os sons estavam distantes. Excitados, viraram a cabeça em direção aos sons que pareciam seguir em direção ao mar aberto. As baleias haviam passado pelo buraco que Craig e Cindy esperavam, emergindo inesperadamente no buraco seguinte. Segundos mais tarde mergulharam novamente, emergindo dois buracos à frente. Subitamente, começaram a usar os buracos livremente. Os esquimós estavam no caminho certo. As baleias entenderam. Pela primeira vez desde que ficaram presas, elas estavam finalmente prontas para continuar sua jornada anual em direção ao sul.

Cindy ficou muito feliz. Suas baleias queriam viver. Ela mal conseguia acompanhá-las à medida que se moviam pelo caminho aberto pelos esquimós. Nessa velocidade, alcançariam o fim do percurso rapidamente. Enquanto Cindy e Craig as acompanhavam, Arnold Brower e Rick Skluzacek se apressavam para levar os removedores de gelo até cada buraco novo. Eles mantinham um removedor de gelo no buraco anterior, mas deixavam os outros congelar. Não havia como voltar. As baleias teriam de superar qualquer hesitação. Se tentassem voltar, encontrariam os buracos anteriores congelados depois de algumas horas.

Esse foi o ponto mais alto do resgate. Pela primeira vez desde que foram descobertas, exatamente há duas semanas, as baleias seguiram de modo decisivo em direção ao mar aberto. Cindy mal podia conter sua exultação. Lágrimas de alegria enchiam seus olhos, congelando antes que descessem por sua face brilhante. Em todos os anos que passou salvando baleias, esse era o momento mais glorioso de todos. Após uma semana de frustração, ressentimento e desespero, essas baleias provaram ao mundo que estavam determinadas a sobreviver.

Como já era esperado, havia poucos representantes da mídia para registrar o evento. Durante o curso do resgate, quando eles realmente registraram os acontecimentos importantes? A maioria voltou ao Pepe, tentando se recuperar da entrevista de Ron Morris sobre a chegada pendente dos russos. Cindy abraçou quase todos que viu. O gelo ficou repleto de abraços cheios de emoção. Todos estavam envolvidos naquele momento emocionante, por isso foram necessários vários gritos frenéticos de uma única esquimó para conter aquela agitação eufórica.

– O filhote, o filhote! – gritava. – Onde está o filhote?

Cindy foi tomada pelo choque. – Onde *estava* o filhote? Como não havia percebido que, desde a celebração geral, ela tinha visto só as duas baleias maiores. Ela gritava em pânico enquanto corria em direção a Arnold, o protetor das baleias.

– Bone, Bone! – gritou, como se o mamífero marinho soubesse seu nome ou pudesse responder ao chamado. – Alguém viu Bone?

Craig George estava certo. As baleias estavam protegendo o filhote. Por esse motivo, só agora começaram a se mover. Quando o filhote escorregou gentilmente para baixo da superfície, para nunca mais ser visto, as baleias sobreviventes buscaram a liberdade. Bone tinha sumido. O problema de como salvar as três baleias acabava de ficar um pouco mais simples.

21
ARRISCANDO VIDAS POR UM FURO JORNALÍSTICO DE 6 SEGUNDOS

Arnold Brower estava indignado – Não me assuste dessa forma. – disse, advertindo Cindy. – Tome cuidado com o que diz – balançou a cabeça, extremamente aborrecido, e insistiu que tinha visto o filhote de baleia segundos antes. Brower retraiu-se em sua própria e conhecida indiferença. Concentrou-se no buraco que tentava manter livre do gelo. Subitamente, tirou o bastão da água. Em um breve momento de insegurança, deixou que o bastão oco de alumínio caísse e flutuasse na superfície da água.

Durante o clima de emoção incontrolável dos últimos minutos, o experiente caçador do Ártico permaneceu adepto ao estoicismo. Pregava a outros caçadores a necessidade da disciplina em momentos críticos. Agora, repreendia Cindy, na esperança de que estivesse errada. No Ártico, disse em tom de lição de moral, não havia espaço para emoções inadequadas. A sobrevivência dependia dos fatos, não dos desejos infundados do coração.

– Estamos nos matando aqui e você entra em pânico por causa de Bone. Apenas observe – disse, tentando fazer que recuperassem o autocontrole. – Apenas observe.

Durante os momentos que se seguiram, observaram. Em silêncio, ficaram a centímetros de distância esperando que o filhote de baleia voltasse. Cindy confiava em Arnold. Seu argumento, mesmo que grosseiro, dera-lhe confiança. Mas Arnold Brower estava errado. Bone tinha morrido. Após alguns momentos, o destino de Bone tornou-se conhecido. Cindy estava aos prantos, consumida pela dor. Aquela tinha sido a semana mais irracional de sua vida. A resistência estava abalada. A morte de Bone era o tiro de misericórdia. A conclusão trágica e inevitável veio logo depois de as duas baleias sobreviventes terem alcançado os novos buracos.

Craig e Arnold, em uma tentativa desesperada para acalmá-la, tentaram persuadir Cindy a sair do gelo e entrar na caminhonete que a levaria de volta à cidade. Quanto mais rapidamente fosse embora, pensaram, mais rapidamente poderiam se recuperar do trauma. Estavam certos. Ao sentar no banco da caminhonete, ela se acalmou. Deixando a histeria para trás, Cindy insistiu em procurar pela última vez o filhote e seu nariz machucado. Inspecionou os primeiros buracos à procura de Bone. Após alguns minutos, percebeu que era tarde demais. Uma semana de convívio possibilitou que Craig e Cindy ficassem amigos o suficiente para que ele a confortasse com um abraço.

– Você fez tudo o que era possível – disse. – Se não fosse por você, todas estariam mortas. E você sabe disso.

Ele tinha razão, mas Cindy não se sentia merecedora de nenhum elogio. As baleias precisaram de ajuda, e ela ajudou. Cindy não era dissimulada. Demonstrava realmente o que sentia. Apesar das boas intenções de Craig, ela sentia que não era por sua causa que a Operação Liberdade caminhava bem, mas pelo modo como as pessoas reagiam a seus apelos.

Fran Tate, proprietária do restaurante Pepe, colocou avisos no hotel Topo do Mundo, alertando a mídia e as equipes de resgate que fecharia as portas mais cedo. Em noites anteriores, Tate e seus empregados cansados ficaram ocupados com suas frigideiras e fritadeiras até a meia-noite, para depois retomar o trabalho às 7h do dia seguinte. Embora estivesse ameaçando fechar às 21h desde o começo do resgate, daquela vez Craig acreditou nela. Na verdade, procurava uma desculpa para ir embora. Bone havia morrido e a melancolia no gelo causava tristeza. Além disso, estava cansado, faminto e com frio. Quanto mais energia as pessoas gastassem lamentando a morte de Bone, menos teriam para as baleias vivas, que continuavam desesperadas.

Assim que Cindy entrou na caminhonete, Craig segurou a embreagem e acelerou, cantando os pneus sobre o gelo. Em seguida, soltou a embreagem com habilidade para virar o veículo ao contrário, iniciando o retorno de 27 quilômetros até Barrow. Contornando a margem norte da América do Norte, Craig atravessou o estreito banco de areia até chegar ao gelo liso e seguro da Lagoa Elson.

Cindy olhou pela janela e maravilhou-se com a imensidão desnuda do Ártico. Consolou-se vendo as coisas como realmente eram. O resgate era apenas uma lembrança momentânea. Como milhões de pessoas ao redor do mundo estavam acompanhando as baleias de perto, nenhum dos mais de cem jornalistas presentes teve tempo, energia ou vontade de concentrar sua atenção em Barrow.

A história começaria e terminaria, e o drama chegaria ao fim, mas Barrow e os arredores do Ártico permaneceriam. O resgate parecia mais significativo quando vivenciado ou assistido pela televisão, mas, quando comparado à imensidão dos arredores, não representava nada. Horas após a partida da última equipe de resgate, o Ártico cobriria o local, não deixando nenhum sinal da presença humana.

Enquanto Cindy contemplava a noite, Craig se concentrava na luz solitária que brilhava ao horizonte em meio à névoa fina e baixa. *Deve ser a luz temporária colocada pelo distrito para ajudar os veículos dentro e fora do gelo*, pensou. Craig ficou impressionado com a notável claridade que, mesmo com a névoa, iluminava o caminho por quilômetros. Não conseguia entender por que aquela luz não ficava ainda mais radiante à medida que se aproximava. Talvez estivesse perdido. No momento em que começou a demonstrar os primeiros sinais de pânico, a estrada de cascalho que marcava o início do continente despontou à frente. Agradeceu à luz que o guiou até lá. Agradeceu à lua do Ártico.

Quando Cindy verificou suas mensagens, esperava encontrar uma de Kevin. Naquele momento, sentia muito sua falta. Não conseguia ficar sozinha, queria compartilhar com ele a sua dor. Quando a recepcionista contou a ela que ninguém havia ligado, percebeu a decepção estampada em seu rosto. Logo agora que queria receber mensagens, não havia nenhuma. Correu até o quarto e ligou para ele. Era pouco depois das 20h da sexta-feira, 21 de outubro, duas semanas após as baleias terem sido descobertas e uma semana desde que Cindy havia começado a orquestrar o resgate. Até então, não tinha tido tempo ou motivo para sentir falta de seu namorado. A morte de Bone mudou tudo. Apressadamente ligou para o escritório de Kevin. Quando estava prestes a desligar, lembrou que faltavam apenas duas semanas para as eleições e que Kevin deveria estar com muito trabalho. Depois de Cindy, as eleições eram a coisa mais importante para Kevin Bruce, o consultor político democrata mais bem-sucedido do Alasca. Com certeza, ele ainda não tinha ido para casa, disse a si mesma. Talvez estivesse filtrando as chamadas.

– Kevin? – perguntou timidamente ao som do bipe. – Você está aí? – antes que ela terminasse, Kevin atravessou correndo a sala para atender.

– Oi – atendeu aliviado. – Sinto muito, muito mesmo, pelo que aconteceu com o filhote de baleia.

– Como você soube? – disse Cindy, surpresa – Não falei com ninguém. Você é a primeira pessoa com quem converso desde que voltei.

– É mesmo? – disse Kevin – Está em todos os noticiários. Acabei de ver na CNN.

Cindy mostrou-se surpresa. Não tinha passado sequer uma hora desde o desaparecimento de Bone, e havia poucos repórteres no gelo. Em muito menos tempo do que Cindy levou para voltar a Barrow, pegar o telefone e discar o número de Kevin, a notícia da morte de Bone já fazia mais sucesso pelos noticiários de TV do que a chegada dos russos. Cindy ficou impressionada pelo modo como a evolução das telecomunicações conseguia aproximar o mundo. As notícias, mesmo vindas de uma das regiões mais remotas do planeta, atravessaram o mundo em um instante. Os telespectadores dos 48 estados continentais dos Estados Unidos souberam da morte de Bone antes de muitos jornalistas em Barrow.

O dia 21 de outubro foi cheio de manchetes: a participação dos soviéticos e a presumida morte de Bone por afogamento. Ao enfatizar as más notícias, a mídia parecia querer anunciar um possível fracasso da operação. Diferentemente das muitas reportagens que retratam os aspectos negativos do mundo que vivemos, a Operação Liberdade provou ser uma sensação internacional, porque descrevia o ser humano seguindo um instinto nobre na tentativa de salvar animais indefesos. Se as notícias continuassem centralizadas na morte de Bone, todo o sentimento de solidariedade gerado poderia acabar. Os produtores não queriam que suas reportagens provocassem desespero. Se acabassem negativas como outras no passado, a audiência perderia o interesse.

Os jornalistas sabiam que aquela história era diferente de quase todas que já haviam coberto. Era a mais atual distorção da história o-gato-subiu-na-árvore, uma repetição da loucura da mídia durante o resgate de Jessica McClure, em 1987, de um poço em Midland, Texas. O único interesse dos telespectadores era ver as baleias salvas. As pessoas estavam cansadas de assuntos relacionados a política, economia e guerra. Não estamos todos, sempre? As baleias eram sua válvula de escape, mesmo que apenas por um tempo. Apesar dos esforços políticos do Departamento de Estado, a notícia de que os russos estavam a caminho foi manchete em todos os jornais matinais de sábado nos Estados Unidos e no Canadá. Muitas edições traziam manchetes dignas de uma grande reportagem. Os fins de semana são normalmente períodos de poucas notícias. Mas os jornais precisam de manchetes como qualquer outro dia, e as transmissões de TV também saem em busca de boas reportagens. A semana de 22 e 23 de outubro pertenceu quase inteiramente às baleias.

O que não serviu para o Departamento do Estado, serviu para a Operação Liberdade. A morte de Bone foi comunicada aos 48 estados continentais apenas após a meia-noite, horário local, muito tarde para ser publicada nos jornais de sábado. Quando chegou domingo, o falecimento de Bone já não era novidade. Porém, nem o tocar constante do telefone fez que Cindy soubesse disso. Durante a noite de sexta-feira, jornalistas dos 48 estados continentais e do mundo ligaram para verificar se Bone havia mesmo morrido. Mesmo que tudo indicasse que o filhote de baleia tinha morrido afogado, Cindy não queria que isso fosse confirmado antes do amanhecer de sábado. Ela e as equipes de resgate poderiam vasculhar a área mais uma vez antes que Ron Morris fizesse o pronunciamento.

Por volta das 22h, Bill Allen e Ben Odom voltaram a Barrow para ajudar na preparação da chegada do gigantesco trator com parafuso de Arquimedes. Os homens de Allen e Odom na Baía de Prudhoe foram escalados para trabalhar durante a noite, com a tarefa de desmontar o triturador de gelo em partes que fossem pequenas o suficiente para caber no avião que as levaria até Barrow, a 434 quilômetros de distância. Após um dia de manobras, o senador do Alasca, Ted Stevens, convenceu a Casa Branca e o Pentágono a autorizar que as Forças Armadas dos Estados Unidos levassem o trator até Barrow. A Veco enviou as dimensões do trator da Baía de Prudhoe para o Pentágono via fax. O único avião que poderia receber aquela imensa carga era também o maior avião de transporte da frota americana, o *Lockheed C-5A Galaxy*.

Bill Allen ficou ocupado até tarde da noite usando o telefone no apartamento de Ed Benson. Benson, proprietário do apertado Airport Inn, queria o magnata do petróleo fora de sua casa para que sua família pudesse dormir um pouco. Por sorte, Benson ganharia um descanso após Chuck Baker, outro representante da Veco, negociar seu quarto de hotel com Allen e Leathard em troca da permissão de voltar para Anchorage. Para Baker, foi um ótimo negócio. E foi motivo de inveja para a maioria dos que precisaram ficar em Barrow.

No sábado pela manhã, Allen e Leathard estavam famintos. Não tinham comido nada desde que chegaram de Anchorage no dia anterior. Os magnatas famintos foram os primeiros da fila do Pepe. Cindy Lowry estava na mesma situação. Enquanto esperava por uma mesa, reconheceu imediatamente a fala arrastada e inconfundível do texano Bill Allen. Allen estava tão ocupado conversando com Pete detalhes do trator que nem percebeu a pequena mulher que orquestrava o grande resgate internacional. Quando Craig e Geoff, dois dos maiores participantes da Operação Liberdade, chegaram, todos foram imediatamente apresentados.

Allen, de modo cordial, levantou seu chapéu alto de vaqueiro como se estivesse cumprimentado a realeza. E com um leve e simpático sorriso disse: – Moça, é um grande prazer conhecê-la. Pessoas do mundo todo devem muito a você, e eu também. – Cindy recebeu cordialmente as gentilezas e convidou Allen e Leathard para tomarem juntos o café da manhã. O que foi aceito prontamente.

Antes de sentarem, Allen sussurrou no ouvido de Cindy: – Podemos conversar em outro lugar? – disse, apontando para um canto quieto do restaurante. – Gostaria de falar com você em particular. – Cindy ficou indignada diante da possibilidade de receber uma cantada daquele magnata todo desengonçado. Allen andava em direção ao canto escolhido enquanto Cindy seguia seus passos cautelosamente. Quando ambos estavam em frente à porta da cozinha, Allen apoiou-se no batente e mostrou-se simpático e compreensivo.

– Sei que você queria muito salvar o filhote – disse, enquanto Cindy aguardava curiosa. – Quero que você saiba que fez tudo que podia, e prometo que vamos fazer tudo que estiver ao nosso alcance para salvar as duas últimas criaturas. Até uma semana atrás, nunca tinha visto uma baleia, mas agora posso afirmar, com toda certeza, que são animais incríveis. Vamos salvá-las, moça. Prometo.

Antes da Operação Liberdade, Cindy sentia apenas hostilidade pelas empresas de petróleo. Pensando bem, mostrava-se hostil com qualquer pessoa ou grupo que discordasse dela. As pessoas que se opunham a ela ou a sua agenda eram pessoas más. Má intenção, maldade gratuita ou apenas a perversidade pura eram as únicas explicações plausíveis para que alguém se opusesse a qualquer coisa proposta pelas instituições ambientalistas. Magnatas do petróleo bombeavam petróleo. Como o petróleo era um mal, quem extraía o petróleo era uma pessoa má.

Agora, de maneira inesperada, aquele magnata quintessencial do petróleo demonstrava bondade, e não maldade. Sem qualquer hesitação, ela abraçou inesperadamente o despreparado Bill Allen. Eles riram, e Cindy voltou à mesa distribuindo o contagiante sorriso, o primeiro após a morte de Bone.

Durante o tempo que Bill Allen levou para expressar genuína empatia, Cindy percebeu que suas conclusões eram precipitadas. Era uma ambientalista profissional, cuja vida pessoal havia melhorado graças à indústria do petróleo. De fato, se não fosse pela indústria do petróleo, não existiriam mais baleias para salvar. Teriam sido caçadas pelo óleo que produzem até a extinção. A maior ironia de todas, é claro, foi que a "perversa" indústria do petróleo foi quem salvou as baleias, não os virtuosos ambientalistas, ao fornecer uma fonte de óleo mais segura, mais abundante e mais barata do que o óleo de baleia.

Enquanto Cindy, Geoff, Craig e Arnold se preparavam para voltar ao gelo e continuar as buscas pela baleia desaparecida, Ron Morris tentava descobrir quando os navios russos chegariam. De acordo com o Departamento de Estado, os navios soviéticos eram esperados em Barrow na próxima noite, domingo, 23 de outubro, uma semana após o início da Operação Liberdade, dezesseis dias após as baleias terem sido encontradas. Quando terminassem sua missão na estaçao flutuante 31 do Polo Norte, os navios soviéticos enfrentariam uma jornada de 482 quilômetros para o sudoeste.

Um dia após as ordens serem recebidas, na sexta-feira, 21 de outubro, o melhor cálculo feito pelo capitão Sergei Reshetov indicava que levariam dois dias para chegar a Barrow. Porém, logo após a partida da estação de gelo flutuante, encontraram condições muito piores das que esperavam. O constante deslocamento das bolsas de gelo tornava a navegação traiçoeira. Suas manobras habilidosas de desvio adicionariam horas à viagem. Reshetov ficou preocupado. Raramente tinha visto o gelo em condições tão perigosas naquela época do ano. Só podia imaginar que tipo de inverno estava por vir. Telegrafou para Vladivostok, pedindo ao governo que autorizasse um reconhecimento aéreo do gelo. Após passar a carreira na Marinha Mercante Soviética, Reshetov sabia que não devia ter muita esperança. O reconhecimento aéreo dos Estados Unidos estava a anos-luz de seu próprio país, e Reshetov sabia disso. Se existisse um momento certo para exigir "uma troca de favores", aquele era o momento.

Foram os americanos que pediram ajuda aos soviéticos. Agora os soviéticos poderiam também pedir ajuda aos americanos. A Marinha Mercante Soviética enviou seu pedido ao Departamento de Estado dos Estados Unidos. Na manhã de sábado, o Departamento de Estado repassou o pedido para Glenn Rutledge da NOAA em Suitland, Maryland. Rutledge reuniu todos os dados do gelo ártico compilados diariamente pelo Serviço Oceânico Nacional, uma divisão da NOAA. Juntou vários mapas, detalhando a espessura do gelo e as aberturas na bolsa polar. Os dados foram de grande valia ao capitão Reshetov e aos quebra-gelos soviéticos. Mas, mesmo sendo de boa qualidade, Rutledge sabia que os dados poderiam melhorar. Apesar de terem inicialmente encalhado, as baleias foram levadas por uma excepcional maré de sorte desde o início. Foi a sorte que levou Roy Ahmaogak a encontrá-las em um minúsculo buraco no gelo, e que fez que o mundo se solidarizasse e gastasse milhões para libertá-las. Agora, graças a essa mesma sorte, os Estados Unidos estavam a um passo de conseguir um grande avanço tecnológico na captura de imagens via satélite.

Em 24 de setembro de 1988, apenas duas semanas após as baleias terem sido encontradas, a Força Aérea dos Estados Unidos lançou em órbita, a bordo de um foguete *Atlas*, o mais sofisticado satélite de tempo já construído. O primoroso satélite de cem milhões de dólares, chamado *NOAA-11*, conseguia processar imagens muito mais definidas do que os satélites americanos anteriores. Mas o *NOAA-11* não começaria a operar antes do mês de dezembro daquele ano – tarde demais para ajudar os animais. A tempestade da mídia sobre as baleias provou ser tanto uma emergência da NOAA como qualquer furacão letal. A agência recebeu mais publicidade na primeira semana da Operação Liberdade do que havia recebido em dezoito anos de existência. A obscura agência federal, antes desconhecida pela maioria dos americanos, figurou na primeira página de cada jornal do país. Incluindo o *Washington Post*, que era lido pelas mesmas pessoas que aprovavam o orçamento anual da NOAA. Para as pessoas ligadas ao sistema político norte-americano, era como se a NOAA tivesse alcançado a maturidade. Para a agência, tudo o que aconteceu foi uma dádiva divina. A NOAA fez que seu satélite especial fosse ligado imediatamente.

Na segunda-feira, 24 de outubro, oito dias após o início da Operação Liberdade, o mais novo e sofisticado satélite já lançado teria a primeira tarefa. Naquele momento, as duas baleias que atravessavam as aguas de Barrow haviam entrado na era espacial. Mas enquanto um satélite de cem milhões de dólares, em órbita geossincrônica, compilava uma análise do gelo, equipes formadas por esquimós, sob o comando de Arnold Brower, continuavam a tarefa de abrir buracos para as baleias respirarem. Quando Cindy voltou ao gelo na manhã de sábado, elas emergiam e submergindo energicamente pelo último dos 55 buracos. Nadaram sob mais de 8 quilômetros de mar congelado. Agora, não havia dúvidas, as baleias estavam prontas para continuar sua jornada. Se os russos conseguissem abrir caminho pela crista de pressão, elas estariam finalmente livres.

Após uma semana de prática, os esquimós abriam novos buracos em ritmo alucinante. Naquela noite de sexta-feira, Ron Morris fez que todos trabalhassem ainda mais rapidamente. – Os russos chegarão em dois dias – disse a Brower. – Disseram que podem trabalhar apenas por um dia. Quero as baleias bem próximas daquela maldita crista. Brower ouviu suas ordens e correu para cumpri-las. No sábado, os homens de Brower abriram mais cinquenta novos buracos antes do meio-dia. As duas baleias acompanhavam bem de perto. Morris queria fazer tudo que fosse possível. Pressionou o coronel Carroll para que trouxesse a bala de concreto.

Na manhã de sábado, o coronel conseguiu evitar outro provável desastre, possivelmente o pior de todos. Horas antes, um contingente da Guarda Nacional do coronel Carroll completou sua última realocação ao deixar Prudhoe. A bordo de dois helicópteros *Bell Huey*, os burros de carga da Guarda Nacional do Alasca, os doze guardas, chegaram em segurança a Barrow. A unidade da Guarda Nacional orgulhava-se da habilidade de operar sob o tempo mais hostil da América.

Mas naquela noite de sexta-feira, a unidade do coronel Carroll não exibiu a perspicácia esperada. Após desligarem os motores, os guardas deixaram os preciosos helicópteros fora do hangar. Momentos mais tarde, os helicópteros congelaram. Ao descobrir o lapso, o coronel Carroll ficou furioso. Abriu as imensas portas do hangar para colocar os helicópteros para dentro. Felizmente, Randy Crosby estava lá para impedi-lo. Crosby ficou chocado ao ver que a Guarda iria quebrar uma das primeiras regras da aviação do Ártico: nunca deixe um equipamento congelado descongelar rapidamente.

– Que diabos você está fazendo? – Crosby gritou, incrédulo. Ele explicou que, se os helicópteros fossem levados para dentro, suas partes vitais rachariam. Crosby disse a Carroll e seus homens que seus helicópteros precisariam descongelar lentamente. Se quisesse ver os *Hueys* voando novamente, Carroll teria de deixá-los do lado de fora e enrolá-los com paraquedas de náilon, aguardando que o fraco sol do Ártico fizesse o restante. O sábado, 22 de outubro, marcou o dia mais quente do resgate.

Enquanto ainda fazia -22°C no gelo, a temperatura da cidade quase chegava aos 5°C. Os habitantes locais, pouco agasalhados, faziam as condições climáticas parecerem quase aprazíveis. O agasalho mais pesado era um suéter leve, desabotoado. Até eles eram poucos. Alguns usavam chapéus e quase ninguém vestia luvas. Os jovens saltitavam pelas ruas congeladas de tênis e camiseta.

Vi um garoto vestindo apenas uma camiseta e uma sunga colorida e brilhante. Estava andando de bicicleta pelas ruas escorregadias. Os jornalistas destacavam-se dentre os habitantes locais. Para nós, não estava apenas frio: estava simplesmente gélido, mesmo em nossas roupas caras de grife projetadas para o inverno. Os esquimós nunca vestiam chapéus e luvas em temperaturas maiores do que 7°C ou -1°C, mas nós sempre vestíamos.

Mais tarde, na manhã daquele sábado, o coronel apresentou o triturador de gelo da Arco, a mais nova atração para a mídia que acompanhava a Operação Liberdade. Para a imprensa insaciável e seu público fissurado em baleias, o sexto e o sétimo dias da Operação Liberdade, sexta e sábado, 21 e 22 de outubro, foram uma mina de ouro. Os quebra-gelos russos, a morte de Bone, e depois o triturador de gelo bem no momento em que o resgate atingia o clímax: era o *Super Bowl* de resgate de baleias.

Depois de viajarem ao topo do mundo para cobrir o que parecia ser uma história sobre a natureza, os jornalistas perceberam que lidavam com a mesma tendenciosa manipulação de mídia com a qual estavam acostumados a lidar todos dias nos 48 estados continentais. Na manhã de sábado, Mike Haller, assessor de imprensa de Tom Carroll, fixou a agenda dos eventos do dia na entrada do restaurante Pepe, no Hotel Topo do Mundo e no NARL, onde a imprensa internacional estava hospedada. As atividades começariam às 8h, algumas horas antes do amanhecer, no hangar da Marinha, ao sul do NARL. Os homens do coronel Carroll amarraram o bloco de concreto de 5 toneladas da Arco ao helicóptero *CH-54 Skycrane*.

Alguns jornalistas encaravam um dilema. Poderiam ir ao gelo com Cindy ou observar a bala de concreto. Como investiram mais de 10 mil dólares por dia para cobrir o evento, as competitivas redes de televisão americanas não arriscariam serem batidas. Na manhã de sábado, cada uma delas tinha, pelo menos, duas equipes de gravação, permitindo que cobrissem mais de um evento ao mesmo tempo. Enquanto uma equipe gravava a bala da Arco, a outra estaria no gelo com Cindy e as duas baleias.

Em meio a uma modesta expectativa, seis câmeras observaram o *Skycrane* decolar com o aríete de 5 toneladas da congelada pista de decolagem. Como o evento foi planejado pensando na mídia que estaria presente, Gary Quarles pousou o helicóptero após uma rápida passagem pelo hangar. Depois, decolou novamente para dar às câmeras uma nova oportunidade. Lá embaixo, os cinegrafistas corriam ao redor do heliponto para fotografar o *Skycrane* sob vários ângulos. O helicóptero voou lentamente, permitindo que as equipes de gravação tivessem tempo suficiente para embarcar nos três helicópteros do SAR e gravar o *Skycrane* que seguia seu destino. Haller sabia que, quanto mais o *Skycrane* voasse, melhores seriam as chances de os cinegrafistas conseguirem imagens perfeitas.

Carroll concordou com as ordens de Morris de não assustar as baleias. Testaria a bala a alguns quilômetros dos buracos abertos pelos esquimós. Mas, na manhã de sábado, parecia que nada poderia assustar os destemidos leviatãs que buscavam a liberdade. O barulho ensurdecedor dos helicópteros parecia não causar qualquer efeito. A possibilidade de um bloco de concreto de 5 toneladas assustar as baleias parecia remota. Enquanto os três helicópteros da imprensa formavam um triângulo de 1,5 quilômetro de largura ao seu redor, o *Skycrane* pairava a 15 metros do mar congelado esperando as ordens finais do coronel Carroll.

Novamente, o coronel estava em evidência. Acostumava-se a isso. Durante aquele período, sua vida passou por uma transformação profunda, do anonimato ao centro de turbulência de uma operação absurda. Tudo que Tom Carroll dizia ou fazia era notícia no mundo. Ele era a manchete, o personagem principal no maior evento jornalístico da década. Mas o ponto mais alto de sua grande aventura não aconteceu no gelo ou no céu; mas durante a noite, ao telefone, com uma mulher que estava a 11 mil quilômetros de distância. Seu nome era Bonnie Mersinger, e a atração que os uniu foi instantânea. A mulher sem rosto de Washington tornou-se subitamente o constante centro de sua desgastada vida. Carroll ficou convencido de que as três baleias que veio resgatar ficaram presas para que ele pudesse conhecer a mulher dos seus sonhos. Conversavam todos os dias. Oficialmente, era uma oportunidade para o coronel informar a Casa Branca sobre o progresso do resgate. Mas, de modo não oficial, era a oportunidade que Tom e Bonnie tinham para se conhecer melhor. A cada conversa seu relacionamento ficava mais intenso.

Após desejar a Bonnie uma "ótima manhã", o coronel deu a Quarles a ordem para "lançar a bomba". Como já havia feito dois dias antes, o aríete atravessou facilmente o gelo. Quarles abriu mais dez buracos antes que Arnold Brower e seus homens chegassem para examinar os resultados. Os esquimós imediatamente localizaram um problema. A bala quebrou o gelo, mas não o removeu. Os pesadíssimos blocos quebrados ainda flutuavam por lá. Brower sabia que as baleias apenas usariam um buraco se estivesse totalmente livre de pedaços de gelo.

A bala foi aposentada logo após a primeira tentativa. A Operação Liberdade havia sofrido outra de suas muitas reviravoltas irônicas. O distinto coronel tinha encontrado mais resistência logística na primeira semana do resgate das baleias do que em vinte anos de profissão. Apesar disso, Tom Carroll continuava sendo uma personalidade nacional. Comparado a um senador de 41 anos de idade que estava prestes a se tornar vice-presidente, Tom Carroll era a figura que a maioria dos americanos associava à Guarda Nacional, mas por razões mais dignas.

Ele ficou sabendo de outro problema com as baleias quando voltou ao hangar da Marinha. Os biólogos caros da NOAA que vieram de Seattle estavam estupefatos. As duas baleias pararam de entrar nos buracos. Pareciam presas, como se algo as impedisse de continuar. O ímpeto das baleias de continuar sua jornada era maior do que nunca. Os *walkie-talkies* transmitiam sem parar. Qualquer sugestão era bem-vinda.

Mas a tecnologia sofisticada não ajudou muito. Malik foi até a tenda esquimó aquecida sem o rádio. Os grupos de resgate aguardavam ansiosos por seu retorno, então Craig foi correndo buscá-lo. Esperou até que Malik terminasse de mascar um pedaço de carne de morsa defumada. A caminho da porta, pegou um pedaço grande de pele de baleia comestível, da baleia que ele e sua equipe haviam matado duas semanas antes, e colocou na boca. Subiram no *snowmobile* de Craig. O ronco alto do motor impediu que conversassem durante o caminho. Em vez disso, Malik saboreou o pedaço aparentemente gostoso de gordura de baleia. Quando avistou os buracos, Malik limpou a boca, satisfeito, e preparou-se para retomar sua tarefa de salvar os dois primos encalhados da Baleia da Groenlândia que havia morrido.

O "pequeno homem" saltou do veículo e levantou seu boné vermelho de beisebol, agora uma marca registrada. Estava enfeitado com emblema oval, em preto e branco, com o nome da associação da qual todo baleeiro pertencia: "Comissão Baleeira dos Esquimós do Alasca". Malik conhecia os contornos daquele oceano gelado como ninguém. Mesmo antes de vê-las, já suspeitava o que poderia estar contendo as baleias. No momento em que olhou dentro do buraco do qual elas não queriam entrar, suas suspeitas foram confirmadas.

Diferentemente dos outros buracos que as baleias usaram nas últimas 24 horas, aquele não era preto. A luz que vinha do fundo do oceano refletia uma cor cinza distinta. Elas estavam presas na extremidade de um banco de areia submerso apenas a 4 metros de profundidade. Até mesmo para as baleias cinzentas acostumadas com a orla, aquela era uma profundidade perigosa. Elas atingiram uma barreira e, como seus salvadores, não sabiam como proceder. Salvar baleias era algo novo para Malik. Normalmente, ele as matava.

Foi então que a solução ficou clara. – Um desvio! – exclamou. – Uma baleia nadaria se soubesse que poderia ficar presa? – perguntou a si mesmo em voz alta. – Vamos abrir buracos ao redor do banco de areia. Durante a hora em que as baleias ficaram bloqueadas pela barreira de areia, Arnold Brower e seus esquimós abriram mais catorze novos buracos.

Bill Allen ficou impressionado. – Bem, vejam só o serviço feito pelo Archie Brower – disse, referindo-se a Brower por engano. Mas os buracos nunca seriam usados. Malik e Arnold Jr. deram as costas para aquele caminho errante e começaram a explorar a área à procura de águas profundas. Logo que um caminho alternativo foi traçado e os novos buracos abertos, as baleias prosseguiram. Os catorze buracos mal direcionados congelaram e desapareceram sem deixar vestígios.

A pressa era fazer que as baleias atravessassem os últimos 6,5 quilômetros de gelo e saíssem da crista de pressão. Achava-se que os russos estavam a apenas um dia de distância. As equipes de resgate acreditavam que haveria apenas uma única oportunidade para fazer que as baleias atravessassem qualquer abertura na crista de pressão feita pelos russos. Ninguém imaginava que tipo de problema a crista poderia apresentar, ou se os navios soviéticos poderiam superá-la. Desde o sumiço de Bone, as baleias estavam cumprindo a parte delas. Emergiam nos novos buracos antes mesmo de estarem completamente abertos. Agora mais do que nunca, o resgate dependia dos esquimós.

Quando os soviéticos concordaram em participar, a mídia deu início a uma corrida desenfreada na tentativa de registrar as primeiras imagens dos navios russos, atravessando o gelo polar espesso a caminho da crista. Entretanto, a NBC era a única rede com recursos independentes para vencer a corrida: um helicóptero. Não era nenhum segredo pelos corredores pré-fabricados do Hotel Topo do Mundo, que a NBC iria começar sua caçada pelos céus perigosos do Ártico, assim que os navios russos estivessem a 321 quilômetros de Barrow.

Ninguém estava mais ciente do provável furo jornalístico do que Harry Chittick, produtor de notícias da ABC, que há vários dias reclamava com Ron Morris a respeito da vantagem injusta de que o helicóptero da NBC dava à sua concorrência. Jerry Hansen, correspondente da NBC, lembrou a Morris que não havia qualquer lei contra o aluguel de helicópteros e que, até aquele momento, não existiam restrições aéreas que impedissem que o helicóptero da NBC registrasse as melhores imagens do resgate.

Chittick sabia que a NBC tinha a vantagem, mas ainda acreditava na possibilidade de roubar o furo bem debaixo do nariz de Hansen. Chittick passou a manhã de sábado tentando alugar sua própria aeronave. A que encontrou possibilitaria que passasse facilmente pelo helicóptero lento da NBC e chegasse próximo dos quebra-gelos. Nem precisaria de um piloto, pois tinha licença para voar. No escritório de Los Angeles, seus pesquisadores consultaram os quebra-gelos na bíblia marítima, *Jane's All the World's Fighting Ships*. Imaginando a velocidade dos quebra-gelos, os pesquisadores da ABC calcularam quando os navios estariam chegando. Mas quando Chittick finalmente alugou a aeronave, já era tarde. A NBC vencera novamente.

Na tarde de sábado, Don Oliver da NBC entrou em contato com a troca de informações internacionais, responsável pela comunicação entre a Marinha Mercante Soviética, o governo dos Estados Unidos e os navios russos. Quase todos sabiam onde o centro estava localizado, no escritório de Randy Crosby no hangar do SAR. O SAR facilmente adaptou-se a sua nova função. Já era o centro de operações da unidade da Guarda Nacional de Tom Carroll e o terminal de transmissão da mídia. O SAR era o centro de operações oficial da Operação Liberdade. Os relatórios do governo dos Estados Unidos estimavam que os russos estavam a 273 quilômetros ao nordeste de Barrow. No entanto, de modo inesperado, os quebra-gelos encontraram gelo espesso. Os navios reduziram sua velocidade para menos de 3 nós, muito menor do que originalmente se previa. Além disso, as fotos de satélite e os gráficos aprimorados via computador, transmitidos à ponte de comando do *Almirante Makarov*, revelaram que uma grande massa de gelo estendia-se diretamente sobre a rota traçada até Barrow. O comandante Reshetov não teve outra escolha a não ser traçar uma nova rota, e dessa vez mais longa. O novo horário estimava que os quebra-gelos chegariam a Barrow entre 24 e 36 horas.

Embora estivessem ainda muito longe para ajudar as baleias, os quebra-gelos estavam quase a uma distância suficiente para fazerem parte dos noticiários da noite. O helicóptero da NBC podia chegar a uma distância total de 564 quilômetros sob "condições favoráveis", um termo que não podia ser aplicado ao Ártico. Mas o "ponto sem retorno" era de 282 quilômetros. Voar fora desse limite significaria não ter combustível suficiente para a volta. O tempo ameaçava tornar a viagem ainda mais perigosa.

A neblina, formada por partículas de gelo, encobria a visão, escondendo uma camada grossa de nuvens no céu. No fim de outubro de 1988, Barrow já estava tão fria que até mesmo as mais finas partículas de água, que se transformavam em pequeníssimos cristais de gelo, conseguiam escapar das forças da gravidade. A neblina escondia tudo. Em regiões povoadas como Barrow, a neblina de gelo reduzia a visibilidade para um zero absoluto. Ao meio-dia, Randy Crosby recolheu seus helicópteros e aconselhou que todos fizessem a mesma coisa. A NBC não estava inclinada a permitir que o mal tempo atrapalhasse uma boa história.

A segurança da equipe era apenas um detalhe que não impediria a obtenção das primeiras imagens dos quebra-gelos; imagens que ficariam no ar de 5 a 8 segundos no noticiário da noite. Os telespectadores nunca saberiam dos riscos envolvidos. A pressão para voar nunca foi explícita. Nem precisava ser. A notícia não espera e nem dá uma segunda chance. Como a NTV, a rede que minha empresa foi contratada para representar, pagou metade do aluguel do helicóptero, insisti para que tentássemos entrar na ação. Cedo naquela manhã, enquanto saboreávamos as batatas fritas gordurosas e o pão macio encharcado de manteiga do Pepe, perguntei a Jerry Hansen, produtor da NBC, o que ele achava de usar nosso helicóptero para encontrar os navios que se aproximavam. Hansen engoliu seco, como se eu tivesse contado um segredo em voz alta. Olhou para os lados para ver se alguém tinha ouvido, indicando para que me calasse.

– Estamos cuidando disso – disse. Ele estava certo.

Meu cinegrafista, Steve Mongeau, e eu fomos até o NARL, onde estava nosso helicóptero. Por várias horas, aguardamos até que os pilotos dessem o "OK". No fim da tarde, ficou claro que a neblina de gelo não se dissiparia. Os dois pilotos mostravam pouco entusiasmo pelo voo suicida de sábado à noite, porém seus clientes eram muito exigentes. Já haviam desistido de pedir que mantivéssemos nossos cintos de segurança ao ficarmos pendurados nas portas abertas do helicóptero. O tempo era tão incerto quanto as coordenadas precisas dos navios soviéticos. A única coisa certa era que iríamos procurar por eles. Se os quebra-gelos estivessem a 273 quilômetros, ou menos, estariam a 8 quilômetros dentro do "ponto sem retorno", apenas a 16 quilômetros do alcance máximo dos helicópteros. Não havia margem para erro. O cinegrafista da NBC, Bruce Gray, comentou que encontrar os navios na neblina grossa, com tão pouco espaço para manobras, seria como encontrar uma agulha no palheiro. Momentos longos de silêncio marcaram aquela assustadora jornada. Quando o nível do medidor de combustível chegou à metade, ainda não havia sinal dos navios russos.

A escuridão intrusa ameaçava estragar mais do que a gravação. Ao cair da noite, as chances de sobrevivência diminuiriam se algo desse errado. Além disso, ninguém teria sobrevivido se precisássemos fazer um pouso de emergência. Soubemos mais tarde que não havia equipamentos de flutuação a bordo da aeronave. Quando o helicóptero chegou próximo ao "ponto sem retorno", os pilotos desligaram o sistema de comunicação interno para que pudessem conversar sem que os ouvíssemos.

Se não voltássemos dentro dos próximos minutos, o helicóptero não teria combustível suficiente para voltar. A única escolha seria pousar em um *iceberg* e rezar para ser salvo. Por terem desobedecido às leis de segurança, os pilotos não queriam pedir ajuda pelo rádio, com medo de perder sua licença. Quando começaram a nos explicar a situação, Gray estava se preparando para filmar. Naquele exato momento, a imagem do navio *Almirante Makarov*, de 496 pés, o orgulho da frota soviética de quebra-gelos, despontou perigosamente à nossa frente. O rastreamento via satélite provou estar correto. Estava a metros do cálculo inicial dos pilotos. Girando o dedo no ar para indicar uma volta ao redor do navio, Gray implorou pela chance de pelo menos registrar algumas imagens decentes dos imensos quebra-gelos soviéticos. Destemidamente preparou sua câmera para a difícil tarefa de gravar sob condições adversas. Era agora ou nunca.

O helicóptero mergulhou, ficando a uma distância de apenas alguns metros do elevado convés dos navios. Marinheiros curiosos subiram ao convés para inspecionar os visitantes desconhecidos. Gray pediu aos pilotos que diminuíssem a velocidade para que pudesse fazer os ajustes que sua câmera precisava para operar no escuro. Quando o helicóptero iniciou sua incerta volta a Barrow, a única gravação feita dos quebra-gelos soviéticos estava no colo de Gray. Ele tinha conseguido um tremendo furo jornalístico. Mas, como sua vida correra um grande perigo, imaginou se o que havia feito poderia ser creditado à coragem ou à pura estupidez.

Voando pelo Ártico naquela noite extremamente escura, não sabíamos dizer ao certo o que havia abaixo: água ou gelo. De qualquer forma, estava ficando cada vez mais frio. A preocupação aumentou. O nível do medidor de combustível continuava caindo. Com o aquecimento desligado para conservar combustível, a temperatura da cabine ficou abaixo de zero. Os minutos ficaram longos e incertos. Graças a uma mudança de vento salvadora, que arrastou o helicóptero, o combustível foi suficiente para nos permitir uma aterrissagem segura no heliponto do NARL. A gravação pela qual todos haviam arriscado sua vida foi ao ar apenas 24 horas mais tarde, no noticiário da NBC da noite de domingo. Quando as imagens preciosas foram ao ar, a ABC já tinha transmitido sua própria gravação, feita dezesseis horas depois da NBC. A NBC vencera a batalha, mas perdera a guerra; uma guerra que, como o próprio resgate, começou com a mídia e terminou com ela.

22

SERGEI RESHETOV: "VAMOS CORTAR O GELO"

Assim como as baleias, que os fizeram sair de seu curso para serem salvas, o tempo pela espera dos russos estava se esgotando. Quando apareceram no horizonte de Barrow, por volta do meio-dia da terça-feira, 25 de outubro, os dois gigantescos quebra-gelos estavam quase dois dias atrasados. O navio *Vladimir Arseniev* de 440 pés, o menor dos dois navios, liderava o caminho. Dezoito dias depois de as baleias encalhadas terem sido encontradas pela primeira vez, dois dos mais poderosos navios da Marinha Mercante Soviética chegavam para auxiliar em sua improvável fuga em direção à liberdade. Por serem muito grandes, e o terreno muito plano, os navios eram facilmente vistos da cidade, a aproximadamente 33 quilômetros de distância. Ancorados a uma distância segura da crista de pressão, os gigantescos quebra-gelos estavam a menos de 16 quilômetros das baleias que vieram resgatar.

Inúmeros jornalistas usavam de todos os meios para conseguir uma posição do lado de fora do hangar do SAR. Estavam desesperados para ver quais seriam as atividades do dia. O comandante Reshetov telegrafou para Ron Morris para informá-lo que todos os jornalistas americanos eram bem-vindos a seu navio. Afinal, os russos haviam enviado os quebra-gelos com a intenção de ganhar publicidade. A cobertura jornalística alternava-se diariamente entre as quatro redes americanas de televisão: ABC, CBS, CNN e NBC. Como havíamos alugado nosso próprio avião, raramente precisávamos contar com os representantes desse grupo. O acesso ao navio dos soviéticos foi uma exceção.

O correspondente da CNN, Greg Lefevre, e seus dois assistentes foram os primeiros jornalistas estrangeiros convidados a bordo do navio *Almirante Makarov*. Juntaram-se ao coordenador Ron Morris e a seu supervisor, o almirante Sigmund Petersen, comandante da frota da NOAA no Pacífico. Randy Crosby os levou até lá. Ficando a alguns metros de distância, acompanhando com nosso próprio helicóptero. A única diferença era que eles tinham autorização para pouso e nós não. O melhor que pudemos fazer foi incrementar o material da imprensa com nossas tomadas aéreas exclusivas. Grande coisa!

Ouvindo as instruções carregadas de sotaque do *Arseniev*, Crosby puxou lentamente o manete e pousou com precisão no heliporto, localizado na popa do navio de 496 pés. Com o motor ligado, Crosby esperava o sinal para desligá-lo completamente. Arregalou os olhos de admiração. Enquanto esperava, Crosby não conseguia parar de pensar em como aquilo era diferente do seu dia normal de trabalho.

Dez dias atrás, era apenas o diretor do Departamento de Busca e Salvamento do Distrito de North Slope, um serviço de emergência especial criado para auxiliar na subsistência dos esquimós. Sua principal tarefa era resgatar caçadores nativos em dificuldade, presos na tundra ou em um bloco de gelo flutuante no meio do Oceano Ártico. Agora, levava a bordo um almirante americano e uma equipe de televisão da CNN, mas levar pessoas importantes não era nenhuma novidade. Um ano antes, Crosby levou o romancista James Michener ao redor do Ártico para fazer uma pesquisa para seu *best-seller Alasca*.

Entretanto, pousar em quebra-gelos soviéticos? Isso era novidade. O martelo e a foice pintados na chaminé dissipavam qualquer dúvida sobre sua localização. De acordo com as normas do direito internacional marítimo, Randy Crosby, pai de quatro filhos, acabara de pousar na União das Repúblicas Socialistas Soviéticas. Ele observou a pesada escotilha de metal se abrir lentamente na base da superestrutura do navio. Foi o primeiro sinal de vida. Segundos depois, um homem pequeno e muito bem agasalhado apareceu. Caminhou até o heliponto, parou e fitou a todos. Depois de inspecionar os visitantes americanos, o homem não identificado virou-se em direção a escotilha aberta e os cumprimentou com um aceno de cabeça.

Mais tripulantes apareceram, distribuindo sorrisos calorosos e cumprimentos efusivos. Ron Morris autorizou que a equipe de gravação da CNN saísse primeiro do helicóptero para que pudesse registrar cada detalhe das boas-vindas oficiais. A equipe de televisão soviética já estava no convés. Com ambas as equipes gravando, Morris saltou pelas portas de plástico do helicóptero, chamando a atenção do comandante Sergei Reshetov e do segundo em comando, primeiro-oficial Alexander Patsevich. Logo atrás dele, desceu o almirante Sigmund Petersen da NOAA.

– Ron Morris, governo americano – disse o coordenador da NOAA, apresentando-se a seus colegas soviéticos. Sua posição hierárquica parecia mais expressiva a cada vez que a mencionava. Perto do fim da semana, Morris relatou aos jornalistas e às equipes de resgate que ele era o representante oficial da administração Reagan. A Casa Branca ficou furiosa. O telefone de Bonnie Mersinger foi bombardeado por pessoas do alto escalão da Casa Branca e do Departamento de Comércio exigindo que alguém "colocasse um freio" no coordenador.

– Quem ele pensa que é? – indagou um executivo sênior da Casa Branca ao conversar com Mersinger, assistente responsável pelo recebimento de informações sobre o resgate das baleias. Era sua responsabilidade descobrir. Dez dias sob holofotes e Ron Morris vem a público se autodenominando representante oficial do presidente dos Estados Unidos. O secretário William Evans, assistente do Departamento de Comércio dos Estados Unidos, acompanhou o subalterno Ron Morris pela televisão, falando aos jornalistas presentes como se tivesse sido enviado para coordenar o resgate pelo próprio presidente Ronald Reagan. Furioso e consternado, o secretário Evans enviou uma nota de repreensão:

> Fui informado pela Casa Branca, por meio do chefe de gabinete do Departamento de Comércio, que o senhor apresentou-se para imprensa como um representante oficial do Presidente e/ou de sua Administração", dizia a nota. "Sua atitude foi incorreta e o senhor cessará todo e qualquer contato com a imprensa sobre assuntos relacionados a programas de pesca que não sejam previamente autorizadas pelo Administrador-Assistente do Serviço de Pesca da NOAA. O senhor não representa a administração. Suas palavras foram indevidamente citadas ou o senhor não esclareceu à mídia o seu papel como empregado do governo.

Após as apresentações e uma breve pose para as câmeras, Greg Lefevre da CNN fez a primeira pergunta. Morris ficou surpreso ao ouvir o capitão soviético respondê-la em inglês fluente. A intérprete da NOAA, Svetlana Andreeva, enviada especialmente de Washington, ficou alegre em saber que sua presença não era necessária. Talvez agora pudesse ir para casa. Reshetov convidou os americanos para uma visita em sua cabine e uma rodada obrigatória de vodca. Até mesmo Randy Crosby participou.

Quando chegaram à cabine do capitão, Morris abriu a velha bolsa de couro e exibiu as mais recentes imagens de satélite, gráficos e outras informações compiladas por agências federais para serem apresentadas aos soviéticos. Morris e o almirante Petersen passaram todas as informações necessárias a Reshetov sobre a Operação Liberdade e o último obstáculo à liberdade das baleias, a enorme crista de pressão. Após ouvir os fatos, o comandante Reshetov abriu os braços, nitidamente apreciando o desafio. Voltou-se para as câmeras e disse:

– Vamos cortar o gelo.

Contudo, antes que o trabalho começasse, mais um brinde de vodca, um passeio pelo navio e a oportunidade de os americanos conhecerem a cansada tripulação. Mesmo ansiosos para rever seus familiares e amigos, os marinheiros soviéticos pareciam determinados a ajudar as baleias aprisionadas. Juntos, os americanos e seus colegas soviéticos foram ao sombrio refeitório dos oficiais, onde um almoço soviético típico os aguardava: *borscht*[17], batatas e um ensopado insosso de carne.

Antes que Crosby entrasse a bordo do helicóptero para voltar aos Estados Unidos, alguns membros mais sociáveis da tripulação soviética correram até ele para presenteá-lo com uma variedade de *pins* e *buttons*. Também deram a ele um chapéu de pele com uma estrela vermelha dentro de um círculo dourado, símbolo do Exército Vermelho Soviético.

– Meu Deus – gargalhou, enquanto se preparava para decolar do navio russo. – Com certeza, nunca pensei que ficaria orgulhoso de usar um chapéu comunista.

Minutos depois, o helicóptero americano estava de volta aos Estados Unidos.

Imediatamente após os americanos partirem, Reshetov reuniu-se com sua tripulação para planejar como seria o ata-

---

17. Sopa típica do Leste Europeu à base de beterraba. (N.T.)

que à crista de pressão. Os americanos duvidavam que os soviéticos fossem capazes de abrir caminho. Contendo-se após o implícito insulto americano, Reshetov estava determinado a provar o contrário. Precisava decidir qual dos dois navios deveria tentar primeiro.

A tripulação juntou as impressionantes imagens de satélite americanas com suas próprias estimativas sobre a profundidade oceânica e espessura do gelo. A recomendação era que Reshetov enviasse o navio *Vladimir Arseniev* na tentativa de encontrar algum ponto fraco que pudesse ser explorado. Como estava equipado com uma quilha baixa, o pequeno navio poderia abrir caminho em meio ao perigoso banco de areia de Point Barrow com mais segurança.

Por não conhecer as águas americanas, Reshetov não queria correr nenhum risco. Se o navio *Arseniev* não estivesse preparado para a missão, ele poderia recorrer à sua arma principal, o *Almirante Makarov*, que estava ancorado apenas a alguns metros da crista. Um trio incômodo e barulhento de helicópteros pairava no céu à medida que o navio *Vladimir Arseniev* acionava os poderosos motores, expelindo uma nuvem negra enorme de fumaça. O gigantesco navio abriu com facilidade um canal até a parede de gelo, preparando-se para um ataque frontal. O *Arseniev* estava pronto para o primeiro ataque à elevada crista de pressão. Ao mesmo tempo que as equipes americanas se encaixavam ao estereótipo de um país demasiadamente dependente da tecnologia, os soviéticos estavam prestes a exemplificar a imagem que o mundo fazia deles: força e tamanho brutais.

O timoneiro reverteu os poderosos motores do navio. Precisava de espaço para ganhar velocidade antes de acertar a borda externa da crista. A tripulação preparou-se para a colisão. A tripulação aguardou por alguns minutos, sem saber o que iria acontecer. O casco duplo de aço reforçado foi projetado para suportar pressões extremas, porém Reshetov não sabia com certeza se o gelo aterrado cederia. Esperava pelo pior e ordenou que a tripulação fizesse o mesmo. A proa do *Arseniev* colidiu com a parede glacial azul, causando um tremendo impacto. O ruído ensurdecedor de mais de 10 milhões de quilos de aço esmagando o gelo espesso pôde ser ouvido a quilômetros de distância.

Entretanto, o violento barulho não correspondia à impressionante facilidade com que a proa do *Arseniev* partia o gelo. À medida que seu navio foi abrindo caminho destemidamente, Reshetov soltou uma forte gargalhada. A tripulação juntou-se a ele, quebrando o silêncio tenso que havia no ar. O último obstáculo para a liberdade das baleias desabara sob a proa heroica do quebra-gelos soviético. Pela primeira vez, desde que as baleias foram descobertas há dezoito dias, a Operação Liberdade, subitamente renomeada Operação Resgate pelo governo dos Estados Unidos, estava próxima do sucesso.

No mar há seis meses, a tripulação não compreendia as dimensões do resgate que foram instruídos a auxiliar. Por ter recebido ordens dos escalões mais altos do governo soviético, a tripulação naturalmente deduziu que sua missão seria crítica e ousada, talvez vital à segurança da nação. O que os russos acabaram descobrindo foi que o gelo que haviam atravessado nos últimos quatro dias era muito mais traiçoeiro do que aquele que foram intimados a cortar. A proa sólida do navio abria caminho pela crista e chegava cada vez mais perto da multidão de curiosos e das baleias que veio libertar.

Ninguém, nem mesmo os esquimós, fazia ideia de que os navios soviéticos podiam cortar tão facilmente a crista de gelo aterrado. Minutos antes, Gary Hufford, o especialista em gelo da NOAA, enviado a Barrow para ajudar no resgate, havia dito aos repórteres que a parede poderia ser impenetrável. Após centenas de metros de distância, a pressão da crista fez que o quebra-gelos parasse, uma ocorrência normal que o comandante Reshetov já esperava. O timoneiro manobrou o navio para mais um ataque à parede de gelo. Houve muita comemoração quando a notícia do sucesso do quebra-gelos chegou aos grupos de resgate e aos jornalistas que aguardavam a alguns quilômetros dali. Após dez dias de contratempos, algo finalmente havia funcionado.

A Operação Liberdade estava chegando ao fim. A crista de pressão, embora fosse o último e grande obstáculo à liberdade das baleias, não era páreo para o *Vladimir Arseniev*. Logo que os esquimós terminassem de abrir buracos no gelo, as baleias e o mundo poderiam continuar com sua vida.

Seria a última chance para Bill Allen ajudar a salvar as baleias. Três dias mais tarde, no sábado, 22 de outubro, um *C-5A Galaxy*, o maior avião cargueiro do mundo capitalista, pousou no aeroporto Wiley Post–Will Rogers Memorial em Barrow. O diretor de orçamento de Barrow, Dan Fauske, que morava em frente da pista de pouso, estava removendo a neve de sua calçada com uma pá, quando o gigantesco avião surgiu no céu sobre a pequena cidade enquanto se preparava para pousar. Fauske pensou que Barrow estava sendo invadida, mas não sabia por quem. O aeroporto precisou desviar todo tráfego enquanto o *C-5A* estendia-se além do fim da pista de decolagem. Era muito grande e muito pesado para usar a pista de aterrissagem. De modo frenético, com o auxílio da Guarda de Elite Nacional do coronel Carroll, da Força Aérea e do diretor de cargas Ed Rogers, da MarkAir, um imenso trator com parafuso de Arquimedes foi retirado da mandíbula aberta do Galaxy.

Rebocado até o hangar da Marinha, ao sul do NARL, o trator aguardava a oportunidade de mostrar ao mundo que a Veco afinal de contas poderia ajudar as baleias. Na tarde de domingo, Bill Allen demonstrou a um cético Ron Morris que isso era possível. Do outro lado do hangar, o trator, girando os enormes parafusos, atravessou sem jeito a areia e chegou ao gelo. Causando um constrangimento momentâneo, escorregou pela superfície lisa sem abrir caminho. Quando finalmente encontrou um ponto fraco, deixou um rastro de gelo espesso por onde passou. Como a fracassada bala de gelo do dia anterior, o trator também deixou muitos pedaços de gelo espalhados.

Mas Bill Allen não havia ainda terminado. Não gastara mais de 15 milhões de dólares para ficar de fora do último ato. Os russos agiam como se aquilo fosse muito fácil. Haviam lançado um desafio a Bill Allen e à honra americana. Queria o trator no gelo e funcionando. Ao telefone com Marvin King, seu assistente na Baía de Prudhoe, Allen projetou um trenó especial para limpar o gelo quebrado, que pudesse ser levado pelo helicóptero *Skycrane* e ser preso atrás do trator. Allen fez o desenho industrial do trenó e enviou para Prudhoe via fax.

– Faça o mais rápido que puder – ordenou ao gerente industrial. – Carroll disse que nos deixará tentar.

King e seus homens trabalharam durante a noite de sábado e toda a segunda-feira, soldando o trenó improvisado. Precisavam deixá-lo parcialmente desmontado para que pudesse ser transportado a bordo do avião cargueiro *C-130 Hercules*, que aguardava para levá-lo até Barrow. Quando chegou, Billy Bob vestiu uma mascará de solda e se preparou para usar a habilidade que havia aprendido há muitos anos. Quando ele e Pete Leathard encontraram um maçarico de corte a gás acetileno, souberam que ainda havia esperança. Depois de pedirem o jantar no restaurante Pepe, os dois homens começaram a trabalhar e só pararam quando o trenó ficou pronto, 48 horas mais tarde. Allen ligou para o coronel Carroll e disse a ele que planejava fazer um teste "minucioso".

Contudo, um pouco mais cedo naquele dia, o azarado *Skycrane*, associado aos maiores fracassos do resgate, foi impedido de decolar por causa de um dano causado a uma das hélices, que custaria cem mil dólares aos contribuintes. As cem horas de mão de obra gastas energicamente na construção do trenó improvisado foram por água abaixo. O último sonho de Bill Allen parecia destruído. Na tarde de quarta-feira, 26 de outubro, menos de 24 horas após os soviéticos aparecerem na costa de Barrow, a crista de pressão havia sido reduzida a montes de gelo separando dezenas de caminhos que, de forma convincente, contestavam sua invulnerabilidade de escapar de caminhos de 402 metros de largura. Tudo que sobrou entre as baleias e sua liberdade foi uma distância de 4 quilômetros de gelo virgem.

Mas, ironicamente, à medida que os grupos de resgate iam eliminando a última barreira, o interesse público começava a diminuir. A teia de preocupações que havia unido muitos americanos por duas extraordinárias semanas começava a ceder. As pessoas estavam ficando cansadas. A típica demanda americana por resultados imediatos vinha à tona. Quando as baleias não foram libertadas de imediato, os telespectadores ficaram irritados, furiosos, até mesmo melindrados. Justamente quando os navios russos deram ao resgate uma chance real de sucesso, os americanos fizeram o que sempre fazem – mudaram de canal.

O gasto extraordinário era justificável? Valeria realmente a pena gastar mais? Quanto seria muito? Ao ser comparado a essas perguntas, o resgate começou a parecer ridículo. A simpatia virou cinismo. O rádio via internet, naquela época em seu início, mas ainda o representante da opinião pública americana, sucumbiu aos primeiros sinais de fumaça. Os jornais começaram a publicar tiras de quadrinhos com teor político que zombavam da atenção ilimitada concedida às baleias. Dan Wasserman, um cartunista político do *Boston Globe*, desenhou as sátiras mais memoráveis da Operação Liberdade: Dois moradores de rua, na porta de uma estação de metrô, vestindo fantasias de baleia na tentativa de conseguir dinheiro.

Ben Sargent, da agência de notícias Austin American Statesman, desenhou talvez a tira de quadrinho mais criativa: esqueletos vivos de refugiados sudaneses vegetando próximos a um caminhão bombardeado, cujo rádio transmitia a seguinte mensagem "O mundo ficou perplexo hoje diante da tremenda falta de sorte das baleias cinzentas californianas".

A empatia das pessoas havia chegado ao limite. O tempo das baleias estava se esgotando, e a paciência dos americanos também. Reagindo ao mau humor popular, a imprensa retraiu-se e subitamente começou a adotar um papel mais convencional. No início da segunda semana da Operação Liberdade, os repórteres que estavam presentes começaram a fazer as mesmas perguntas. Mesmo não sendo mencionada em nossas reportagens, a trágica morte de três crianças no incêndio de uma casa em Barrow serviu como um testemunho vivo para ilustrar como nossa preocupação com as baleias era excessiva; um tipo de divisor de águas. Logo quando as coisas estavam caminhando do jeito que ele queria, Ron Morris foi bombardeado com perguntas constrangedoras.

Felizmente para as baleias, elas estavam muito ocupadas para se preocupar com sua "imagem". Na esperança da chegada de um mau tempo para justificar sua presença, quase toda a mídia permanecia junto às baleias. Mas agora havia centenas de pessoas sobre o gelo: várias equipes de gravação, dezenas de repórteres, os cortadores de gelo esquimós, os inúmeros especialistas trazidos por Ron Morris, o coronel Carroll e a Guarda Nacional e os incontáveis habitantes de

Barrow. Todos encorajando as baleias. Os esquimós disseram que o Ártico provavelmente nunca havia sido em sua história de 4 bilhões de anos palco de extrema atividade. E que o gelo ártico nunca fora sujeito àquele tipo de peso causado pelo homem.

Entretanto, era impressionante como o gelo estava aguentando bem até o momento. Enquanto mais de 20 milhões de quilos de quebra-gelos golpeavam as bordas externas do gelo, outros milhões de quilos forçavam a superfície. Subitamente, o gelo abandonado tornara-se o local de trabalho de centenas de pessoas e de todas as suas ferramentas pesadas. O gelo se transformou em uma imensa estrada de gelo, permitindo acesso rápido a inúmeros viajantes. Esse era o sonho da Califórnia do Sul, uma via expressa larga e longa, e sem limites. Não havia barreiras e nenhum perigo iminente. Veículos trafegavam regularmente em velocidades que chegavam a 130 quilômetros por hora em gelo puro. Se perdêssemos o controle, o que não era incomum, o único perigo estaria na reação exagerada do motorista. O gelo do qual todos dependíamos também servia de pista de pouso e decolagem para uma frota de helicópteros e até mesmo para aviões de pequeno porte.

O gelo que nos dava acesso às baleias era o mesmo que as aprisionava. Mas, à medida que o caminho ia sendo aberto, não as prenderia por muito tempo. Na quarta-feira, 25 de outubro, poucas horas antes de a escuridão do Ártico cair sobre elas, as duas baleias pareciam sentir que aquele seria seu último dia de cativeiro. Os esquimós estavam abrindo buracos com extrema rapidez para acompanhar o ritmo frenético das criaturas. Liderados por Siku, a maior de todas as baleias, os leviatãs tentavam emergir nos novos buracos antes que fossem terminados. Eram tão persistentes, que chegavam a aproximar sua cabeça vulnerável das letais motosserras.

Malik foi forçado a tomar providências para evitar um corte acidental. Uma catástrofe daquela magnitude seria trágica, agora que as baleias estavam tão próximas da liberdade. Dividiu sua equipe de doze homens em dois grupos. O primeiro grupo cortava o contorno do buraco com as motosserras e seguia para o próximo. Enquanto isso, o segundo grupo trabalhava no primeiro buraco, empurrando os blocos gigantes de gelo para baixo da margem do buraco, permitindo que as baleias ansiosas pudessem emergir. Em vez de colidirem com uma motosserra mortal, o pior que poderia acontecer era o choque com um dos bastões de alumínio.

Isso era tudo que podiam fazer em relação aos buracos. Geoff e Craig estavam convencidos de que as baleias iam conseguir encontrar o caminho até o mar aberto. Centenas de pessoas subiram em suas caminhonetes e *snowmobiles*. Saíram correndo pelo percurso dos buracos de gelo até a beira do canal aberto pelos soviéticos. Para todos os envolvidos na experiência de quase duas semanas, o momento final parecia próximo. Desde que foi instruído a "fazer que as baleias saíssem nadando livremente", o fotógrafo britânico Charles Laurence descreveu com humor os vários e possíveis desfechos. Será que as baleias sairiam batendo seu lobo caudal à medida que seu corpo atravessasse graciosamente a divisória que separava o aprisionamento da liberdade? Ou como uma tira de quadrinho no jornal *Richmond Times-Dispatch* sugerindo que, quando estivessem livres, as baleias deveriam aprontar a travessura de encalhar novamente só para enlouquecer a todos?

Nas duas últimas ocasiões em que de fato ocorreram notícias de verdade – os removedores de gelo atraindo as baleias aos primeiros novos buracos e a morte de Bone – não havia câmeras por perto. Mas agora seria diferente. As baleias estavam prestes a conseguir a liberdade – com certeza um dos momentos mais difíceis de registrar, mas, a razão de estarmos todos lá. Nosso trabalho era o de registrar – em palavras, fotos e som – a libertação das baleias encalhadas da melhor forma possível.

No início da tarde de terça-feira, o gelo, que havia provado ser confiável, começou a mostrar sinais de enfraquecimento. Foram encontradas rachaduras enormes que iam dos canais até as baleias. O peso que o gelo estava sendo obrigado a suportar era maior do que poderia sustentar com segurança. Começou a rachar. Os riscos eram iminentes. Quanto mais pessoas estivessem sobre ele, maior seria a probabilidade de o gelo ceder. Aqueles de nós que estávamos confiando nossa vida à estabilidade do gelo entendemos rapidamente o que poderia acontecer. Ao mesmo tempo que a notícia ameaçadora não nos mantinha longe, ela abalou o entusiasmo de quase todos.

Todos, exceto meu cinegrafista, Steve Mongeau. Poucos minutos após a meia-noite de quarta-feira, quando o restante de nós já estava dormindo profundamente, Mongeau contou sem rodeios a nosso anfitrião, Rod Benson, que ia até o gelo observar os russos. Antes que Rod pudesse alertá-lo sobre os perigos de dirigir sobre o gelo rachado, Mongeau já tinha ido, achando que as barricadas especiais colocadas para limitar o acesso ao gelo não estariam sendo vigiadas numa hora daquelas, Mongeau pensou ser sua última oportunidade de usar sua câmera sobre o gelo sem ser importunado.

Dirigindo sozinho e sem uma arma para protegê-lo dos ursos, provavelmente em maior quantidade à noite, Mongeau passou pelo NARL, ao lado de um beco sem saída coberto por cascalho. Na rotatória que ficava do outro lado, passou pela ponte de terra congelada e chegou à Lagoa Elson, a estrada de gelo mais usada até as baleias. A equipe de resgate que cuidava das baleias observava assustada a rápida aproximação do veículo de Mongeau. Quanto mais ele se aproximava, maior parecia a velocidade. Estava dirigindo em direção ao canal aberto, mas se não diminuísse a velocidade logo, fatalmente cairia dentro dele.

Cindy observava assustada e incrédula. Quando finalmente viu o canal, ele soube que a pior coisa que poderia fazer era pisar no freio, pois a caminhonete poderia derrapar, perdendo o controle. Em vez disso, desviou habilidosamente de Cindy e do canal. Após a caminhonete ter rodopiado e parado, e Cindy ter verificado que o motorista estava bem, seu medo transformou-se em fúria. Ela correu para confrontar aquela pessoa imprudente que quase havia matado quatro inocentes e a ele mesmo.

– Nenhum veículo tem permissão para entrar no gelo! – gritou. – Qual é seu nome? Vou prestar queixa?

– Para quem? – Mongeau respondeu brincando. – Para os russos ou os americanos?

Mongeau sabia que fora descuidado, e não iria negar. Mas ser retirado do gelo estragaria sua única chance de gravar os quebra-gelos durante a noite. Sabia que, se arrumasse uma briga com Cindy, certamente perderia. Tentou a melhor tática que conhecia: seu olhar doce e inocente. Colocou seu queixo liso junto ao peito e fingiu não encontrar palavras para explicar o que aconteceu.

– Olha, siiiinto muuuuitíssimo – disse, enfatizando intencionalmente seu pesado sotaque canadense. – Estou aqui apenas para fotografar. É o meu trabalho. Prometo ser mais cuidadoso. Após dez longos dias lidando com egos insaciáveis, o arrependimento, aparentemente genuíno de Mongeau, fez que ela recuperasse sua fé na espécie humana. Sua fúria rapidamente transformou-se em solicitude. Ela não era uma policial, confidenciou, portanto não poderia detê-lo, apenas alertá-lo para não ir adiante.

– É para sua própria segurança – enfatizou. Isso dito, Mongeau foi embora. Mas, para o espanto de Cindy, ele continuou em direção ao gelo perigoso que fora alertado a evitar.

– Esse homem está maluco – disse a Craig. – Está tentando se matar. Longe disso. Era apenas um garoto ousado de 21 anos de idade querendo provar sua capacidade. Estava determinado a mostrar que havia nascido para ser cinegrafista profissional de rede de televisão. E isso significava correr riscos que poderiam causar sua morte. Aquela tarefa era sua primeira grande chance. Era a oportunidade que todo jovem cinegrafista sonhava em ter um dia. Era o peixe que não deixaria escapar do anzol. Desde sua chegada a Barrow, Mongeau já tinha arriscado a vida pendurando-se de helicópteros e perseguindo ursos polares. Até então, tudo tinha valido a pena. Muitas de suas gravações foram exibidas no Japão e transmitidas em noticiários da NBC. Mas o delicioso filé-mignon que tanto queria saborear ainda estava por vir.

Antes de dar o dia como terminado, Sergei Reshetov concordou em manter o quebra-gelo longe das baleias. Moscou prometeu que ele apenas precisaria trabalhar um dia para os americanos. O que seria um dia, acabou se transformando em três. Reshetov e sua tripulação cansada estavam desesperados para voltar para casa. Até então, apenas o navio *Arseniev* havia sido usado para cortar o gelo. Pensava-se que a água era muito rasa e perigosa para o quebra-gelo maior, que aguardava ancorado longe da crista de pressão. Entretanto, o comandante Reshetov estava ficando impaciente.

Quando o *Arseniev* abriu caminho pela parte de fora da crista, Reshetov pediu permissão aos americanos para levá-lo até os buracos. Confiava totalmente na capacidade de leitura de profundidade de seus navios para arriscar atravessar as águas rasas. O *Arseniev* poderia cortar em uma hora o que os esquimós levariam mais dois dias para cortar. Mas os americanos não permitiram. Não devido às águas rasas, mas porque estavam preocupados com a segurança das baleias. Cindy e Arnold temiam que as baleias estivessem muito assustadas para entrar nos canais abertos e talvez, até mesmo, recuar para buracos antigos.

Reshetov estava cansado de depender dos americanos. Embora quisesse libertar as baleias, também queria voltar para casa. Esperou até que todos tivessem deixado o gelo. Logo após as 3h de quarta-feira, 26 de outubro, dezenove dias após as baleias terem sido descobertas, o comandante Sergei Reshetov ordenou ao timoneiro do *Vladimir Arseniev* que avançasse o gigantesco navio em uma manobra ousada em direção as baleias.

Mas antes de dar essa ordem polêmica, Reshetov calculou os riscos. Sabia que estava prestes a violar a ordem direta dos americanos de não chegar muito perto das baleias. Também sabia que, quanto mais perto seu navio chegasse, menor seria a distância que os esquimós precisariam cortar com suas motosserras. Se chegasse muito perto das baleias, correria o risco de uma colisão. Percebeu também que não havia alertado os americanos sobre seu plano ousado.

O que o capitão soviético não sabia era que aquele jovem cinegrafista canadense estava sozinho no gelo, naquela noite escura, intuitivamente à espera de que algo interessante pudesse acontecer. O pressentimento do fotógrafo canadense se confirmou. Ele foi o único cinegrafista a capturar a aventura corajosa de Reshetov. Ignorando os alertas ruidosos do piso congelado que ameaçava ceder, Mongeau ficou a metros do casco do gigantesco navio. Ele gravou bem de perto a impressionante visão e os sons da força devastadora do quebra-gelo triturando o oceano congelado à medida que abria caminho em direção às baleias encalhadas.

As tomadas feitas logo em seguida ficaram entre as melhores de todo o resgate. Deitado sobre o gelo com a câmera, Mongeau gravou as duas baleias cinzentas emergindo de modo frenético enquanto a proa assustadora do gigantesco quebra-gelo aproximava-se perigosamente por trás delas. Pela primeira vez desde que o público americano havia se tornado obcecado por elas, há aproximadamente duas semanas, as baleias aprisionadas pareciam minúsculas comparadas ao monstruoso navio que se elevava bem acima delas. Escorregando perigosamente por uma massa de gelo rochosa e com os joelhos tocando na água gelada, Mongeau ficou assustado o suficiente a ponto de não querer mais abusar de sua sorte.

23
FINALMENTE LIVRES

Os primeiros sinais de luz da manhã da quarta-feira revelaram canais feitos por quebra-gelos a apenas 365 metros das duas baleias sobreviventes. Se alguém tivesse alguma dúvida de como isso acontecera, teria de perguntar a Steve Mongeau. Ele foi o único a gravar. Com astúcia, raciocínio e talento, o canadense de 21 anos havia mais do que provado que pertencia ao ramo. Ele tinha o que era preciso. Morris nunca mencionou a violação a Reshetov. A forma agressiva de quebrar o gelo do capitão russo deixou as baleias bem próximas da liberdade, e sem nenhum dano aparente.

A alegria despertada pelos recentes acontecimentos era visível por todo o vilarejo. Barrow estava em festa. As baleias ficariam logo livres, e a Operação Liberdade terminaria. Mas antes que tudo terminasse, os habitantes de Barrow queriam saborear seu momento de glória. Não estavam mais assustados ou reticentes com os Forasteiros. Tornaram-se mais amistosos, agradecidos por sua hospitalidade forçada ser apenas uma condição temporária. O comércio fechou. A Prefeitura do Distrito de North Slope, o maior comércio de todos, tirou a tarde de folga. Pela primeira vez, desde o início do resgate, as aulas terminaram mais cedo. A notícia de que as baleias seriam libertadas ao cair da noite se espalhou.

Os professores locais permitiram que seus alunos disputassem entre si a última chance de ver as criaturas que ajudaram a colocar seu pequeno vilarejo no mapa. Às centenas, os habitantes de Barrow, jovens ou idosos, foram dizer adeus às baleias. Mas, quando chegaram lá, pareciam mais fascinados pela mídia do que pelos dois cetáceos. Afinal, as baleias eram muito mais comuns. Eram vistas o tempo todo, e servidas no almoço todos os dias. No meio da tarde, a fila de carros estacionados no gelo parecia mais uma multidão perdida que aguardava o lançamento de um ônibus espacial em Cabo Canaveral. Uma dúzia de caminhonetes, vans e carros aguardavam com seus motores ligados, e seus motoristas esquimós conversavam animadamente em dialeto inuíte. De súbito e sem aviso prévio, Siku, a maior das duas baleias sobreviventes, desapareceu.

Poutu, a outra baleia, continuou a vir à tona normalmente no último buraco. Malik e Arnold ficaram perplexos. Ao contrário de Bone, que sumiu sob o gelo cinco dias antes, Siku era a mais forte e vibrante de todas as três baleias. No instante em que foi descoberto que Siku havia desaparecido, Malik soube que algo importante estava para acontecer. Sem dar explicação às pessoas a sua volta, o rosto escuro do esquimó irradiou-se com uma nova revelação. Largou seu bastão e correu em direção ao canal aberto pelo quebra-gelo apenas a alguns metros de distância. Craig olhou para Arnold como que implorando por uma explicação. Naquele mesmo instante, deixaram cair seus bastões e correram em direção a Malik. Simultaneamente descobriram o que ele estava fazendo. Estava esperando que Siku viesse à tona sobre o canal repleto de gelo.

Se Siku realmente aparecesse no canal, não seria nada fácil vê-la. O canal tinha aproximadamente 9 quilômetros de comprimento e mais de 400 metros de largura. Mas de uma coisa Malik tinha quase certeza. Siku deveria estar em algum lugar do canal. Malik puxou para baixo e com força a viseira do cintilante boné vermelho de beisebol, demonstrando visível nervosismo, um hábito que adquiriu após mais de dez décadas de caça às baleias. À medida que procurava na água por sinais da baleia desaparecida, usou a mão calejada para proteger seus olhos contra o brilho ofuscante da luz do dia que refletia no gelo ártico. Em meio aos cacos de gelo cortantes que flutuavam pelo canal aberto, surgiu a cabeça de Siku.

Flutuando naquela extensão de água, a enorme baleia parecia pequena e assustada. Sua vulnerabilidade revelou os muitos traumas que havia sofrido. Desafiando a lógica humana, Siku alcançou o canal nadando sob praticamente 400 metros de gelo. Pela primeira vez desde que foi encontrada há dezenove dias, a baleia estava nadando sobre o gelo quebrado. Apesar do visível abatimento de Siku, a nova multidão que se aglomerava ficou eufórica. A baleia estava no canal, quase cruzando a linha de chegada.

Os esquimós demonstraram uma felicidade normalmente reservada para a mais alegre das ocasiões: pegar uma baleia da Groenlândia. Arnold abraçou Malik como se ele tivesse voltado de uma missão de caça às baleias bem-sucedida. Onze dias antes, em uma assembleia extraordinária de baleeiros, Malik convenceu Arnold, e outros jovens baleeiros, que o resgate poderia ser uma missão para garantir a sobrevivência do povo inuíte. Se os esquimós pudessem convencer o mundo de que realmente dependiam de um animal que reverenciavam por mais de 10 mil anos, talvez o mundo começasse a entendê-los melhor. Assim que as baleias fossem libertadas, a teoria de Malik seria posta à prova.

Os nativos, a equipe de resgate e os jornalistas tentaram de modo frenético alcançar a baleia que estava próxima. Apesar de ainda estar dentro do perímetro da Operação Liberdade, Siku, a baleia líder, estava finalmente sozinha, longe das mãos gentis de simpatizantes e livre de uma máquina minúscula vinda de Minnesota. A baleia líder experienciou seus primeiros momentos de liberdade tentando navegar entre as perigosas águas de gelo cortante, longe de seus protetores humanos. O reencontro de Siku com seu ambiente natural deve ter sido uma adaptação difícil.

Poutu, a baleia solitária que permanecia no buraco aberto no gelo, emergia e submergia freneticamente. Quem sabe, estivesse reagindo aos cantos e lamentos submersos de Siku. Talvez por conta do método altamente sofisticado e pouco compreendido de comunicação das baleias cinzentas, Poutu sabia exatamente onde Siku estava. Poutu tomou um último e longo fôlego e desapareceu sob as águas profundas. Momentos mais tarde, a pequena baleia emergiu a alguns metros de seu líder. Também ela nadou sob aproximadamente 400 metros de gelo e emergiu no canal aberto. Na velocidade em que nadavam, já estariam bem longe pela manhã. Tudo acabou bem, as duas baleias provavelmente chegariam à Califórnia no fim de janeiro de 1989, praticamente na mesma época em que o homem que autorizou seu resgate: o presidente Ronald Reagan.

Bonnie Mersinger insistiu que o coronel Carroll entrasse em contato no exato momento em que as baleias estivessem livres. A Casa Branca estava ansiosa para anunciar que a operação havia finalmente terminado. As baleias haviam se tornado uma obsessão cômica para os membros da imprensa bem-humorados que cobriam a Casa Branca. A cada manhã, durante as instruções matinais, sempre os mesmos correspondentes enfezados e egocêntricos da Casa Branca bombardeavam o porta-voz Marlin Fitzwater com perguntas irônicas sobre as implicações geopolíticas dos últimos acontecimentos que haviam parado o mundo, oriundos da bolsa de gelo de Barrow. Fitzwater demonstrou ter senso de humor, mas prometeu rir por último.

Na quarta-feira pela manhã, horário oficial do Alasca, Carroll ligou para Bonnie para relatar os acontecimentos mais recentes do resgate. As baleias estavam quase livres. Bonnie apressou-se entusiasmada pelos corredores da Ala Oeste da Casa Branca para dar a Fitzwater a boa notícia. As baleias estavam livres. Com a certeza da notícia, Fitzwater concluiu que estava na hora de cumprir sua promessa. O amável secretário de Imprensa abriu um largo e ardiloso sorriso. – As baleias estão livres – manifestou-se de braços abertos.

A imprensa convocada aplaudiu espontânea e entusiasmadamente. Quem disse que a imprensa cínica não tem coração? Para os jornalistas que cobriam a Ala Oeste da Casa Branca, a Operação Liberdade parecia terminada. Mas essa concepção não estava correta. O coronel Carroll ligou para Bonnie alguns minutos depois, dando-lhe a má notícia. As baleias ainda não estavam livres. Quase, mas ainda não.

– Não sei se você tem religião – comentou. – Mas se tiver, sugiro que reze para o Deus em que acredita. – No dia seguinte, Fitzwater comentou que tinha predileção pelo tipo de desculpa em que se assume um erro e se encara a humilhação.

Desde que os russos anunciaram estar a caminho, o comando responsável pelo resgate começou a debater o que fazer se as baleias sobrevivessem. Deveriam monitorá-las com um dispositivo de rastreamento ou segui-las? Como isso poderia ser feito? Agora que estavam no canal, a equipe de resgate teria a primeira e única oportunidade de instalar um dispositivo que possibilitasse monitorar seu progresso. Além dos inúmeros problemas eletrônicos, que tornavam o rastreamento impossível, Ron Morris e os outros membros da equipe de resgate enfrentavam um problema ético ainda maior.

Depois de tudo o que passaram, seria ético instalar um dispositivo para rastrear e monitorar as baleias apenas para satisfazer a curiosidade obsessiva do mundo? Ron Morris queria deixar essa opção em aberto. Os dois biólogos que trouxe de Seattle eram especialistas em rastrear animais marinhos, e sempre carregavam consigo seu equipamento caso fosse decidido usá-lo. Após tudo que aquele homem havia feito pelas baleias, isso era o mínimo que elas poderiam oferecer em retorno, não era?

Instalar um dispositivo de rastreamento em um mamífero marinho, especialmente em um que pesa 22 mil quilos, não era tarefa fácil. Para que funcionasse adequadamente, o dispositivo eletrônico precisaria ser lançado por meio de arco e flecha, e por um arqueiro experiente, na parte inferior das costas. Mas essa oportunidade nunca se apresentou enquanto as baleias estiveram nos buracos. Enquanto confinadas naqueles buracos pequenos, tinham apenas espaço suficiente para expor sua cabeça. Mas mesmo no canal, onde emergiam com normalidade, eram mínimas as chances de dispositivos como aquele, de difícil manejo, serem adequadamente implantados. Era bem provável que tal procedimento viesse a estressar ainda mais as baleias. Diferentemente dos rádios transmissores presos a animais terrestres, os dispositivos de rastreamento eram extremamente caros e muito imprecisos. Ainda era uma tecnologia nova que precisava de ajustes. Os rádios transmissores à prova d'água funcionavam apenas por volta de um mês, e precisavam de aeronaves equipadas com dispositivos de detecção para rastreá-los. Naquelas águas do Ártico obstruídas pelo gelo, provavelmente nenhum dispositivo ficaria preso às baleias por mais de alguns dias.

Mas por trás de toda essa racionalização havia ainda outro argumento esquecido. A expectativa de vida das baleias estava comprometida. Já era muito tarde na estação para que iniciassem a migração para o sul. Estavam enfraquecidas pela experiência que passaram. Ron Morris precisou analisar como o público reagiria se os transmissores fossem encontrados no estômago de um urso polar uma semana mais tarde. Mais importante ainda, o que isso significaria para a NOAA, a agência que tinha muito a ganhar depois de uma de suas maiores realizações públicas? O que aconteceria com aquela gorda alocação de verba pela qual os burocratas da NOAA já estavam lambendo os beiços?

Se as baleias não fossem rastreadas, o mundo nunca saberia o que realmente havia acontecido com elas. Com uma longa e árdua jornada adiante, talvez fosse uma boa ideia que ninguém soubesse; da mesma forma como as lendas são feitas. Funcionou. O que não sabíamos e nunca saberíamos não estragaria uma ótima história.

Juntas novamente, as duas baleias nadaram quase 5 quilômetros pelo canal em direção ao mar aberto. Logo que escaparam daquelas águas repletas de gelo, a notícia espalhou-se rapidamente pela imprensa. Soou como se fosse a última chance de ver as baleias antes que batessem seus desimpedidos lobos caudais mar adentro, a caminho da Califórnia. As baleias pararam bruscamente logo que a comoção no gelo começou. Era como se tivessem tomado ciência de que, uma vez em mar aberto, deixariam a proteção da qual desfrutaram por quase três semanas.

Ron Morris ficou preocupado com o crescimento do número de simpatizantes que lotou o gelo para ver pela última vez as baleias. Sua primeira atitude foi a mais drástica. Em seu *walkie-talkie*, instruiu todos a evacuar imediatamente a área. Ordenou que todo o tráfego aéreo ficasse, pelo menos, a 6 quilômetros de distância do canal e voasse acima de 305 pés de altitude. Ao anoitecer, uma onda de expectativa dominou Barrow, atingindo igualmente habitantes, jornalistas e equipes de resgate. Provavelmente, seria a última vez que veriam as baleias. Mesmo assim, Morris quis que Reshetov ficasse vigiando durante a noite no caso de elas voltarem.

Após quase duas semanas maldormidas, a ansiedade e a irritabilidade eram visíveis nos olhos cansados de quase todos. A pressão maior caía sobre Ron Morris, coordenador e responsável pelo resgate. Quando suas ordens para evacuar o gelo foram abertamente desobedecidas, ele perdeu a paciência. Naquele momento em que o resgate chegava ao fim, não podia fazer mais nada a não ser observar enquanto sua autoridade era ignorada. Ron Morris não foi único a colocar sua reputação em risco. Fizemos a mesma coisa. Nós jornalistas, fomos até Barrow para registrar os acontecimentos. Quando o resgate chegou ao ápice, nossa cobertura também estava lá. O próprio Serviço Secreto dos Estados Unidos não conseguiria nos manter fora do gelo, muito menos Ron Morris. Assim mesmo, ele tentou, sem sucesso, recuperar sua autoridade. Estava no limite, tornando sua irritação visível a todos.

Morris pediu reforços. O prefeito George Ahmaogak, que voltou à cidade para a conclusão da Operação Liberdade, autorizou o envio de policiais de North Slope para ajudar a Guarda Nacional a controlar os principais pontos de entrada do gelo. Mas seriam necessárias duas divisões para patrulhar adequadamente 80 quilômetros de costa congelada e interceptar dúzias de carros e *snowmobiles* que quisessem passar pelos bloqueios.

A ordem de Morris também valia para a própria equipe de resgate. Mas até mesmo seus subalternos o ignoravam. Cindy, Geoff e Craig não trabalharam tão arduamente, e por tanto tempo, para abandonar as baleias no último minuto do salvamento. Por duas semanas arriscaram sua vida ajudando aquelas criaturas encalhadas, e certamente não iriam abandonar o resgate agora. Não queriam humilhar Morris, apenas salvar as baleias. Elas nunca teriam sobrevivido por tanto tempo sem sua ajuda. Greg e Rick com seus removedores de gelo, Arnold Brower Jr. e um reduzido grupo de esquimós reuniram-se a eles na tentativa de manter os últimos poucos buracos restantes livres do gelo, caso as baleias fossem forçadas a voltar devido a um canal congelado.

Naquela noite, por volta das 22h, Ron Morris estava socializando com a mídia no saguão do hotel Topo do Mundo quando soube realmente a extensão de sua perda de autoridade. Ouviu alguém mencionar que Cindy e "os outros" ainda estavam observando as baleias. O tardar da noite combinado à exaustão e muito uísque com soda foram a ponta do *iceberg*. Ele saiu abruptamente do Topo do Mundo e entrou em sua caminhonete vermelho de raiva. Forçando o sensível motor, dirigiu até o posto de controle mais próximo. No caminho, xingou pelo rádio para que todos ouvissem.

Os principais membros do comando monitoravam a frequência da Operação Liberdade 24 horas por dia, e todos aqueles que faziam parte dela também deveriam estar com os rádios ligados. Geoff, Craig, Arnold e Cindy não seriam exceção. Seus rádios estavam em perfeitas condições de funcionamento. Talvez melhor que o esperado.

– Tirem esses malditos esquimós do gelo – gritou Morris ao pisar no gelo escuro. Todos ouviram. A reação foi a mesma por toda parte. O hangar do centro de operações do Departamento de Busca e Salvamento (SAR) ficou em silêncio profundo. Randy Crosby procurou por um olhar que pudesse convencê-lo de não ter ouvido o que pensou ter ouvido. Em vez disso, seus olhos encontraram os de Tom Carroll. O coronel balançou os ombros e abaixou a cabeça, num misto de vergonha e descrença. Foi pelos esquimós que os dois homens brancos sentiram o mais profundo remorso pela frase proferida.

Havia apenas vinte pessoas autorizadas a usar as frequências reservadas para a Operação Liberdade. Mas quase todos ouviram. Nativos curiosos e jornalistas desesperados por notícias ficavam sempre ligados 24 horas por dia na esperança de novos acontecimentos. Para a equipe de resgate e os jornalistas, o rádio era uma ferramenta indispensável. Para muitos dos principais envolvidos na Operação, era uma tábua de salvação. Malik, por exemplo, não tinha telefone. O rádio era a única forma do centro de operações falar com ele. Naquela hora, estava sentado sozinho após outro longo dia, bebendo uma xícara de chá verde no restaurante chinês Sam & Lee, na rua Nachick. Quase engasgou quando ouviu todos aqueles xingamentos pelo rádio.

Malik ficou chocado. Logo ele que havia argumentado a favor da Operação. Convencido outros a aprovar o resgate das baleias em vez de caçá-las, garantido que Barrow seria beneficiada ao ajudar na libertação das baleias. Aquelas seis palavras inesquecíveis de Morris poderiam colocar em risco tudo o que Malik conseguira. Ele não sabia como expressar sua frustração, mas também não era tão frágil a ponto de ser intimidado por palavras intempestivas. Malik deu uma longa tragada em seu cigarro malcheiroso e desligou o rádio.

No gelo, foi Arnold Brower Jr., provável alvo das lastimáveis injúrias, que acalmou Geoff, Craig e Cindy. Eles reagiram da mesma forma que Malik. Pessoas não inuítes realmente pensavam que os esquimós eram tão sensíveis a ponto de sucumbirem a uma frase estúpida como aquela? Sua raiva era menos voltada para Morris do que para a reação condescendente dos tipos que se dizem sensíveis.

Até que ponto os homens brancos pensam que os inuítes são fracos?, perguntou-se Brower. Ele se aproximou calmamente de Geoff e Craig e desligou o rádio deles. Então, retirou do bolso da parca o *walkie-talkie* e pressionou o botão transmissor para falar com Morris: – Está fora de seu controle agora. Sem esperar por uma resposta, desligou o rádio. Ao voltar ao trabalho, Arnold não deixou que ninguém discutisse aquele comentário impensado.

Tinham um trabalho a fazer, lembrou a todos. Se ele podia ignorar aqueles insultos, os demais também podiam. Os três continuaram a trabalhar silenciosamente, sem discutir o que estavam pensando. Um brilho fraco de luz chamou a atenção de todos. À medida que se aproximava, mais enfurecidos ficavam. Eram os faróis de um veículo dirigido pelo homem que acabara de ofendê-los profundamente, um homem que naquele momento não imaginava o tamanho do estrago que havia feito à sua própria imagem. A luz iluminou as quatro figuras imóveis que estavam em pé ao fundo do muito bem iluminado convés do *Vladimir Arseniev*. Morris pulou do veículo e bateu a porta. Enquanto andava em direção à equipe de resgate, percebeu expressões de aparente desinteresse.

– Que diabos vocês pensam que estão fazendo? – gritou. – Eu disse que ninguém deveria ficar sobre este gelo. Abaixou levemente a cabeça ao perceber sua vulnerabilidade.

– Você não entendeu nada, não é? –, perguntou Arnold, tentando visivelmente envergonhar Morris. Craig e Geoff fingiram ignorar a presença do homem que os havia humilhado. Cindy lutou para conter suas lágrimas. Ao ser desleal com os outros, Morris também a traiu. Percebendo que perdera Brower, Morris virou-se para Craig na tentativa de saber se o biólogo ainda o obedeceria. Nada agravava mais sua insegurança do que ser ignorado. Não foi a vingança que ditou a reação de Craig. Foi o medo, o medo de não conseguir controlar sua raiva, de atacar o adversário pequeno e insolente. Seu estado emocional teria engatilhado um golpe potencialmente perigoso. Precisou conter-se, o que não foi nada fácil. Morris continuou provocando, buscando uma reação que justificasse seu próprio acesso de raiva.

– São eles, não são? – perguntou, apontando o dedo para a figura estoica de Arnold Brower. – É só com isso que você se importa. Morris esbarrou em uma ferida que estava disposto a explorar da melhor forma possível.

– É por isso que está aqui. – É essa baboseira de "força inuíte", não é? Pode admitir, "Viva o esquimó". Você só se preocupa em protegê-los – gritou, ainda apontando o dedo para Brower. – Você está do lado deles desde o início?

– Cale a boca – gritou Cindy. Cindy considerava Geoff, Craig e Arnold um trio indispensável para manter as baleias vivas. Mais do que isso, o que se privou de dizer, não se privou de pensar. Eles eram heróis, e ela os amava. Cindy ficou chocada com os ataques de Morris.

Mesmo depois de toda a raiva que Morris despejou nele, Craig controlou os nervos quando viu Cindy chorar. Primeiro, foi Arnold acalmando Craig e Geoff que estavam furiosos pelas ofensas ao amigo esquimó. Agora Craig fazia o mesmo com Cindy que estava inconsolável por causa da atitude intempestiva de Morris. Usando a tradução de uma expressão esquimó que Cindy inicialmente não entendeu, Arnold orientou os dois para que se "sentissem leves". Queria que liberassem aquele peso místico que aprisionava o espírito humano. A empatia de Cindy liberou uma energia calorosa que os uniu. Sua união cresceu imensamente diante da adversidade que os afligia. Na mente daqueles que pensava ainda comandar, Ron Morris não existia mais.

Sentiram a tragédia humana desenrolando-se a seu redor? As baleias continuaram sua jornada. De repente, não pareciam mais sujeitas as limitações da própria espécie. As baleias seguiam os poderosos feixes de luz, originados do convés do quebra-gelo soviético. Para a surpresa dos biólogos, os animais nadavam sobre os enormes blocos de gelo que flutuavam pela água. Todas as dúvidas que ainda havia sobre a coragem das baleias de assumir riscos para alcançar sua liberdade se dissiparam.

Na manhã de quinta-feira, as baleias pagaram o preço por sua inesperada ousadia. Arnold Brower foi o primeiro a descobri-las, tentavam respirar por um pequeno buraco mantido aberto devido às inúmeras cabeçadas contra pedaços flutuantes de gelo. Estavam sangrando. A água do oceano soltava fumaça ao entrar em contato com o sangue quente que jorrava sobre ela. Mal podiam mover seu nariz ensanguentado pelo gelo formado durante a noite. A pele sobre seus delicados espiráculos estava sensível e dolorida. Algumas horas antes, as baleias pareciam tão próximas de alcançar a liberdade. Agora, estavam mais próximas de encontrar a morte.

Antes que pudesse informar pelo rádio o Departamento de Busca e Salvamento, Brower percebeu que havia um pequeno pedaço de gelo preso a um dos espiráculos de Siku. Quanto mais forte respirava, maior ficava a abertura do espiráculo. Mas isso apenas agravava o problema. À medida que a abertura do espiráculo aumentava, o pedaço de gelo ficava ainda mais preso.

Arnold desceu do *snowmobile* e correu em direção à beira do gelo. Olhando pelo canal largo e extenso, percebeu que as baleias morreriam se não fossem ajudadas. Imediatamente examinou o gelo que cobria o canal novamente congelado. Já estava espesso o suficiente para sustentar tanto ele quanto seu *snowmobile*. Desligou o rádio no instante em que ouviu a voz de Ron Morris, aconselhando-o a sair do gelo. Nem Morris nem qualquer outra pessoa tinha a mínima ideia do que estava acontecendo no gelo, e Arnold não teve tempo para explicar.

Quando alcançou as destemidas baleias, Arnold deitou sua barriga na extremidade do buraco, tirou as luvas e estendeu sua mão em direção ao espiráculo obstruído da baleia.

Gentilmente passou a mão sobre a área macia para assegurar à baleia que não queria machucá-la. Aparentemente acalmada pelo toque gentil do caçador esquimó, a baleia permaneceu tempo suficiente para que Brower removesse o gelo. Colocou a mão dentro da cavidade macia e puxou o grande pedaço de gelo. A baleia retorcia de dor à medida que ele retirava o gelo do esfolado e sangrento orifício. Na intensidade empregada para ajudar a baleia que se engasgava, Brower nem percebeu que Malik estava bem a seu lado, quase sem fôlego, tentando rapidamente aumentar o pequeno buraco. Malik retirava os pedaços de gelo que flutuavam na água fria com as mãos desnudas e os arremessava sobre sua cabeça. Malik deslizou sobre o canal congelado para pegar uma pá e um bastão do compartimento do *snowmobile*. Os dois esquimós baleeiros aumentaram o buraco até que os animais pudessem respirar novamente com segurança.

A menos de 2 quilômetros do mar aberto e da liberdade, as baleias estavam novamente confinadas em um cubículo assustador. Apesar de tudo, obtiveram um progresso notável antes de ficarem presas na água congelada. Durante a noite, nadaram quase 4 quilômetros pelo canal. Arnold e Malik sabiam que se os buracos não fossem logo abertos, a crise que haviam contido logo iria recomeçar. Arnold ligou seu *walkie-talkie* e fez um apelo urgente para que cinco operadores de serra elétrica fossem até lá o mais rápido possível. Ele e Malik decidiram usar a única tática que havia funcionado. Agora que a crista de pressão havia sido cortada ao meio, a equipe de resgate poderia facilmente cortar buracos em linha paralela, protegendo as baleias das condições brutais que o canal oferecia. Se todos se mobilizassem para uma última ajuda, os buracos poderiam ser abertos em poucas horas.

Brower passou por cima da autoridade de Ron Morris e reuniu sua própria equipe. Tomou essa decisão sem se preocupar em consultar o homem que era aparentemente seu chefe. Morris não deixou passar essa insubordinação. Bem cedo pela manhã, todos já sabiam da história desastrosa da noite anterior. Mas o que aconteceu pareceu ter pouco efeito. Morris perdeu a calma. Estava disposto a admitir. Mas isso não mudou nada. Ele continuava o coordenador e, em sua mente, sua palavra era lei. Pegou o rádio e repetiu a mesma ordem que já havia sido ignorada de que ninguém deveria ficar no gelo. Apenas quando suas ordens foram claramente canceladas por seus próprios subordinados, ele entendeu. Sua autoridade havia enfraquecido aos olhos daqueles que comandava.

Minutos após sua chegada, o primeiro operador serrou um novo buraco. Brower não perdeu tempo esperando que as baleias descobrissem isso sozinhas. Abanou as extremidades de seu bastão e enfiou a ponta mais grossa na água. De forma gentil, cutucou as baleias o suficiente para que deixassem o buraco. Após alguns cutucões suaves no dorso, elas entenderam a mensagem e foram em direção ao único paraíso que encontraram: o novo buraco. Pelo menos por enquanto, estavam em segurança.

Morris correu novamente até o local em que as baleias estavam em mais uma tentativa equivocada de confrontar Brower. Quando chegou lá, encontrou o esquimó e sua equipe trabalhando desesperadamente para abrir novos buracos para as baleias. Mesmo gritando e tendo um ataque de fúria, Morris parecia não conseguir chamar a atenção de Brower. Brower continuou cavando enquanto tentava ignorar os sons que vinham daquela peste errante.

Finalmente, na tentativa de mandá-lo para longe dali, levantou os olhos que estavam focados nos buracos. Olhou de forma penetrante nos olhos de Morris antes de calmamente dizer as mesmas palavras que havia usado poucas horas antes – Está fora de seu controle agora – e abaixou os olhos e voltou a fazer sua tarefa. A mensagem foi clara. Entendendo o melhor a fazer, Morris não desafiaria Brower ou sua equipe novamente. Morris entendeu a mensagem e retirou-se para um local mais seguro, o hangar do SAR.

De lá, entrou em contato com Sergei Reshetov que estava a bordo do navio *Vladimir Arseniev*. O capitão russo não precisou lembrar Morris que os soviéticos não viam a hora de ir para casa. Reshetov também não precisava ser informado sobre o que estava acontecendo no gelo. Tudo que tinha a fazer era olhar de seu posto, oito andares acima. Foi uma surpresa saber que os canais que seu navio havia aberto há apenas algumas horas estavam congelados novamente. Sabia que o trabalho do seu navio ainda não havia terminado. Outras passagens precisavam ser feitas antes que pudesse ir para casa.

Por volta da meia-noite, o *Arseniev* não estava mais sozinho. Bill Allen havia subido no alto da cabine de seu estranho trator e colocado uma enorme bandeira americana no topo. Sob aplausos, o versátil trator de Allen avançou pelos caminhos abertos pelos soviéticos, soltando pedaços menores de gelo. Envolto no manto da Velha Glória, Allen estava determinado a provar que seu país ainda representava a força decisiva no resgate. Billy Bob Allen estava roubando a cena.

– Nossa! – exultava, à medida que abria caminho pelos canais. Um cinegrafista capturou imagens radiantes de Billy Bob Allen dirigindo o trator como uma criança em seu primeiro carro de batidas num parque de diversões.

Finalmente, após duas semanas, o próprio Bill Allen estava fora de combate. Ficou tão excitado enquanto virava e girava que se esqueceu de verificar o medidor de combustível. Quando o fez, já era tarde. O trator estava sem combustível. Ao entardecer, em cima do trator inerte, Allen exultava ao observar as baleias nadarem livremente pelo canal que ajudara abrir.

– Dá uma espiada no Archie Bowers – disse a Pete Leathard. – Meu Deus, aquele filho da mãe sabe trabalhar, não é mesmo? – foi o maior elogio que Allen poderia ter feito ao líder esquimó. Agora, não havia como desistir. As baleias estavam apenas a poucos metros do mar aberto.

A Operação Liberdade, com a Operação Resgate foram um sucesso. Mais do que duas semanas e 5,5 milhões de dólares mais tarde, não havia mais nada a fazer. Os esquimós, seus compatriotas caucasianos e os russos tinham aberto um caminho de 16 quilômetros pelo espesso gelo ártico. Tudo que podiam fazer era esperar que as baleias fizessem o restante. Quando o sol se pôs, naquela tarde de 27 de outubro – vinte dias após o aparecimento da primeira baleia em Point Barrow – uma onda de alívio atingiu a todos. As equipes de resgate ficaram satisfeitas ao ver as baleias nadando livremente. Billy Bob estava feliz pela possibilidade de finalmente fechar seu hemorrágico talão de cheques, e os jornalistas estavam ansiosos para voltar para casa.

Na quinta-feira à noite, Morris concedeu o que prometeu ser sua última entrevista à imprensa. Ainda que incertos, Geoff, Craig e os outros biólogos achavam, e com toda razão, que as baleias deixariam o canal e entrariam nas águas irrestritas do mar aberto logo após o escurecer. Deixariam para trás a aventura malsucedida em Barrow e estariam praticamente livres. À primeira luz do dia, na manhã de sexta-feira, Randy Crosby fez sua última missão, e voando 32 quilômetros para frente e para trás, não encontrou qualquer sinal das baleias. As baleias haviam partido.

De forma merecida, Malik foi o último americano a ver as duas baleias antes do anoitecer. Acariciando Siku, desejou às duas criaturas a sorte que sabia que precisariam para sobreviver em sua longa jornada. Baleias cinzentas comuns nunca se apressariam em direção aos inúmeros perigos do mar aberto. Massas de gelo traiçoeiras estendiam-se por centenas de metros pelas margens norte e oeste do Alasca. Além disso, havia grupos de baleias assassinas esperando por presas fracas e feridas. E finalmente, se conseguissem chegar tão longe, teriam de atravessar os domínios dos grandes tubarões-brancos que espreitavam pela costa do lado noroeste do Pacífico em busca de presas fáceis.

Mas provaram ser muito mais do que simples criaturas. Sensibilizaram centenas de milhões de corações e cativaram a instável atenção de um mundo obcecado por si mesmo. Uniram pessoas, indústrias e nações de uma forma que o homem nunca conseguiu. Mesmo que por um período de duas semanas, as três baleias foram o centro da atenção mundial. Foram as criaturas mais afortunadas da história.

Baleias de sorte.

24

CONSEQUÊNCIAS

Bem-sucedida ou não, a mídia oficializou aquela sexta-feira de 28 de outubro como o último dia da Operação Liberdade. Mesmo que, ao amanhecer, as baleias não houvessem se libertado da bolsa de gelo, havíamos decidido ir embora. Ligamos para nossa família, dissemos que a história havia terminado e reservamos as passagens de volta.

Todos concordaram. Não havia mais nada a ser feito. Agora que a crista de pressão não impedia mais que as baleias entrassem no canal que levava ao mar aberto, o único obstáculo para a liberdade das baleias eram elas mesmas. Tentamos desesperadamente convencer nossos empregadores que o aspecto humano do resgate havia terminado. Tudo indicava que os americanos estavam cansados dessa história. Para eles, o que tinham visto até agora já era suficiente. Se existisse um momento certo para que a mídia e o mundo fizessem as malas e fossem embora da Operação Liberdade, era aquele.

Mas quando Malik, ao abrir caminho com seu navio quebra-gelo, descobriu a baleia líder Siku quase congelada na manhã da quinta-feira, Barrow foi tomada por sentimentos de frustração. Na quarta-feira à noite, 26 de outubro, as baleias pareciam livres. Mas, na manhã seguinte, mais uma vez demonstraram hesitação. Os mesmos genes defeituosos que causaram seu aprisionamento no início entraram em ação novamente. As baleias não conseguiram encontrar uma saída pelo gelo quebrado antes que ele congelasse novamente durante a noite. Em vez de continuarem a migração, ficaram encalhadas em outro buraco menor. Parecia que todo o drama ia recomeçar. Felizmente, para as baleias e para a já cansada mídia, os russos permaneceram por mais uma noite. Finalmente, na manhã da sexta-feira, as baleias conseguiram escapar para mar aberto quando os navios quebra-gelos voltaram para abrir um novo caminho.

Após quase duas semanas sob a temperatura de -28°C, não havia mais qualquer condição de permanência naquele local. Desde o início, a Operação Liberdade nada mais era do que uma iniciativa artificial voltada mais para a mídia do que propriamente para as baleias, ou suas espécies. Como qualquer outra notícia, a Operação Liberdade precisava de um começo, meio e, mais importante, de um fim. E se parecesse que o resgate fosse continuar indefinidamente, isso violaria o critério acima. Mas é claro que a própria possibilidade do resgate acontecer sem o acompanhamento da mídia seria um absurdo. A mídia era o resgate.

As últimas horas da Operação Liberdade foram muito significativas. Barrow era como uma versão ártica de Saigon um pouco antes da queda. As pessoas estavam desesperadas para deixar o local.

Não era o Exército Norte-Vietnamita (NVA) que temíamos, mas a própria cidade de Barrow. Don Oliver, um veterano sobrevivente do desesperado exodo da Indochina, trabalhava exaustivamente para que pudesse deixar Barrow o mais rápido possível. Estava ajudando o editor de vídeo, Steve Shim, a guardar todo o equipamento da NBC quando o telefone tocou. Era a NBC de Los Angeles. Oliver percebeu imediatamente que não iria gostar daquela ligação. Em seu meio, Oliver era conhecido como El Diablo. Por incrível que pareça, Barrow e suas inúmeras privações ainda não haviam despertado nele o temperamento explosivo pelo qual era temido.

– Queremos que você fique mais alguns dias – disse a voz trêmula de Los Angeles. – Sabe como é, caso as baleias voltem – estava tão frio no quarto do Oliver, no hotel Topo do Mundo, que era até possível ver fumaça saindo de seus ouvidos. A ideia de passar mais um dia em Barrow fez Oliver ter saudades de Saigon (abril de 1975). Ver seus colegas partirem para climas mais quentes fez que começasse a perder a calma. El Diablo estava prestes a explodir de raiva.

– Caso voltem? – indagou visivelmente aborrecido, enrubescendo pela raiva. – Reservamos o voo das 12h30 e com certeza não vamos perdê-lo. As baleias foram embora, partiram. Não voltarão, e mesmo que voltassem, é problema delas, não meu! Entendeu?

Todo o primeiro andar do hotel foi imediatamente tomado pelo silêncio. Foi a maior personificação de fúria já vista, até maior do que se esperaria dele. Talvez estivesse tentando bater seu próprio recorde, brincou Jerry Hansen, seu produtor. Todos entendíamos seus motivos. Oliver, como todos nós, já havia cumprido sua pena. Por que justo ele teria a pena prolongada enquanto todos os outros prisioneiros em Barrow estavam recebendo liberdade condicional?

Harry Chittick, produtor da rede ABC, veio andando em nossa direção pelo corredor aparentemente inabalado pelo ataque ensurdecedor de Don Oliver. Ele também tinha um voo para embarcar. Ao passar em frente à porta aberta do quarto de Oliver, ninguém se manifestou. Ficamos imaginando como Chittick iria lidar com aquela situação delicada. Será que agiria calmamente, fingindo ignorar a ira do diabo, ou cederia à curiosidade para ver o mestre da fúria em ação?

Ao chegar à porta, Chittick parou, virou-se para Oliver e acenou. Oliver virou-se e sorriu rápida e calorosamente, piscou e até retribuiu com outro aceno, continuando em seguida sua explosão de raiva. Chittick deu uma gargalhada, torcendo para que sua segunda explosão de raiva alcançasse os objetivos desejados. Oliver fez a Chittick o sinal de positivo com a mão.

Para Oran Caudle, era como se ele estivesse acordando de um pesadelo. Apenas algumas horas antes, havia trabalhado exaustivamente para manter funcionando o estúdio de televisão do Distrito de North Slope durante 26 horas de pura tensão, ouvindo locutores darem ordens em seis línguas diferentes. De repente, tudo voltara à normalidade. Não havia mais pressão, nem transmissões televisivas, empurrões e, graças a Deus, gritaria. Pela primeira vez em mais de duas semanas, Caudle pôde desligar o transmissor da TV do Distrito de North Slope. E enquanto observava a luz do aparelho apagando lentamente, teve quase certeza de que outra década se passaria até que o equipamento fosse novamente usado.

Mas o trabalho de Oran ainda estava incompleto. Restavam apenas algumas horas para que convertesse o centro global de comunicação em um grande palco que pudesse acomodar cem alunos esquimós da escola Ipalook, vestidos de duendes e fantasmas para a festa *"Fright Night 1989"*. A cerimônia local de *Halloween* era o maior evento do ano no canal 20. Para os residentes mais jovens de Barrow, as baleias haviam se libertado na hora certa. A operação de resgate das baleias ajudou a trazer, para a região, a ideia tecnológica de globalidade. O mundo havia se unificado em prol de um objetivo comum, e aparentemente nobre. Mas na hora que esse objetivo foi alcançado, o mundo fez as malas e partiu. Durante o tempo em que a mídia ficou em Barrow, poucos de nós paramos para refletir sobre o impacto que causamos naquele notável e pequeno vilarejo, que por pouco tempo chamamos de lar.

Como a própria vida, a Operação Liberdade nasceu, cresceu e, finalmente, morreu. Sua morte veio rapidamente. A história que um dia gerou notícias de Mineápolis a Moscou, e de Boston a Bombaim, nem foi mencionada no outro. Estava na hora do mundo seguir em frente. Com algumas horas sobrando antes do nosso voo de volta à civilização da qual desesperadamente sentíamos falta, Masu Kawamura, correspondente japonês, o cinegrafista Steve Mongeau e eu fomos de carro até Point Barrow para uma última olhada no local que prendeu a atenção do mundo durante as últimas duas semanas. Eu estava ansioso para ver de perto como realmente a vasta extensão de terreno congelado se parecia. E agora que todos haviam partido, talvez conseguisse matar minha curiosidade.

O único Ártico que conhecíamos era aquele repleto de cabos, cordas e fios. Aquela barreira de gelo que nos alojara durante longas horas havia reverberado todos os sons produzidos pelos homens: zumbidos dos helicópteros, ruídos das serras elétricas, zunidos dos motores parados, o tagarelar das vozes humanas.

Até mesmo o som "FFWWWSSSSHH" do expirar de uma baleia dependia do homem. Sem ele, as baleias teriam morrido rapidamente. Exceto pelo uivar do vento ártico, o gelo teria permanecido absolutamente imóvel, um deserto aparentemente congelado e sem vida.

Provavelmente pela quinquagésima vez, atravessamos o monte de areia que separava a ponta extrema da América do Norte do horizonte totalmente branco de mar congelado. Ainda assim, de forma memorável, pareceu ser a primeira vez. A densa névoa matinal dissipou-se para revelar, ao longe, um sol ártico que brilhava mais intensamente do que todas as nossas passagens anteriores, transmitindo uma enganosa luz de calor.

Pela primeira vez desde nossa chegada, nos sentimos sós. O homem havia partido, e com ele qualquer vestígio de sua existência. Os buracos por ele perfurados haviam congelado novamente. Apenas a neve exposta ao vento e o gelo azul espesso davam um colorido àquela paisagem sem vida. A única evidência de um dos mais magníficos eventos que o Ártico havia presenciado nos remetia aos primeiros dias do resgate: alguns blocos retangulares de gelo retirados da água pelos esquimós antes de aprenderem que melhor seria colocá-los sob a plataforma de gelo. Lá, os blocos permaneceriam até que o breve verão ártico os derretesse alguns meses mais tarde.

À medida que eu examinava o interminável vazio congelado, não conseguia entender como lá podia ter sido o mesmo cenário em que centenas de pessoas estiveram algumas horas antes. Era um universo completamente diferente, um universo cuja realidade era enfatizada pela amargura fatal e o uivo assustador de seu próprio vento traiçoeiro. Esse era o universo que existia antes das Baleias de Outubro. Esse era o universo que prevaleceria.

Sobrecarregado por um equipamento pesado, observei a imensidão do Ártico percebendo que isso seria o mais perto que chegaria de meu sonho de criança de andar na Lua. Esperei pacientemente até que Maou e Steve terminassem de tirar suas últimas fotos. Quando começamos o caminho de volta até nosso veículo, pedi a eles que fossem na frente. Alegando que gostaria de ficar mais um minuto, acabei estimulando a curiosidade dos dois.

E, naquele momento, fui recompensado. Após garantir que ninguém veria ou saberia o que estava prestes a fazer, comprimi a enorme sola da minha bota contra a neve seca e andei sobre a superfície plana e congelada do Oceano Ártico fingindo ser Neil Armstrong andando na lua.

Estranhamente, de forma quase inexplicável, senti como se todas as pessoas envolvidas no resgate tivessem recebido ali uma recompensa significativa e única. Mais estranhamente ainda, essa recompensa parecia proporcional às contribuições prestadas durante o resgate das baleias. Eu, por exemplo, não havia feito nada diretamente para ajudar as baleias. Apenas relatei os esforços das pessoas que ajudaram.

Na manhã de sexta-feira, 28 de outubro de 1988, cem pessoas e cinquenta jornalistas de cinco continentes, os governos americano e soviético, Arco, Veco e o Greenpeace, com dois conterrâneos de Minnesota, gastaram mais do que 5,8 milhões de dólares para garantir que as baleias encalhadas no topo do mundo pudessem nadar com segurança pela última faixa de água aberta no gelo em direção às águas do Oceano Ártico. Seus esforços não só auxiliaram na maioria dos resgates humanos, como também impediram que o fato chegasse a proporções alarmantes.

A maioria dos biólogos concordou que havia mais baleias cinzentas em outubro de 1988, do que em qualquer outra época; aproximadamente 22 mil.

Mesmo assim, todo o heroísmo e dinheiro gasto serviram apenas para reenviar duas baleias ao mar. Se os biólogos marinhos que achavam que essas baleias fossem geneticamente defeituosas estivessem corretos, tal resgate teria feito mais mal do que bem. Eles argumentavam que poderia haver uma razão para que a natureza quisesse o fim daquelas baleias. Permitir que passassem seu gene defeituoso para gerações futuras poderia enfraquecer a espécie, e talvez causar mais encalhes, ou, até mesmo, outras Operações Liberdade. Uma esperança a mais para os esquimós.

Em quinze dias, as três maiores redes americanas de televisão transmitiram mais de quarenta histórias sobre aquelas incríveis baleias, dedicando praticamente 10% de seus programas para a cobertura do evento aparentemente insignificante. Mais incrível ainda, a cobertura do resgate superou a cobertura da campanha presidencial de 1988.

A revolução da tecnologia televisiva permitiu que cem milhões de pessoas assistissem ao resgate – ultrapassando o número de telespectadores que acompanhou Neil Armstrong andar na Lua. De acordo com todas as avaliações dos índices de audiências significativas, mais pessoas assistiram ao resgate das três baleias presas no gelo do que o maior evento da história humana.

Até os terroristas árabes foram afetados pela obsessão mundial pelas baleias. O xeque Sayyed Hussein Fadlallah, fundador do grupo terrorista Hezbollah, reclamou que o Ocidente estava perdendo o interesse nas negociações de resgate de reféns ocidentais. E ele estava certo, mas não por muito tempo, infelizmente. Pelo menos, Fadlallah sabia que poderia voltar a ser manchete em todos os noticiários quando quisesse. Tudo que precisava fazer era ordenar que seu partidário jihadista sequestrasse ou matasse mais um americano inocente, incentivado pelo fato de que poderia infligir mais um ato de violência sem qualquer punição. Fadlallah sabia que sua vítima governamental mais recente reagiria da mesma forma que reagiu a todos os outros atos terroristas. Ou seja, chamar de ultrajante, prometer retaliação e, por fim, não fazer absolutamente nada.

Antes das baleias, o imediatismo televisivo era algo muito mais associado ao ninho de cobras venenosas do Líbano do que ao Distrito de North Slope no Alasca. Um curto vídeo amador mostrando outro refém americano desafortunado implorando pelo atendimento das exigências de seus raptores, ou como no antigo caso do refém americano coronel Rich Higgins, executado por enforcamento, parecia ser o principal companheiro dos americanos durante o jantar em frente à TV. A perspectiva de que os Estados Unidos não mediriam esforços para salvar três baleias, enquanto, ao mesmo tempo, pouco fariam para proteger seus próprios cidadãos em cativeiro inimigo, provavelmente deleitava ainda mais o xeque Fadlallah. Certamente isso dava a ele e a seu grupo mais poder. Até o ano de 2011, o grupo Hezbollah é certamente o atual governante do Líbano, e uma das mais poderosas forças do mundo.

A até então legendária determinação americana havia sido reduzida ao salvamento de três baleias. E nem podíamos fazer isso sem pedir a nosso inimigo número um que terminasse o trabalho para nós, um fato que a Guarda Costeira Americana usou para convencer o Congresso a financiar a construção de um terceiro navio quebra-gelo americano.

O mesmo fenômeno que colocou a pequena Jessica McClure nos holofotes da fama, dois anos atrás, ao cair em um poço em Midland no Texas, fez o mesmo com as baleias. A história era simples: Jessica e as baleias seriam ou não salvas. O programa de notícias MacNeil-Lehrer PBS *Newshour* não precisou entrevistar um batalhão de especialistas para falar sobre o assunto. Pelo menos não no início. A Operação Liberdade começou porque era fácil. Uma rajada de simplicidade percorrendo um mundo vislumbrado por sua própria complexidade.

No início, nada parecia interferir na história, nem os fatos, nem sua relevância. Os produtores de televisão sabiam que todos adoravam baleias. O Greenpeace passou os últimos quinze anos nos ensinando que aquelas espécies de baleias precisavam ser salvas, não importando onde nem como estivessem sendo ameaçadas. Se combinássemos isso com o papo astuto de um vendedor ambulante, teríamos um "evento-sob-encomenda" para a mídia.

Foram os americanos desesperados, aqueles que se apegam à premissa que as "baleias também são pessoas", que tornaram o resgate possível, descobrindo que elas eram muito mais do que isso. As cenas das baleias lutando pela sobrevivência, transmitidas instantaneamente para todo o planeta, fizeram a alegria das redes de televisão. Nada vendia como as baleias. Quanto maior e mais longo o resgate se tornava, mais telespectadores atraía, levando a audiência a níveis estratosféricos.

A cobertura do resgate das baleias conferiu às redes de televisão um ganho de dinheiro barato e fácil, sem a inconveniência de um exame de consciência. Ninguém aprecia bombardeios constantes de más notícias. Dê as pessoas o que elas querem. "Não se preocupe", tocava a música número um das paradas de sucesso daquele ano, "seja feliz." Parecia muito bom para ser verdade, e na verdade era.

Finalmente, quando os russos apareceram, a Operação Liberdade já havia se transformado exatamente no que se esperava dela. Os Estados Unidos voltaram-se para as baleias na tentativa de fugir de sua própria realidade, mas isso, na verdade, fez que as baleias forçassem os Estados Unidos a confrontá-la. A onda impensável de amor que assolou o país tornou-se uma autoavaliação de sanidade. Recebemos o oposto do que barganhamos, e exatamente o que precisávamos.

O colunista do *Washington Post*, William Raspberry, resumiu o sentimento de todos os positivistas quando chamou aquelas três semanas dramáticas de uma época em que "o mundo era capaz de transcender suas classes de cultura, competição, ideologia política, e, até mesmo, unir-se para levantar dinheiro por uma causa comum e nobre". Raspberry estava certo (provavelmente pela última vez). Mas Sayyed Fadlallah também estava.

Prevendo a enxurrada de repórteres ansiosos para voltar para casa, a MarkAir programou um terceiro voo de partida de Barrow de última hora para sexta-feira, 28 de outubro. Estrangeiros eufóricos, celebrando sua partida do Ártico, lotaram todos os três voos. As duas semanas em que os esquimós estiveram no topo do reconhecimento nacional foram lacradas pela porta pressurizada do último voo daquele dia. Quando as rodas de tonalidade marrom e branca do trem de pouso da aeronave foram recolhidas da pista de pouso coberta de neve do aeroporto Wiley Post, Barrow voltou a ficar sozinha novamente no topo do mundo. A única diferença foi que esse resistente vilarejo esquimó, após ter suas duas semanas de fama, embolsou alguns milhões de dólares.

O resgate das baleias proporcionou aos esquimós de Barrow a chance de sua vida, a oportunidade de apresentar ao mundo sua cultura e seu estilo de vida. Durante duas semanas de outubro de 1988, Barrow tornou-se o centro de um universo que até então o havia ignorado. Naquelas duas semanas, o pequeno vilarejo esquimó parecia haver sido transferido para uma latitude mais acessível, seu eterno isolamento fora, de alguma maneira, suspenso, seus elementos gélidos, miraculosamente suavizados. Essa transformação ilusória terminou com a chegada abrupta do vento ártico. E Barrow retomou sua rotina exatamente de onde tinha parado.

O inverno seguia rápido em seu curso. Enquanto o resgate de outubro havia sido a experiência mais fria que um Forasteiro pudesse sentir, para os esquimós foi apenas uma brisa de final de outono. Para eles, o inverno só começava oficialmente após 17 de novembro, no dia em que o sol desaparecia no horizonte, surgindo novamente apenas depois de dois meses e meio. Dezessete de novembro era o primeiro dos 67 dias em que os dias viravam noites.

Os anos entre 1988 e 89 trouxeram mais do que a escuridão e o frio árduo. Trouxeram também o mais frio e longo inverno registrado na América do Norte.

Voltei a Barrow em janeiro de 1989, com meu colega Michael Richardson, para conhecer um pouco melhor aquele vilarejo. Logo que desembarquei do avião, naquela tarde perigosamente fria de janeiro, senti como se nunca houvesse estado lá. Estava extremamente escuro ao meio-dia.

O mês de janeiro em Barrow me fez sentir saudades dos dias confortáveis de outubro. A temperatura ambiente de -14°C era uma forma de Barrow dar as boas-vindas. Narinas e pálpebras congelando ao contato do frio, com tudo mais. Até um cuspe congelava em pleno ar, fazendo barulho ao atingir o solo. Mas Barrow tinha sorte. Ficava na costa. Apenas a alguns quilômetros de distância, as temperaturas caíam para 26 abaixo de zero. Dick Mackey, duas vezes campeão da *Iditarod Trail Sled Dog Race*[18], documentou a mais fria temperatura registrada na América do Norte de uma parada de caminhão em Cold Foot, Alasca, 402 quilômetros ao sul da Baía de Prudhoe em 21 de janeiro de 1989: aproximadamente -28°C – Realmente parecia ser o recorde – disse Mackey. Foi a primeira vez que o Serviço de Meteorologia dos Estados Unidos apresentou em sua estação oficial um termômetro que chegou a marcar -26°C.

O isolamento e a depressão caíam sobre Barrow como uma névoa permanente formada por partículas de gelo que cobriam aquele triste vilarejo, abandonado nove meses ao ano. Os dias de evidência de Barrow pareciam tão distantes quanto o épico episódio das baleias. – Barrow parece deprimida e isolada? – indaguei. – Não – rejeitaram os habitantes de Barrow,

---

18. Famosa corrida anual de cães de trenó no Alasca disputada em equipes. (N.T.)

como se surpresos que alguém pudesse chegar a essa conclusão – Isso é normal.

A cobertura incansável da imprensa alcançou pessoas de todo mundo. Nos meses que se seguiram após o resgate, por onde quer que eu fosse, quase todas as pessoas que conheci estavam bem informadas sobre o resgate das baleias. Elas haviam se tornado celebridades.

A recompensa de Cindy Lowry foi óbvia. As baleias estavam livres. Sem nenhuma ajuda, ela levou as baleias do Ártico ao estrelato global. Por causa dela, as cinzentas californianas tornaram-se as baleias mais sortudas que já viveram. Afinal, o resgate animal mais intenso da história foi feito em seu benefício.

O Greenpeace transformou o salvamento de baleias em uma ilimitada fonte de dinheiro. O coordenador responsável pelo Alasca, não só começou um megarresgate, como também deu início à maior fonte de dinheiro e de colaboradores da história das organizações. A Operação Liberdade foi um negócio bem-sucedido. Mensalidades e contribuições chegaram a perfazer 400% no período logo após o resgate, o maior aumento da época.

Biólogos e naturalistas, que estavam bem longe dali, inicialmente alegaram que não haveria qualquer possibilidade de se alterar um destino praticamente definido. À medida que os acontecimentos aproximavam os leviatãs de tal destino, esses cientistas desinteressados tiveram de descartar suas próprias teorias. Estavam errados e o mundo todo sabia disso. Na tentativa de salvar sua credibilidade, decidiram "rever" suas observações.

Mesmo que as baleias conseguissem atravessar a crista de pressão, o naturalista Roger Caras tentou convencer Ted Koppel, durante o programa de notícias *Nightline* da rede de televisão ABC, que nunca conseguiriam superar os muitos obstáculos que as separavam do seu lar na costa mexicana do Pacífico. Como as baleias não foram monitoradas, ninguém nunca conseguiu provar se Caras estava errado.

E isso era exatamente o que a Agência Nacional de Administração Atmosférica e Oceânica (NOAA) queria. Logo após o resgate, ela colocou em circulação panfletos coloridos nos barcos turísticos que navegavam pela costa do Pacífico, no intuito de ajudar os visitantes a identificar as baleias Siku e Poutu. Nada poderia pôr em risco a integridade física das baleias. Se fossem encontradas, a NOAA sairia consagrada dessa história. Mas se não fossem, ninguém conseguiria provar que elas não estavam aproveitando seu anonimato em águas longínquas.

Ficou claro para aqueles que passaram algum tempo com as baleias, até mesmo para pessoas como eu, que sabiam muito pouco sobre elas, que aquele trio tinha algo de especial. Das milhares de baleias que morreram presas no gelo ao longo dos tempos, apenas essas uniram o mundo. Só isso já foi o suficiente para torná-las únicas.

Mas não era só isso. Após 21 dias de confinamento no gelo, as duas baleias sobreviventes conquistaram muito mais do que mares cobertos de gelo. Elas transcenderam os limites possíveis de sua própria espécie. Antes do resgate, cientistas acreditavam que baleias cinzentas não seriam capazes de abrir caminho em águas congeladas, mesmo que sua sobrevivência dependesse disso. Após duas semanas provando que os cientistas estavam certos, as baleias decidiram provar que estavam errados. Mudando a percepção deles para sempre, as duas baleias lutaram e sofreram naquelas águas gélidas, sabendo que aquele era seu único caminho para a sobrevivência.

Antes do resgate, a ciência não pôde oferecer qualquer evidência de que o comportamento das baleias cinzentas pudesse ser modificado. Ao contrário da Orca, também conhecida como baleia assassina, a baleia cinzenta não pode ser treinada. Nunca haveria Shamus cinzentas. Mas no momento em que a sorte havia sido lançada, as baleias tornaram-se participantes ativas de seu próprio resgate. Se na face da Terra houvesse duas baleias que pudessem superar os obstáculos apresentados pelas cristas de pressão que se formaram em Barrow, seriam aquelas, apesar de Roger Caras e suas previsões trágicas. A ciência foi recompensada com evidências de que as baleias cinzentas eram ainda mais inteligentes do que se pensava.

Milhões de pessoas que assistiram à saga das baleias receberam uma de duas recompensas. Ou deleitaram-se com a liberdade das baleias, porque genuinamente queriam seu bem; ou acabaram enjoadas de tanto ouvir sobre elas, que até ficaram aliviadas quando tudo finalmente acabou.

As baleias deram ao vice-presidente Bush uma chance de provocar Michael Dukakis – Espero apenas que não acabem no porto de Boston – o canal mais poluído da nação, no estado de Massachusetts, onde Dukakis nasceu. Para Michael Dukakis, a liberdade das baleias levou sua campanha desastrosa a um beco sem saída. Inicialmente, para que pudesse reformular sua estratégia de campanha, a assessoria do governador de Massachusetts precisava desviar toda a atenção da mídia para a crise das baleias. Mas, quando a história se alongou, sobrou pouco tempo até as eleições; tempo que desesperadamente precisavam para recuperar a grande vantagem que haviam perdido recentemente. A fraca campanha política de Dukakis precisava voltar a ser manchete. Quando finalmente voltou, as coisas pioraram. John Sasso, gerente de campanha de Dukakis, demitido e readmitido pelo mesmo motivo – seus truques sujos – provavelmente buscava realizar o seu maior truque: um novo encalhe das baleias.

De acordo com Ben Odom, vice-presidente sênior da Arco Alasca, e um dos dois maiores financiadores do resgate, a sorte mostrou-se a maior aliada. Logo após a libertação das baleias, o veterano de trinta anos aposentou-se, deixando sua contribuição em um dos eventos mais raros e conhecidos da história da Arco. Sua empresa ajudou a salvar duas baleias, e a derreter o coração de ambientalistas por toda a parte.

Apenas seis meses após a última notícia sobre o resgate, o Alasca, que voltava a ser o estado mais isolado da América, voltou aos holofotes. Dessa vez, a história era ainda mais real.

Às 21h do dia 24 de março de 1989, o *Exxon Valdez*, um navio petroleiro imenso de 300 metros, deixou o porto homônimo em direção a Long Beach, na Califórnia. À bordo havia mais do que 59 milhões de litros de petróleo bruto do tipo A de North Slope, bombeados da Baía de Prudhoe por meio do bilionário oleoduto Trans-Alasca de 1.327 quilômetros de comprimento.

Às 23h50 daquele mesmo dia, após alterar o curso do navio para desviar de uma massa de gelo glacial, o capitão Joe Hazelwood passou o comando de seu navio para o oficial náutico Gregory Cousins. Dezoito minutos mais tarde, o capitão Hazelwood e o restante da tripulação foram acordados bruscamente por uma terrível gritaria que ecoou por todo o navio ao bater em um banco de areia poucos metros do oeste da Ilha de Bligh.

A indústria petrolífera havia passado os últimos 21 anos alertando os habitantes do Alasca que os navios petroleiros de grande porte eram muito mais perigosos do que os oledutos. Entretanto, essa lição não foi aprendida, nem com o *Exxon Valdez* nem, aparentemente, com outros casos de vazamento.

Em uma tentativa calculada para escapar da responsabilidade, a Exxon culpou o capitão Hazelwood. Depois de meses, a empresa conseguiu convencer quase todos que Hazelwood estava bêbado na hora do acidente. Mas, na verdade, não houve qualquer evidência que comprovasse tal alegação, negada veemente por todos os tripulantes. Dez horas após o acidente, o nível de álcool no sangue de Hazelwood estava bem acima do permitido pela Guarda Costeira, mas abaixo do limite do Alasca. Toxicólogos disseram que era mais provável que Hazelwood houvesse ingerido álcool em excesso depois do acidente do que antes.

Apenas seis meses após alcançar seu maior público, a indústria petroleira teria a maior queda. Toda a simpatia que havia cultivado arduamente em outubro foi derramada em 41 milhões de litros de petróleo que se espalharam pela costa do Alasca.

A extensão do dano ambiental calculada pelos especialistas foi, felizmente, exagerada. Apesar do impacto na vida marinha ter sido alto, nunca se soube a dimensão exata. A única coisa que se soube foi que a sonda e a rica pesca comercial recuperam-se muita mais rapidamente do que o esperado.

Entre as vítimas em potencial estavam as próprias baleias que as grandes indústrias petroleiras Arco e Veco tanto se esforçaram para salvar. De forma mais direta, a Exxon também colocou em perigo mais de dois terços das espécies de baleias cinzentas que nadavam pelo canal marítimo para o México. Com a cadeia alimentar envenenada, só restava aos biólogos torcer para que as mutações genéticas causadas pelas toxinas não fossem transmitidas permanentemente às espécies. A maior empresa da indústria petroleira, que trabalhou arduamente para salvar três baleias, era agora acusada de pôr em perigo toda a espécie. A Exxon pagou o que devia, com custos girando em torno de bilhões, mas infelizmente à custa das baleias.

O pesadelo dos comerciantes de petróleo tornou-se o sonho dos jornalistas. Criticados por um público americano que demorou a despertar, a imprensa voltou ao Alasca em massa.

A cobertura do desastre era menor do que a do resgate das baleias. Menor do que deveria ser. Muitos dos mesmos jornalistas enviados para Barrow em outubro fizeram suas malas com a mesma pressa para partirem em direção a outro porto de escala do Alasca, Valdez, 1.600 quilômetros ao sul de Barrow. Essa foi a recompensa dos jornalistas.

No dia 30 de outubro, no centro de operações da Veco em Anchorage, tudo que Billy Allen pôde fazer foi olhar fixamente para a calculadora. Ao calcular quanto sua empresa havia gastado para salvar as baleias, o visor revelou números expressivos: 350 mil dólares. Como havia se permitido chegar àquele ponto? Logo após a catástrofe de Exxon, Allen obteve sua recompensa. A Veco foi escolhida para limpar aquela bagunça. O contrato renderia milhões de dólares. A nova imagem de salvadora de baleias da Veco levou Pete Leathard, chefe-executivo de Allen, a assinar um dos maiores contratos da história daquele estado. Se baleias encalharem novamente, Leathard não pensará duas vezes antes de abduzir o velho Billy Bob de seu rancho em Colorado.

O primeiro trabalho ambientalista que Allen assumiu deu a ele notoriedade, o segundo rendeu-lhe uma fortuna. A conversão de Billy Bob Allen ao ambientalismo foi muito produtiva. Campbell Plowden, coordenador do Greenpeace encarregado de zelar pelo bem-estar das baleias, esperou nove meses por essa recompensa. Em 2 de agosto de 1989, a República da Islândia anunciou uma moratória de dois anos em todo comércio baleeiro. A crise que provocou a derrocada do governo do primeiro-ministro Steingrimur Hermannsson meio ano mais cedo havia finalmente ultrapassado todos os limites. A Islândia não conseguiu mais lutar contra o golpe econômico de um mundo amplamente unido. Não teve escolha senão abandonar um negócio baleeiro de 7 milhões de dólares.

Nenhum outro país parecia mais distante de Barrow, Alasca, do que a Islândia. Era o país menos indicado para se envolver nos assuntos de um vilarejo como Barrow. Mesmo assim, a pequena nação de prática marítima, localizada exatamente entre o mundo velho e o novo, começou a mudar de rumo após o ocorrido com as baleias de Barrow.

Enquanto a Islândia matava 75 baleias em 1988, sucumbindo ao boicote econômico que lhe custou mais de 50 milhões de dólares, aproximadamente 4% do Produto Nacional Bruto da nação, os soviéticos, que abateram duas vezes mais baleias cinzentas naquele mesmo ano, enviaram dois navios quebra-gelo para uma manobra que demoraria três dias. Os soviéticos colheram elogios, a Islândia, desprezo. Enquanto Moscou era louvado com "Saudações aos Salvadores de Baleias", o mundo zombava de Reykjavik com "Boicote aos Assassinos de Baleias".

Os soviéticos habilidosamente enterravam cem anos de roubos sob a proa de *Vlademir Arseniev*, feito na Finlândia, enquanto a Islândia perdia milhares de empregos. A União Soviética era o herói, a Islândia, o vilão.

O Japão, o país estrangeiro mais interessado no resgate das baleias, era a maior nação baleeira do mundo antes da Operação Liberdade, e um ano depois ainda continuou sendo, matando 1.200 baleias em 1988, quase dez vezes mais do que o restante do mundo junto. O resgate que cativou tantos telespectadores de Hokaido a Honshu não foi suficiente para parar a perseguição incansável do Japão às baleias em risco de extinção. Enquanto a Islândia abandonava a caça à baleia, os soviéticos eram premiados algumas semanas mais tarde. Os Estados Unidos, ainda abalados pelo resgate das baleias pelos soviéticos, enviaram milhões de dólares em mantimentos a Yerevan, capital da Armênia soviética, após o terremoto devastador que a assolou. Os canais de comunicação entre a Guarda Costeira e a Guarda Nacional dos Estados Unidos e a Marinha Mercante Soviética, abertos semanas antes, foram reabertos para proporcionar assistência aos soviéticos o mais rapidamente possível.

Mas as maiores recompensas foram para o coronel Tom Carroll e para Bonnie Mersinger, a assistente da Casa Branca. Após semanas de intensas conversas telefônicas, Carroll finalmente foi a Washington encontrar a mulher que havia conquistado seu coração. Ao passar pelo corredor que separava as duas empresas aéreas para pegar o voo de conexão no aeroporto O'Hare em Chicago, o coronel sentiu um frio no estômago, até então resistente, seduzido de forma hipnótica pela música moderna e pelo show de luzes de néon girando sobre a interminável rampa rolante.

O que ele estava fazendo, indagou a si mesmo. Ligou para Bonnie, que foi capaz de manter uma compostura notável quando de fato estava tão ansiosa quanto ele.

– Você não está nenhum pouco nervosa? – perguntou, na esperança de que ela compartilhasse de sua angústia.

– Não – ela respondeu confiante – Vejo você em duas horas.

O nervosismo que ela havia com tanta confiança negado algumas horas mais cedo, apareceu repentinamente à medida que observava o avião de seu amado coronel taxiar em direção ao portão de chegada. Talvez tivesse ido longe demais, rapido demais. Como o aparentemente sério coronel reagiria a seu presente de boas-vindas: uma longa limusine esperando na saída do terminal para conduzir o novo casal em seu primeiro caloroso passeio pela capital da nação. Seus medos logo desapareceram após um abraço longo e apaixonado.

Tom Carroll e Bonnie Mersinger casaram-se em 12 de agosto de 1989. Moram em Anchorage, onde podem ser vistos dirigindo um Maserati esportivo prata com a placa decorada com letras em azul-escuro com os seguintes dizeres: GR BALEIA.

Thomas Carroll foi rapidamente promovido ao posto de brigadeiro-general, alcançando em seguida sua ambição profissional ao ser nomeado ao posto de general-adjunto da Guarda Nacional do Alasca. Tragicamente, o general Carroll morreu em um acidente de avião que seguia para o Aeroporto Internacional de Juneau em 1992.

Dois anos mais tarde, sua viúva, Bonnie, fundou o Programa de Assistência aos Sobreviventes de Tragédias (TAPS), idealizado inicialmente para ajudar familiares a superar a perda de militares a serviço do país. Nos anos que se seguiram, a TAPS criou uma rede nacional com mais de 25 mil famílias, aproximando-as entre si e de profissionais da saúde e militares, com o intuito de ensiná-las a lidar com a morte repentina. Seu trabalho ganhou reconhecimento nacional em 11 de setembro de 2001.

AGRADECIMENTOS

O estranho pensamento de escrever um livro sobre um acontecimento igualmente estranho ter-me ocorrido não foi nenhum pouco estranho. O mais estranho foi isso ter realmente acontecido.

A ideia veio quando estava indo do Alasca para casa. Não tinha a mínima ideia sobre como começar: aonde queria ir ou como chegar lá. Então, liguei para Rich Bock, diretor de publicidade da News Corp. de Nova York, na G. S. Schwartz & Company em Nova York.

Além de retornar a minha ligação em menos de duas horas com o nome de uma agente, havia também marcado com ela um jantar para tratarmos de negócios naquela mesma noite. – Mais alguma coisa? – perguntou, antes de entrar no ônibus que o levaria ao estádio para assistir ao jogo dos Knicks.

Margaret McBride, a agente perfeita, encontrou o editor perfeito, Hillel Black.

O sobrinho mais agradecido aprendeu há muito tempo atrás que Ninguém Discute com o Tio Bob, principalmente quando ele esta certo.

Agradeço a Suzy Tucker da Klineman, Rose e Wolf de Indianápolis pelas transcrições de várias horas de audio de entrevistas.

O gene da generosidade encontra-se na família Richardson. Tomemos como exemplo a prima do Michael, Nancy Bigelow. Um primo pobre distante aparece do nada na porta de sua pequena cabana nos arredores de Fairbanks, acompanhado de um estranho igualmente pobre, pedindo para passar a noite. – Não tem problema – disse Nancy – contanto que vocês saibam que o banheiro mais próximo está a 30 quilômetros daqui. Quase uma semana depois, ainda estávamos lá – vítimas prisioneiras e malcheirosas da semana mais fria da história da América do Norte.

Levei praticamente oito meses para escrever este livro. Oito meses dos quais um agradecimento especial vai para meu amigo e sócio Mike Kelly.

Ele e seus colaboradores da Hamilton Communications, Dawn Harris, Ted Grybowski, George Corby, Mary Pat e Jim Kelly, John Laidlaw e Pete Zangeri, mantiveram abertas as portas da News Corp. A cooperação e paciência que foram demonstradas pela empresa de Mike Kelly nunca serão esquecidas.

Da mesma forma que nunca me esquecerei da amizade e dedicação demonstradas pelo diretor de marketing da News Corp., Ed Heifer. Agradeço a Jack Malick que teve o bom senso de ficar longe de Barrow.

Agradeço ao diretor da MarkAir Cargo, Ed Rogers, que cuidou do meu transporte em Barrow. Agradeço, também, a Joe Schrier por seu trabalho de adaptação deste livro à mídia visual.

Michael Richardson e eu colocamos a mão na massa, mas foi Hillel Black que dirigiu o projeto. Ele aceitou o desafio de trabalhar com um autor até então desconhecido. Sua visão deu rumo, propósito e significado a este livro. Ele sabia exatamente aonde queria ir e como chegar lá.

Margaret McBride, minha experiente relações públicas, explicou-me como era incomum um autor de primeira viagem receber tanta atenção das pessoas, muito menos de uma pessoa tão respeitada nesse meio como Hillel Black. Só agora, que terei a possibilidade de passar mais tempo com ele, começo a perceber o quanto aprecio, admiro e respeito meu novo amigo, Hillel Black.

Finalmente, a meus pais, porque nada poderia começar a descrever a profunda admiração e o amor que tenho por vocês. Tudo o que posso dizer é "obrigado".

TRIBUTO

Quem seria capaz de me suportar dia e noite por oito meses seguidos, sem nunca reclamar – bem, sem quase nunca reclamar – e ser ainda mais prazeroso de se trabalhar no fim do projeto do que no início dele? Só mesmo Michael Richardson.

Felizmente, eu não tinha conhecimento do volume de trabalho que envolve a produção de um livro. Se soubesse, este livro nunca teria sido escrito.

A Michael Richardson, um homem de honra inquestionável, integridade e decência, e de um humor irreverente, deixo um profundo agradecimento e sinceras felicidades.

Este livro foi impresso pela Prol Editora Gráfica
para a Editora Prumo Ltda.